现代外语教学与研究
（2021）

北京市高等教育学会研究生英语教学研究分会

主　编　高　原　史宝辉

副主编　李　芝　吴江梅

校　核　安慧梅　闫文欢　杨燕岭　侯佳仪

中国人民大学出版社
·北京·

前 言

2020 年 7 月，习近平总书记对研究生教育工作作出重要指示，强调研究生教育工作的重要性，指出研究生教育在培养创新人才、提高创新能力、服务经济社会发展、推进国家治理体系和治理能力现代化方面具有重要作用。从事研究生教育工作的一线教师通过不断努力，为国家培养德才兼备的高层次人才，为实现中华民族伟大复兴的中国梦贡献自身的力量。2021 年与新老读者见面的《现代外语教学与研究》记录了一线研究生英语教师对总书记寄语的认真思考，体现了一线教师不忘立德树人初心，牢记为党育人、为国育才的使命，积极探索新时代教育教学方法，不断提升教书育人本领的积极努力。作为中国人民大学出版社与北京市高等教育学会研究生英语教学研究分会共同策划和设计的学术会刊《现代外语教学与研究》，是北京市研究生英语教师一年一度的学术思想集会，也是对新时代高等外语教育发展新要求的集体回响。

论文集中共有 9 篇文章有关"教学大纲与课程思政研究"，老师们对研究生外语教学大纲及课程思政进行了创新探索，介绍了不同外语课堂融入课程思政的实现路径、研究生教师课程思政教学能力提升的方法、课程思政视域下的教学资源现状和教学模式发展等。可见，如何把课程思政内容融入研究生英语教学是广大教师关注的焦点，体现了外语教师遵循立德树人的教育初心，为培养新时代合格大学生所做出的思考。论文集中有关"新理念与新技术应用"的文章共有 11 篇，老师们对多媒体教学、翻转课堂和混合式教学等教学模式进行了深入探讨，这反映了研究生英语教师面对信息技术时代的新挑战所做出的努力。信息技术的应用能力是研究生英语教师的关键素养，研究生英语教师信息技术能力的提升是外语教学信息化工作的重点内容，日新月异的信息技术不断引发研究生外语教师对于新技术的实践应用和理论探究。此外，在论文集中，研究生英语教师还就"外语教学中的跨文化研究"、"阅读与写作教学的新探索"、"ESP 与学科英语教学"、"教师培养与教材建设"和"语言文学研究"这五个方面分享了最新的科研和实践成果，讨论全面广泛且十分深入，是北京市研究生外语教师这一密切合作的实践和学术共同体的一次群体智慧集合。

一线教师是提高教育质量、推动教育变革的核心力量。北京市研究生外语教师共同体积极响应新时代的教育发展需求，努力提高自身素养，为提高人才培养能力不断探索。《现代外语教学与研究（2021）》是北京市研究生外语教师共同体对过去一年的思想结晶。新时代的新要求必定促发一线教师更多的反思，开启外语教师自主创新的发展历程。北京市高等教育学会研究生英语教学研究分会热切期待2022年更多更新的科研和实践成果再次集结于《现代外语教学与研究》！

衷心感谢中国人民大学出版社对于《现代外语教学与研究》出版工作的大力支持！衷心感谢北京市研究生英语教师共同体多年来的信赖！衷心感谢读者朋友们！

北京市高等教育学会

研究生英语教学研究分会

高　原

2021 年 11 月 5 日

Contents
目 录

第四部分　ESP 与学科英语教学

第五部分　新理念与新技术应用

第六部分　教师培养与教材建设

第七部分 语言文学研究

第一部分
教学大纲与课程思政研究

新时代非英语专业学位研究生
英语教学改革与创新路径探析
——兼论《非英语专业学位
研究生英语教学大纲》

中国人民大学出版社 鞠方安

摘 要： 自改革开放以来，外语课程作为研究生教育的重要基础课程，为研究生的培养和成才做出了独特的贡献。在新时代，英语作为非英语专业学位研究生规模最大的外语课程，面临着诸多挑战。研究生英语教育需要在总结中前行，在创新中提高。《非英语专业学位研究生英语教学大纲》充分吸收近 30 年以来研究生英语教学的实践与理论发展成果，充分反映时代变化和新要求，具有科学性、创新性和引领性，对于新时代我国非英语专业研究生英语教学发展，能够发挥积极的推动作用。

关键词： 外语课程　贡献　挑战　《非英语专业学位研究生英语教学大纲》　科学性　创新性　引领性

引言

　　1978 年改革开放以来，我国研究生教育迄今已经走过 43 年的历程，取得了巨大的成就。研究生招生数量从 1978 年的仅 1.05 万人，到 2020 年招生数突破 110 万人，我国研究生教育实现了从"凤毛麟角"到"百万大军"的跨越。据统计，新中国成立以来累计培养超过 1 000 万研究生，为国家输送了各行各业的高层次人才（赵婀娜 、张 烁、吴 月，2020）。2020 年 7 月 29 日—30 日，全国研究生教育会议在北京召开，中共中央总书记、国家主席、中央军委主席习近平，国务院总理李克强分别对研究生教育做出重要指示。习近平强调，"研究生教育在培养创新人才、提高创新能力、服务经济社会发展、推进国家治理体系和治理能力现代化方面具有重要作用。各级党委和政府要高度重视研究生教育，推动研究生教育适应党和国家事业发展需要，坚持'四为'方针，瞄准科技前沿和关键领域，深入推进学科专业调整，提升导师队伍水平，完善人才培养体系，加快培养国家急需的高层次人才，为坚持和发展中国特色社会主义、实现中华民族伟大复兴的中国梦作出贡献"。中共中央政治局常委、国务院总理李克强指出，"研究生教育肩负着高层次人才培养和创新创造的重要使命，是国家发展、社会进步的重要基石。改革开放以来，我国研究生教育实现了历史性跨越，培养了一批又一批优秀人才，为党和国家事业发展作出了突出贡献。要坚持以习近平新时代中国特色社会主义思想为指导，认真贯彻党中央、国务院决策部署，面向国家经济社会发展主战场、人民群众需求和世界科技发展等最前沿，培养适应多领域需要的人才。深化研究生培养模式改革，进一步优化考试招生制度、学科课程设置，促进科教融合和产教融合，加强国际合作，着力增强研究生实践能力、创新能力，为建设社会主义现代化强国提供更坚实的人才支撑"。

外语课程作为研究生教育的重要基础课程，为研究生的培养和成才做出了独特的贡献。进入 21 世纪，英语作为非英语专业学位研究生规模最大的外语课程，面临着诸多挑战。换一种角度，这种挑战也是机遇。研究生英语教育需要在总结中前行，在创新中提高。本文将就非英语专业学位研究生英语教学的现状、挑战、改革与创新的路径，以及《非英语专业学位研究生英语教学大纲》的意义，进行探讨和论述，以期有助于我国非英语专业学位研究生英语教学的进一步发展和提高。

一、现状与挑战

《中华人民共和国学位条例暂行实施办法》（1981）明确规定，外国语是硕士研究生、博士研究生学位考试的必修课，要求硕士生能够比较熟练地阅读本专业的外文资料，博士生能够熟练地使用第一外语阅读本专业的外文资料，并具有一定的写作能力。英语是研究生外语学位课的核心语种。为了指导和保证研究生英语学位课程的质量，1992 年国家教育委员会（即现在的教育部）组织编写了《硕士博士学位研究生英语教学大纲》（以下简称 "1992 年《大纲》"），同时公布了研究生英语教学词表（6 505 词）。1992 年《大纲》是研究生英语教学的指导性文件，为适应我国改革开放、培养各行各业高端人才的需要而制定，自发布以来培养了一代又一代的各专业研究生，对于提升研究生的外语能力和素养，参与国际事务和国际竞争，对于我国的改革开放事业发展，都发挥了重要作用。

自进入 21 世纪新时代以来，目前中国已经成为世界第二大经济体，正在与世界深度融合，正在全面建设小康社会。中国对于高层次人才的需求更加迫切。在国家建设的各个领域和层面，包括政治、经济、外交、国防和社会民生等，都需要具备外语能力和外语素质的人才，才能使中国更加稳健地走向世界，使世界进一步认识、了解、理解并接纳真正的中国。

在新的历史时期，1992 年《大纲》早已不能够适应新时代的发展（苏远连，1999；刘学政、张亚非，2001；罗承丽，2002；谢剑萍、付永钢，2005；谢忠明、陈莉萍，2009；甘小亚、吴燕，2012；王晨曦，2018；张德贵，2020）。研究生外语教学和研究生外语教师需要与时俱进。在 21 世纪的新时代，研究生外语教学和研究生外语教师面临的挑战主要有以下几个方面。

第一，研究生英语教学面临社会基础和社会环境发生巨大变化的挑战

改革开放之初，中国逐渐开始接触西方世界，最初是"摸着石头过河"，基于历史和现实，那一时期我们对西方的了解是小心翼翼的，是在一张白纸上学习英语。研究生招生在最初数量也很小，1978 年全国研究生招生共录取了 10 500 多名（https://zhidao.baidu.com/question/2081841088687772268.html）。研究生的英语基础薄弱，层次不一，水平不一。研究生英语早期的教学内容以基础英语和通用英语为主，英语学习的材料少，教学依托手段单一（纸质教材、磁带、收音机、黑板）。在这一历史时期，研究生英语的教学相对来说，是较为简单和容易的。从整体来看，改革开放之后相当长一段历史时期，英语的重要性随着改革开放的深化而不断得到重视，同时面临的挑战也不断加大。

20 世纪后期，计算机技术极大地推动、方便了外语教学，移动互联使得外语学习成为凡在，颠覆了传统的外语学习和外语教学，PPT课件、翻转课堂、线上学习系统、机器翻译、机器批改等智能化的教学和学习手段，使得英语不再神秘，英语学习不再神秘，学习英语的范围和层次不断扩展；人类进入21世纪，尤其是近些年以来，大数据、人工智能、5G、万物互联等，又把英语学习和教学推向了新的境界。

当今的中国，大部分地区形成了从幼儿园、小学、中学、大学再到研究生这样一条长龙的英语学习体系。不仅如此，在这个长龙体系之外，还有一个体量庞大的各类英语培训机构，体制外的社会英语培训对于体制内的英语教学也是一种挑战。在此背景下，研究生英语为谁教、怎样教、教什么，是需要认真思考和不断探讨的话题，这就是变化了的社会基础和社会环境。社会基础和社会环境决定社会存在。研究生英语教师是研究生英语教学的主角，如果教师们不能很好地认识并主动应对这种不断变化的社会基础和社会环境，那么研究生英语的存在和发展就要受到制约，这个领域的存在甚至也是问题（汲寿荣，2016）。

第二，研究生英语教学理念面临挑战

毫无疑问，研究生教育培养的是高素质、创新型、高水平、高素质人才（赵速梅、宫经理，2004；高海钰，2007）。研究生英语教师毫无疑问也应当是更高素质和更高水平的人才，才能够胜任研究生英语教学。我们在调研中发现，部分研究生英语教师的教学理念与大学英语教师的教学理念、方法和内容相比，并无大的区别，有的甚至还落后于大学英语教师的教学理念。比如，部分研究生英语教师对于线上教学和基于网络平台的教学至今还秉持抵触的态度，他们对于翻转课堂、智慧教学更是不愿尝试、不愿了解，他们对于大学英语与研究生英语的关系缺乏必要的学理跟踪、探讨和研究。研究生英语作为一个整体，在外语界较少发声，没有形成完整的学术话语体系（赵速梅、宫经理，2004；高海钰，2007）。

第三，研究生英语教师知识结构面临挑战

研究生不同于中学生，不同于大学生，他们每人都有自己明确的专业和研究领域、研究方向。研究生的这种特点，决定了他们对于公共外语有独特的需求。首先，对于那些外语基础薄弱、一定时间之内中断了英语学习的学生，他们需要补基础英语；其次，对于那些英语学习基本没有间断、英语基础良好的学生而言，他们不需要基础英语课程，他们需要的是针对专业的或与专业关联度大的英语课程，或者专门的学术英语或专业英语。这种特定的情况要求研究生英语教师应当具备复合型的学缘和专业背景。研究生英语教师如果能够很好地应对研究生的这种需求，那么他们和他们的课程就一定受欢迎。实际情况是，部分研究生英语教师并不具备这种素质。他们大部分是英语专业毕业。我国传统的英语专业学生的课程，主要是老三样，即英语语言学、英语文学和英语翻译学。这种课程体系培养出来的毕业生，最适合到师范类院校任教，或者到中小学任教。如果他们不主动有意识地继续深造，比如攻读其他专业的学位或者进修，那么他们很难胜任综合院校或者具有专业特色院校的研究生英语教学（蔡基刚，2020）。

第四，研究生英语课程内容面临挑战

移动互联网、大数据、5G和人工智能彻底颠覆了人类传统的认知，深刻地改变了并将快速持续地改变着这个世界。人类的知识在几何级地增长和更新，知识爆炸性地呈现已经是普遍的认知。在此背景下，同传统的知识体系相比，我国各学段的教材和教学内容，也在持续更新，难度不断加大。最近，教育部一直在大力推动新工科、新医科、新农科和新文科建设，就是这种趋势的具体体现，意义重大。只有适时、主动、果断地进行知识更新、升级换代，与世界先进水平同步，进而实现弯道超车，才能实现中华民族伟大复兴。课程内容是研究生英语教学最重要的体现和载体。我们在调研中发现，部分院校的研究生英语课程缺乏与时俱进的内容，使用的教材是多年未经修订的版本，这种情况很难应对时代的挑战（蔡基刚，2020）。

第五，研究生英语教学手段面临挑战

教学内容和理念依赖教学手段去实现。我们在调研中发现，许多研究生英语教师并不重视教学手段的更新，不愿主动利用新技术和新手段以提高教学效率和质量，他们以不变应万变。当然，英语学习有其内在的规律，在移动互联网之前，我们传统的英语学习也能够产生名家大师。时代在变，学生在变，世界在变，理念在变。"工欲善其事，必先利其器"，这个道理没有改变。在一个持续变化的世界中，以不变应万变是行不通的（李淑敏、张振中，2001；林泽铨，2002）。

第六，研究生英语课时设计面临挑战

我们在调研中发现，许多研究生英语教师抱怨课时不断受到严重挤压，不断被缩减。有些院校的研究生英语课时从原来的 144 学时（我们在调研中发现有的学校达到 196 学时）被减到只有 32 学时，被砍掉了近 78%。32 学时是我们所调研院校中研究生英语课时最少的。许多老师惊呼并抱怨，长此以往，岗位或将不保，生存或成问题，感觉颇为无奈。

我们认为，研究生英语课时危机的主要原因有：首先，科技发展日新月异，国际竞争日趋激烈，学科知识更新换代，专业学科要求更多的课时。其次，作为公共外语的研究生英语课程如果不能够具有充分的竞争力、吸引力，那么无论是学校层面还是导师层面，都会首先要求减少公外的研究生英语课时。最后，如果管理层对于公外研究生英语的重要性认识不足，也导致他们认为在课时有限的情况下，要首先缩减公外课时，以弥补专业课时的不足。

二、解决方案：全新的《非英语专业学位研究生英语教学大纲》

新时代，应对研究生英语教学危机和困局的路径，我们认为是多方面、多角度的，但其中最根本和首要的，是加强顶层设计，制定适应新形势、全新、科学、全面的非英语专业学位研究生英语教学大纲，作为研究生英语教学的基本依据和最基础的参照，这也是广大研究生英语教师长期以来最基本的关切和他们一直的诉求（苏远连，1999；刘学政、张亚非，2001；罗承丽，2002；谢剑萍、付永钢，2005；谢忠明、陈莉萍，2009；甘小亚、吴燕，2012；王晨曦，2018；张德贵，2020）。我们很高兴地看到，这个大纲在北京市高等教育学会研究生英语教学研究分会多年的努力之下，已经制定完成，并由中国人民大学出版社出版发行。下面针对这一大纲的内容、特点和意义进行简要述评，并就教于同行。

北京市高等教育学会研究生英语教学研究分会（以下简称"研究分会"）顺应时代呼唤和要求，在广泛征求意见建议，深入调研各高校教师配置、课程设置、课时规定、考核评估等要素的基础上，经过集思广益、多次研讨、审慎推敲之后，制定了《非英语专业学位研究生英语教学大纲》（以下简称《新大纲》）。

《新大纲》的主体包括九个部分，分别是：前言，课程定位与性质，教学目标与教学要求，课程与课时设置，评价与测试，教学方法与教学手段，教学资源，教学管理，教师发展。

新大纲从整体上主要明确和突出了以下八个方面：

第一，明确研究生英语课程是我国研究生教育最重要的基础课程之一，在人才培养方面的地位不可替代。这一界定继承并发展了《中华人民共和国学位条例暂行实施办法》（1981）关于研究生外国语的规定，进一步明确研究生英语课程的基础性和不可取代性，解决了广大教师的疑惑，坚定了广大教师的职业信心和职业依据，意义重大。课程的定位和性质决定了研究生英语教学对于课时、教材、评价与测试、教学资源、教学管理、教师发展等核心要素都要有明确的规定和设置。《新大纲》在充分调研、广泛听取意见的基础上，对这些方面都做了具体的规定和阐述。

第二，明确研究生英语课程具有人文性（颜少兰，2011）、工具性和专业性三大特点。

长期以来，高校外语界对于外语教学的工具性、人文性和专业性一直争论不休甚至喋喋不休，费时耗力，实际上并无多大意义。试问，外语教学如果没有了工具性、人文性和专业性，还有什么呢？还教什么呢？与其争论外语教学的工具性、人文性和专业性，倒不如认真探讨在外语教学的不同环境、不同对象、不同层次、不同要求下，对于外语的工具性、人文性和专业性如何有所侧重。《新大纲》旗帜鲜明地指出，研究生英语课程同时具有工具性、人文性和专业性三大特点，研究生英语教学要将三者有机地结合、融合。

第三，明确研究生英语教学立德树人、思政育人（俞瑢，2019）的人文素质教育功能。

从改革开放、民族复兴的角度讲，研究生英语教学同其他课程一样，也必须明确为谁培养人、培养什么样的人和如何培养人的问题。明确这"三个培养"之后，研究生英语的立德树人、思政育人责任，也就水到渠成了。换言之，立德树人、思政育人是研究生英语教学中人文性的本质体现和自然属性。

第四，将研究生英语学习层次划分为发展阶段和提高阶段；强调与本科阶段英语的衔接；基于人才培养的目标，强调专用英语和学术英语课程的设计；强调优秀教材的研发和选用。

研究生的来源广泛、英语水平不一。多年以来，许多研究生英语教师呼吁研究生英语实行分级教学并进行了很好的实践（蒙岚，2012；徐艳甲，2013）。《新大纲》充分吸收教师的建议，吸收成功的经验，把研究生英语的学习阶段分为发展阶段和提高阶段，强调与本科阶段英语的有效衔接，并据此提出专业英语和学术英语课程的设计，是客观的、实事求是的，符合教学规律。

同时，《新大纲》特别强调，研究生英语教学在提高阶段，应当重点开设学术英语和专业英语，与学生的专业相结合，强调专业阅读和深度阅读（龙翔、鞠方安，2020），努力提高研究生英语课程的内在质量。

第五，课时是教学质量和教学内容的根本保障。《新大纲》明确规定了研究生英语课程应当保证的基本课时。

研究生英语课时正在不断被缩减、压缩，最少的已经被缩减到32课时，有的学校甚至更少，这种现象导致研究生英语课程内容被迫大幅度减少，难以保证基本的教学质量，对此广大的研究生英语教师啧有烦言，颇感无奈。为此，从研究生英语课程的本质属性和保证教学质量并维护研究生英语教师权益的角度出发，《新大纲》在广泛调研的基础上，明确规定研究生英语的课时一般应该在32~128课时，供各学校参照执行。

第六，进一步明确研究生英语教学和研究生英语课程应当与时俱进，要充分利用一切现代化教学技术和手段，积极利用网络资源，开发线上课程，建设智慧课堂，使研究生课程和课堂内容前沿化，并充满活力。

我们在调研中发现，在应用现代教育信息技术支撑教学方面，研究生英语教学明显滞后于大学英语教学，导致这种现象的原因是多方面的，限于篇幅，本文不做赘述。实际上，教育信息技术的发展和应用已经是外语教学须臾不可离的支撑（胡杰辉、胡家圣，2020）。2020 年突发的新型冠状病毒肺炎疫情，更加凸显了移动互联网和线上教学的必要性、效率性。时代在呼唤和催生各行各业的新模态。落伍者必被淘汰，这是历史的铁律。为此，《新大纲》明确要求研究英语要大力开发线上课程，建设网络平台，搭建智慧课堂，使研究生英语课程站在时代前沿，并充满活力。

第七，对研究生英语教师资质提出建议性的明确要求，这些要求即高素质、创新型、复合型和专业化。

如前所述，研究生课程培养的是高素质、创新型、复合型和专业化、满足国家发展的各方面高级人才（相华利，2007）。这种内在规定性对研究生英语教师是极大的挑战。它要求研究生英语教师应当具有宽广的视野、深刻的思想、过硬的政治素质、广博的知识（包括学科专业知识）、丰富的教学经验和教育技术能力，尤其是复合型专业背景和创新能力。否则，研究生英语教师将很难胜任岗位。同时，研究生英语教师群体要牢固树立终生学习理念，努力构建研究生英语教学的理论、实践和话语体系，强化自己的群体属性和身份特征，才能更好地为国家高素质人才培养不断做出应有的贡献。

第八，《新大纲》充分体现以人为本，呼吁各方面加大对研究生英语教师群体的支持。

由于各方面原因，研究生英语教师群体的学术身份、群体属性和特征并不明显，这与他们所承担的不可或缺的研究生英语课程的重要性不相匹配。因而，《新大纲》明确，各高校（研究生院及相关院系）应当为研究生英语教师的职业发展，包括科研项目申报、学术交流、进修深造、职称晋升晋级等提供必要的、充分的支持，以使研究生英语教师更加崇尚自己的岗位，热爱自己的岗位，加强归属感，为国家高素质人才培养做出更大贡献。

除主要条文之外，《新大纲》还包括两个重要的附件。

第一个附件是"学术英语常用词表"。

词汇是语言大厦的基石和砖块。已有的研究表明，英美国家成年人的词汇量大约在 4 万左右，其中积极词汇约 2 万左右，掌握积极词汇中最常用的 3 000 词，即可读懂一般文本 95% 的内容。即便是全英文的英语学习者词典，其解释语所用的基本词汇，一般也都控制在 3 000~5 000 词（丁韬，2020）。为了配合和支持本大纲的研制，分会原会长彭工教授已经研发并于 2019 年出版《非英语专业学位研究生英语词汇大纲》，这个大纲收录词条 1 万多，比 2007 年的《大学英语课程教学要求》多出近 2 500 词，应当能够满足研究生学习和科研的需要（彭工，2019；丁韬，2020）。

为了强化研究生的学术英语能力，《新大纲》在词汇大纲的基础上，专门研制了研究生学术英语词表。本词表所有词汇均从国内外权威的语料库和材料中提炼出来，并参考了其他现有的相关英语词表，供教师和学生参考使用。应当说明的是，研究生应当根据实际需要，在掌握英语语法和英语基本构词法的基础上，尽量掌握多的英语词汇，尤其是学术英语词汇和专业英语词汇，并经常做到"温故而知新"。

《新大纲》的第二个重要附件是研究分会每年组织的研究生英语学位课统考真题。

考试是终结性评估，是检验研究生英语教学质量的必要和最重要手段之一。自 1988 年开始，北京市高等教育学会研究生英语教学研究分会组织北京地区高校的研究生英语学位课统考，每年举行两次，通常是 1 月份和 6 月份，主要针对一年级硕士生，还有部分院校的博士生英语学位课考试也采用此试题。自施行以来，本学位课考试得到广大考生和教师的欢迎。《新大纲》提供了两套真题供参考。目前学位课考试侧重于英语基础知识和基本能力的考核，未来还会不断改革创新。

可以看出，同1992年《大纲》相比，《新大纲》充分吸收了近30年以来研究生英语教学的实践与理论发展成果，充分反映时代变化和新要求；基于新的时代背景和实际情况，不再对研究生的英语阅读速度、笔译速度和写作速度做量化的要求。研究生教育的内生动力和自身特点，会促使研究生积极把英语学好、应用好。如果没有英语学习的内生动力，任何量化指标都是无意义的。同时，对于专业英语的学习，《新大纲》只强调其重要性，不具体规定学生的阅读量和课时量，这样给各学校更大的自主权和灵活性，也是对1992年《大纲》的继承和发展。我们期望《新大纲》对于我国的非英语专业研究生英语教学，能够发挥积极的推动作用。

参考文献

[1] Farrell T. Exploring the professional role identities of experienced ESL teachers through reflective practice [J]. System, 2010(1).

[2] Mullock B. What makes a good teacher? The perceptions of postgraduate TESOL students [J].Prospect, 2003(3).

[3] Swales J M. Genre analysis: English in academic and research settings[J]. Cambridge: Cambridge University Press, 1990.

[4] 北京市高等教育学会研究生英语教学研究分会 . 非英语专业学位研究生英语教学大纲 [M]. 北京：中国人民大学出版社，2020.

[5] 蔡基刚 . 高校外语教师知识结构升级：从 1.0 到 2.0 [J]. 外语电化教学，2020（1）.

[6] 大纲编写组 . 硕士博士学位研究生英语教学大纲 [M]. 重庆：重庆大学出版社，1993.

[7] 丁韬 . 大学英语词汇教学：问题与对策 [J]. 外语电化教学，2020（2）.

[8] 高海钰 . 农林院校研究生公共英语课程体系改革与探讨 [J]. 科教文汇，2007（2）.

[9] 甘小亚，吴 燕；研究生公共英语课程体系改革构想 [J]. 黑龙江教育学院学报，2012（3）.

[10] 胡杰辉，胡加圣 . 大学外语教育信息化 70 年的理论与范式演进 [J]. 外语电化教学，2020（1）.

[11] 何莲珍 . 时代呼唤研究生英语教学改革 . [J] 中国外语教学，2005（6）.

[12] 教育部公布 . 中华人民共和国学位条例暂行实施办法，1981.

[13] 教育部考试中心 . 中国英语能力等级量表 [M]. 北京：高等教育出版社，2018.

[14] 教育部高等学校外国语言文学类专业教学指导委员会 . 普通高等学校本科外国语言文学类专业教学指南 [M]. 北京：外语教学与研究出版社，2020.

[15] 教育部印发 . 研究生外国语学习和考试的规定（试行草案），1983.

[16] 汲寿荣 . "翻转课堂"在研究生公共英语课堂应用的研究 [J]. 黑龙江教育学院学报，2016（2）.

[17] 罗承丽 . 从新形势的需要探讨《非英语专业硕士研究生英语教学大纲》的修订 [J]. 清华大学教育研究，2002（增 1）.

[18] 李航，田耘 . 论研究生公共英语网络化教改策略 [J]. 长春理工大学学报（高教版），2009（10）.

[19] 罗立胜，郝慕侠，等 . 关于非英语专业研究生英语教学大纲的几点思考 [J]. 学位与研究生教育，2000（4）.

[20] 罗立胜 . 略论硕士研究生英语课程设置 [J]. 清华大学教育研究，2001（2）.

[21] 李双梅 . 高校研究生英语课程改革探索——基于需求分析 [J]. 内蒙古师范大学学报（教育科学版），2014（5）.

[22] 李淑敏，张振中 . 非英语专业研究生英语教学的问题和出路 [J]. 高等理科教育，2001（6）.

[23] 龙翔，鞠方安 . 外语深度教育理论与实践研究——兼评《世界语言与文化深度学习指南》[J]. 外语电化教学，2020（2）.

[24] 刘学政，张亚非.关于修改《非英语专业研究生英语教学大纲》的建议 [J].学位与研究生教育，2001（5）.

[25] 林泽铨.非英语专业研究生英语教学改革的辩思 [J].高教探索，2002（1）.

[26] 蒙岚.基于学生需求的研究生公共英语教学改革 [J].广西社会科学，2012（6）.

[27] 彭工.非英语专业学位研究生英语词汇大纲 [M].北京：中国人民大学出版社，2019.

[28] 苏远连.非英语专业硕士研究生英语课程设置体系初探 [J].广州师院学报（社会科学版），1999（4）.

[29] 王晨曦.基于 PBL 的研究生公共英语教学模式初探 [J].高教学刊，2018（19）.

[30] 王晓娟.对研究生公共英语教学改革的再思考 [J].长春工业大学学报（高教研究版），2014（2）.

[31] 王智红.非英语专业研究生学术英语教学的探索与实践——以中国海洋大学研究生公共英语教学为例 [J].教学探究，2014（4）.

[32] 相华利.研究生公共英语教学的当代转型及对教师的挑战 [J].教育与职业，2007（9）.

[33] 谢剑萍，付永钢.从跨文化交际角度谈非英语专业研究生英语写作教学的改革 [J].学位与研究生教育，2005（12）.

[34] 谢宇，韩天霖，林放，等.研究生公共英语教学现状的调查与思考 [J].外语界，2007（1）.

[35] 徐艳甲.研究生公共英语分级教学中存在的问题及解决方案 [J].牡丹江教育学院学报，2013（3）.

[36] 徐艳甲."1251 任务导学"模式指导下的研究生公共英语分级教学研究——以渤海大学为例 [J].科教导刊，2013（9 月（中））.

[37] 谢忠明，陈莉萍.研究生公共英语教学转型及对策研究 [J].学位与研究生教育，2009（11）.

[38] 颜少兰.论人文主义教育观在研究生公共英语教学中的体现 [J].太原城市职业技术学院学报，2011(8).

[39] 俞瑢.研究生公共英语课程思政实践探析 [J].纺织服装教育，2019（4）.

[40] 张德贵."互联网＋"时代研究生公共英语教学模式研究 [J].英语广场，2020（119）.

[41] 任慧君，杨映，等."幼童"培养单位模式下的研究生公共英语教学改革 [J].郑州师范教育，2018（2）.

[42] 赵鸿瑜.CDIO 工程理念指导下的研究生公共英语口语教学体系构建研究 [J].河北工程大学学报（社会科学版），2014（4）.

[43] 指南编写组.大学英语教学指南（征求意见稿），2017.

[44] 赵速梅，宫经理.创新能力是培养高层次外向型、复合型人才的保证——谈非英语专业研究生英语教学改革 [J].合肥工业大学学报（社会科学版），2004（1）.

[45] 赵婀娜，张烁，吴月.从小到大，从弱到强，我国 2020 年研究生在学人数预计突破 300 万——为高质量发展提供智慧引擎.人民日报，2020–07–29.

[46] 中共中央、国务院印发.中国教育现代化 2035，2019.

"课程思政"在研究生英语教学中的体现
"Integrity and Political Wisdom Development Imbedded in Higher Education Courses" Experienced in Post Graduate English Language Course

中国人民大学外国语学院 李桂荣 唐启明 韩满玲

摘 要： "课程思政"教育思想对（非英语专业）研究生英语教学有正向指导作用和有效拉升作用。在中国人民大学经济管理类研究生"英语中国"教学班教学中，"课程思政"既体现在授课内容中，也体现在课程拓展活动中。教学实践表明，"课程思政"指导下的（非英语专业）研究生英语教学拉升了授课教师教学内容水平和教学能力水平，也拉升了学生英语学习的定位和目标，有效提高了学生英语学习的效率和效果。教学过程既是学生的"铸魂育人"过程，也是授课教师的"铸魂育人"过程。

关键词： "课程思政" 研究生英语教学 "铸魂育人" 拉升作用

Abstract: The thought of "integrity and political wisdom development imbedded in higher education courses" affects positively the non-English major post graduate students' English language course in its orientation, contents and operation, as experienced in "English China" English language classes for post graduate students in economy and management at Renmin University of China. Led by the thought, the English language course for post graduate students in economy and management at Renmin University of China was revolutionized and has been working well. Compared with what was before the revolution, teachers' class contents and teaching ability have been upgraded and students' course target is higher and their work more efficient and effective. The language education course is a course of "discipline of spirit and intelligence" for both teachers and students.

Key Words: "integrity and political wisdom development imbedded in higher education courses", the non-English major post graduate students' English course, "discipline of spirit and intelligence", upgrading

一、引言

经过多年的为提高学生智慧型英语表达能力而进行的教学探索，中国人民大学外国语学院研究生英语教研室在外国语学院和学校研究生院相关领导的大力支持下创新性地建立了全校（非英语专业）研究生英语教学新系统，把全校（非英语专业）研究生英语教学分成四类，即文史哲类、经管类、法政类和理学类，教学定位是以这四大类领域内的经典文本为研究和模仿对象，让学生在教师的带领下通过对自己领域内英语经典文本风格和语言技术的学习和模仿演练提高自己以专业视角、用智慧型英语、表达当代中国的能力。虽然不同大类中的学生学习不同的经典文本，但这些文本具有共同的语言特征，即依附在厚重思想和严谨思维上的精准、凝练、生动的语言表达。什么样的语言风格承载什么样的思想和逻辑。在这种语言风格的影响下，学生的课上和课下英语语言实践自然而然地向思想内容的深刻和厚重、表达风格的精准和生动方向发展，而能够最有效地牵引这样语言实践的主题和逻辑是其以专业视角（有深刻性和延展性）所看到的当代中国的理论和实践（有现实感、观照性和可比性）。教师在指导和评价这样的学生英语语言实践中和学生实际进行这样的英语语言实践中都有丰富的"课程思政"元素，都直接体现"课程思政"教育思想和教学方法。

"经管类研究生'英语中国'教学班"是中国人民大学（非英语专业）研究生英语语言基础课课表中所呈现的针对中国人民大学经济管理类研究生的英语语言基础课课程名称（中国人民大学外国语学院，2020；2021），明确显示着经管类研究生英语语言基础课的基本定位和内容指向。这样的课天然需要"课程思政"思想的指导，天然要求授课教师"课程思政"教学能力的提高，也天然为受课学生收获"课程思政"语言实践成果创造了条件。

二、"课程思政"教学条件

1. 授课教师对"课程思政"的认识

2017年10月3日，在中国人民大学建校80周年庆祝大会上，中国国务院副总理刘延东在中国人民大学世纪馆对中国人民大学师生作了讲话，在讲话中向中国人民大学师生宣读了中共中央总书记、国家主席习近平祝贺中国人民大学建校80周年的贺信。习近平在贺信中强调："当前，党和国家事业正处在一个关键时期，我们对高等教育的需要比以往任何时候都更加迫切，对科学知识和卓越人才的渴望比以往任何时候都更加强烈。希望中国人民大学以建校80周年为新的起点，围绕解决好为谁培养人、培养什么样的人、怎样培养人这个根本问题，坚持立德树人，遵循教育规律，弘扬优良传统，扎根中国大地办大学，努力建设世界一流大学和一流学科，为我国高等教育事业繁荣发展，为实现'两个一百年'奋斗目标、实现中华民族伟大复兴的中国梦作出新的更大贡献（习近平，2017；刘延东，2017）"。这次庆祝大会会后，在中国人民大学全校各单位都积极学习习近平总书记贺信精神和刘延东副总理讲话精神的热潮中，作为中国人民大学非英语专业研究生英语教学单位的外国语学院研究生英语教学部也积极学习并在充分讨论的基础上作出了积极响应。在学习和讨论过程中，教学部的老师们认识到教学部已经开始的以提高学生与自己身份相匹配的英语应用能力为方向的教学改革方向是正确的，但是定位还不够清晰、目标还不够明确，所以教学任务也不够具体、教学方法也不够统一。通过学习和讨论，大家商量决定把"在英语教学中'扎根中国大地'、努力提高学生用英语'讲述中国故事'的能力"作为教学部的教学指导思想，具体设计了详细教学改革实施方案并通过报批获得了学院和学校主管部门的批准和支持。

尽管教学部的老师们都知道"立德树人"中国传统教育思想，但由于主要教学任务是技术性较强的英语语言课，因此，过去较少思考如何把授课内容和教学过程与"立德树人"紧密结合起来，认为只要没有会产生负面影响的内容、只要都是积极的进步的东西就可以了。学习了习近平总书记贺信的精神和刘延东副总理讲话的精神，大家豁然开朗，有了明确的立足点和方向感。特别是后来在学校"课程思政"工作引导下，教师们对"课程思政"思想进行了多次研讨，对如何在教学中践行"课程思政"思想有了深刻的认识和清楚的把握。

"课程思政"是把思政教育融入课程实施中，在课程实施过程中提高教学"立德树人"效果，使教学过程同时成为"铸魂育人"过程，把提高教学质量分解为学生知识获得增多、心智水平提高、价值观系统升华和综合能力增强，使学生在这几个方面都有收获并在这几个方面相互促进中得到提高，把英语语言教学工作变成为使学生成为优秀人才而添砖加瓦的工作。中国人民大学（非英语专业）研究生培养以使学生成为国民表率、社会栋梁为目标，研究生培养的所有环节方向相同，研究生英语课是研究生课程体系的一个元素，为使学生成为国民表率、社会栋梁服务。把"课程思政"实施在研究生英语课教学中就是在"铸魂育人"过程中，使学生思政水平和教师思政能力都得到提高。

2. 授课教师的"课程思政"教学能力

虽然好教学是"以学生为中心"的教学，但是教学工作中教师的主导作用本质不变（"以学生为中心"主要是"以学生的实际获得为中心"），所以，如果要把"课程思政"很好地体现在教学中，既要教师"课程思政"认识好，也要教师"课程思政"能力强。教师"课程思政"能力强表现为教师能够在教学中"润物细无声"地、潜移默化地、非常有效地进行"立德树人"和"铸魂育人"。所以，教学内容立意高、教学材料逻辑好、教学方法科学性强、学生对教学内容的接受度高是教师"课程思政"能力强的基本特征。教学部教师经过多轮"课程思政"教学讨论达成的共识是：中国人民大学（非英语专业）研究生英语课教师的"课程思政"能力强主要体现为具有"立学为民、治学报国"的职业价值观、拥有"不断学习以致面对学生时没有解决不了的英语语言技术问题"的工作追求和能够有效进行"通过英语语言教学滋养学生用深厚广博的知识和追求卓越的精神报效祖国和人民，通过英语语言教学提高学生用精准英语科学地、正能量地讲述中国故事的能力"的教学实践。拥有很强的"课程思政"能力是授课教师努力的方向。

为了增强教师的"课程思政"教学能力，教学部在学院相关领导的引导和支持下主要做了三个方面的工作。第一是"课程思政"理论学习，这项工作的基本模式是以党员学习（教学部15位中教教师中有9位中国共产党党员；承担经管类"英语中国"教学班中教老师共有4位，其中3位是中国共产党党员）为先，然后辐射教学部全体教师；学习内容覆盖面较广，除了通过读书系统学习习近平治国理政思想［《习近平谈治国理政》第一、二、三卷（习近平，2018a；2018b；2020），《习近平总书记系列重要讲话读本》（中共中央宣传部，2016）］、中国共产党党史（习近平，2021；本书编写组，2021）和中国特色社会主义思想（中共中央宣传部，2021）之外，还通过看展览、观影、走访基地和实地考察等方式了解和领悟党和国家的发展、中国社会现代化的进程、党和国家的光明前景。通过学习，教师们不仅增强了"课程思政"意识，还为自己丰富了"课程思政"知识。第二是把"课程思政"思想和相关知识融入教材。教材是学生学习的重要依据，是实现教学目标的重要工具。中国人民大学经管类"英语中国"教学班的主教材是《经管类研究生实用英语听说》（李桂荣，2018）和《经管类研究生实用英语读写》（李桂荣，2020），教材"语料"

都是当代中国经济管理领域的理论和实践，教材作者在撰写教材时体现了很强的"课程思政"性。第三是通过亲身语言实践和指导学生语言实践增强教师自己的"课程思政"能力。由于课程的定位是提高学生扎根中国大地、以专业视角、用英语讲述中国故事的能力，而且教师的角色定位是做学生的拐杖和垫脚石，所以，教师在教学过程中首当其冲向学生展示自己的语言实践并指导学生的语言实践，这个过程是教师英语语言教学过程，也是教师"课程思政"的实践过程和教师不断增强自己"课程思政"能力的过程。

三、"课程思政"在教学中的体现

1. "课程思政"在授课内容中的体现

经管类"英语中国"教学班英语课覆盖中国人民大学全校所有经济管理类学术型硕士研究生，每学年上课学生约 700 人，是学生 3 学分的必修课，全部课程在一个学期完成，授课时间总共是 64 学时，每周 4 学时，其中听说课和读写课各 2 个学时。听说课 16 个教学单元的主题分别是 Xiongan New Area，Chinese B & R Initiative，Chinese Economic Reformation，Chinese Three Rural Issues，Where China Is Economically，Chinese Business Management，Chinese Entrepreneurs，Chinese Corporate Culture，Chinese Private Business Gurus Growing Up in Market Oriented Transition，China Manufacturing，Chinese Management: Organizational Structure，Chinese Financial Industry，Business Environment in China，Tourism in China，Jing-Jin-Ji Integration，China's International Economic Cooperation；读写课 16 个教学单元的主题分别是 A Graduate's Career Start-up，A Village Leader Developed from a Self-made Business Man，A Dilemma for Local Governments: What They Do in the Dilemma，An Approach for Resolving the Commerce Space Conflicts: A Letter to Hometown Fellow Villagers，What the Real Estate Industry Has Done for the Social Development of China，Getting Drowned in Debt: Business Consequences of the Business Model "Catching the White Wolf with Empty Hands"，"Until Such Time as There Is a Deal, We Will Be Taxing the Hell out of China"，The Power of the Internet in Modern Business: A Perspective of Organization Image Cultivation，The Tendency for China to Become a Financialized Society，Chinese Business Management: Wisdom of Pingyao Businesses，Countryside Modernization in China: A Comparative Perspective，Social Credit Accumulation: Marketing Effect of Story Telling，Upgrading Staff's Thinking Ability in Chinese Corporations，The Gig Economy: A Positive Perspective，Turning Economic Issues into Political Ones: A Silly and Dangerous Game，China's Corporate Culture and the Implications for Cross-nation Business Cooperation in Asia。教学过程中，每个单元教学内容既覆盖文本的思想内容（包括论点、论据和逻辑模式等）也覆盖语言知识和沟通技术（包括篇章和段落结构、句子逻辑层级、文字性修辞方法和逻辑性修辞方法等）。由于教材文本即教学内容的核心部分是用经济学或管理学专业理论视角对当代中国经济或管理现象的论述，通过对教材文本思想内容、语言知识和沟通技术的分析，学生在和授课教师"并肩前进"的过程中，既学习了"智慧型"英语，也很深刻地感受着中国共产党领导下的中国发展之了不起，增强了关于中国特色社会主义的道路自信、理论自信、制度自信和文化自信，加强了坚定跟党走中国特色社会主义道路和改革道路的信心和决心，加强了敢于担当、善于作为的信心和决心，在潜移默化中立志成

为德智体美劳全面发展的社会主义建设者和接班人，立志成为为国家富强、民族复兴、人民幸福而不断开拓创新、永不停歇的奋斗者。

语言依附在思想之上，没有思想就没有语言；有什么样的思想就有什么样的语言。语言不仅仅表达思想，还对表达思想的人具有决定性的"塑形"作用。如果一个人满脑子都是负面的东西，其语言系统也会是负面性的；如果一个人满脑子都是积极的东西，其语言系统也会是积极性的。要改变一个人的思想，从其语言表达开始是行之有效的方式。构建一个人语言系统的过程本质上就是构建这个人思维系统的过程。中国人民大学经管类研究生"英语中国"的定位就是从这一基本规律出发的，目的就是要在提高其英语语言表达能力的过程中提高其思维能力，就是要让其通过用英语科学地、公平公正地、在专业理论上符合逻辑地论述当代中国的人和事而塑造其坚定的"中国心"、"科学心"、"使命担当心"和"勇往直前心"。

2."课程思政"在课程拓展活动中的体现

中国人民大学经管类研究生"英语中国"教学班的课程拓展活动不是学生的"必须任务"，而是学生在任课教师的建议下自愿进行的活动，但是，课程拓展活动对教学起着辅助和牵引作用。从学生角度说，课程拓展活动主要有：阅读教师建议的书籍报刊等阅读材料、视听国际大媒体节目和用英语撰写文章。阅读、视听和写作都对学生英语语言学习起着辅助和牵引作用。学生在阅读和视听中"见证"教师在课堂上讲到的语言知识和沟通技术从而在"温故而知新"作用下把自己在课堂学到的东西更加"烂熟于心"，而且，由于自己的"敏锐目光"和"聪慧听觉"，自己往往会发现教师在课堂上没有讲到、自己以前也没有发现过但却"非常漂亮"的语言现象，这样的语言现象对自己追寻"新"语言知识和"新"沟通技术具有很强的牵引力。学生运用所学语言知识和沟通技术用英文撰写文章，既是体验和巩固课堂上所学的语言知识和沟通技术，也是通过亲身体验已知的语言知识和沟通技术，感知语言系统和沟通机制，有效牵引自己生成具有自己特色的语言系统和沟通风格。

"好马配好鞍"，学生在教师指导下在课程拓展活动中"检验"科学语言知识和漂亮沟通技术的文本都是中外经典文本，都是装在经典语言壳子里的经典思想和逻辑。学生在"耳濡目染"这样的语言环境和亲自"依葫芦画瓢"的体验中自然而然地提升自己的品德、智慧和能力。中国人民大学经管类研究生"英语中国"教学班课程拓展活动中的中文文本主要有毛泽东治国理政思想篇章、习近平治国理政思想篇章、中国当代实业家管理思想篇章等，英文文本主要有亚当·斯密和约翰·凯恩斯经济发展思想篇章、彼得·德鲁克企业管理思想篇章、克里斯蒂娜·拉加德政治经济思想篇章等，中英文视听材料主要有中国之声电台经济频道节目、中央电视台综合频道和经济频道节目、博鳌亚洲论坛年会演讲和世界经济论坛年会演讲等。这些文本不仅对学生在其专业领域中的成长有益，对其价值观、人生观和世界观方面的成长也非常有益。好文章必然"立意高远"，学生受其高水平阅读材料和视听材料的影响，在写英文文章的过程中，其所"创造"的自己文章的思想呈现出"高尚的心"、"智慧的脑子"和"功能强的语言"。这种结果是学生经过纵横比较后自己选择的思维方式和语言表达方式，是语言教学课"立德树人"和"铸魂育人"的结果。

四、经验启示

　　几十年来，（非英语专业）研究生英语教学确实走过了"大踏步"发展道路：从改革开放后英语教学的重要性得到突显到 1995 年前后，（非英语专业）研究生英语教学的质量得到大幅度提高，学生英语语言知识和基本沟通能力都"解决了基本问题"；从 1995 年前后到 2005 年前后，（非英语专业）研究生英语教学在"学以致用"呼声下进行了一系列改革，经历了大胆尝试，实用性、学术性英语教学得到了公认，不少学校完成了从"公共"英语到"常识性"专业英语、学术英语的转型；从 2005 年前后到 2015 年前后，在全国性高等教育改革和发展浪潮推动下，全国（非英语专业）研究生英语教学或"主动"或"被迫"实现了"革命性"变化，到 2015 年前后，全国大部分学校的（非英语专业）研究生英语教学都实现了专业性、学术性英语教学。尽管是多种因素促成了这种变化，但是回望走过的道路，（非英语专业）研究生英语教学取得的成绩是显著的，是可喜的。然而，直到"课程思政"教育思想的彰显，关于（非英语专业）研究生英语教学，不少学校的相关主管领导、授课英语教师和受课学生对（非英语专业）研究生英语教学的本质目的和社会价值及其实现途径常常处于迷茫和"不知如何是好"的状态。因此，从总体上说，数量相对庞大的这类教师的职业发展受到了"拖累"，这类教学工作也没有很好完成否则就很可能很好完成的社会任务，其最直接的结果是很多相关学生"蹉跎"了宝贵时间。

　　对于培养优秀人才和教师职业发展来说，"课程思政"思想是正确的、科学的教育思想，是旗帜鲜明的、行之有效的指导思想。在指导（非英语专业）研究生英语教学工作中，"课程思政"思想的指导作用不仅直接发挥在教学本质目的、教学基本定位、教学任务层级、教学内容和教学方法上，还直接为相关教师和相关主管部门指明工作方向，使其为更好实现这类教学人才培养任务和社会价值而努力。中国人民大学经管类研究生"英语中国"教学班的教学实践表明，在"课程思政"思想指导下，学院和学校主管领导认可和支持这类教学的教学定位、教学内容和教学方法，授课教师明白自己工作的方向和价值，怀着信心和决心"攻坚克难"、从容快乐地工作，受课学生带着"欣慰"和"感动""攻坚克难"、从容快乐地学习。教学过程是授课教师对学生的增长智慧和"铸魂育人"过程，也是授课教师自己对自己的增长智慧和"铸魂育人"过程。

References

[1] 本书编写组 . 中国共产党简史 [M]. 北京：人民出版社，2021.

[2] 李桂荣 . 经管类研究生实用英语听说 [M]. 北京：中国人民大学出版社，2018.

[3] 李桂荣 . 经管类研究生实用英语读写 [M]. 北京：中国人民大学出版社，2020.

[4] 刘延东 . 在中国人民大学建校 80 周年庆祝大会上的讲话 [EB/OL]，[2021-05-01]，http://www.moe.gov.cn/jyb_xwfb/moe_176/201710/t20171011_316058.html。

[5] 习近平 . 习近平致中国人民大学建校 80 周年的贺信 [EB/OL]，[2021-05-01]，http://www.xinhuanet.com/2017-10/03/c_1121760315.htm。

[6] 习近平 . 习近平谈治国理政：第一卷 [M]. 2 版，北京：外文出版社有限公司，2018a.

[7] 习近平 . 习近平谈治国理政：第二卷 [M]. 北京：外文出版社有限公司，2018b.

[8] 习近平 . 习近平谈治国理政：第三卷 [M]. 北京：外文出版社有限公司，2020.

[9] 习近平 . 论中国共产党历史 [M]. 北京：中央文献出版社，2021.

[10] 中共中央宣传部 . 习近平总书记系列重要讲话读本 [M]. 北京：学习出版社，2016.

[11] 中共中央宣传部 . 习近平新时代中国特色社会主义思想学习问答 [M]. 北京：学习出版社，2021.

[12] 中国人民大学外国语学院 . 2020—2021 学年第 1 学期学术型硕士研究生外语公共课课表 [EB/OL]，[2021-05-01]，http://grs.ruc.edu.cn.

[13] 中国人民大学外国语学院 . 2020—2021 学年第 2 学期学术型硕士研究生外语公共课课表 [EB/OL]，[2021-05-01]，http://grs.ruc.edu.cn.

高校外语课程思政的创新探索

中国政法大学外国语学院　赵静静[1]　刘玮玥[2]

摘　要： 随着中国特色社会主义进入新时代，踏上新征程，在高校实施课程思政已经成为我国社会发展的时代之需，也是教育改革的必然选择。高校外语教学受众面广，课时占比大，是重要的研修课程，承载着思政教育的重任，成为思政教育的主渠道之一。如何实现外语教学与课程思政的有效联动，需要从各方面进行考量，持续推进创新探索。高校外语课程思政的创新探索对课程思政贯穿教学全过程具有重要的指导意义和实际价值。

关键字： 外语教学　课程思政　创新探索

　　2004年10月中共中央、国务院发出《关于进一步加强和改进大学生思想政治教育的意见》，明确肯定了思政教育在课程融合教学的必要性。2016年习近平总书记在全国高校思想政治工作会议重要讲话中强调："要坚持把立德树人作为中心环节，把思想政治工作贯穿教育教学全过程……使各类课程与思想政治理论课同向同行，形成协同效应。"习总书记的重要讲话再次强调思政教育贯穿教学全过程是时代之需，立德育人为基础的教育融合是百年大计。外语作为高校的重要课程，受众面广，课时占比大，无疑成为课程思政改革的重要阵地。依托外语教学，将思政融入外语课堂具有重要意义。

一、高校外语课程思政的必要性

　　随着中国特色社会主义进入新时代，踏上新征程，中国面临着更加复杂的国内外环境，承担着更大的使命担当，思政教育成为国家和社会发展的必然选择。培养什么人、怎样培养人、为谁培养人是高校人才培养的根本问题。与此同时，为更好地服务"一带一路"建设，满足教育部关于公共外语教学改革"一精多会"和"一专多能"人才培养需求，培育更多参与国际事务的国际化复合型高端人才，需要大力加强高校的外语教学。

　　外语教育作为一门语言教学，实际上蕴含着思政教育的培养目标。外语教学无论作为专业课抑或是通识课，都兼具通识性、文化性和国际性等特点，因此外语教学不能只局限于语言技能的传授，要兼顾思想价值观等正面的输出与培养，培养更多爱党、爱国、具有国际视野的有志青年。外语教学与思政教育不言而喻地形成了耦合关系。此外，相较于高校的思想政治课等其他课程，外语教学的受众面广等特点为思政教育的育人功能提供了得天独厚的优势，为思政教育内化于心、外化于形提供了强大有力的支撑。

　　外语课程教学因外语的特殊性，其内容多涉及西方的政治、社会、文化、法律和思想等，但是"师夷长技以制夷"式的学习理念并非一味地全盘接受。在课程的内容层面，教师要取其精华去其糟粕。尤其当下世界一体化且信息高度发达，学生在自身思想尚不成熟

1　赵静静，女，中国政法大学外国语学院副教授、硕士生导师。

2　刘玮玥，女，中国政法大学外国语学院2019级研究生。

的情况下，面对外来思潮的冲击，往往无法明辨是非。教师们如何破除西方资本主义国家通过教材等"白左"思想涉外渗透，帮助学生树立正确的价值观、人生观，更是外语教学的重中之重。因此，外语课因其特有学科优势成为课程思政的重要改革场域，其创新探索刻不容缓。

二、高校外语课程思政的创新探索

教育体系的完美构建，离不开教育输出者、教育接受者、教育媒介和教育环境的相互协同。外语教学的课程思政不是简单的嵌入某个教学环节，换言之，教师、学生、教材、方法和环境等元素互为表里，相得益彰。完善外语教学的课程思政，需要将各元素融入整个外语教育体系中，实现外语与思政的内外联动。

1. 思想道德和专业素养并举，全方位提升外语教师思政教育水平

育人者必先育己，立己者方能立人。作为承担着外语教学任务的外语教师，扎实的专业素养固然必不可少，但作为共产主义事业的引领者，思政教育所要求的内在道德素质也是重中之重。良好的思政教育水平，不仅为外语课堂增光添彩，更是为丰富和传播思政思想新渠道提供质量保障。尤其作为中外文化交流的使者，坚定中国特色社会主义立场，更是面对外来文化冲击所必需的基本素质能力。所以，外语教师，必须积极地学习政党理论知识，树立中国特色社会主义核心价值观，坚定四个自信，拥有强烈的爱国情怀和民族自豪感。对此，学校应积极组织定期培训，重新规划教师的综合考评机制，将道德评价、思想政治水平纳入机制中，提高外语教师学习政党知识的热情，培养教师思政能力和道德素养的主动性，实现学校党团外驱动和个人内效应的协同。

外语教师扎实的专业素养不仅能保证教学质量，而且可以审视、辨析外语教材内容的不良政治渗透，为课程思政与外语教学的交叉融合提供了质的根本保证。优秀的外语教师，可以通过外语课，培养学生基本的外语综合能力以及文化素养，同时帮助学生树立正确的人生观、价值观、世界观，坚定学生的理想信念，塑造学生的品德修养，培养学生的奋斗精神，达到外语教学与课程思政的最优化。此外，为积极响应习近平总书记提出的将思政课程与各类课程的协同与融合，各高校应大力推动外语教师与思政教师的联动，做到外语课程与思政课程一体化趋同，并激励两院教师致力于研究两学科融合的相关教学理论，推进外语教学与课程思政的深化与发展，服务我国社会新发展、新需求，培养建设新中国的优秀有志青年。

2. 创新教学和评估方式，调动学生思政学习的积极性

确定外语教学的目标和意义是学生外语学习热情的助推杆。尽管外语课呈现出受众面广、课时占比大的优势，但也正因为外语课的"普遍性"，造成了学生外语学习热情不足，重视度略低，上课参与度不高等不良现象。如若单一地、机械地将思政教育穿插在外语教学中，外语学习的不良现象必然每况愈下。明确外语学习的不同方向、不同主题，可帮助学生发现自身领域的短板，发挥学习的主观能动性，激发学习热情，充分发挥思政教育与外语课的有效互动。

不同学科类学生的外语诉求不尽相同，外语教师需要基于学生掌握语言知识的需求，根据学生不同的知识背景以及学业需要，积极拓展其学业所需的文化内容和常识，以提高

学生外语学习的主动性。此外，应积极改变传统的教学模式，利用先进的教学工具和新媒体，丰富课程内容和形式，深入挖掘教材背后的爱国主义、理想信念等思政元素和价值观内涵，让学生在学习中感受到学习的乐趣并享受课程，增加学生对外语学习的热情与主动性。在课堂讨论、场景模拟、剧情演讲、主题辩论等融入中国特色社会主义核心价值观、爱国主义以及理想信念等思想政治教育，将思政教育更好地融入外语教学。

学生的教学评估是外语课程思政发展不容忽视的要素之一。外语思政学习的教学评估，不能一味地将学生成绩作为唯一指标，应通过问卷调查、对话访谈等多种形式的结合，综合评定学生学习、品质、修养、心理等各方面。对此可以深入了解学生之所需，改进教学模式、方法和内容，以实现更高品质的外语课程思政，提高学生思政学习的效率。

3. 善用多媒介，为外语课程思政提供有力支撑

教材是外语教学的依托，是教育工作顺利进展的敲门砖。传统的外语教材虽种类繁多，但多以外国文化背景以及西方价值观为主，鲜有涉及中国相关内容。西方资本主义国家长期以来致力于通过教材渗透其资本主义式的民主、自由等价值观念和意识形态，以腐蚀我国青少年思想，动摇青年一代对中国特色社会主义的理想和信念。所以面对经济全球化的大背景，外语教师要积极打造属于并适用于我国教育的教材，并以教材为依托，剖析解读教材，充分挖掘教材内容，弘扬中国优秀传统文化，培养学生们的辩证思维和理性思维。此外，在世界百年未有之大变局，"两个一百年"的历史交汇期，亿万人民书写着鲜活的思政素材，教师应借此时机，积极推动教材与时俱进，加入更多鲜活真实的素材，结合我国意识形态，将爱国主义思想、道德教育和抗疫精神等内容等"润物细无声"式地融入教材内容，充分进行思想层面的拓展，引导学生树立积极的思想价值及观念，实现外语课程的育人功能。

教育媒介的创新是激发学生学习热情的工具，也是实现善用大思政课的良药。信息化大时代下，教育手段的多样化为教育内容以及教师技能提出了更高的要求，教学不仅只以教材为依托，媒介互联网成为教育炙手可热的新工具，图片、视频等教学工具，不仅剔除了传统教材时间和空间层面的限制，而且为传播社会主义核心价值观等提供了更为便捷的平台。外语教师不再单以口头叙述传播正确价值观和思政元素等相关信息，而是结合图片以及视频，让学生更直观地感受思政教育的内涵，增加对思政教育的认同与肯定。此外，互联网的无边界化，不仅带来了文化的多样性，还造成了文化以及思想价值的冲突性。对此，教师应积极引导学生，明辨是非，通过客观对比中西文化思想差异，让学生科学、理性地接受西方文化和思想，提高外语综合素养，锻炼思维博弈能力，同时正确地认识本土文化，树立社会主义思想价值观，内化四个自信，并积极投身中华民族伟大复兴的建设中。

4. 塑造良好的思政大环境，构建课程思政共同体

课程思政环境的好坏直接影响着思政教育的进展。全国各大高校都极为重视学生的思政教育，思政课程、党课、两会学习等对于学生正确的思想以及价值观的形成起到不可磨灭的作用。塑造良好的思政大环境对于全校师生形成与党中央保持一致的正确价值观至关重要。而如何塑造外语思政的"人文环境"，需要学校和各院系的相互配合，以及师生的鼎力支持。譬如定期组织爱国主义、集体主义、理想信念等相关主题的演讲比赛或生活交流会。通过教师评议、学生参赛的方式，不仅可以提高学生的外语语言水平，还能助其树立正确的思想价值观。学校定期组织具有思政教育意义的团建活动，以打造一个良好的课程思政生态圈，形成课程思政共同体。

三、结语

　　面对突如其来的疫情，我们举国上下共克时艰，交付了完美的抗疫答卷。年轻一代在"两个一百年"的历史交汇时期，展现出前所未有的道路自信、理论自信、制度自信、文化自信。外语课程思政取得了良好的成效，引导学生厚植爱国主义情怀，让爱国情、强国志、报国行成为思想自觉和行动自觉。中国高校外语课程思政是个系统且长期的工程，需要注入时代精神，需要与时俱进。虽然已经取得了显著的成果，但是如何善用大思政课，实现思政教育与社会现实的有机结合，与中国事业的相辅相成，有待更多的探索。

参考文献

[1] 陈雪贞 . 最优化理论视角下大学英语课程思政的教学实现 [J]. 中国大学教学，2019.

[2] 耿静如 . 大数据时代大学英语课堂渗透思政教育的研究 [J]. 福建茶叶，2019.

[3] 蒙岚 . 混合式教育模式下大学英语课程思政路径 [J]. 社会科学家，2020.

[4] 时宇娇 . 政法类院校公共英语课"课程思政"教学改革探索 [J]. 学校党建与思想教育，2019.

提升学生的中国文化认同感
——大学英语课程思政探索 [1]

北京师范大学外文学院　李　航

摘　要： 大学英语教学在新型冠状病毒肺炎疫情后时代背景下被赋予新的定位与内涵，传统以英美文化社会生活为主导的教学内容应该合理融合中国传统文化。通过对372名大学生的问卷调查，了解大学生对目前大学英语教学中的文化认同感与需求，并探讨如何在大学英语教学中体现课程思政的意识，融合跨文化交际结合立德树人的目标，提升国际视野的同时提升学生的文化认同，增强学生的文化自信。

关键词： 大学英语　课程思政　文化认同

一、背景

2000年，南京大学的从丛教授提出我国英语教学中存在"中国文化失语"现象。主要表现为中国英语学习者在跨文化交际中无法用英语表达中国文化，甚至在母语文化交际中，也无法准确地使用中文流畅表达。很多大学生甚至大学教师无法用英语介绍、宣传和传播中国文化，甚至对中国传统文化本身就知之甚少（魏际兰，2013）。根据肖龙福等（2010）的研究发现："中国高校英语教师和学生的中国文化知识掌握得还不够理想，他们运用所学语言在跨文化交际活动中传播、弘扬中华民族优秀文化的能力也不令人满意"，说明大学英语教育中"中国文化及其英文表达失语现象确实存在，且较为明显"，认为其对文化生态教学是一种破坏，对学习者全方位的素质培养是一种妨碍。

在大学英语教学中，因为受众广大，学生来自不同专业院系，培养学生的文化自觉与文化自信尤为重要，不能片面强调国际视野而忽视本国文明和本土立场。"因为一个缺乏文化自觉和文化自信的学生，是不可能成为一个精神上成熟的、合格的人才，更不可能在未来的国际竞争中立于不败之地"（钱晓，2013）。

根据维果斯基的社会文化发展观，语言个体发展的媒介和思维工具，是人类交际的重要工具，作为社会文化的重要组成部分，必然对人的思维和价值观等产生重要影响。英语作为语言，本身蕴含着英语国家的人文习俗、社会心理、意识形态和价值观念等，这是其特性决定的。同时，英语作为一种思想文化交流的媒介，必然会传播和渗透其独特的文化特性，与其他语言文化发生聚合、比较、相容或排斥。

大学英语教育面对全校不同专业学生，帮助学生掌握必要的英语交流能力和跨文化意识，可以发展他们的国际视野，帮助他们有效参与国际文化交流，有助于提升我国的对外开放、科技进步乃至国际地位。然而很多学生在语言学习中缺乏思辨，对于语言学习中的

1　本文为北京师范大学2021年课程思政重点项目（项目编号：S212106）的阶段性研究成果。

文化意识和文化差异缺乏自省和反思。

如何在大学英语教学中基于不同课程针对跨文化意识部分进行有效的对比甄别，引导学生在英语学习中"取其精华，去其糟粕"，是大学英语教学中的难点之一。

二、大学英语教学中"文化失语"的原因

一直以来，关于大学公共英语教学的讨论就没有停止过。很多人认为大学公共英语课程"费时低效"，将其称作"一壶煮不开的水"，甚至将其视为"空心课程"，认为大学英语在教学过程中过于强调语言的工具性，忽视了语言的人文属性。冯燕（2006）指出，"语言是文化的载体，也是知识的载体；脱离文化与知识，语言便是空洞语言"。

跨文化交际中表现出来的"中国文化失语症"背后的根本原因，是交际者对中国文化内容的陌生（肖龙福等，2010；冯燕，2013；罗玲，2018）。因此，在大学英语教学中，不能片面地以语言知识点和相关语言技能的传授为目的，不是仅仅"教书"，更重要的是"育人"。教师需要在教学中有机进行思政渗透，使学生成长为高素质的具有内在幸福感的复合型人才。只有让学习者在语言交际过程中丰富多元文化知识、在扩展知识过程中培养与提升文化意识和思想品德塑造，让学生从英语课程中也能有实质性的收获与成长，才能真正走出"空心课程""文化失语"的困境。

针对以上问题，为了了解北京市某高校大学英语教学中是否也存在这种"空心课程"，大学英语教师在英语教学中是否只关注英美文化输入而忽视本土文化的引导，导致学生产生"文化失语"的现象，研究者进行了探索性调查研究。

三、学生对大学英语课程中国文化导入的认同与评价

2021年春季研究者在大学英语教学中开展了探索性调查研究，通过自编调查问卷调查了解大学英语课程中学生的本土文化意识与母语文化认同感，了解学生用英语进行跨文化交流的意愿和能力。

问卷包括两个方面的内容：第一个方面，现有大学英语教学课堂中老师们对母语文化导入情况和程度如何？第二个方面，大学生对大学英语课堂中母语文化的需求以及用英语进行母语文化的外向性交际的意愿如何？

在学期初，通过问卷星对某高校大学生发放调查问卷，收集到372份有效问卷。

1. 学生对于大学英语课堂中教师对于母语文化导入的评价

为了了解现有大学英语课堂中大学英语教师的母语文化导入现状，研究者让学生对现有英语课堂中教师涉及母语文化导入的情况进行评价，包括六个项目：英语课堂中老师对中国文化知识的补充，能否方便获得关于中国文化的英文读物，老师对于西中文化的对比讲授，课堂上涉及中国文化的专题活动，以及老师对关于中国文化读物的推荐。

从问卷结果来看，本校大学英语教师在教学中基本能包括本土文化的教学，比如仅三分之二的学生回答老师会在课堂上补充相关中国文化知识，近60%的学生反馈老师会在课堂上将西方文化与中国文化对比进行讲授，约有64%的学生说老师会补充有关中国文化的英语表达，并且有超过一半的学生表明英语教师设计过以中国文化为主题的作业。相

比较而言，学生在课程中获得相关中国文化的阅读输入方面显得比较薄弱，仅有 32% 的学生表示能比较容易获得，也只有 44.89% 的学生表明老师曾经推荐过有关中国文化的原版或者英译读物。

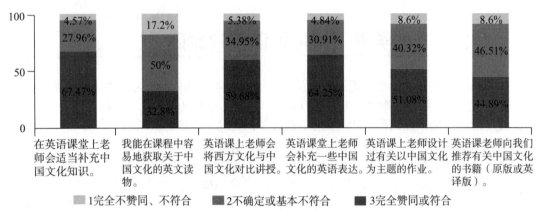

图 1 大学英语教学中教师涉及母语文化教学的情况

2. 学生对于目前教学中母语文化元素的需求程度以及交流意愿

问卷中还包括 6 个项目，了解大学生对于英语教学课程母语文化教学的需求或者认同程度以及跨文化交流中输出中国文化的交流意愿。图 2 呈现了这次问卷的具体结果。

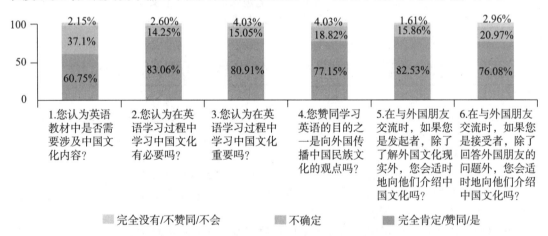

图 2 大学生对英语课堂中母语文化教学的需求以及外向性英语跨文化交际意愿

从上图可以看出，372 名回答问卷的同学中，相当高比例的同学都比较认同英语课程学习中学习中国文化的重要性（80.91%）和必要性（83.06%），60.75% 的学生都非常确定应该在英语教材中涉及中国文化的内容，而且 77.15% 的同学赞同英语学习的目的包括向外国传播中国民族文化，并且会在跨文化交际中，无论作为发起者（82.53%）还是作为接受者（76.08%），都会适时向外国朋友介绍中国文化。

3. 讨论

从这次探索性的问卷调查结果来看，超过三分之二的学生都认为教师在英语课堂上适当补充过中国文化知识，接近 60% 的老师会在课堂上将西方文化与中国文化对比进行讲授，约有 60% 的老师能在课堂上补充一些中国文化的英语表达，约有 51% 的老师设计过以中国文化为主题的作业，表明研究者所在的高校并没有出现文献所述比较严重的不涉及中国文化的"空心课程"的状况，本校大学英语课程中老师们都能在一定程度上开展有关中国文化的融入教学，比较重视跨文化意识的培养，进行西中文化比较教学，并能在教学活动中开展涉及中国文化主题的任务和作业，只是在给学生提供关于中国文化的英语读本方面略有欠缺。鉴于阅读是文化输入的重要途径，有必要在以后的教学中系统给学生提供英译阅读推荐书单，让学生能够在阅读中习得相关中国文化的正确地道表达，有助于提升学生在跨文化交际中介绍中国文化的自信与表明在大学英语教学中应该关注相关中国文化英语读本的推荐，甚至编写涵盖中国优秀文化的英语读本。

而且从问卷调查结果来看，本校学生对于英语学习中涵盖中国文化元素抱比较积极主动的态度，非常认可大学英语学习中学习中国文化的必要性和重要性，并且愿意在跨文化交际中主动向外国朋友推介中国文化，这一现象应该与当下中国大力推动"四个自信"，在教育中倡导"立德树人"，在国际舞台打造新的"一带一路"，构建人类命运共同体有一定关系，尤其在新型冠状病毒肺炎疫情后，中国文化中优秀的品质得到凸显，让学生们对传统中国文化有了新的认识，激发了他们的文化自信与认同感。同时高等教育也连续发力，出台了相关的课程思政的纲领性文件，对于引导教师的教学活动设计、课程设置以及教材编写都有很大影响。

四、解决大学英语教学"文化失语"的指导性思路

2020 年 5 月颁布的《高等学校课程思政建设指导纲要》（以下简称"《纲要》（2020）"）对推进高校课程思政建设进行了整体设计。一是强调要科学设计课程思政教学体系，根据不同课程的特点和育人要求，分别明确公共基础课、专业课、实践类课程思政建设的重点。二是结合学科专业特点，分类推进课程思政建设，根据不同课程的专业特点和育人目标开展课程思政建设，要求有机融入课程教学。

语言文化交流应该是双向的，除了对外国文化需要采取"拿来主义"，"取其精华，去其糟粕"，同时应该有文化输出的底气，需要"送出去"，需要树立文化自信，讲好中国故事。语言和文化的不可分割性决定了语言学习中文化不可缺位，大学阶段英语跨文化人才培养目标决定了本土文化的重要地位，而当前对外文化交流和外语学习者中存在的"中国文化失语症"，急切地呼唤着本土文化在中外交流和英语教学中适当发声。《纲要》（2020）的适时出台刚好从顶层设计这个层面给大学英语课程思政建设指出明确的方向。

同时，《大学英语教学指南》（2020 版）（以下简称"《指南》（2020 版）"）也对大学英语的定位和课程内涵进行了修订，将其视为一门核心通识课程，旨在培养全面发展的人。蔡基刚（2021）认为，跨文化交际教育是通识教育中的一个方面，现有背景下，应该把"立德树人"融入跨文化教育，可以在让学生了解英美文化和中国文化的过程中润物细无声习得内化各种优秀的人文、道德、学术伦理等品质。在英语课程中应该努力探索如何有效融入思政元素，以助于引导或者重塑大学生的世界观、人生观和价值观，充分体现语言教学与育人功能，帮助学生树立文化自信，提升思辨能力，在多元文化传播交流中做到"和而不同"。

从这次的问卷调查结果来看，虽然距离《纲要》（2020）和《指南》（2020 版）的发布仅仅不到一年，无论从老师们的大学英语课程内容活动设计以及学生们对于中国文化的积极态度，这些纲领性文件对于实践教学已经取得了一定的影响效果。

五、大学英语课程思政建设的路径探索

　　根据新颁布的《纲要》（2020），结合《指南》（2020 版），需要探索有效路径实现英语课程与思政的有机结合，通过教材编写，增加中国文化的英语输入和输出意识，改变"中国文化失语"现象，帮助学生树立文化自信，用英语讲述中国故事，成为具有国际视野的中国文化传播者。如《指南》（2020）明确指出，教材建设是核心内容，"是传播新知识、新思想、新观念的重要载体，……要自觉坚定文化自信，坚持中华文化的主体性，坚守中国文化的话语权，充分体现中国特色、中国风格，……应自觉融入社会主义核心价值观和中华优秀传统文化，引导学生树立正确的世界观、人生观和价值观；……吸收人类文明优秀成果，为培养具有前瞻思维、国际眼光的人才提供有力支撑。"

　　为了实现这一目的，教师也需要提升自身思政能力和本土文化意识与素养，同步增进教师的中西文化对比意识，"以其昭昭使人昭昭"，以实现引领学生和教师共同走上文化自觉之路的目标。

　　鉴于此，可以从社会文化视角出发，通过"教师中介，学生内化"的途径，借助西中文化对比思辨教学，"有必要在教学内容中适当平衡中国文化与西方文化内容的比重，便于学生在比较中更深刻认识不同文化与文明的长处与不足"（刘正光等，2020）。正确引导跨文化交际意识，从教学目标、教学内容和活动设计方面做出有效探索，在英语课程教学中对西方的文化意识形态保持批判性思维，在大学英语教学中进行正确的世界观、人生观和价值观引导以及本土文化的渗透，帮助学生用英语讲好中国故事，增强文化自信。

　　如杨婧（2020）指出的那样，目前研究基本集中在探索如何将课程思政与大学英语相结合的可行性和有效策略，关注宏观角度的实施路径，但缺乏详细的实践方案。鉴于目前的大学英语课程思政建设都处于探索阶段，而且教师本身也需要不断反思学习，提升自我思政能力，比较适合采用行动研究方法（见图 3），英语教师应该具有行动研究意识和能力，力求在教学过程中发现问题、解决问题，不断反思调整，以螺旋上升的方式改革课程教学，构建大学英语课程与思政内容相结合的课程教学内容，探索与之相匹配的评价方式，实现课程思政教学目标，建设课程思政。

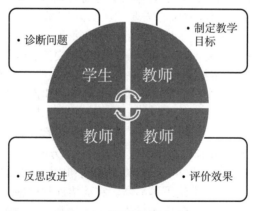

图 3　行动研究的研究路径

　　其次，大学英语教学中可以通过设计型研究，结合具体的大学英语通识课程探究思政融入的有效路径，重新解构课程，从已有教材挖掘思政元素，并补充母语文化的英语素材，从活动任务的设计完善以及评价方式和步骤等各环节入手，探索思政元素的有机整合。到目前为止，关于相关课程思政的理论和方法探索已经涌现出很多的成果，也有越来越多的大学英语教师（杨婧，2020；和伟，2019；王卉，2019）开展了有益的实践探索，但依然迫切需要开展更多的相关的实证研究，验证相关课程思政建设的效果。而行动研究方法对于促进教师提升研究素养，有效改善并检验课程思政教学效果应该是非常有效的一种路径。

参考文献

[1] 蔡基刚. 课程思政视角下的大学英语通识教育四个转向：《大学英语教学指南》（2020 版）内涵探索 [J]. 外语电化教学，2021（1）：27–31+4.

[2] 从丛. "中国文化失语"：我国英语教学的缺陷 [N]. 光明日报，2000–10–19.

[3] 冯燕. 空心课程论——中国高等教育外语教育批判 [J]. 现代大学教育，2006（6）：32–37.

[4] 和伟. "课程思政"融入大学英语课程教学路径研究 [J]. 中州大学学报，2019，36（6）：96–100.

[5] 刘正光，岳曼曼. 转变理念、重构内容，落实外语课程思政 [J]. 外国语（上海外国语大学学报），2020，43（5）：21–29.

[6] 罗玲. 基于态度理论的文化交往背景下的外语人才文化自信探究 [J]. 牡丹江教育学院学报，2018（3）：46–50.

[7] 钱晓. 大学公共英语教学中的思想政治教育渗透研究 [J]. 学理论，2013（11）：307–308.

[8] 王卉. 基于泛在学习环境的大学英语课程思政融入路径探究 [J]. 教育教学论坛，2019（1）：54–55.

[9] 魏际兰. 英语专业学生"母语文化失语症"溯因及启示 [J]. 宜宾学院学报，2013，13（10）：96–100.

[10] 肖龙福，肖笛，李岚，等. 我国高校英语教育中的"中国文化失语"现状研究 [J]. 外语教学理论与实践，2010（1）：39–47.

[11] 杨婧. 大学英语课程思政教育的实践研究 [J]. 外语电化教学，2020（4）：27–31+5.

[12] 杨金才. 新时代外语教育课程思政建设的几点思考 [J]. 外语教学，2020，41（6）：11–14.

课程思政教学模式下高校研究生公外选修课"西中文明比照"改革研究

北京师范大学外国语言文学学院　孙晓燕

摘　要： 本文以北京师范大学研究生学位英语高阶课程"西中文明比照"改革实践为例，通过对课程目标、课程内容、思辨与评价、中西文化比较实践四方面的调整，探索如何在课程思政教学模式下，强化高校研究生公共英语文化选修课的"价值引领"功能，深化学生的中国立场和文化自信，培养学生的家国情怀。

关键词： 公共英语　文化选修课　课程改革　课程思政

一、引言

2018 年 5 月 2 日，中共中央总书记、国家主席、中央军委主席习近平在北京大学师生座谈会上强调："要坚持不懈培育和弘扬社会主义核心价值观，引导广大师生做社会主义核心价值观的坚定信仰者、积极传播者、模范践行者。"同年 9 月 10 日，习主席在全国教育大会上再次强调要把立德树人融入思想道德教育、文化知识教育、社会实践教育各环节，提出六个"下功夫"，即"要在坚定理想信念上下功夫"、"要在厚植爱国主义情怀上下功夫"、"要在加强品德修养上下功夫"、"要在增长知识见识上下功夫"、"要在培养奋斗精神上下功夫"以及"要在增强综合素质上下功夫"。教育部（2020）印发《高等学校课程思政建设指导纲要》，全面推进课程思政建设，发挥好每门课程的育人作用。

近两年，有关外语课程思政建设，学界已经从宏观角度进行了深入思考（崔戈，2019；徐锦芬等，2019；成矫林，2020；刘正光等，2020；肖琼等，2020；杨金才，2020；张敬源等，2020；黄国文等，2021）。对于"为什么"要做外语课程思政、"谁来做""何时做""何处做"的问题，学界已经达成了共识，答案不言而喻。不过对课堂上的外语教师来说，最重要的问题是"怎样做"。毕竟课程思政区别于思政课程的重要一点在于前者是一种教育教学理念，应当是"弹性的、隐性的，润物无声地贯穿于教学各环节"（肖琼等，2020）。因此，黄国文、肖琼（2021）预测，在今后很长一段时间内，学界讨论的重心会逐渐向"是什么"和"怎样做"两个问题移动和倾斜，需要进一步研究。

本文以北京师范大学研究生学位英语高阶课程"西中文明比照"课程实践为例，探讨了高校研究生公共英语文化选修课如何在教学中融入课程思政理念，引导学生在文化比较中坚定中国立场和文化自信，培养学生的家国情怀。

二、课程思政模式下的教学改革

1. 课程目标的调整

在设计课程伊始，所设置的目标有以下三个：（1）磨炼英语读、写等基础技能，让学生能够从英文教材文本中识别并总结在具体主题领域中国和西方各自的核心观念；（2）锻炼思维能力，让学生思考如何从核心观念出发，对中西方文明差异及发生原因进行理性分析，懂得换位思考——站在西方人的角度理解文化现象背后的价值内涵；（3）反思自己以往对待文化差异的态度，能够在跨文化交际中有意识地克服文化本位与偏见，提升跨文化敏感性，增强中华民族的文化自信。

近两年的授课过程中，从学生的期末论文以及小组展示作业，笔者发现学生在比较中西方文化差异时，往往"太懂得"换位思考，对西方文化有很多正面的文化定式（cultural stereotype），进而在对比中常常得出"西优东劣"的结论。表1按话题列举了几个典型观点。

表1 学生讨论中一些典型的文化定式（举例）

话题	西方	中国
婚姻	结婚是两个人的事，如柏拉图所言，最求理想中的另一半。	传统讲究"父母之命、媒妁之言"。时至今日，仍旧讲究门当户对。
女性地位	女性虽然从属于男性，但西方女性比中国女性有更多的自由和选择权。	传统讲究"三从四德"。女性被局限在家里，被要求无条件地奉献。
教育	传统讲究苏格拉底式的辩论，启发思辨，博雅教育。发展到现代，以学生为中心，重视素质教育。	传统讲究尊师重道，教师的权威不容置疑，死记硬背四书五经。发展到现代，以教师为中心，填鸭式教育、重视应试。
医学	从德谟克利特的原子论开始，就把人体看作是由物质所组成。关注人体的病症本身，头痛医头，脚痛医脚。	传统中医受道家影响，讲究精气学说、阴阳消长、五行，等等。把人体看作气、形、神的统一体，带有唯心主义色彩。没有客观的凭准，是伪科学。
人与自然的关系	古希腊哲学家提出"人是万物的尺度"，试图探索自然奥秘，思考如何开发和利用资源为人类服务，由此衍生出理智和科技，推动了文艺复兴以及工业革命的发展。	中国自古崇尚自然、不违天命、顺其自然，但也由于天人合一思想对自然力过于"宽容"，造成了中国古代科学的不发达且不受重视，导致农业经济一直是中国的主导经济，从而丧失了工业革命带来的发展机遇。

细想下来，存在这样的现象并不奇怪。首先，"文化定式"从本质上是一种认知方式，是人们面对纷繁混乱的信息对某一文化群体的特征及行为方式进行归纳，虽然简单、笼统但胜在有效。可以说，文化定式是一种不可避免的普遍现象。其次，大众媒体的影响。爱德华·萨义德（1975）在《东方学》中指出：在十九世纪一些西方思想家眼中，东方成为其反衬的代表，西方代表着进步、文明，而印度、中国只能代表着落后、愚昧；如此"西优东劣"的知识建构背后是权力的运作，并通过艺术的、文学的、戏剧的再创造，从而构

成西方大众的东方想象。萨义德还提到"自我东方化"一词，指的是一些东方人不假思索地接受了西方人想象中的、被妖魔化和歪曲后的东方印象。虽然中国的综合国力不断壮大，国际声誉不断提高，但不可否认的是，西方文化在多元文化竞争中仍然占有主导优势并企图构建不平等的文化秩序和单极文化格局（赵学琳，2020）。在跨文化交际中，若常常以己之短比人之所长，或者下意识地受到网络媒体、西方舆论的误导，就会产生不必要的自卑心理。

孙有中（2016）定义跨文化能力时，指出除了要让学生"熟悉所学语言对象国的历史和现状、理解中外文化的基本特点和异同"之外，很重要的一点是"尊重世界文化多样性，具有跨文化同理心和批判文化意识"。他进而提出在外语跨文化教学中应秉承的五大原则——思辨、反省、探究、共情和体验。落实到"西中文明比照"课程，笔者认为教学目标及重点不仅仅在于让学生获得中西文化差异信息、体验异国风情，而是引导学生做更加对等的中西比较，深刻理性分析、评价并反思差异根源，进而增强文化自觉和文化自信。因此，笔者将把价值观导向调整为重点课程目标，在中西比较中通过突出中国文化特色、挖掘中国传统及近代文化闪光点，深化学生的文化自信，培养学生作为新一代中国青年的荣誉感和责任感，坚定社会主义理想信念。

2. 课程内容的调整

根据课程目标的调整，笔者对课程内容进行如下调整，着力探索课程思政的崭新教学模式：

针对《教育》专题（Module 1 Learning），通过整理《论语》中有关"学"的论述，引导学生正确认识中国古代儒家眼中的学习目的、学习内容及学习方式。比较中国古代启蒙读本《三字经》和古希腊启蒙读本《伊索寓言》，进一步展现中西方在上述方面的差异。接下来，通过梳理西方教育从传统到现代的发展历程，使学生更加全面地了解其特点和局限性。最后，组织学生观看 BBC 纪录片《中式学校——我们的孩子足够坚强吗？》（*Chinese School: Are Our Kids Tough Enough*）中有关中西教育理念及手段差异的片段，引导学生关注纪录片背后的西方视角，思考如何以更加公正客观的态度来看待不同教育理念的存在及价值。

针对《家庭》专题（Module 2 Family），首先学习中国古代"孝"观念的特点，并通过分析《论语》中孔子有关如何"事君"的论述，反映中国古代忠孝观的发展历史，澄清有关"孔子强调孝悌是为了维护封建统治和家族宗法"这一错误观点。接下来，组织学生观看视频，了解西方中世纪婚姻的缔结及爱情观的发展历史，反思相关主题的文化定式。最后，选取中世纪、19 世纪英国维多利亚女王时期及 20 世纪 60 年代女权运动开始之前这三个历史节点，通过文本阅读及视频观看，引导学生正确认识西方理想女性形象的形成及演变，反思其局限性及背后的历史社会渊源。

针对《人体/个体》专题（Module 3 Humans Themselves），首先梳理西方近代哲学家笛卡儿如何从三方面推翻亚里士多德的观点进而确立机械唯物主义人体观，了解西方古代四体液说、星象医学等理念的形成逻辑及局限性，引导学生正确比较中西方古代医学的异同，凸显中国传统中医的优点及对现代的借鉴意义。组织学生思考《孝经》中"身体发肤，受之父母，不敢毁伤，孝之始也"这句话的深意，理解中国传统中医为何把人体看做一个能够体现自然界规律的小自然（"the cosmic body"），展现中国传统中医思维所反映出的民族文化内涵——类比式本体论（Descola, 2013）。结合当前西方健康观的演进，促使学生进一步认识中国传统中医所采取的整体主义健康观的宝贵价值。最后，针对"西方文化相对开放，西方女性比中国女性有更多的穿衣自由"这一文化定势，通过分析中西方所普遍存在的身材羞辱（body shaming）背后的社会文化成因，引导学生以更加健康、成熟的心态看待自己、悦纳自己。

针对《人与自然》专题（Module 4 Humans and Their Surroundings），首先更正古希腊是商业社会和海洋文明的文化定式，梳理古代农耕文明的相似点，了解中西方古代在对待商人和"利益"方面的相似态度及局限性，落脚到现代资本主义义利观与社会主义义利观的区别，凸显社会主义义利观作为一种新型的价值观和道德观的可贵之处。接下来，引导学生学习中国古代道家"道法自然""天人合一"概念的真实内涵，比较西方古代亚里士多德及基督教《圣经》中对人与自然关系的论述，由此反思西方现代化发展路径的局限，深入理解习近平同志以"绿色"为基调的生态文明思想的先进性。最后，思考近代西方崛起的原因，了解西方资本主义完成原始资本积累依靠的是殖民扩张与侵略，引导学生理解探索中国特色社会主义发展道路的必要性和重要意义。

针对《人与权威》专题（Module 5 Humans and Authority），首先学习《论语》中孔子有关"政"的论述，引导学生正确看待早期儒家思想与封建王权的关系。随后，更正波希战争是先进的希腊文明战胜落后的波斯文明这一文化定式，了解古希腊城邦政治的实际情况与局限性。通过文本分析使学生熟悉荀子与亚里士多德在"平等"这一话题上的观点相似性及差异，促使学生认识到虽然"人性"、"自由"与"尊严"这些词在古代汉语中没有准确对应，但不代表这些概念在中国传统文化思想中不存在。结合孔子的"仁"与康德德性原则的比较，了解中国特色社会主义法治道路（坚持依法治国与以德治国相结合）的先进性。最后，组织学生思考疫情之下政府是否可以强制民众佩戴口罩的西方争议，促使学生深刻认识"自由"概念——所谓"自由"不是随心所欲，想干什么就干什么，而是如康德所说要遵从自己给自己制定的规则行动；真正的"自由"应该如孔子所说，"从心所欲，不逾矩"。

3. 思辨与评价

这一环节分三步实施。第一，在课前阶段，教师依据显性跨文化教学原则以及隐性思政育人目标，设计将文本分解成若干阅读任务，要求各小组合作完成文本阅读和问题讨论。在讨论题的设计上，紧扣课堂内容，依托辨析式与开放式相结合的小组讨论形式，引导学生对文本中的信息进行初步消化与思辨，形成书面笔记（一至两页 PPT），并在课前规定时间内将笔记共享至班级 QQ 群，交流成果。第二，在课中阶段，针对学生可能会出现的理解偏差以及情感态度偏差，教师通过网络图片、视频等影像资料创设情境，跟学生分享教师观点。在此过程中，引导学生重新审视自己原有的观点及态度。第三，在课后阶段，让学生撰写课堂评价。具体地说，让学生从以下四个问题中任选其一回答：（1）你是否同意课上所涉及的某些内容要点？（2）你对课上所讲的哪部分内容印象比较深刻？（3）你会对课上内容做哪些补充？（4）你最不喜欢课上的哪些内容？撰写过程实际上就是学生进行主动反思的探究性过程。通过自我判断和自我剖析，沉淀文化知识，深化中华文化认同和道德素养。另外，教师通过学生的评价和反馈，也可以获得思路，有助于进一步完善教学内容，提升教学效果。

4. 中西文化对比实践

课程最后一个专题是《价值观和世界观》（Module 6 Values and Worldviews）。价值取向和世界观的差异，表现在教育、家庭、社会等方方面面。因此，在前五个专题的具体比较基础上，本专题设计让学生发挥主观能动性，以小组合作的方式，从日常生活中选取一个具体的例子，分析例子所反映的中西方世界观/价值观方面的差异，形成10分钟的小组展示。通过实践，强化学生做更加对等的中西文化比较的意识，引导学生对何为中国特色、何为中国气质做深入思考及展现，激发正能量。

期末任务是小组合作完成学期论文。具体要求如下：（1）论文开头必须给出明确的、针对某一课程所涉及主题的、有具体限定的中西文化比较观点，切忌简单化和片面性的观点。（2）论文内容必须涉及一个具体的文化刻板印象，以及对它的反驳。通过这一活动，一方面锻炼学生用英语表达文化立场的能力，另一方面，更重要的是引导他们进行文化思辨、反省、探究，深化学生的文化认同。

三、结语

如何在高校公共英语文化选修课中融入课程思政仍需要不断深入探索和实践。笔者在课程思政教学模式下，从"西中文明比照"课程目标、课程内容、思辨与评价、中西文化比较实践四方面进行了调整，试图以隐性教育的方法，强化课程的"价值引领"功能。对于学生来说，以客观辩证的眼光看待中西文化差异，深化中华文化认同和文化自信，坚定社会主义理想信念，培育深厚的家国情怀——这些都具有重要的现实意义。

参考文献

[1] DESCOLA P. Beyond nature and culture [M]. Translated by Janet Lloyd with a foreword by Marshall Sahlins. Chicago: University of Chicago Press, 2013.

[2] 成矫林 . 以深度教学促进外语课程思政 [J]. 中国外语，2020（5）：30–36.

[3] 崔戈 ."大思政"格局下外语"课程思政"建设的探索与实践 [J]. 思想理论教育导刊，2019（7）：138–140.

[4] 高一虹 ."文化定势"与"跨文化交际悖论"[J]. 外语教学与研究，1995（2）：35–42.

[5] 黄国文，肖琼 . 外语课程思政建设六要素 [J]. 中国外语，2021（2）：1，10–16.

[6] 刘正光，孙玉慧，李曦 . 外语课程思政的"德"与"术"[J]. 中国外语，2020（5）：4–9.

[7] 孙有中 ."外语教育与跨文化能力培养"[J]. 中国外语，2016（3）：17–22.

[8] 习近平 . 在北京大学师生座谈会上的讲话 [N]. 人民日报，2018–5–3.

[9] 肖琼，黄国文 . 关于外语课程思政建设的思考 [J]. 中国外语，2020（5）：1，10–14.

[10] 杨金才 . 外语教育"课程思政"之我见 [J]. 外语教学理论与实践，2020（4）：48–51.

[11] 张敬源，王娜 . 外语"课程思政"建设——内涵、原则与路径探析 [J]. 中国外语，2020（5）：15–20，29.

[12] 赵学琳 . 发生学视域下文化折扣形成的内在逻辑及实践理路 [J]. 学术论坛，2020，43（1）：123–131.

[13] 中华人民共和国教育部 . 教育部关于印发《高等学校课程思政建设指导纲要》的通知 [EB/OL].（2020–05–28）[2020–06–03]. http://www.moe.gov.cn/srcsite/A08/s7056/202006/t20200603_462437.html.

融合思政的研究生英语读写课程

北京交通大学　周红红　许笑然

摘　要：《研究生英语读写教程》（提高级）是中国人民大学出版社的《研究生英语阅读教程》（提高级）的第四版修订。教程的选材遵循主题统领、内容依托、专业结合的原则，突出体现思想性、真实性和时尚性。教程的突出特色是最大程度融入课程思政和中国元素。依托此教材和"人大芸窗"学习平台，可以实施翻转课堂教学，将课堂的时间用于提升语言能力和思政导向的课堂活动和师生间的答疑解惑，润物无声地将思政元素融入课程教学中，培养研究生的人文素养、国际视野、家国情怀、专业能力和创新精神。

关键词：研究生英语　课程思政　翻转课堂

2016 年习近平总书记在全国高校思想政治工作会议上强调指出，"要用好课堂教学这个主渠道……使各类课程与思想政治理论课同向同行，形成协同效应"（习近平，2016）。2018 年全国教育大会（2018）和全国高校本科教育工作会议（陈，2018）都提出了"坚持'以本为本'，推进'四个回归'"，教育部"新时代高教 40 条"（2018）强调"强化课程思政和专业思政"，即强化每一位教师的立德树人意识，在每一门课程中有机融入思想政治教育元素。因此，每门课都有育人功能，每位教师都有育人职责。研究生英语作为高校研究生的公共基础课之一，具有课时多、学分多、学时长、师生覆盖面大、影响面广等特点，教学中的思想政治教育责任更加重大。因此，强化高校课堂的思政功能，首先要增加高校英语课堂的思政要素，加强英语课堂的课程思政，可以从以下几个方面着手：

一、源头活水，丰富教材的"思政内容"

"巧妇难为无米之炊"，教材作为课堂教学中最重要的客体材料，是教师教学和学生学习的指南。传统的英语教材偏重于收集有关西方文化知识的阅读材料，而与中国本土文化相关的阅读材料较少。在这种比例失调的情形之下，学生们的思想容易被带偏，容易出现厚此薄彼，感觉"西方的月儿更圆"，同时，由于缺乏与中国文化表达相关的词汇，他们难以运用英语来传播中国文化，因而出现"中国文化失语"的现象，极大地影响了我们的人才培养和中西方文化的双向平等交流与传播。可见，教材涵盖的内容和比重排列，直接影响着教学内容和学习结果。因此，要强化高校英语课堂的"思政"功能，就必须将思政理念和思政要素融入教材中，在源头上突出中国元素，体现思想政治引领，涵盖中国特色社会主义理论、社会主义核心价值观、中华优秀传统文化和中华传统美德等内容，为推进课程思政提供素材支撑和价值引领。

《研究生英语读写教程》（提高级）是中国人民大学出版社的《研究生英语阅读教程》（提高级）的第四版修订。教程的选材遵循主题统领、内容依托、专业结合的原则，突出体现思想性、真实性和时尚性。教程修订规划时就将最大程度融入课程思政和中国元素作为教材的突出特色。因此这本 2020 年出版的教程的第一单元的课文 A 呈现给大家的是习近平主席 2020 年新年贺词的英文版，同学们可以和习主席一起回顾不平凡的 2019 年，深刻体验习主席说的"2020 年是具有里程碑意义的一年"的特殊意义，同时还能学会诸如"砥砺初心"和"首艘国产航母正式列装"等几十个富有中国特色的中国文化负载词和短语的英文表达。第一单元的课文 B 是中国古代政治家晏子轶事，第六单元的课文 B 介绍"杂交水稻之父"袁隆平，全教程的 30 篇文章中有 5 篇文章是关于中国或与中国密切相关的。这样可以有效避免中国的制度、政治、经济、文化等元素在英语教材中"隐形"或"失语"，也可以避免学生在英语学习中因过度受到西方思潮的冲击而丧失对社会主义核心价值观的认同和信仰。可以引导学生在"比较"中增强思辨能力和文化自觉，不断增强"四个自信"，即中国特色社会主义道路自信、理论自信、制度自信和文化自信。

除了突出中国元素之外，全教程的选材围绕着与研究生的学习、生活和将来的工作密切相关的五大主题：人文与社科、经济与管理、生命与健康、科学与技术、环境与能源，教材 15 个单元的 30 篇文章的内容涵盖：领袖与领导力、语言与文化、生态与经济、医学研究、领军人物与先驱研究、人与世界、宇宙与物种、创业与就业、需求与焦虑、独处与孤独、芯片大战与技术革命、健康与疾病、能源与环境、监控与监督和全球绿色经济。这些千挑万选和精挑细选的文章，从远古到现今，从微观到宏观，从物质到精神，从个人到社会，带给学生们的不仅仅是英语能力的飞跃，更是"风声雨声读书声，声声入耳；家事国事天下事，事事关心"的家国情怀、科技素养和国际视野。

教程的另一个亮点是练习中的汉译英模块，所选的翻译内容与课文内容相关、与中国国情相关、与科技前沿相关，意在让学生们脚踏实地、一步一个脚印地学习用英语讲好中国故事。

二、翻转课堂，潜移默化的"思政输入"

2007 年美国两位中学教师将演示文稿结合实时讲解录制成视频并上传到网络，以便学生自主学习。这种名为"翻转课堂"，以学生自主学习为前提，课堂时间则留下来答疑解惑的教学模式很快流行起来，迅速传播到全美乃至全球。翻转课堂将课内外的学习时间重新调整，让学生掌握学习的主动权。通过这种调整，课堂学习时间将更有效运用于解决学生自主学习过程中发现的问题，加深对所学知识的理解；运用于学生课下准备的语言任务的展示，提升其语言表达能力；运用于课堂讨论，答疑解惑，锻炼其思辨能力。

《研究生英语读写教程》（提高级）的课程设计、考核方式、教学环境全部围绕翻转学习展开。中国人民大学出版社开发设计了"人大芸窗"学习平台，教程中的每个单元都配有由各高校优秀教师讲授的教学微课及与之配套的课文朗读音频、与纸质教材内容不同的拓展练习和单元小测题、英语能力测试题等教学资源，教师可利用网络教学平台组织并督促学生进行线上自主学习，并在线下的课堂设计大量的输出活动对线上学习进行检测，以问答和课堂讨论等多种形式润物细无声地导入每个单元的"思政要点"。

使用本教材进行翻转课堂教学，可以在第一周的课堂上由教师向全体同学说明课程的培养目标和实现目标的方法及手段，说明本教程中课本和学习平台的使用方法，设计课堂活动的模式，把班级学生分成若干小组并分配各小组活动的任务，描述执行任务的细节和评分办法，并通过提问法或回述法确保第一次活动的小组成员明确任务的细节和各自承担的角色。翻转课堂的教学从第二周开始，通常由 1 个学时的小组活动和 1 个学时的课堂讨论构成。课堂讨论将围绕每周一个单元的学习内容，同学们完成课外平台学习之后，在课堂上可以就学习中遇到的问题提问，教师也可以将课文中的重点、难点和"思政要点"以问题的形式提出，组织学生进行课堂讨论。比如第三单元课文 A《漏油经济学：被低估的风险》可以从"漏油经济学与我们有什么关系？"入手引导学生了解本课的中心是"被低估的风险"，了解人类的一个通病，即低估和忽视小概率事件的风险性，再引导学生讨论自己身边存在的这些"黑天鹅"，当大家谈到开车或坐车不系安全带、在人多的地方没有关注安全出口、家里没有灭火器、不喜欢戴口罩、吸烟、熬夜、甚至是爱喝冰可乐……很多同学感到"脑洞大开"，不少同学感到"脊背发凉"。

翻转课堂顺利实施的一大保障是形成性评价体系，即注重过程、注重参与，鼓励学生积极提问，积极回答问题，积极参与课堂讨论，学会用英语提出问题和陈述观点。教师需要在课程介绍环节明示形成性评价体系的构成和实施方法，并在后面的翻转课堂活动的各个环节有条不紊地落实各项评分细节，同学们通常都能迅速领悟并积极跟进，实现高效课堂的快乐学习。

三、课堂活动，学贤思齐的"思政内化"

课堂活动是翻转后的英语课堂教学的重要内容，在课堂活动中可以模拟真实的交际语境来提升学生的语言运用能力。课堂交互活动需要学生和小组成员配合进行，这有助于学生团队精神和集体荣誉感的培育。在课堂活动组织时可以选择利于学生"课程思政"的题材，通过主题演讲、案例分析、小组讨论、比较分析等形式渗透德育教育。比较成功的课堂活动案例有：

1. 主题演讲

要求学生制作 PPT，准备一个 3 分钟左右的脱稿演讲，主题如介绍家乡、风俗文化、名人事例等，也可以与专业结合，如介绍：一位本领域杰出的学术人物，也许就是自己熟悉的导师；一本权威的本领域学术期刊，往往是自己文献学习的主要阵地；一个自己日夜向往的高水平国际会议，可能就是母校的主场；一项重大科技突破，曾经激励自己到热血沸腾；一项参与的研究项目，可能见证了无数个不眠夜的钻研；一种科学家精神，有的令人景仰，有的触手可及。科学家和知名人士的奋斗历程充满了正能量，他们的优秀品质如勤奋、仁爱、责任心等，值得大家学习。学生们在准备演讲和聆听演讲的过程中扩大了视野，训练了胆量，增强了自信。

2. 时事述评

要求学生下载一段简短的英语新闻，在课堂上播放之后做新闻点评；在一个小组的同学都播放新闻和做出点评后可以请全班同学对这组同学的新闻和点评做即时评论，最后举手表决选取最佳新闻和最佳点评。这个活动可以让同学们追踪时事热点，陈述自己的观点，教师也可以画龙点睛地对同学们进行思政引导，比如我们就"新疆棉花事件"讨论过西方利益集团的别有用心，就"日本核废水入海计划"讨论一个负责任的政府应有的担当。这样的讨论不仅可以锻炼学生的创造性思维，同时可以促使他们更深层次思考社会问题，使自己的思维视野、思想观念、认识水平跟上越来越快的时代发展的步伐。

3.小组讨论

全班的各个小组就老师提供的案例或提出的问题讨论3—5分钟，之后由各组组长或执行组长向全班作讨论总结陈述，最后老师作点评。小组讨论是非常高效的口语训练手段，可以让胆小或信心不足的同学也有发言的机会，慢慢地上台发言就不那么紧张了，几次活动之后往往会因为发现自己讲得挺好而欢欣鼓舞。

这些课堂活动使同学们在讨论和合作过程中通过自身实践认识到竞争机制下团队配合的重要性，认识到团队合作意识和集体荣誉感的重要性，这本身就是学生人格培养的一个重要目标。

四、春风化雨，考验教师的"思政能力"

首先，高校英语教师自身的思想政治素质是实施"课程思政"的先决条件。教师的精神世界指教师的理想信念和道德情操。《习近平总书记教育重要论述讲义》一书中写道："梦想要以梦想去点燃，理想要用理想去唤醒。一个抱有理想信念的教师，才会在孩子、青年的心中播下梦想的种子。"（2020）作为教师我们要时刻反省自己，扪心自问，自己是否有为国为民献身的精神，是否在大是大非面前能够坚定政治立场，是否在金钱、物欲、名利面前能够把握住自己，坚守自己的道德标准，不随波逐流，不同流合污。我们的理想信念和道德情操虽深藏于心，但会外化于言和行，在和学生在日常交往中，在谈及社会中的所见所闻，讨论国内外热点问题时，教师不经意间流露出的观点和看法就会对塑造学生的三观起作用。

其次，教师可以组成课题组，利用集体备课集思广益，事先设计出每个单元的思政元素，在课堂上利用问答环节或讨论环节巧妙地导入这个思政引导点。

例如教材的第六单元课文A马丁·路德·金的《圣诞布道：祈求和平》中第三段有这么一句话："Now let me suggest first that if we are to have peace on earth, our loyalties must become ecumenical rather than sectional."。在理解和翻译了后半句话"……我们要忠于芸芸众生而不是惠泽一隅"之后，讨论什么叫做"忠于芸芸众生"，怎么做是"惠泽一隅"？同学们很容易联想到当今局势，美国前总统特朗普所推行的美国优先政策就是不折不扣的"惠泽一隅"，他们推行美元霸权，遇到经济危机就搞量化宽松，薅全世界的羊毛，抢占"lion's share"以实现利益最大化，这必将导致战乱和苦难，比如流离失所的叙利亚难民，比如千疮百孔的伊拉克和利比亚；而中国的"一带一路"倡议才真正是"忠于芸芸众生"，能为全世界带来互惠互利、和平发展的福祉。这一篇马丁·路德·金在20世纪中期的布道和当今现实联系起来依然意义非凡，同学们不仅透彻理解了课文，而且更清楚地领悟了当今世界局势和中国方案。类似这样的思政讨论，潜移默化地起到"润物细无声"之效。

事先预设好的思政元素经常会随着课堂讨论的深入得到补充和丰富。例如教材的第十单元课文A《月出的魅力》，描写月亮升起给人带来的内心的宁静与处事的自信。我们预先设计的思政元素是比较中西方对圆月的不同联想，了解文化差异。但是有一次课堂上有位同学请大家看第二段中的这么一句话："In the hush of dark I share the cheerfulness of crickets and the confidence of owls."。问为什么猫头鹰是自信的？这样的问题在课堂上会把老师也问蒙了的，但是等课下一通询问查找得出答案之后，这个问题将成为我们的保留节目，每次到此都可以问问同学们为什么猫头鹰是自信的，大家的回答都充满了想象力，比如因为猫头鹰站得高，因为它是夜间捕食，因为它眼睛大……最后可以问大家是否见过猫头鹰戴着博士帽的图片？好多同学点头，大家似乎突然间恍然大悟：它的眼睛周围的那圈羽毛看起来好像戴着眼镜，于是人们联想它是有知识的，知识有可能形成智慧，智慧能带来自信，突然间大家似乎更加明白交大的校训"知行"的含义。

一本好教材就像一个金矿，每一堂课，每一轮的教学体验都能给老师和同学们带来满满的收获和喜悦。

五、结语

"课程思政"建设是高校立德树人、培育中国特色社会主义建设者和接班人的关键。研究生英语教学在"课程思政"方面担负着不可替代的责任和义务，也是立德树人的有效载体之一。使用《研究生英语读写教程》可以成功地将思政元素植入课堂，对我们的硕士和博士研究生进行中华传统文化教育和新时代中国国情教育，增强学生们的文化自信和民族自信，使学生们在不知不觉中受到社会主义核心价值观和中华优秀传统文化的浸润和洗礼。通过"课程思政"，学生们不仅可以掌握西方文化精髓，而且还可以随时传达我们的思想文化和价值理念，向世界讲好中国故事，传播好中国声音，阐释好中国特色；做到既要继承中华优秀传统文化又要弘扬时代精神，既要立足本国又要面向世界，既要把中华传统文化以及现代文化的创新成果继承下来，又要将其传播出去，发扬光大。

参考文献

[1] 习近平．习近平总书记在全国高校思想政治工作会议上的重要讲话 [M]．北京：人民日报出版社，2016：12.

[2] 新华社．培养德智体美劳全面发展的社会主义建设者和接班人——习近平总书记重要讲话引领教育战线新思考新作为 [EB/OL]．（2018–09–12）[2018–09–13]. https://baijiahao.baidu.com/s?id=1611387353381142897&wfr=spider&for=pc.

[3] 陈宝生．在新时代全国高等学校本科教育工作会议上的讲话 [J]．中国高等教育，2018（Z3）：4–10.

[4] 教育部关于加快建设高水平本科教育全面提高人才培养能力的意见 [J]．中华人民共和国教育部公报，2018（9）：18–24.

[5] 教育部编写组．习近平总书记教育重要论述讲义 [M]．北京：高等教育出版社，2020：209.

非英语专业研究生 "学术英语" 课程思政探索
——以北京工业大学为例

北京工业大学文法学部　杨　明　刘宏涛

摘　要： 课程思政要求将课程教学与思政元素有机地融合在一起。在非英语专业研究生的"学术英语"教学中，学习动机、情感、态度起着重要的作用，而课程思政要求利用课程教学对学生进行价值、信仰引领。因此，非英语专业研究生的"学术英语"课程与思政内容相融合具有很大的可行性。在实际教学中，教师利用教学材料、教学方法、评估手段等各个环节进行课程思政，以期达到课程与思政的有机融合、相互促进，培养出新型的"四为"人才。

关键词： 研究生学术英语　课程思政元素　可行性　原则与策略

一、引言

2020 年 7 月 29 日在北京举行的全国研究生教育工作会议上，习近平总书记指出："推动研究生教育适应党和国家事业发展需要，坚持'四为'方针，瞄准科技前沿和关键领域，深入推进学科专业调整，提升导师队伍水平，完善人才培养体系，加快培养国家急需的高层次人才，为坚持和发展中国特色社会主义、实现中华民族伟大复兴的中国梦作出贡献。"这段关于研究生教育的指示有两个要旨：一是专业性；一是政治性。在研究生教育中，既要教学与研究，又要育人；不仅要改进、提高研究生的培养体制和专业层次，还要坚持培养"四为"人才。根据总书记的要求，研究生课程实施课程思政建设是不可或缺的。课程思政就是要对研究生进行社会主义核心价值观的引领，坚守课堂这块阵地对研究生进行中国特色社会主义教育，防御不良思想意识的侵袭。在实际教学中，改进过去的思想政治教育的"一驾马车"的行为，对学生实行全方位的思政教育，深挖学科中蕴含的思政元素，将这些思政元素有机地融合到课程教学中，真正培育构筑中国梦的"四为"人才。

二、研究生学术英语课程思政的可行性

1. 教学内容

根据研究生的发展特点和课程需求，开展学术英语课程在各高校早已成蔚然之势。研究生学术英语课程是以在功能语言学基础上发展起来的文体学为理论基础的，主要涉及的内容为某一特定领域的英语（ESP）。其一为学术英语的语言特点，其二为学术活动的规范与学术道德。（杨亚丽等，2014）

2. 教学方法

学术英语的教学材料一般以学术论文作为文本，而学术论文是科研活动的直接记录和对真理的探索与揭示，它最直接、最真实地贴近研究生的专业学习。根据以心理语言学为基础的建构主义学习观，语言的学习过程是学习者对经验、知识的建构。研究生学术英语就是通过内容、经验和知识的承载去建构语言，在语言的建构过程中，学习者的情感因素起着不可忽视的作用，积极的情感有利于语言的学习，而消极的情感如焦虑等因素则不利于语言的学习。在建构知识的过程中，教师是指导者、管理者与监督者，而学生是学习的主体。因此，在教学实施过程中，教师要树立人本主义的教学思想，重视学生的情感与认知，以学生为中心，培养学生认知能力的同时，也积极地培育学生的正面情感。（张庆宗，2014）

3. 研究生学术英语课程思政的可行性

研究生学术英语的教学内容主要涉及学术英语的语言特点、学术道德与规范，教学方法遵从建构主义的学习观，重视学生在语言学习过程中的认知与情感因素，坚持以人为本的育人思想。而课程思政要求将思政内容与教学内容和教学过程相融合，注重学生的情感、思想培育，在课程教学过程中对学生进行价值引领，培养具有社会主义核心价值观的"四为"人才。研究生学术英语的教学内容与教学方法和思政内容不谋而合，二者都重视学生的情感与价值培养。只要将课程内容和教学方法与思政元素有机地融合，引导学生将语言学习中的情感因素提升至更高层次的家国情怀、文化自信等思政层面，在教学中坚守信仰的作用与力量，就更能激发学生语言学习的积极情感，这也是研究生学术英语课程思政的可行性所在。

三、研究生学术英语课程思政的原则与策略

1. 教学材料的收集，共性与个性相结合，体现一般与特殊的辩证关系，坚持以人为本的原则

北工大研究生学术英语课程以大班为单位上课，每班学生人数在 70~85 人不等，学生组成不分专业，这就为实际教学带来了挑战。学术英语就其本质来说是以内容为依托的语言学习，不同专业的学生或许对其他专业的论文材料完全不熟悉，因此在阅读过程中会产生焦虑甚至倦怠的不良情感。而语言材料又是实施教学活动的媒介与工具，因此在实施教学活动前，就要首先克服这个教学内容上的痼疾。在正式教学前，教师要求学生以小组为单位收集自己本专业的论文，数量为 5~10 篇不等。教师对学生收集论文的要求是：（1）必须是以英语为母语的研究者发表的期刊文章；（2）论文的形式要规范；（3）文章具有时效意义，尽量代表了最新的科研成果。而教师为教学准备的相关文章则尽量是通用型的科研论文，以便课堂教学的正常顺利实施。

在课堂教学实施过程中，教师拿通用性的文章做范例进行讲解，待讲解完毕后，学生们阅读自己收集的文献资料，对教师讲的文体语用规则进行体会与反思。由于学生们阅读的是自己本专业的文献资料，因此从语言内容方面能较大程度地引起他们的兴趣，使他们在了解本专业内容中去体验学术文体的特点与规范。

此教学环节充分体现了以人为本的教学理念，增强了学生的主人翁精神，增强了其自主学习的理念。整个过程贯穿了马克思主义从一般到特殊的思维辩证法。

2. 通过学术语言的特点与语用功能，汲取研究者的科学精神与人文情怀

教师在引导学生对学术英语语言进行分析与体验时，一般从三个方面进行把握：词汇、句子和语篇。研究生具备了一定的语言基础，再借助词典等学习工具，理解论文的字面意义都不是问题。问题的关键在于正确把握学术论文的语篇功能与意义。（史顺良等，2014）一些学术英语的明显特点如动词的名词化现象以及大量使用被动语态和非人称代词等等反映了学术英语表述的客观性与严谨性。从语言的交际功能分析，这些表述的客观性与严谨性正是研究者的科学精神的体现。情态动词对研究生们来说并不陌生，但在学术论文这种特定文体中，其人际交际功能则体现了研究者在表述自己的观点以及质疑他人观点时所持的谦虚、谨慎、包容等科学态度与人格魅力。学术英语语篇的连贯、衔接、严密等特征则反映了研究者的逻辑思维与辩证思想。通过学术英语语篇的文体功能，教师引导学生进一步深挖语篇以外的研究者的科研行为，如作者如何选题、如何提出自己的假设，以及作者如何设计科研行为与过程，这些内容都体现了研究者建立在综合分析基础上的批判性思维以及投身科研的人文精神与家国情怀。

3. 教师讲解与小组活动相结合，体现民主、平等、和谐的价值观念

在学期第一次上课时，教师就要把本课程的设置理念、教学策略、教学目标、考核体系等向学生做出阐释与说明，其中一项重要的任务就是在课堂上开展小组活动。学生按要求以专业为基础组成 7~8 人的学习小组。根据建构主义的学习原则，整个教学过程以学生为中心（student-centered），教师只是教学的倡导者、管理者与监督者。在教学过程中，教师针对全班学生对相关的讲义内容进行剖析、讲解与示例。在这个过程中，教师提出预设问题让学生进行独立思考并得出问题的答案，然后教师让不同的学生呈现自己的答案，在课堂上引导全班学生对不同的答案进行对比，从而引导学生讨论、协商进而得出一个比较完美的答案。在这个过程中，教师运用启发式教学，教师与学生始终处于一种平等的地位，课堂始终为民主、和谐的氛围所包容。

教师讲解与示例结束后，要求学生阅读自己收集的论文文献，并在阅读过程中对教师讲解的内容进行体验、对比，从而形成教学的反思环节。然后以小组为单位，对学生的个体反思结果进行小组讨论，一般讨论时间为 10~15 分钟。教师指导小组讨论的方式方法，监督各小组讨论的过程，确保在讨论中每个小组成员处于民主、平等的地位，鼓励那些英语基础相对较差的同学克服心理障碍、积极参与讨论。小组讨论结束后，教师让一些小组对讨论结果进行发言，同时鼓励、督促每个小组的成员都积极踊跃地发言，特别是关注那些英语基础比较差、表达能力较弱的学生，使充满着正式、客观语言的学术英语课堂显得有情有义、气氛盎然，整个过程都充满着师生平等、生生平等、合作学习的民主气氛，整个教学过程与环节都浸润在和谐的氛围中。

4. 课堂学习与课外自主学习相结合，培养学生的合作精神、终身学习以及积极探索的精神

在教学内容中，教师挑选出学术论文中的内容摘要为主题，让学生在课下自主学习。学习的任务主要包括：（1）以小组为单位，阅读有关内容摘要写作的书籍，归纳内容摘要的写作步骤及语言特点（主要是词汇和语法特点）；（2）阅读本专业学术论文的三篇内容

摘要，归纳出这三篇内容摘要的写作步骤及语言特点；（3）对比通用的内容摘要的写作方法与自己所学专业的内容摘要的写作方法的异同；（4）在课堂上把自己的对比研究结果以小组为单位向全班同学进行陈述，然后教师进行点评。教师在课堂上指导这个小组作业的分工与合作的方法，只有分工合理，才能高效。最后的合作通稿，是小组任务的最终结果与表现形式，是评估的依据，二者缺一不可。这种小组合作、自我完成教学任务的方式蕴含了自主学习、终身学习、积极探索的学习理念与原则，培育学生的探索精神、自主研究精神。

5. 课堂教学与学术实践相结合，培养学生的文化自信、家国情怀

在处理开题报告与研究报告这两个主题的教学环节上，采用"课堂教学＋科研实践"的形式。首先，教师在课堂上示例讲解开题报告与研究报告的写作方法与步骤，使学生对这两个主题具有一个理论框架，然后要求学生以小组为单位在课外进行科研实践。具体的操作步骤如下：（1）学生查阅有关中西方文化的书籍文献，确定自己感兴趣的主题，主题一般为有关中西方文化的研究与对比，如校园文化、饮食文化、家庭观、价值观等；（2）写出规范的开题报告；（3）与教师商议调查中采用的调查工具、调查步骤的科学性、可行性；（4）开展科学调研，一般采用对外国人访谈的形式，访谈时间一般为每个小组15分钟左右，并现场录制访谈过程；（5）以小组为单位提交一份规范的调研报告；（6）根据本小组的调研报告和录制的视频片段向全班做调研过程与调研结果的汇报。由于这个教学环节涉及的调研主题是一般性的中西方文化的主题，因此学生们要自主地查阅中西方文化的有关书籍，对中西方文化进行对比，这有利于增强学生对中国文化的深刻理解，加深学生对民族文化底蕴的了解，培养学生的文化自信与家国情怀。

6. 通过文献综述主题的教学，使学生了解、遵守学术规范，培养学生的廉正、诚实、严谨的健全人格，了解科学家们的奋斗历史，培养其为中国特色社会主义奋斗的意识

在文献综述主题的教学中，教师示例讲解学术论文的严谨性，特别是选题的科学性与引用的规范性，这不仅是学术论文的规范要求，也是科研人员的基本素质与品质的表现。在选题上，教师引导学生一定要做好文献的研究与综述，从中吸取相关的理论，了解目前相关主题的研究现状，对相关学术思想进行正确的引用和科学的质疑。以此为切入点，教师在本教学环节可以举一些现实中的学术不端行为的例子，对学生进行教育、警示，并在实际的写作任务中监督学生的引用不当、甚至抄袭等行为，进行严肃的批评指正，并责令其改正，使学生的头脑中始终保持着学术不端这根高压线，培养学生的廉正、诚实、严谨的科学态度与科学精神。

在文献综述作业中，具体任务是要求学生搜集所学专业能体现最新研究成果的中、西方论文各三篇，并就这六篇论文写一篇文献综述，然后根据自己的文献综述，写一个小结，分析中西方在本主题上的研究差距，用历史唯物主义的观点，分析这些差距存在的原因。在分析本专业发展的历史过程中，不可避免地会涉及对本专业发展做出突出贡献的科学家，教师指导学生了解这些科学家们的成长经历、为科研奋斗的精神，培养学生的爱国主义情怀。如指导建筑设计专业的学生了解中国著名建筑学家梁思成除了是一位伟大的建筑学家外，还是一位伟大的爱国者，他为了保护北京的古建筑而倾尽全力、四处奔波，虽然其努力没有成功，但他尽到了一个爱国知识分子的责任，他的精神就是科学精神、爱国主义精神。

7.线下教学与线上教学相结合，拓宽教学渠道，多方位地对学生进行思政内容的融合与渗透

在研究生学术英语教学中，采取了"线下＋线上"的混合教学模式，线上教学主要是使用"日新学堂"教学软件，教学内容包括：（1）布置、提交作业；（2）教学材料上传；（3）问题答疑。教师利用线上平台，为学生提供具有丰富思政内涵的学术论文、科学家们的励志故事等自学材料供学生课外阅读。另外，学生在学习中的问题可以在线上留言，教师每周抽出一定时间对这些问题予以解答，这也是教师和学生进行交流的机会。另外，教师在学生所提的问题中，观察学生的学习状况，了解学生的学习动机以及学习中的瓶颈，根据与学生交流的情况，掌握学生的学习基础、动态，可以就此机会对学生进行学习方法上的指导，对学生的学习表现出关怀与热爱，从而使学生产生情感上的共鸣，引导他们积极地反思自己的学习，以不同的思维、不同的视角去审视自己的学习过程与学习态度，使自己尽快适应研究生学术英语课程的教学，克服一切障碍，高效地完成学习任务。由于线上教学拓展了学习空间，缩短了师生距离，学生感觉到英语就在身边，老师就在身边。教师与学生的心理距离缩短了，学生就愿意将一些学习甚至生活中迷惘与苦恼表达出来。教师可以用自己的学术经历、生活经历对其进行引导，将如何正确处理矛盾、怎样追求更高的目标、如何为了科研去奋斗、如何将个人的人生追求与国家利益相结合等等思政元素贯穿于其中，对学生起到潜移默化的作用。

8.实行形成性评价与总结性评价相结合的考核体系，在考核中融入思政内容，强化与加深学生的思政意识

在对学生成绩的考核中，实行形成性评价与总结性评价相结合的方式，以便既能监督、促进学生的学习过程，使教师在教学过程中不断改进教学，也能使学生的学习成绩具有一定的区分度。学生的最终成绩平时分数占比 40%，期末考试成绩占比 60%。占比 40% 的平时成绩为小组成绩，分别为：自学内容摘要、撰写文献综述、写开题报告、外出采访＋调研报告（这四项内容在上文均已提及，此处不做赘述）。教师在评价这些任务完成情况时，根据上文所提到的这些任务所涉及的思政内容，适当地分布一些分数，一般来说每项任务中的思政元素考评为 2 分，共计 8 分。

在期末考试中，对本课程涉及的一些思政元素通过不同的题型显性或者隐形地对学生的课程思政情况进行考查，如：通过论文句子的排序题隐形地考查学生的辩证思维，通过判断正误题显性地考查学生对"学术不端""科学精神"等概念的理解与掌握。总体来说，在总的评价中，思政元素的考查占比为 15%。

四、结论

本文以北京工业大学为例，从思政理论、建构主义学习观以及人本主义教育理论出发，论证了非英语专业研究生学术英语课程思政的可行性，以及各个教学环节和考核环节与思政元素融合的原则与策略。研究生学术英语课程思政不仅仅是课程的改革，更是教学理念的提升。课程教学与思政相互融合、互为渗透、相互促进，在培养新型的研究生"四为"人才中起着重要作用。

参考文献

[1] 史顺良，王三武.英语学术语篇中元话语的交往行为意义分析 [J].山东外语教学，2014（5）：40–48.

[2] 张庆宗.如何成为优秀的外语教师 [M].武汉：武汉大学出版社，2014：122–129.

[3] 杨亚丽，杨帆.以学术英语为导向的研究生英语课程设置模式 [J].高等农业教育，2014（8）：86–89.

课程思政视角下 "科技英语写作" 课程改革与实践[1]

北京建筑大学人文学院　窦文娜

摘　要： "科技英语写作" 是研究生公共基础课程中的必修课，旨在培养新工科人才在国际交流与沟通、语言水平以及跨文化交际方面所需要的素质与能力，以增强中国学者在国际学术圈的学术话语力量。本文从解决人才培养方面产生的问题为出发点，在课程思政导向下，以 "科技英语写作" 课程为依托，结合学校办学定位、专业特色和课程特点，深入挖掘思想政治教育资源，完善课程内容，改进教学方法，构建非英语专业研究生外语教学过程中有效融入课程思政的建设模式和具体方法路径。

关键词： 课程思政　科技英语写作　非英语专业研究生　外语教学

一、前言

1. 文献综述

2020 年 5 月，教育部印发了关于《高等学校课程思政建设指导纲要》的通知，提出全面推进各个高校的课程思政建设任务，并强调课程思政建设全覆盖，在所有高校和所有学科专业中实行全面推进，充分发挥每一门课程的思政作用，进而提升高校人才培养的质量。《高等学校课程思政建设指导纲要》的发布突显了课程思政建设对于人才培养的重要性，同时也为今后高校教学改革与研究指明了方向。

我国现有研究对在外语课程中融入课程思政教育已经有了丰硕的成果，大致从两个视角进行论述：从宏观层面讨论外语教学体系的建构以及课程思政融入的必要性，另有研究从微观层面，聚焦一门课程，从课程内容方面提出具体的建设意见。然而，这类研究缺乏深层次地、系统地构建课程思政融入课程的宏观建设模式和具体方法路径（刘建达，2020）。

2. 研究问题的提出

新工科背景下，为贯彻学校建设有特色、高水平、国际化的发展目标，本研究通过研究生外语教学一系列改革与实践，旨在培养具有国际化视野的人才，以响应 "一带一路" 战略构想对培养高端国际化工程人才的更高要求。聚焦学校办学特色，依托人文学院成立的 "学术英语写作指导中心"，为更多专业教师和学生发表国际期刊论文提供语言翻译与润色上的大力支持。

1　资助项目：北京建筑大学 2020 年教师思想政治工作研究课题 "跨文化交际视域下提升国际工程人才民族文化自信心策略研究"（课题编号：S-2020-Y-11）。

通过开设"科技英语写作"课程，扩大语言服务技术支持的面向。从学术层面，培养新工科人才在国际交流与沟通、语言水平以及跨文化交际方面所需要的素质与能力，以增强中国学者在国际学术圈的学术话语力量。基于先导研究就研究生英语教学需求分析以及课后课程反馈等问卷调查，结果分析显示出我校研究生群体存在跨文化沟通能力欠缺以及在学术写作和口语表达亟待提升的现状。

因此，本研究从以解决人才培养方面产生的问题为出发点，将培养学生科研能力与提升其民族文化自信心相结合，实现英语教学工具性与人文性的统一，开始对研究生英语教学改革进行初步的探索与实践。旨在通过本课程的学习，强化学生批判性思维、提升学生英语学术写作能力的同时，探索提升中国学者在国际学术圈的学术话语权的途径，进而有效地潜移默化地提升学生的民族文化自信心。同时在实践过程中，探索一条有效提升学生思想政治素养的教学模式。

二、课程思政建设的宏观架构

本研究探索创新课程思政建设的整体思路围绕四个层面依次展开：首先，"课程思政"内涵是什么，以课程为依托所涉及的德育元素有什么；其次，为什么融入"课程思政"，对教学目标的设置上有什么影响；再次，在课堂中如何有效地开展"课程思政"；最后，"课程思政"教学实践开展得怎么样，对于师生的影响有哪些？基于此，本研究将课程建设目标融入课程教学过程的工作思路构建如图 1 所示：

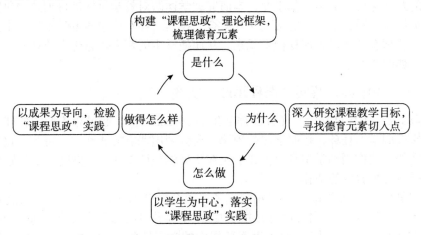

图 1　课程思政建设的整体思路

1. 构建"课程思政"理论框架，梳理德育元素

"课程思政"顾名思义，从思想政治视角开展课堂教学。然而，在其他学科中如何有效融入德育元素，是构建"课程思政"理论框架的重中之重。基于以上考虑，笔者从理论层面进行宏观的建构，继而从外语教学的角度进行细分，梳理核心课程实际教学中的可以进行实践的德育元素，为"课程思政"后续的开展奠定了坚实的理论基础。继而根据课程的教学大纲和教学日历，系统梳理适用于本课程的德育元素如表 1 所示：

表 1　适用于"科技英语写作"课程中德育元素

序号	适用于本课程的德育元素
1	精益求精的工匠精神
2	英语学术语篇中的个人主义和集体主义
3	团队合作精神
4	创新精神
5	分析民族身份认同，弘扬民族文化自信心

2. 深入研究课程教学目标，寻找德育元素切入点

"课程思政"的有效性德育元素自然而然地渗透到日常教学中，而不是突兀的插入，才能让学生更容易接受，从而达到"润物细无声"的效果。基于此，首先要对"课程思政"中的本体，也就是课程进行深层次的剖析，首当其冲的就是课程教学目标的解析。深入研究课程教学目标，掌控课程教学的整体规划，在明确整体课堂教学目标的基础上，深入挖掘其思想性，合理科学地在备课过程中插入德育元素，在遵循课堂教学规律的同时，渗透对学生的思政教育。

本课程的教学目标有三：拓展学生的国际视野；增强学生学术写作的语言应用能力；提升学生的跨文化沟通能力。基于此，本研究教学团队对教学目标进行细致的研究，最后锁定从"英语学术写作能力和跨文化交际融合"视角，在对比中西方学术论文中的文化差异的同时，合理有效地融入课程德育元素，从而使学生的跨文化思想道德素养在正确的轨道上前行，如图 2 所示。

3. 以学生为中心，落实"课程思政"实践

"课程思政"实践过程中，充分发挥学生的主观能动性，通过布置形式各样、在难度系数上有梯度的学习任务，按照学习的规律，充分利用课堂的能动性，将跨文化思想道德教育以隐性的形式作用到学生身上。让学生在积极参与课堂活动的同时，潜移默化地接受教师对其进行思想教育的洗礼。

本课程教学设计活动有三项："拓展思考"贯穿每堂课的教学之中，是难度系数最低的学习任务，让学生在与同伴的讨论过程中，逐步提升自己的文化素养，同时培养了学生的团队合作能力。"案例剖析"是难度系数居中的学习任务，让学生在教师的引领下，尝试用所学的理论知识，进行中西方文化的对比，在分析差异性的同时，培养学生的思辨能力，并感悟中国传统文化的价值所在。"项目研究"是难度系数最高的学习任务，学生综合上课所学跨文化的理论知识，在实践过程中培养学生知识运用能力和问题解决能力，感悟中国对世界的影响力，如图 3 所示。

4. 以成果为导向，检验"课程思政"实践

"课程思政"的开展效果，要以教学成果为检验标准，才能为后续的教学改革的推进奠定有利的数据基础。"课程思政"实践的影响是双向的，既有学生也有教师，因此在以成果为导向、检验"课程思政"实践的过程中，要关注双方面的成就。主要聚焦三个方面：

"育人成果"是展示学生成就的综合指标;"教科研成果"是以教师为主、学生为辅的在研究层面的成就;"课程改革"主要是教师围绕该核心课程所作的进一步的改革与创新。

本课程的"育人成果"主要围绕提升学生学术写作和跨文化交际能力展开,带领学生参与各项英语能力大赛中展现的跨文化沟通能力。本课程的"教科研成果"主要围绕论文和课题申报两个方向,其中助力学生撰写英文论文是从写作层面提升学生跨文化交际能力的体现之一。本课程的"课程改革"主要是学校开展的"课程思政"项目的参与,在实践过程中,探索一条有效提升学生思想政治素养的教学模式,如图4所示。

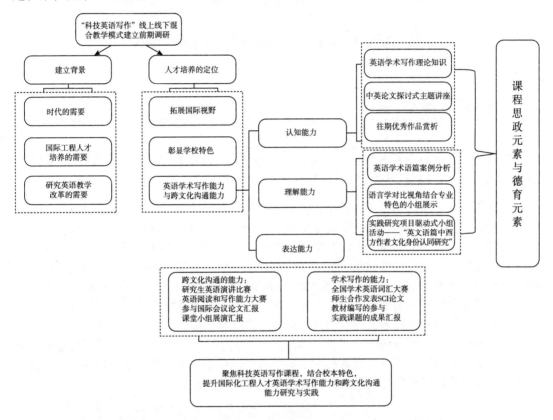

图2 德育元素融入"科技英语写作"课程的整体架构

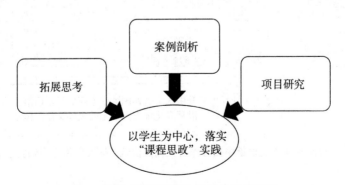

图3 落实"课程思政"的具体教学实践

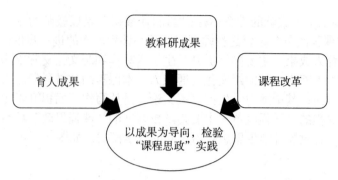

图 4　以成果为导向，检验"课程思政"实践的具体操作

三、教学方法改革

1. 项目驱动小组科研实践活动，将培养学生科研能力与提升其民族文化自信心相结合，实现英语教学工具性与人文性的统一

　　最具创新的教学活动体现在跨文化实践活动环节的设计上，在学期末布置以小组为单位的实践活动，要求学生遵循上课所学的理论知识和材料分析，最具创新的教学理念体现在跨文化实践活动环节的设计上，在学期末布置以"对比 SCI 论文语篇中西方作者文化身份认同研究"为主题的实践活动，要求学生遵循上课所学的理论知识和材料分析方法，运用到学术语篇评析中去。学生针对感兴趣的本专业研究方向收集中英文论文建立语料库；从语言学视角分析同主题中英文论文写作手法与言语态度表达的差别；聚焦 SCI 英文论文子语料库，剖析中西方作者文化身份认同研究。在搜集语篇的过程中上，学生了解中国学者在世界的影响力；在分析评价语篇的基础上，学生感悟跨文化沟通；在撰写反思的基础上，强化学生的批判性思维，探索提升中国学者在国际学术圈的学术话语权的途径，进而有效地潜移默化地提升学生的民族文化自信心，如图 5 所示：

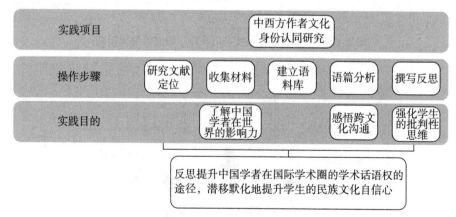

图 5　"对比 SCI 论文语篇中西方作者文化身份认同研究"为主题的实践活动

2. 聚焦国际化工程高端人才，以英语学术写作为依托，培养跨文化沟通能力，实现增强学生语言知识与能力运用的统一

基于学校研究生基础必修课程，本教学对象主要以建筑、土木、交通、环境等工程类专业为主的研究生一年级学生，结合学校建设教学研究型大学，努力实现国内一流、国际知名、具有鲜明建筑特色的高水平、开放式、创新型大学的办学定位以及培养具有社会责任感、实践能力、创新精神和国际视野的建筑领域高级专业骨干和领军人才的培养目标，本课程以提升学生的英语学术写作能力和跨文化沟通能力为主要课程目标，通过一系列的教学实践活动，夯实学生的语言运用能力，提升英语科研写作水平，培养学生的跨文化情感，将跨文化知识融入专业学科领域中，从而有效提升学生在对外学术交流中所必需的跨文化沟通能力。

3. 开创"跨文化翻转课堂"教学模式，运用5C框架理论提升线上教学有效性，实现课堂教学实践与研究的统一

本课程开创"跨文化翻转课堂"教学模式，依托先进的网络教学平台，将第一课堂、第二课堂、第三课堂有机地结合在一起，让教师能在自己的教学实践中进行反思和总结。同时，学生也在自己的学习实践中进行知识的学习和巩固（窦文娜，2019），从而构成了从"实践反思"到"再实践再反思"的教学研究过程。以"科技英语写作"课程为依托，结合 Andreas M. Kaplan & Michael Haenlein (2016) 提出的驱动远程教育中学生内在动机的5C框架理论，通过"优化组合"教学策略从互动教学平台、教学内容载体以及教学任务难度三个维度增强学生对于线上课程教学实践的参与度与投入度，进而充分提升线上教学的有效性，如图6所示：

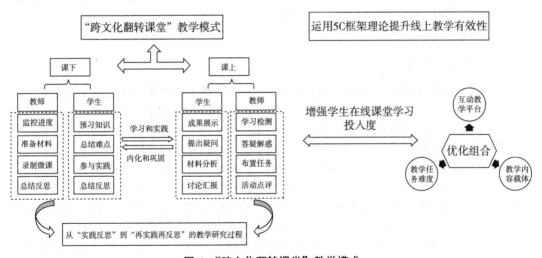

图6　"跨文化翻转课堂"教学模式

四、课程考核评价改革

本课程充分发挥线上线下混合式教学模式的优势，实现"以教为主向以学为主""以课堂教学为主向课内外结合""以结果评价为主向结果过程相结合评价"的三大教学转变。

从教师层面，改变传统教师"一锤定音"的终极评价方式，本课程采用注重学生学习过程的形成性评价方式。依托在线教学软件，详细记录学生参与课程活动的各个环节，教师可以实时通过在线教学软件的后台数据对学生的表现进行科学的评估，并根据学生的成绩反馈，及时调节教学进度，提升了教师教学的有效性。

从学生层面，增加"同伴互评"，通过合理地运用在线教学软件，让学生积极参与到学习效果阶段性评价的过程中，在进行同伴互评的同时，促进学生反思自己的学习效果，间接地激发朋辈互促的学习机制，提升了学生学习的有效性。

五、课程思政建设的具体教学设计方案

1. 课程总体教学目标

1.1 知识能力目标
（1）掌握英文论文语篇中的各部分结构
（2）掌握英文论文语篇中各部分的语用特点
（3）拓展英语语篇中话语标记语的使用
（4）评析中西文语篇中作者身份认同的差异
（5）培养跨文化交际应用能力

1.2 德育目标
（1）培养学生的工匠精神
（2）提升学生的团队协作能力
（3）培养学生的创新精神和爱国主义情怀
（4）培养学生树立社会责任感和民族自信心

2. 教学设计方案

本着"知识传授与能力培养并进以培养学生树立正确的人生观和价值观"为主线，本课程采用小组研讨、案例分析以及项目实践等多种活动形式深入剖析本课程内容涉及的四大内容：英文论文语篇中各部分的结构特征；掌握英文论文语篇中各部分的语用特点；拓展英语语篇中话语标记语的使用以及评析中西文语篇中作者身份认同的差异。对应四大内容，让学生提前查阅专业领域中英论文语料库，以跨文化理论和语言学理论为指导，剖析学术英语语篇以及在中英语篇翻译过程中跨文化冲突产生的原因。以在学期末布置以"对比 SCI 论文语篇中西方作者文化身份认同研究"为主题的实践活动为例，要求学生将上课所学的理论知识和材料分析方法运用到学术语篇评析中去。在搜集语篇的过程中，学生了解中国学者在世界的影响力；在分析评价语篇的基础上，学生感悟跨文化沟通；在撰写反思的基础上，强化学生的批判性思维，探索提升中国学者在国际学术圈的学术话语权的途径，进而有效地潜移默化地提升学生的民族文化自信心。

3. 典型课例

3.1 具体教学目标
（1）掌握英文论文语篇中的题目结构，培养学生的团队合作能力和分析问题的能力
（2）掌握英文论文语篇中题目的语用特点，培养学生的英语知识运用能力

（3）拓展英语语篇中话语标记语的使用，培养学生的思辨能力

（4）评析中西文语篇中作者身份认同的差异，提升跨文化交际能力，树立学生的民族自信心

3.2 教学对象

研究生一年级学生

3.3 课堂活动设计——以学生为中心的"产出型教学"为导向

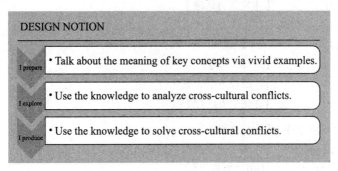

图 7　以学生为中心的"产出型教学"为导向的课堂活动设计

3.4 教学过程

表 2　教学过程

教学具体内容	教学目的	教学设计	教学手段	时间分配（分钟）
学术论文写作与发表的意义	翻转课堂中课前学习知识点的回顾	【选人活动】 [1] 学术论文写作的目的? [2] 学术论文发表的意义?	学习通问卷和选人活动	3
英文学术语篇结构理解	翻转课堂中课前学习知识点的检测	【问卷活动】 [1] 英文学术语篇由哪几个部分构成? [2] 是否与写作顺序一致? 【选人活动】 根据问卷的结果，找两名学生进一步阐释	学习通测验	5
通识类语篇写作过程与要点剖析	翻转课堂中课前学习知识点的拓展	【微课视频】 观看 【问卷活动】 [1] 通识类语篇写作过程有哪几部分? 【选人活动】 [1] 写作的要点有什么?	学习通研讨	5
英文论文语篇中的题目结构导入	[1] 培养学生的思辨能力	【头脑风暴】 [1] 英文论文语篇中的题目结构? [2] 在语言上有什么特点?	研讨	2

续前表

教学具体内容	教学目的	教学设计	教学手段	时间分配（分钟）
英文论文语篇中的题目结构讲解	[1] 培养学生分析问题的能力 [2] 团队合作能力	【案例讲授】 PURPOSE+TOPIC+FOCUS 【主题研讨话题】 [1] 你的专业领域英文论文语篇中的题目结构，并举例说明 【小组汇报】 [1] 梳理小组的观点 [2] 在全班进行汇报	研讨	8
英文论文语篇中的题目中的语用特点导入	[1] 培养学生英语知识运用的能力 [2] 培养学生分析问题的能力	【头脑风暴】 [1] 英文论文语篇中的题目结构中每个部分的语用功能是什么？ [2] 在语言上有什么特点？	学习通 研讨	2
英文论文语篇中的题目中的语用特点讲解	[1] 培养学生解决实际问题的能力 [2] 团队合作能力 [3] 培养学生的创新能力	【案例讲授】 名词化＋简洁性＋创新性 【主题研讨话题】 [1] 你的专业领域英文论文语篇中的题目语用特点，并举例说明 [2] 名词化＋简洁性＋创新性是如何体现的，举例说明 【小组汇报】 [1] 梳理小组的观点 [2] 在全班进行汇报	研讨 学习通	8
英语语篇中话语标记语的使用讲解	[1] 培养学生的思辨能力	【课堂讲授】 [1] 话语标记定义 [2] 话语标记类型 [3] 话语标记功能		2
英语语篇中话语标记语的使用应用	[1] 增强民族身份认同感	【主题研讨话题】 [1] 你的专业领域英文论文语篇中的"自我指称表标记语"有哪些，并举例说明 [2] "自我指称表标记语"出现在哪个部分，以什么形式出现？ [3] 作者使用"自我指称表标记语"的交际目的？ [4] 中西语篇中使用"自我指称表标记语"的差异？	研讨 学习通	8

续前表

教学具体内容	教学目的	教学设计	教学手段	时间分配（分钟）
作业	[1] 培养民族自信心 [2] 提升跨文化交际能力	【小组汇报】 [1] 梳理小组的观点 [2] 在全班进行汇报 [1] 预习学习通中下次课的微课视频 [2] 中西语篇中使用"自我指称表标记语"的差异产生的原因 [3] 解决跨文化冲突的方案	学习通	2

六、改革成效

本课程从 2015 年线上教学资料的准备阶段到 2020 年，已经完整实施 3 轮线上线下混合课程的教学，结合学生的课后反馈，以及课程前后就教学效果实施前测和后测的对比结果显示：学生的英语语言和文化知识得到拓展，科技英语写作学术素养和跨文化沟通能力方面有了显著的提高，学生的民族自信心得到了明显的提升，为国际化工程高端人才的培养奠定了坚实的实践基础。

七、小结

本研究着眼于对国际化工程高端人才的培养定位，结合英语学科的优势，就已经开设多年的线下课程"科技英语写作"进行一系列的线上线下混合式课程思政教学改革与实践。与以往人文类课程相比，本研究从人才培养目标、教学理念与教学模式、评价方式和评价手段三方面对该课程进行改革，达到彰显学校特色、拓展学生国际视野、提升学生英语学术写作与表达能力的同时，实现新时代国际化工程高端人才培养的目标。同时本研究从课程思政建设的宏观架构和微观的具体教学设计方案两个视角，深入地对课程思政融入外语教学的建设模式和方法路径进行了探讨，为后续研究提供了有力的参考。

参考文献

[1] KAPLAN M A, HAENLEIN M. Higher education and the digital revolution: about MOOCs, SPOCs, social media, and the Cookie Monster[J]. Business horizons, 2016,59(4): 441–450.

[2] 窦文娜. 跨文化能力培养理念下高校通识核心课程教学改革 [J]. 教育教学论坛，2019（13）：77–79.

[3] 刘建达. 课程思政背景下的大学外语课程改革 [J]. 外语电化教学，2020（6）：38–42.

研究生英语演讲比赛效用中的思政初探
——以北京工业大学为例 [1]

北京工业大学文法学部　胡　晓　刘宏涛　承　红

摘　要：近来研究生英语教育越来越受重视，尤其是研究生的沟通演讲能力、创新能力，以及价值塑造等多面的能力也备受关注。本研究采用定量与定性相结合的分析方法，以北京市研究生英语演讲比赛参赛选手以及本校大学生为研究对象，探究以中国"抗疫"为主题的英语演讲比赛的效用及其思政意义。研究结果表明，英语演讲比赛不仅有助于提高英语基础能力，而且对于参赛者的价值塑造、文化素养、家国情怀也具有重要影响。这对于外语教学更好地与思政育人相融合具有参考意义。

关键词：研究生英语演讲　效用　思政育人

一、前言

1. 研究背景

2020年5月28日，教育部印发的《高等学校课程思政建设指导纲要》要求把立德树人根本任务落实到各个角落，要在全国所有高校、所有学科专业全面实施课程思政，要围绕全面提高人才培养能力这一核心点，围绕政治认同、家国情怀、文化素养、宪法法治意识、道德修养等重点优化课程思政内容供给；在高校价值塑造、知识传授、能力培养"三位一体"的人才培养目标中，要突出价值塑造的重要性。在以课堂为思政育人的主阵地之外，英语演讲比赛作为外语课堂之外的实践活动是思政育人不可或缺的辅助力量。尤其是近年来，国内外举办的各种英语演讲比赛赛事频繁，吸引了大量学生踊跃参与，调动了广大高校学生学习英语的兴趣，激发了学生提高英语口语水平的热情。英语演讲比赛不仅可以锻炼参赛者的外语技能，而且对于参赛者的价值塑造、文化素养，家国情怀也具有重要影响。

2. 文献综述

综合国内对于英语演讲的研究，有关该主题的研究大体上可分以下几类：（1）基于英语演讲比赛的语篇分析。以演讲为语料的研究主要集中为元话语分析（王莉，2010）与不礼貌策略语用失误（汪义忻等，2020）等。（2）基于英语演讲比赛本身的研究。金丽（2017）探讨参赛选手的语音表达技巧包括发音、音量、语速、音高和语调、停顿、重音等技巧。（3）英语演讲比赛与教学。陈铭（2018）提出英语演讲比赛促进学生综合素质培

1　资助项目：北京工业大学2019年本科重点建设课程混合式教学示范课程项目——英语学术辩论（0460000514120505）。

养，引导教师能力提高，深化大学英语教学改革。涉及此类的研究较多，此处不再一一列出。（4）"课程思政"理念与英语演讲相融合。陈静（2020）将"课程思政"理念引入大学英语演讲课程，通过确定新的教学目标、修改教学内容、改革教学模式等途径切实发挥大学英语演讲课的课程思政作用。

通过总结分析前人的研究，很少有研究以英语演讲比赛的效用为切入点探究英语演讲比赛的思政意义。因此，本文结合访谈与调查问卷的形式，对进入北京市研究生英语演讲比赛决赛的三位非英语专业研究生选手进行访谈，并且对本校学生进行问卷调查，探究以中国"抗疫"为主题的英语演讲比赛的效用及其思政意义。

3. 研究问题

基于研究内容，具体研究问题如下：
（1）以"抗疫"为主题的英语演讲比赛对于本校参赛选手以及大学生有什么效用？
（2）英语演讲实践活动对于研究生具有什么思政教育意义？

二、研究设计

本研究的受试者为进入北京市研究生英语演讲比赛决赛的三位本校非英语专业研究生选手以及来自不同专业的本校大学生。参赛选手均经历了班级内部选拔、赛前培训、学校初赛、决赛几个环节，最终入选北京市英语演讲比赛决赛。在采访过程中及时记录采访内容，并对采访内容进一步分析。问卷基于专业的在线问卷调查、测评、投票平台——问卷星设计并发放，共收集到有效问卷115份以了解本校大学生对于英文演讲的看法，然后对收集到的问卷进行分析和整理。

三、数据分析结果

1. 促进能力培养，深化"三位一体"研究生人才培养目标

经过对访谈结果进行分析和总结，从英文基础能力来说，三位受访者均表示通过参加英语演讲比赛提高了个人英语听、说、读、写综合能力。不断打磨演讲稿的过程是大量阅读与精练输出的过程，在读与写的过程中不断强化英文基础知识，同时在听与说的过程中锻炼沟通与表达能力。从思维能力角度来说，受访者表示锻炼了其概括能力、论证能力与逻辑能力。在大量输入过程中如何抓取关键信息需要其概括能力，如何清晰条理地表达所持观点强化其论证能力与逻辑能力，此外，在面对评委老师的提问时也锻炼临场反应能力。从情感角度来说，英语演讲有助于提升受访者的自信心，继续保持其学习英文的热情，并且有助于收获个人成就感。这均指向"三位一体"人才培养目标中的能力培养，由此可看出英语演讲比赛对思政育人具有不可或缺的辅助作用。

2. 培养家国情怀，促进价值塑造

此次演讲比赛的题目是中国有效抗击新冠疫情，该主题引发了参赛选手的深度思考，在备赛、参赛的过程中，受访者表示感受到了中国智慧和中国精神。访谈过程中虞同学

提到，"在准备讲稿和演讲的过程中，我一遍遍重温了中国在抗击疫情中取得的壮举，无数次感叹祖国和人民的伟大，本次比赛进一步增强了我的民族自信与自豪感，同时，也让我下定决心要在未来的日子里，多用英文向世界宣传和分享中国文化与中国智慧"。通过分析可得，此次英语演讲比赛让参赛者进一步感受到中国精神的力量，建立文化自信，促进其家国情怀的培养，帮助他们塑造正确的世界观、人生观和价值观，而且对于表达中国理念、讲好中国故事具有推动作用。

3. 提高文化素养，传承中国文化

英语演讲除了对个人大有裨益之外，也对社会产生一定的效用。通过问卷调查以受试者的角度可以看出，英语演讲对促进文化交流具有很大的推动作用。中国的大学生不仅要学习中国的历史和文化，还要了解世界其他国家的优秀文化和人类文明，同时还要能够向世界传播中国声音，只有这样才能在与各国的文化交流、交融和交锋中完成肩负的任务和使命，进而为国家的发展做出贡献（肖琼等，2020）。在进行英语演讲的同时也是不同文化碰撞的同时，通过英语演讲可以讲出中国故事，更好地传递优秀的中国文化。英语演讲对于提高民族文化素养也具有重要作用，在准备英语演讲时可以全面理解并尊重不同民族的文化特征，逐渐培养跨文化意识，增强民族认同、文化认同与国家认同，提升"中国表达"的能力和"中国文化"的自信（张敬源等，2020）。这对于思政育人过程中文化素养的提高具有促进意义。

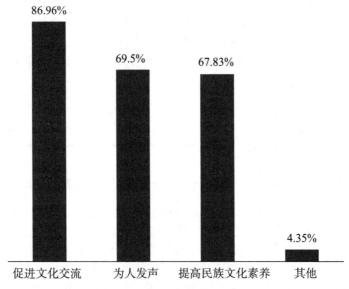

图1　英语演讲的社会效益

4. 英语演讲比赛对外语教学的启示

（1）外语教学可适当为学生提供演讲的机会。在涉及是否参加过中文或英文演讲时，37.39% 的受试者表示参加过演讲，而高达 62.61% 的受访者表示未参加过演讲（如表1所示）。未参加过演讲的受试者占据比率较高，此数据表明学生在面对演讲时除了缺乏开口演讲的勇气之外，更缺少可以进行演讲的机会。所以在涉及受试者对开设英语演讲课程的态度时，61.74% 的受试者持支持态度，这表明多数同学们希望可以有机会系统地了解英

语演讲（如表2所示）。所以，为学生提供英语演讲的机会，帮助学生打开认知英语演讲的窗口，这对于外语教学来说，有助于发挥思政育人中拓宽国际视野的作用。

表1 参加过演讲的受访者比例

你参加过中文或英文的演讲吗？	比率
是	37.39%
否	62.61%

表2 受访者对在学校开设英语演讲课程的态度

观点	比率
支持	61.74%
反对	38.26%

（2）以赛促学，优化外语教学。除参赛选手之外，英语演讲比赛对大学生也有很大影响。在提及英语演讲比赛的益处时，96.25%的受试者认为英语演讲可以锻炼语言表达能力，清晰的表达有助于观点的陈述以及信息的输出，也有助于演讲者提高英语口语能力。培养自信占比也非常之高，敢于在众人面前发表自己的观点有助于其提升自信心，增强其自我成就感。75.65%的受试者认为参加英语演讲可以提高逻辑思维能力。另外，受试者表示参加英语演讲可以锻炼交流沟通能力，准备英语演讲比赛的过程也会拓宽其知识面（如图2所示）。所以，以大学生角度为出发点了解其对于英语演讲比赛的看法之后，可以为以赛促学、进一步丰富外语教学实践活动提供一定的参考，同时也为思政理念与外语教学实践相融合提供一定的思路。

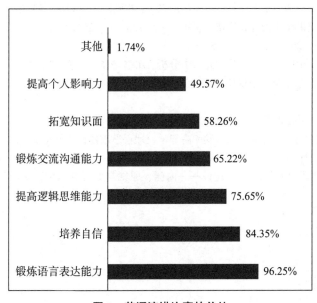

图2 英语演讲比赛的益处

四、结论

　　传统的外语课程主要围绕讲授外语知识展开，注重培养外语技能和外语应用能力，价值观和思想文化等深层次问题通常没有得到足够的重视，有时甚至完全被忽视了（肖琼等，2020）。英语演讲比赛推动复合型人才的培养，其作为外语课堂之外的实践活动在某种程度上对于传统外语课程起到辅助作用。

　　通过分析访谈内容以及问卷数据，英语演讲比赛的效用主要有四个方面。（1）英语演讲比赛有助于促进"三位一体"人才培养目标中的能力培养。这些能力主要涉及以听、说、读、写为主的英语基础能力、沟通表达能力、逻辑思维能力以及临场反应等能力。（2）英语演讲比赛有助于促进家国情怀的培养以及价值塑造。准备以"抗疫"为主题的英文演讲，启迪参赛者思考疫情中的中国经验、中国制度的优越性，促使其进一步感受到中国精神的力量，建立文化自信，进而促进其家国情怀的培养，同时帮助他们塑造正确的世界观、人生观和价值观。（3）英语演讲比赛有助于提高其文化素养。英语演讲是不同文化碰撞的过程，对于文化交流具有巨大的推动作用，有助于学生培养跨文化素养，而且通过英语演讲可以讲出中国故事，更好地传递优秀的中国文化，提高其民族文化素养。（4）英语演讲比赛对外语教学有一定的启示意义。为丰富外语课堂、以赛促学，可以为同学们提供一些英语演讲比赛的机会以及平台，在此过程中可以更好地把外语教学与思政育人紧密结合起来。英语演讲比赛的效用中所体现出的思政意义也对外语教学提供一定的参考。但是笔者在研究过程中仍存在不足之处，在今后的研究中仍需深入探索实践。

参考文献

[1] 陈静.大学英语演讲课程思政实践探索 [J].国际公关，2020（6）：103，105.

[2] 陈铭.浅析英语演讲比赛对于大学英语教学的反思 [J].戏剧之家，2018（17）：194.

[3] 金丽.大学生英语演讲比赛语音表达技巧探析——以 2006 年—2011 年全国英语演讲大赛为例 [J].山东农业工程学院学报，2017，34（10）：59-60.

[4] 王莉.英语演讲比赛中即兴演讲部分的元话语分析 [D].齐齐哈尔：齐齐哈尔大学，2011.

[5] 汪义忻，刘风光.大学生英语演讲比赛即兴演讲语篇不礼貌策略语用失误的研究 [J].语言教育，2020，8（1）46-50.

[6] 肖琼，黄国文.关于外语课程思政建设的思考 [J].中国外语，2020，17（5）：1，10-14.

[7] 中华人民共和国教育部.教育部关于印发《高等学校课程思政建设指导纲要》的通知 [EB/OL].（2020-06-23）[2020-06-23]. http://www.moe.gov.cn/srcsite/A08/s7056/202006/t20200603_462437. html.

[8] 张敬源，王娜.外语"课程思政"建设——内涵、原则与路径探析 [J].中国外语，2020，17（5）：15-20，29.

第二部分
外语教学中的跨文化研究

非英语专业研究生跨文化交际能力的培养研究

北京工业大学文法学部　许　炜　王英男

摘　要： 语言既是文化的载体，也是文化的重要组成部分。非英语专业研究生英语教学的目标不仅要提高学生的语言能力，更应培养学生的跨文化交际能力。本文探讨如何在语言教学中有效提高学生的跨文化交际能力，使其成为具有国际化视野和竞争力的人才。

关键词： 非英语专业研究生　跨文化交际能力　英语教学

一、研究背景

在高等教育国际化的背景下，研究生出国参加学术会议以及各种科研交流活动的机会不断增加，能够熟练、准确地运用英语表达学术观点或见解对其学业发展起到至关重要的作用。但长久以来，受教育体制和考试制度的影响，英语教师的授课重点往往是词汇、语法以及句法结构分析，忽视了目的语国家的历史文化、风俗习惯、价值观念等内容，导致部分研究生在文献查阅、学术交流和论文发表等方面很难与国外同行进行及时有效的沟通，具体表现为无法正确地接收或表达目的语的信息，语义、语用失误较多，用英语交流的过程中仍沿袭汉语的表达习惯和思维方式，无法在特定语境中恰当地表达思想，甚至导致交际失败。长此以往，跨文化交际能力的缺失将影响研究生进行国际学术交流，成为制约其科研能力发展的重要障碍之一。因此，提高研究生跨文化交际能力是研究生英语教学的一项重要任务。

二、跨文化交际能力

国内外专家和学者普遍认为跨文化交际能力是一种综合能力，目的是在实际工作中完成交际任务。它包括语言能力（Linguistic competence）、语用能力（Pragmatic competence）以及跨文化能力（Intercultural competence）（高一虹，2000）。英国学者 Byram（2014）将之分为知识、技能、态度和文化批判意识等层面。胡文仲教授（2013）指出：跨文化交际能力需要"与时俱进"，是一种终身学习的能力，可分为认知、感情（态度）和行为三个层面的能力。其中，认知层面包括一般文化的知识、特定文化的知识；感情层面包括交际者对于文化差异的敏感、对于不同文化的包容、对于自己文化的深刻理解以及对于其他文化的尊重等；行为层面主要是指交际者的各种能力，如语言能力、非语言能力、变通能力、处理人际关系的能力、心理调适能力、适应环境的能力以及在异文化环境中做事的能力等。可见，跨文化交际能力不仅包括语言、语用和篇章能力，还包含对于文化差异的敏感度、容忍度以及灵活处理这些差异的交际技巧等因素。

　　为了更好地与世界各国的学者交流，全面提升自身的科研、学术能力，非英语专业研究生不仅需要进一步巩固语言技能，还需要提高不同语境中的跨文化交际能力。但是在现阶段，多数学生的英语学习模式仍是以传统的课堂讲授为主，而有限的课时、传统单一的教学模式很难使学生获得足够的文化知识，更无法为他们提供培养跨文化交际能力的机会。因此，教师需要不断改进和创新教学方法和模式，将教学内容的重点从语言知识转向文化知识，培养学生对文化的多元化和差异性的宽容心理，从而全面提高学生的语言运用能力和综合文化素养。

三、培养跨文化交际能力的有效手段

　　研究生阶段的英语教学的目标不仅要培养学生运用英语有效地进行沟通的能力，还应该培养他们在学术、文化领域和生活中得体地进行国际交流的能力。为了实现以上目标，文化知识的输入应该贯穿在研究生英语教学的各个环节，但跨文化交际能力培养不能仅靠文化知识的输入来实现，更应解决如何将这些知识转化为语言技能并付诸实践。因此，构建科学的课程体系、设置合理的教学内容将起到至关重要的作用。

　　胡文仲和高一虹等学者（1997）认为跨文化交际能力培养的内容包括五个方面：语言交际、非语言交际、交际习俗与礼仪、社会结构与人际关系、价值观念，并在此基础上提出了外语教学大纲中的文化项目表，勾勒出了文化教学的基本框架。Reid（2015）指出，跨文化交际能力培养对真实语境的需求较大，可采取预测、比较、重塑、同化等方式，开展角色扮演、文化简报、歌曲、游戏、戏剧、文化节等活动，运用多种方法和手段进行跨文化交际能力培养。可见，培养跨文化交际能力，就是帮助学生培养对他国文化的共情能力以及对自身文化、价值观念及行为方式的觉察和反省能力，这是培养非英语专业研究生跨文化交际能力的最基本要素之一。此外，必要的语言文化知识和交际实践能力也缺一不可。

1. 在非英语专业研究生语言课程中加大文化导入

　　多数研究生在本科时的英语学习阶段已经积累了足够的词汇和语法知识，具备了较好的语言理解能力和学习能力。因此，教师在课堂教学过程中可适当减少语言知识的输入，将语言教学与文化教学有机结合，将文化知识的教学贯穿于语言教学的始终。通过补充文化信息和背景知识，拓宽学生的文化视野。补充内容的涉及面十分广泛，不仅包含文化知识，还包括阻碍交际的文化差异、词语的文化背景及来源、话语、语篇结构蕴含的文化因素，以及非语言形式的文化背景知识等。教师可以以多样化的教育活动为载体，设计课堂演讲和提问环节等口语互动练习，记录积极参与互动同学的成绩，通过给予附加分的方式来鼓励学生用英语发表观点，教师也可以适当地参与讨论，帮助学生顺利完成交流任务，以培养学生客观理性、独立的跨文化思辨能力。除了鼓励教师在课堂上输入文化知识，高校在非英语专业研究生的课程设置上，还可以根据学生的水平，设置多元化课程，增加文化类选修课程，如跨文化交际、中西文化对比、英美概况等课程，定期举办演讲比赛和辩论赛等赛事，为学生积累异国的文化知识创造机会。

2. 运用多媒体手段激发学生的自主学习意识

　　高校和教师可通过课上教学和课下自学相结合的方式培养学生的跨文化交际能力。我校研究生英语教学大纲的重点是学术论文写作，貌似与培养跨文化交际能力相去甚远，但在实际教学过程中，教师有很多方法能够实现这一目的。比如教授论文格式和语言特征时，借助多媒体教学设备和现代信息技术，通过补充合适的教辅材料，如国际会议上各国学者、代表的现场发言、名人演讲、国外文献等各种音频、视频和文字资料，创造跨文化教学环境，让学生体验真实的跨文化交际语境，以弥补学生国外文化知识来源的不足。如今互联网、智能手机、平板电脑等智能终端的普及改变了学生的学习观念和学习方式。他们可以随时随地上网自主进行阅读、写作、翻译、交流和欣赏等多种形式的语言活动，通过观看网络公开课、慕课、微课、翻转课堂等课程反思各种跨文化情景和主题，增加文化知识的储备。

教师还应鼓励学生积极参与校内外实践活动，为学生提供多元化的语境，如布置学生就某一研究主题采访西方人，录制视频并撰写报告，借助课外活动与实践来延伸和强化课堂教学，启发学生对不同的文化现象进行思考，激发他们的学习热情，习得更多的语言文化知识，培养跨文化意识和技能，使他们能够以开放灵活的态度在实践中综合运用所学到的跨文化知识和技能，圆满有效地完成交流任务。

3. 重视本国文化知识的教学

近年来伴随着中国经济的快速发展，中国影响力已经渗透到世界的各个角落。因此，非英语专业研究生的语言教学应当以目的语为媒介，将语言教学与文化输入紧密结合，以培养跨文化交际能力和传播本国文化为目的。在以目的语为工具了解多元文化并培养交际能力的同时，帮助学生建立文化自信。为此，教师应努力提高自身文化修养，帮助学生增强对中国丰厚文化底蕴的了解，培养对中西文化差异的洞察力、理解力，学会用英语传播中国文化，实现"讲好中国故事""传播中国声音"的目标。在遇到文化差异知识时，教师通过引导学生比较中外文化，提高其对异族文化和本族文化差异的敏感度，理解和尊重别国文化，同时通过对比反思，更加深入地理解和欣赏本民族文化，帮助学生以多视角、多方位的形式看待母语文化所涉及的文化要素，避免在英语学习中母语产生的负迁移。一方面帮助学生认识到注重本国文化学习的重要性，同时也能做到尊重他国文化，在完成两种语言转化的同时，提高自身的跨文化能力。

四、结语

非英语专业研究生语言教学的主要目标是培养具有独立思考能力、掌握专业知识和研究方法、开阔的视野、跨文化学习和交流能力的高素质、复合型人才。这是一门高层次、高要求的重要课程，不但要求教师输入综合语言知识，还要将语言、文化和思维统一起来，全面提升学生的文化素养，培养学生的创新思维能力，以及借助语言与不同文化背景下的学者进行学术交流的能力，让他们把英语与自己所学科目紧密结合起来，成为具有创新精神和国际视野的高端专业人才。

对非英语专业研究生而言，跨文化交际能力的习得要贯穿在整个英语学习的过程中；对教师而言，要充分认识到有效的交际实践是跨文化能力的最终目标，帮助学生在跨文化交际能力的知识、能力、态度、素养四个部分得到全面发展和提升，这需要教师在教学方法和模式上不断探索和创新，从而实现培养具有专业知识和能力、具有全球视野、跨文化意识和能力的人才的目的。

参考文献

[1] BYRAM M. Teaching and assessing intercultural communicative competence [M]. 上海：上海外语教育出版社，2014: 25.

[2] REID E. Techniques developing intercultural communicative competences in English language lessons [J]. Procedia-social and behavioral sciences, 2015 (186)：939–943.

[3] 蔡基刚. 转型时期的我国大学英语教学特征和对策研究 [J]. 外语教学与研究，2007（1）：27–32.

[4] 高一虹. 语言文化差异的认识与超越 [M]. 北京：外语教学与研究出版社，2000.

[5] 胡文仲. 跨文化交际能力在外语教学中如何定位 [J]. 外语界，2013（6）：2–8.

[6] 胡文仲，高一虹. 外语教学与文化 [M]. 长沙：湖南教育出版社，1997.

[7] 拓欣. 非英语专业研究生跨文化交际能力的培养 [J]. 延安职业技术学院学报，2011（4）.

[8] 杨亚丽，杨帆. 非英语专业研究生跨文化交际能力培养框架研究 [J]. 黑龙江高教研究，2013（10）.

跨文化交际视角下非英语专业研究生学术英语写作教学改进策略

北京交通大学语言与传播学院　赵子慧

摘　要： 学术英语写作（EAW）是研究生国际学术交流的主要形式之一。本文通过问卷调查以及访谈的形式收集了北京市 11 所高校非英语专业研究生学术英语写作方面遇到的问题，对其原因进行了分析，并尝试从学术英语写作的跨文化交际本质出发，对现存的非英语专业研究生学术英语写作教学实践提出一些改进建议。文章指出，以培养跨文化交际意识为目标的增加"输出"练习并重视学术语言形成过程的策略具有可行性与效率，能够帮助非英语专业研究生实现以英语为载体的，与读者的直接交际。

关键词： 跨文化交际　研究生英语教学　学术英语写作

一、前言

1. 学术英语写作（EAW）

学术英语写作（English Academic Writing, EAW）产生于 20 世纪 50 至 60 年代，是学术英语（English for Academic Purpose, EAP）的主要分支之一（邹建玲，2017）。学术英语写作有别于通用英语写作的显著特点在于它聚焦某一学科学术环境中特定群体的交流需求，内容选择上专业方向明确，语言表述上有较强的说明和论证倾向，格式具有专业规范性，例如学位论文、实验报告写作等。

2. 国际学术交流目标

国际学术交流是研究生重要的培养目标，国际学术交流能力是研究生显著区别于本科生的更高层次的培养要求，英语学术论文的写作是国内科研人员参与国际学术交流最主要的方式之一，在高水平国际学术期刊发表本专业学术论文更是作为国内高校研究生尤其是博士研究生学术产出的重要指标，因而学术英语写作在非英语专业研究生教学中具有重要地位，在教学改革中受到了广泛的关注。

3. 学术英语写作的跨文化本质

学术英语写作所承载的国际学术交流重任决定了它的实质是一种跨文化交际活动，丰国欣曾对"跨文化写作"这一概念做出解释："交际者（写作者）将自己的真正交际意图传递给交际对象，而交际对象（读者）又正确地理解并接受了交际者的意图。"（丰国欣，2001）学术论文面向的读者是"学术话语圈"（academic discourse community）中的学者，学术语言必须符合学术圈的读者和作者的一致期待和规范（熊淑慧等，2012），而学术英语写作要想完成其交际目的，还应当符合英语母语者的期待与规范。

因此使国外学术圈学者能够正确理解并接受作者所要传达的意思，即作者的跨文化意识，是学术英语写作的内在要求，因而是学术英语写作教学的重要目标。

二、相关教学法及研究

1. 国内外研究生英语学术写作教学实践的研究

国外将对英语写作的研究范围拓宽到研究生的学术性写作始于20世纪80年代，国内对英语学术写作的研究起步较晚，直到21世纪才有较为成熟的文献出现。迄今为止，国内外诞生了许多具有影响力的教学法，它们不断发展、融合，近几年，以语料库为代表的现代教育技术在应用领域的研究成果增长较快。

在研究生学术英语写作教学领域比较有代表性的教学法有过程法（Process Approach）、体裁法（Genre Approach）、过程体裁法（Process Genre Approach）、任务教学法（Task-based Approach）、产出导向法（Production-oriented Approach）等，此外，也有借鉴美国学术英语写作教学模式的尝试（熊丽军等，2009）。过程法被视为比传统的成果法更符合非英语专业研究生认知特点（郭强，2006）；Badger和White（2000）结合过程法与体裁法特点提出体裁过程教学法，突出不同体裁写作目的与语境知识的差异；熊淑慧、邹为诚（2012）用实证分析证明了阶段性评价与修改意识的"过程法"更有利于学生掌握学术语言；产出导向法则批判了目前研究生英语课堂设置"重输入，轻输出"的特点。

计算机技术及应用语言学的发展背景下，语料库手段逐渐成为学术英语研究的四种范式之一（Flowerdew, 2009），被广泛用于学术语篇语言特征的研究，涌现出了许多基于语料库手段的英语学术写作教学方法研究。娄宝翠（2020）详细论述了专业领域语料库如何具体应用于研究生的学术英语写作教学之中，姜峰（2019）在《语料库与学术英语研究》一书中通过分析真实的案例对其可行性进行了进一步论证。

2. 研究生英语教学中跨文化意识的重要性认识及培养模式研究

国内外学者很早就意识到了跨文化能力对于学术英语能力培养的重要作用，并对培养模式进行了探索。

Scarcella（2003）认为学术外语能力包含语言（linguistic）、认知（cognitive）和社会文化与心理（socio—cultural/psychological）三个维度。郭强（2006）认为研究生学术英语写作能力是一种综合认知技能，强调社会语言和文化对比能力是作者在语言能力之外还应当具备的能力之一，并将这种能力定义为"学习者在掌握母语文化学术论文写作能力的基础上，通过语言和文化的对比，能够分析和了解在英语文化中不同类别和不同层次读者群的知识结构和阅读动机，根据不同的交际目的和内容，选择相应的写作方法和体裁及写作风格。"

对英语社会文化与心理的认识以及对母语与英语社会语言和文化进行对比均体现出了跨文化的鲜明特征。

针对研究生跨文化能力培养，郭继荣、王非（2009）提出了"核心认知模块＋外围技能模块"跨文化交际能力建构模型，谢剑萍（2005）探讨了导入文化教学对增强非英语专业研究生文化敏感性以及提高学术性文体的写作能力的作用。

已有文献已经认识到了研究生学术英语写作的跨文化本质，也已经有提倡为研究生教学增设跨文化意识培养课程的观点，然而尚没有成熟的关于在学术英语写作教学中强化跨文化交际意识的研究，因此本文尝试从跨文化的视角分析当下研究生学术论文写作中存在的问题，并提出相应的改进策略，希望能对该领域的继续研究提供借鉴。

三、研究生学术英语写作存在的问题及教学现状

1. 研究生学术英语写作存在问题的调查

1.1 调查设计

本文在撰写前对北京市多所高校非英语专业研究生进行了问卷调查以及访谈，收集他们在英语论文写作时遇到的主要问题（一个或多个）。本次调查共下发问卷 340 份，回收有效问卷 331 份，接受调查者来自北京地区的 11 所高校，以下是调查结果：

表1 研究生学术英语写作遇到的问题调查结果汇总

	问题	人数
逻辑结构	论文布局不符合英语学术论文惯用布局方式	67
	句子之间逻辑混乱	59
语言形式	不确定短语搭配是否正确	124
	难以运用复杂的句子，句子结构简单	105
	句子汉化严重，语法错误	28
	找不到最准确的词语，在词汇的选择上犹豫不决	257

1.2 调查结果与分析

受访学生遇到的问题可以分为两大类，逻辑结构问题以及语言形式问题，前者表现为汉英思维差异造成的论文论证框架上的显著差异，后者表现为学生无法使用地道的英语语句表达思想。两者均不同程度阻碍了学术论文的交际功能的实现，导致许多研究生虽然具备了较高的科研素养以及中文论文的撰写能力，其英语学术论文却不受国际期刊发行机构审稿部门的认可，难以在有国际影响力的期刊上发表，传递自己的学术成果。

2. 现行高校研究生学术英语写作教学现状

受访者在这两方面出现的共性问题都反映出了跨文化意识的缺失。笔者对来自 11 所高校的在读研究生进行了面对面访谈，询问其所在高校英语方面的课程安排中是否有学术英语写作相关课程，若有，课程包含的内容有哪些以及是否涉及对跨文化意识的培养。

经了解，受访学生所在的 11 所高校非英语专业研究生培养方案中均将英语学术写作作为一门独立的必修或选修课程，但多受到"成果教学法"的影响，教学大纲的设计偏重教授规范写作格式以及提供模范论文，引导学生赏析与模仿其论证结构与表达方式，鲜见能将写作中的跨文化意识纳入教学目标，将跨文化意识的培养融入课程实践的课程。

实际上，在过去的 30 多年里，"成果教学法"一直在我国高校英语写作教学中占据着

统治地位，然而这种将学生置于被动地对"刺激"做出"反应"的地位的教学法（Pincas, 1982; Xu, 2005），在扼杀学生主动构建写作知识欲望的同时，也抹杀了写作作为一种交际手段的初衷。

因此即使学术英语写作课程大纲基本涵盖了英语学术论文的格式规范，专业常用术语翻译以及论文常见句式的英语表达等，然而正如上文表1中所展示的调查结果，学生在论文书写时依然遇到了许多共性的问题。

3. 现行高校研究生学术英语写作课程内容的不足

3.1 调查过程与结果

基于以上分析，笔者再次进行了问卷调查，旨在对于高校研究生学术英语写作课程的具体内容进行更深入的了解。考虑到同一所大学的同类课程的高度一致性，为了增加原本11所大学这一样本容量，采取街头随机抽样的方式，抽样对象为北京高校的在读非英语专业研究生。本次调查共发放问卷250份，共回收有效问卷238份，其中168位接受调查者在学校修读了学术英语写作课程，70位接受调查者所在高校未开设或者开设但其尚未修读此类课程。

调查结果显示，翻译、模仿是课程中最为常见的训练方法，对168位已修读学术英语写作课程的接受调查者的结果汇总如下：

表2　已修读学术英语写作课程接受调查者课程主要训练方法

课堂训练方式	人数
翻译	125
模仿	151

3.2 调查结果分析

填写问卷的研究生中，74.4%表示自己所修读的学术英语写作课程要求学生系统地对其专业领域中文论文中的句段进行对译练习。这种针对性地翻译含有专业术语的高复现率文段是一种有效的方式，能让学生具备独立完成具有强专业性英语学术论文的撰写任务的能力，但它也有明显的不足之处：一方面，翻译法强化了汉语负迁移的影响，借助语料库虽然可以在极大程度上使论文的语言形式接近于英语母语者的表达，却无法优化（西化）论文的逻辑结构。另一方面，如前所述，在"成果教学法"影响下，学生的初稿往往就是终稿，在教学的实施过程中，忽视了对译文的评价与修改，没有使这个过程的"收益"最大化。

填写问卷的研究生中，89.9%指出模仿是课堂中常见的训练方式。模仿同样体现了"成果教学法"的理念，即遵照"刺激—反应—强化"的流程训练写作能力。具体而言，就是学生学习老师提供的范文，理解消化，并在写作中模仿。然而，这样的框架影响了学生论文的创新性，使学生无法自如地使用语言这一工具来展现自己的思维活动，相反被语言所支配。

笔者以为，学术英语写作教学，特别是以培养国际顶尖人才为目的学术英语写作教学，其目的是让学生真正能用外语的思维写作，自如地组织文章结构，并用外语语言形式来将思维连接在一起，编码出地道流畅的英语句子，而不是将中式论文框架生硬地"塞进"模板当中。

四、基于跨文化意识培养的研究生学术英语写作教学实践改进建议

238 份问卷同时也收集了非英语专业研究生对于跨文化意识是否有益于提升自己学术英语写作能力的观点。

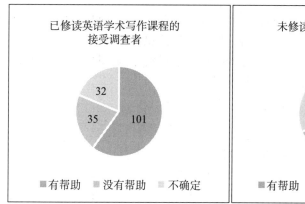

图 1 已修读以及未修读学术英语写作课程者对跨文化意识是否有益于提高学术英语写作能力的观点

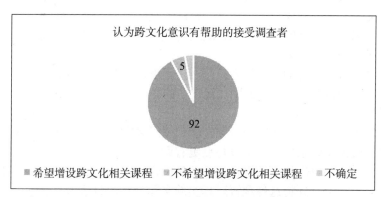

图 2 已修读学术英语写作课程者中认为跨文化意识有助于提升
自己学术英语写作能力者对于增设相关课程的态度

结果显示，超过 60% 的学生认为跨文化意识有助于自己学术英语写作能力的提升，在这些同学中，有 91.1% 希望能够在培养方案的英语课程中增设跨文化相关课程。

此外，如 1. 研究生学术英语写作存在问题的调查所述，研究生在学术英语写作中的痛点问题存在于两个层面：其一是论文的逻辑结构，表现为论文的布局以及论证方法。不同文化背景下，其学术研究的逻辑架构与论证体系并不相同，而逻辑作为写作的核心，它是否符合本土英语国家学术论文普遍的论证方式，能否为国际学术界认可与接受直接关系到论文的国际传播性与影响力。其二，论文逻辑最终外化为论文的遣词造句，以语言的形式呈现在读者眼前，需要用地道的英语承载作者的研究思路，完成跨文化交际任务。培养跨文化意识或可作为以上两个层面的问题对症的良药。

此外，跨文化意识作为渗透在听说读写能力之中的基础素养，它的增强不仅可以使学生的英语写作能力得到提升，还对口头交际以及阅读能力的提升有极大的帮助。因此针对

跨文化交际意识培养缺失的研究生学术英语写作教学现状，学生对跨文化意识训练的需要，以及对跨文化意识培养有助于研究生现存学术英语写作痛点问题的分析，给出以下建议。

1. 增设学术文体对比研究课

建议学校开设英汉论述类文本对比研究课，对 1.2 调查结果显示的研究生存在的两个层面的问题，分别有针对性地选择不同教学素材。第一个层面是逻辑结构，老师应当着意选择难度相似的英汉材料，注重引导学生分别对其逻辑结构进行提取、比较与自我反思；第二个层面是语言形式，课堂内容应当包含对英汉语言句法层面差异现象的系统讲述，更应当重点分析造成这种"表象"差异的根源，即英汉民族思维习惯、价值观念、社会文化方面的差异。课程通过引导学生分析文本差异，探索差异的原因，最终理解文化差异来强化其跨文化意识，使其自觉地以实现跨文化交际为目的而写作，为之后的"输出"训练打下基础。

2. 增加"输出"练习

在过去 20 年里，语类分析理论开始被应用到英语论文语言形式特点的分析当中，语类意识是人在交际中对语类的本质及其所起到的作用的直觉性认识，庞继贤、叶宁（2009）指出"论文写作教学必须十分注意特定语类中语言形式运用的准确性；但是这不是对所学语言资源一种简单的模仿和复制，而是在于在特定的话语社团中对语言运用的一种感受、质疑和探索，目标在于语用上的成功"。这可以解释为什么学生在经历了充分的"输入"，在经过了大量英语论文的阅读与语言特点分析后，在写作中依然遇到困难，因为缺乏就一个主题传递新知识、新技能的交际意识，缺乏自主选用恰当语类构建文章的能力，"输入"与"输出"之间的桥梁没有架起。

研究生已经具备了一定的英语能力，修习了足够的"输入"为主的课程，能够使用英文完成通顺无误，表达原意写作，鼓励"输出"的教学方式是可行的。

2.1 重视学术语言的形成过程

熊淑慧、邹为诚（2012）所做的对照实验证明了老师引导学生逐步完成学术研究，相较仅仅听老师讲解论文的结构以及语言特点更有助于学生掌握学术语言。这对于英语学术写作具有启发作用，即自然的论文语言，无论是中文还是英文，都得自于对新知识的探索以及对这种探索的理解，并将这种理解以真实的交际为目的表达出来的过程。学术语言在某种程度上成为了独立于其通用语言的一种语言，它的形成对于科研环境有极强的依赖性。学术语言与论文撰写每个步骤中的新发现、新结论应当是同步产生的，前者严格意义上说也是后者的一部分，成为了交际中后者的载体。

虽然已有文献中不乏对将学术英语看作一门独立的语言的观点的批驳，但笔者认为，研究生学术英语写作的痛点与其未能充分意识到学术英语的独立性密切相关。学术语言作为"学术圈"中的特有文化现象，是学术思维的外化体现，丰富的语言应当是丰富的思维的自然结果。学术英语语言是非英语母语作者的论文创作的子产品，它服务于论文在英语界与学术界的双重"跨文化表达"。

因此研究生在写作中，应当重视学术语言的形成过程，用思维带动语言的自发表达，而非记忆与汉语相对应的语言组织形式。

2.2 模拟英语文化学术创作过程

实验中学生在每个阶段接受老师的反馈意见并作出相应修改体现了"过程法"的思想，过程法对美国主流学术英语写作教学的方式的影响也一直延续到今天：注重过程和结果有机结合，提倡以小组活动开拓写作思路、在写作的过程给予评价与反馈促进写作能力的提高。（熊丽君等，2009）这种方法的实践中对学生作品评价、修改、反馈、再评价、再修改……的循环能够极为高效地促进学生在过程中积累经验，用归纳而非演绎的方法形成一种"自觉"的规则，提高自己的写作能力。

笔者认为，高校研究生学术英语写作教学可以学习美国的教学方式，设置类似的论述文写作课堂，使学生置身英语文化环境中，体验真实的英语母语者从构思到重读修正论文的写作过程，摆脱"中文—翻译—局部替换"的传统方法。

3. 语料库与中介语对比分析法

学术写作有着高度规约性与逻辑性的特点，语料库语言学研究在学术英语研究中"能够详尽描述学术语篇的语言特征并识别其特有的短语或词语组合，能够详细分析不同学术体裁和不同学科的语言变异。"（娄宝翠，2020），因此语料库被视为学术英语写作的一种理想的辅助方法。

对作品的评价与修改是以"输出"为核心的教学实践的内在要求，老师可以引导学生借助英国国家语料库（BNC）或者密西根高阶学生论文语料库（MICUSP）等较为权威的英语语料库，通过检索软件对学术文本中的给定词项进行索引分析，对自己的作品进行评估。

借助语料库进行比对的"再输入"过程，是使学习者发现自己的语言表达（中介语）不同于目标语语言特征的有效方法，它能揭示出学习者的语言（中介语）与目标语之间语言特征的差异，使学习者不断修正使自己的语言特征，尽可能贴近目标语（重点关注中介语中目标语与中介语重合之处以外的地方），脱离中介语，或者说母语的负迁移作用，这正是中介语对比分析法的思想。目前语料库方法尚没有在研究生学术英语写作教学中得到大规模的运用，但随着技术的成熟，它的应用将是趋势。

五、结语

本文所提出的针对非英语专业研究生现行学术论文写作教学的改进策略将跨文化意识的培养融入教学实践当中，强调了"输出"练习以及语料库方法下的"再输入"。这样的训练方法可以使研究生的英语学术论文成为符合目标语文化特点，能够实现跨文化交际目的的作品，有更大的可能发表在国际学术期刊上，从而实现国际学术交流，实现了高校国际人才培养的目标。

参考文献

[1] FLOWERDEW J. Introduction: approaches to the analysis of academic discourse in English[G]. Harlow: Longman, 2002:1–17.

[2] PINCAS A. Teaching English writing[M]. London: Macmillan, 1982.

[3] SCARCELLA R. Academic English: a Conceptual framework[R]. Santa Barbara: University of California Linguistic Minority Institute, 2003.

[4] Xu X. An integrated approach to the teaching of English writing[J]. Sino-US English teaching, 2005(12/2).

[5] 丰国欣 . 英语跨文化写作中的认知心理机制 [J]. 外语与外语教学，2001（4）：22.

[6] 郭继荣，王非 . 跨文化交际能力培养和研究生英语课程体系的构建 [J]. 学位与研究生教育，2009（4）：47–49.

[7] 郭强 . 论非英语专业博士生英语学术写作能力的培养 [J]. 学位与研究生教育，2006（2）：52–55.

[8] 胡新颖 . 过程写作法及其应用 [J]. 外语与外语教学，2003（9）.

[9] 姜峰 . 语料库与学术英语研究 [M] 北京：外语教学与研究出版社，2019.

[10] 李森 . 改进英语写作教学的新举措：过程教学法 [J]. 外语界，2000（1）.

[11] 庞继贤，叶宁 . 语类意识与英语研究论文写作 [J]. 外语与外语教学，2009（3）：34–36.

[12] 谢剑萍，付永钢 . 从跨文化交际角度谈非英语专业研究生英语写作教学的改革 [J]. 学位与研究生教育，2005（12）：29–33.

[13] 熊丽君，殷猛 . 论非英语专业学术英语写作课堂的构建——基于中美学术英语写作的研究 [J]. 外语教学，2009，30（2）：50–56.

[14] 熊淑慧，邹为诚 . 什么是学术英语？如何教？——一项英语专业本科生"学术英语"的课堂试验研究 [J]. 中国外语，2012，9（2）：54–64.

[15] 姚香泓 . 过程体裁法和成果法教学对学生写作应用策略及写作能力的影响 [J]. 外语与外语教学，2010（3）30–34.

[16] 邹建玲 . 非英语专业研究生学术英语写作能力的培养 [J]. 上海理工大学学报（社会科学版），2017，39（1）：5–9.

跨文化叙事视域下中华文化的
国际传播力研究[1]
——以《武汉战疫纪》为例

北京工业大学文法学部　　邵　辉　张天圆　么　娟

摘　要： 纪录片通过讲述真实故事进行叙事，在抗疫中发挥了见证历史、传递文化的作用。本研究结合跨文化叙事理论和文化传播力影响因素的理论框架，将《武汉战疫纪》作为研究对象，运用文本分析法，在跨文化叙事视域下研究该片的叙事内容、叙事表达与国际反馈。研究发现，该片叙事内容在人物选取、题材属性、主题倾向上彰显出中华文化不畏艰险的优良作风、集体主义优势、民本主义精神。叙事表达上该片结合全知视角与受限视角、叙事结构实现时间与空间交错组合、叙事方式契合西方低语境文化。通过客观全面呈现出一部结构清晰、接受度高的纪录片，有效提升中华文化的国际传播力。

关键词： 跨文化叙事　《武汉战疫纪》　中华文化　国际传播力

一、引言

中华文化是中国的"软实力"，其传播对中华民族屹立于世界民族之林具有重要影响。自新冠疫情爆发以来，中国积极抗疫彰显中华文化的强大力量。然而，国际舆论场频现"中国病毒"等污名化论调，严重阻碍了中华文化的传播。此时，CGTN作为我国重要外宣阵地，重磅推出《武汉战疫纪》，致力于讲好中国抗疫故事，弘扬中华文化。

二、文献综述

1. 跨文化叙事研究综述

1.1 国外文献综述

国外跨文化叙事研究内容可分为三类：电影叙事（Elaine, 2017）、口头叙事（Michelle, 2000）、写作叙事（Jennifer et al., 2006）等；时间段分为三阶段：（1）1961—2000年，Herskovits（1961）首次提及将跨文化和叙事结合作为一种新的叙事方式；（2）2001—2010

1　资助项目：1. 2021年度北京市教委社科计划一般项目"以'文化认同'为导向的首都高校来华留学生教育管理机制研究"（SM202110005001）；2. 2019年度北京工业大学本科重点建设课程项目"中西文化碰撞与交流"（KC2019GE010）。

年，主要围绕跨文化背景下教师教学或学生习得的叙事开展研究（Chau et al., 2018）；（3）2011 年至今，出现以中国的纪录片为对象，研究中国环球电视频道推出的文化主题旅行节目或纪录片（Elfriede, 2002; Dani, 2018）。综上，国外在该领域的研究呈现出跨学科特征，涉及教育学、心理学、传播学等学科。

1.2 国内文献综述

国内该领域研究始于 21 世纪，以研究文学著作的跨文化叙事为主（肖薇，2002；高鸿，2004）。2005 年后，主要围绕跨文化背景下的对话叙事进行分析（单波等，2006），提高跨文化叙事研究的适用性。2012 年出现对中国电影和纪录片的跨文化叙事研究，研究主题大致可分为三类：叙事视角的跨文化研究、叙事对象的跨文化研究、传播路径的跨文化研究。其中，研究对象概括为两类：分析单个或一部纪录片的跨文化叙事特点和传播力或对比国内外同主题下不同纪录片的跨文化叙事差异。本文属第一类，将《武汉战疫纪》作为语料，研究其跨文化叙事特点。

2. 中华文化的国际传播力研究综述

2.1 国外研究综述

国外学者 Poortinga（1993）首次在研究中涉及中国手势语与其反映的中华文化的传播之间的关系，综合国外对中华文化国际传播的研究，发现研究对象主要针对具有中国特色的典型文化事物或现象，例如汉语、武术和《甄嬛传》等，大体分为四类：中医学（Paolo, 2013）、贸易（Guendalina et al., 2021）、留学生（Prue, 2005）和中国影视题材（Wong, 2009；Patrick, 2019），研究结论涉及三类：研究中华文化的传播途径、力度以及影响因素。

2.2 国内研究综述

学者林金枝（1990）通过列举东南亚华侨的例子，论证了其对中华文化的国际传播具有积极作用。21 世纪后，该领域研究主题主要分为四类：民族音乐（赵去非等，2021）、孔子学院（刘宏，2012）、影视题材（陈欣，2008）、"一带一路"沿线国家（段迪，2020）等，研究结论主要落脚在三方面：国家形象塑造、文化自信的树立和文化"走出去"战略思考等。综上，研究对象范围广泛，研究结论也愈发契合国际诉求。

回顾以往研究，将纪录片的跨文化叙事与中华文化传播相结合的研究较少。纪录片为传播媒介，叙事注重传播效果，二者契合度高，且将《武汉战疫纪》作为研究对象，语料的权威性和时效性较高。因此，本文探讨跨文化叙事视域下《武汉战疫纪》的中华文化的国际传播力具有创新性。

三、理论框架

1. 本文对纪录片跨文化叙事理论的框架界定

"叙事学研究聚焦于两点（Todorov, 1969）：一是叙事结构层面，力图总结出叙述的能力，集中研究故事、叙事文本与叙述过程三者之间的关系；二是叙事话语层面，考察诸如语言、语式、语态和声音方面。……在跨文化传播过程中，对纪录片来讲，要想达到良好的跨文化传播效果，还要考虑如何设置叙事结构和风格，才能更好地打动更多观众，起到更好的跨文化传播效果。"（连丽敏，2017）以往研究通常将纪录片的跨文化叙事分为两部分，即研究内容和表达上的跨文化叙事特点。笔者也将聚焦纪录片的叙事内容和表达，探讨《武汉战疫纪》的人物选取、题材属性、主题倾向以及叙事视角、叙事结构和叙事方式。

2. 文化传播力的内涵和影响因素

被誉为"传播学之父"的威尔伯·L.施拉姆在《传播是怎样进行的》中指出，传播至少有三要素："信源、讯息、信宿。文化传播就是指人们在社会交往活动过程中，以文化信息（信源）为传播内容，通过媒介在时间和空间中共享、重组和流变的一种文化互动现象。影响文化传播力的因素有传播者、受众、传播内容、媒介、反馈信息等，它们之间的关系如图 1 所示"（蒋朝莉，2014）：

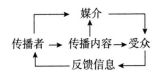

图 1　文化传播力影响因素模型

蒋朝莉（2014）围绕"文化传播力影响因素模型"，指出文化传播是一种介于传播者和受众间的信息双向交流过程。因此，传播者在选取传播内容时尤其要注意受众信息的反馈，即关注传播目的国的受众喜欢何种文化资源，这就需要传播者去深入了解和尊重受众的文化背景、心理需求以及宗教信仰等因素。

四、研究设计

1. 研究对象

《武汉战疫纪》于 2020 年 2 月 28 日在 CGTN 英语频道及海外社交平台上线，随后，相继被美、英、法等 21 个国家和地区的 165 家境外电视频道和新媒体平台采用，观看总量破亿（李宁等，2020）。

2. 研究方法

通过文本分析法，本文选取《武汉战疫纪》作为语料，挖掘其文本内容进行分析，研究该片以隐性或显性的方式呈现内容。

3. 研究问题

（1）在跨文化叙事视域下探究《武汉战疫纪》的传播内容；
（2）在跨文化叙事视域下分析该片作为媒介如何呈现传播内容；
（3）探讨该片的国际传播力度。

4. 研究发现

根据"文化传播力影响因素模型"，在本研究中，CGTN 作为传播者，《武汉战疫纪》作为媒介是传播内容的主体，受众是该片的国际观众。

4.1 跨文化叙事视域下《武汉战疫纪》的叙事内容及其彰显的中华文化

（1）人物选取彰显中华文化中不畏艰险的优良作风

该片选取感染新冠的赵智刚医生、奔波忙碌的快递小哥、社区基层管理人员以及无私奉献的志愿者作为主要采访对象，通过采访镜头展现出各行各业"逆行者们"面对未知的疫情时敢于斗争、不怕牺牲的决心和信念，彰显出中华文化中不畏艰险、迎难而上的优良作风。

（2）题材属性彰显中华文化中集体主义优势

该片是一部抗疫题材的文献纪录片，中国的抗疫举措再一次显现"一方有难，八方支援"的团结合作精神和家国意识。一万余名从全国各地应声而来的医护工作者前来支援，火神山医院 10 天建成、雷神山医院 18 天建成、三天内完成了武汉市 1 400 万人口的网格排查且做到了患者的"应收尽收"，这些数字和成果彰显了集体主义的通力协作和中国特色社会主义的制度优势。

（3）主题倾向彰显中华文化中民本主义精神的传承

该片 7 分 05 秒报道"习近平主席主持中共中央政治局常务委员会议，强调把人民群众生命安全和身体健康放在第一位"。此次疫情，党中央迅速做出决策部署，维护人民群众的生命安全，设立专项保护机制帮助海外公民。该片结尾，世卫组织联合考察组组长布鲁斯艾尔沃德对中国表示极大感谢。充分体现出中国积极践行"命运共同体"的理念，积极传承中华文化的民本主义精神。

4.2 跨文化叙事视域下《武汉战疫纪》的叙事表达与媒介呈现

（1）全知视角与受限视角多元结合

全知视角是以第三人称叙述，该片以第三人称和受访者第一人称口吻串联起武汉封城从第 1 天到第 33 天的情景，既让叙事者站在宏观的角度把控情节的发展；也能通过呈现微观画面从而引发观众共鸣。此外，该片通过全知视角与内外视角相互配合，共同构成该片受限视角，将国际新闻片段和武汉实时记录的画面结合，使叙事不偏重某一固定形式，其作为媒介呈现的故事更加全面与客观。

（2）叙事结构上实现时间与空间交错组合

"一部影视作品的结构是由其叙事结构经过多种排列组合共建而成的。"（陈薇等，2019）该片以封城时间为经线使叙事清晰明了；空间为纬线，在武汉各医院、小区、商场等不同空间内向观众展现武汉乃至中国控制疫情的高效举措。此外，将武汉、中国、世界三者整合在统一主题下，为国际观众呈现出一部衔接连贯且逻辑清晰的纪录片。

（3）叙事方式上体现西方低语境文化

著名人类学家 Hall（1976）提出世界上有高、低语境两种文化。高语境表达信息较含蓄，低语境强调开门见山、直接明了。该片运用西方受众所习惯的低语境模式进行叙事，弥合了跨文化传播中自我与他者文化接受的差异。影片通过叙事者清晰简洁的画外音，穿插受访人物直白语言和新闻报道，规避迂回烦琐的传统叙事方式，使该片获得较高的受众接受度。

4.3 《武汉战疫纪》的国际反馈

结合"文化传播力影响因素模型"，国际观众对《武汉战疫纪》的反馈是模型中"反馈信息"因素，体现该片对中华文化的传播力度。目前，YouTube 平台 CGTN 官方账号上该片已有 2.8 万条评论，95.1% 的人对该片持赞赏态度，纷纷留言"震撼""令人敬佩""中国最棒"等；4.9% 的观众因不满封城举措而对纪录片持保留态度。截至 2021 年 4 月 20 日，YouTube 平台上该片赞 / 踩比为 27:1，其关注度和点赞数量呈积极发展趋势。此外，

Newsweek（《新闻周刊》）、*Bangkok Post*（《曼谷邮报》）等相继刊登中国短期内快速遏制疫情的文章，引起跨国群体共鸣，引导国际舆论从质疑中国转而关注中国在抗疫中付出的巨大努力与牺牲。综上，该片有效提升了中华文化的国际传播力。

此外，"反馈信息"还可启发传播者如何通过媒介高效呈现传播内容。《武汉战疫纪》的积极国际反馈给中国纪录片两点借鉴启示：首先，叙事内容应聚焦个体，以情动人。以普通人为元素最能体现真情，从而打破跨文化障碍引发群体共鸣。其次，中国纪录片在叙事表达上应充分尊重国际观众的文化背景差异，注重媒介呈现方式，从而致力于讲好中国故事、传播中华文化，为国际观众呈现出更多高质量且易于接受的中国影视题材。

五、讨论与结语

在跨文化叙事视域下，本研究采用文本分析法，结合"文化传播力影响因素模型"将纪录片《武汉战疫纪》作为研究对象，通过将叙事内容与传播内容相结合，叙事表达与媒介呈现相结合，探讨该片对中华文化的国际传播力。研究发现，该片采用全知视角与受限视角多元结合、叙事结构实现时间与空间交错组合、叙事方式契合西方低语境文化的方式，在人物选取、题材属性、主题倾向上向国际观众高效呈现具备人文关怀的优秀中华文化，即不畏艰险的优良作风、集体主义优势和民本主义精神。在跨文化叙事视域下研究《武汉战疫纪》如何在错综复杂的国际背景下推动中华文化的传播，为中国纪录片的创作提供了有利的借鉴意义，有助于推进中国纪录片的跨文化发展之路，提升中华文化的国际传播力。

参考文献

[1] BREW F P, TAN J, Booth H, et al. The effects of cognitive appraisals of communication competence in conflict interactions: a study involving western and Chinese cultures[J]. Journal of cross-cultural psychology, 2011, 42(5): 856–874.

[2] CAPECE G, DI PILLO F. Chinese website design: communication as a mirror of culture[J]. Journal of marketing communications, 2021, 27 (2): 137–159.

[3] FURSICH E, Packaging culture: the potential and limitations of travel programs on global television[J]. Communication quarterly, 2002, 50(2): 204–226.

[4] HERSKOVITS M J. The myth of the negro past[J]. Babel, 1961, 7(4): 164–167.

[5] HOWARD G S. Culture tales: a narrative approach to thinking, cross-cultural psychology, and psychotherapy [J]. American psychologist, 1991, 46(3): 187–197.

[6] NGUYEN L T, MCDONALD M, Mate S, et al. Advancing a cross-cultural narrative approach to career counselling: the case of Vietnam. Australian journal of career development, 2018, 27(2): 65–71.

[7] WONG C H Y. Globalizing television: Chinese satellite television outside greater China[J]. TV China, 2009: 201–220.

[8] 陈薇，常梦轩."文化中国"的跨文化叙事与形象建构——以 BBC 中华文化题材纪录片为例 [J]. 电视研究，2019（3）：78–80.

[9] 段迪."一带一路"倡议下汉语国际传播中的中华传统文化认同探视 [J]. 赤峰学院学报（汉文哲学社会科学版），2020，41（4）：71–75.

[10] 何苏六，李宁. 生死时速 温情呈现——总台新冠肺炎疫情防控报道中纪录片创作评析 [J]. 电视研究，2020（6）18–21.

[11] 蒋朝莉. 提升中华文化对外传播力的策略分析 [J]. 西南民族大学学报(人文社会科学版),2014,35(12): 203–207.

[12] 李宁，徐嘉伟. 疫情纪录片的叙事创新与国际传播效果研究——以 CGTN《武汉战疫纪》为例 [J]. 中国电视，2020（9）22–27.

[13] 连丽敏. 纪录片《一带一路》和《穿越海上丝绸之路》的跨文化叙事研究 [D]. 保定：河北大学，2017.

[14] 梁启鹏. 纪录片《武汉战疫纪》获广泛关注 [J]. 电视研究，2020（3）4.

[15] 林金枝. 近代华侨在东南亚传播中华文化中的作用 [J]. 南洋问题研究，1990（2）8–15+129.

[16] 王家东. 抗"疫"纪录片的跨文化传播策略——以《武汉战疫纪》为例 [J]. 电视研究，2020（12）32–35.

[17] 王纪言. 寻根与追梦——华语电视纪录片对中华传统文化的开掘 [J]. 现代传播（北京广播学院学报），1994，37–42.

[18] 武新宏. 世界纪录理念在中国——比较视野下中国电视纪录片风格衍变探析 [J]. 现代传播（中国传媒大学学报），2010（8）68–70.

[19] 张春燕. 中华文化海外传播的路径和内容选择 [J]. 云南师范大学学报（对外汉语教学与研究版），2014，12（1）：5–9.

[20] 张娜. "文化走出去"与中国纪录片跨文化传播 [J]. 南京理工大学学报（社会科学版），2018，31（4）：49–54.

西方背景下的中国传统文化

中国人民大学外国语学院　杨　桦

摘　要：近年来，中国传统文化受到的关注日趋增加，从学术、文艺、价值观、思想观等层面都有不同程度的研究推广计划。作为高等院校，对传统国学也纷纷给予了足够的学术支持。毋庸置疑，各民族的传统文化，是建诸其自身发展阶段、发展环境之上，由多重因素构建而成，中国也不例外。但目前的事实是，世界大部分地区、国家都采用了西方式教学方法，西方价值观也得到大规模认同。因此，与之迥异的中国国学传统如何在西方文化环境中生存、发展，而它本身的地位如何定义，特色又在何处，这些问题的解答对于中国传统文化的研究、理解、推广、交流都有重要意义。

关键词：西方背景　中国传统文化

自西学东传，中国文人士大夫就始终致力于解决中国文化的地位。自章太炎首倡"国学"概念以相对西学，到远赴重洋，接受东西两方教育的余英时教授提出"我自早年进入史学领域之后，便有一个构想，即在西方（主要是西欧）文化系统对照之下，怎样去认识中国文化传统的特色。"（余英时，2005）都说明中国文化传统处于两难境地：一方面，它代表了中国数千年的知识体系、价值观念、社会准则，很难与大众割舍分离；另一方面，中国传统文化与近代传入的西学实在格格不入，难以吻合。五四运动后，对科学的倡导促使历代中国知识人寻找这个问题的答案，但时至今日，仍旧难有定论。本文的目的，便是对中西文化背景、差异进行梳理、分析，以期提出一己之见。

一、"分门别类"与"和合会通"

关于"文化"，其定义方式始终困扰学界。有些学者总结出各种定义近160条（余英时，2004），而本文并非单独指西方学界定义或是西方学术类型、学术观点。其中包括了西方采用的教育模式、教学环境、社会传统等更为宽广的领域。因此，不难发现，包括中国在内，很多非西方国家，诸如东南亚、南亚等，同样面临着一种挑战。即：西方式的教学方法内，中国传统学术、文化是否有自身的发展空间。

目前被世界广泛应用的高等教育制度源自欧美，大学更是其中的典型。在初级、中级、高级三级教育的架构下，分学科教学、阶段教育都得到了全社会的认同。但不难发现，这种教育系统与西方文化环境一脉相承、薪火相继：西方学术自希腊罗马时代以来，便分门别类、各存畛域。从被誉为西方文明之源的柏拉图、亚里士多德著作中不难发现，如《物理学》《政治学》《尼格马可伦理学》《形而上学》等著作都已进入专门领域，尽管其学派一致，甚或出自一人之手，但其间各无关联，完全可作为独立篇章研究探讨。这也构成了今日学科分立之雏形，虽然现下交叉学科盛行，不过仍然有所侧重，很难融合为一体。而目前大学发展趋势日趋细化，专门化程度与日俱增，正好适应了分类研究的需要。

而中国文化恰恰相反，自上古周朝以来，下迄明清，中国学术都主张会通和合、天人合一，亦即博采众家、贯通内外。这并非我们今天所称的"博学"，余英时教授作为香港新亚书院与美国哈佛大学的毕业生，在中西双方教育中浸淫甚久，他提及自身求学经历时，曾以其专业历史学为例，有很精彩的见解："我的目的既不是追求杂而无统的'博雅'，也不是由'专'而'通'，最后汇合成一部无所不包的'通史'。'博雅'过去是所谓'文人'的理想，虽时有妙趣，却不能构成有系统而可信赖的知识。"（余英时，2005）

实则，中国文化传统并非简单追求"博"，而更多地寻求通过广览多读、丰富积淀达到应用圆熟、处事得宜，即厚积薄发的程度。最终目的则是达到天人合一、内心相通的目的。钱穆先生曾断定："其实孔子以下两千五百年来之中国思想，莫不求会同和合以臻于一定论。"（钱穆，2001）事实上，中国文化有时被称为"礼乐文化"，十三经中，关于礼乐仪式的专门记录就有《周礼》《仪礼》《礼记》三部。卷帙浩繁、信息完备，甚至有些过于琐碎，令人望而生畏。然而自孔子时代就明晰："礼云礼云，玉帛云乎哉？乐云乐云，钟鼓云乎哉？"明确指出遵行礼仪之目的实非形式之繁文缛节，而关乎人心，"人而不仁，如礼何？人而不仁，如乐何？"可见礼之所宗，仍在于人心。

钱穆先生谓"孔子所常语者为礼，礼中必有鬼神，又所尊奉。惟礼非为鬼神而有，乃为己心而有。"又言："礼者，体也。主于中属于内者为心，见于外则为体。故礼必随时随地随事而变。心则一，无变"（钱穆，2001）依钱穆先生所言，同样主张心为礼之本，而心达到何种境界方为最根本目的？"中国人之道德艺术则通天人、合内外，而自人性人情人心为出发点。"（钱穆，2001）确为一针见血。

二、"终极真理"与"经世致用"

西方学术重实证、重系统，寻根溯源，自希腊柏拉图时代，西方便开始对"终极真理"的无尽探索。从世界构成本源，到推动世界发展的力量，西方学界始终要建构一种完善、合理的学术系统，以囊括自自然物质，到精神探寻的合理构成。故此，西方学术中，"体系"架构便成为最重要、最迫切的需求，恩格斯曾经对黑格尔的辩证法体系评论，称"体系产生于人类精神的永恒的需要，即克服一切矛盾的需要。"（恩格斯，1997）出于体系完整的需要，知识必然逐渐脱离具象层面，逐渐进入提取普遍规律的抽象领域，与现实世界渐行渐远。古希腊的哲学传统中已可见端倪，而基督教的出现，更是为西方世界弥补了重要的空白。

余英时教授曾指出："希腊人是靠'理性'来追溯价值之源的，而人的理性并不能充分完成这个任务，希伯来的宗教信仰恰好填补了此一空缺。西方文化之接受基督教，绝不全出于历史的偶然。"（余英时，2004）实则，基督教上帝理念的出现，为世界本原提供了最好的诠释，一切均出自全能上帝之手，无论是身在其中的物质世界，或是以思维为特性的精神世界。

中世纪时曾出现基督教哲学极端信仰主义与理性护教主义的争辩，后者的代表神学家圣托马斯·阿奎那（St. Thomas Aquinas）提出过论证上帝存在的著名推论，即宇宙之间，万事万物皆处于运动中，而任何事物，其运动必有推动者，推动者亦复需要推动者。但事物必有其本源，为避免无限重复循环推定，则作为一切事物第一推动者的上帝，其存在必然合理。（陈波，2002）

该推论正确与否，置之不论，但不难看出，这种逻辑学推定的源头与结果，都在于对

"真理"的系统化追求。这种真理的终极作用不是指导一人一事，而是构成了宇宙间秩序与逻辑的起源。是以即便这种论证艰涩枯燥，难为大众接受，但学者仍旧黾勉不倦、孜孜以求，目的就是掌握世界运动发展的轨迹，以期更好的完成人生。

相形之下，中国传统虽也存在"天""上帝"这类外在神明概念，但关注更多者，是所谓"入世之学"，即掌握对人生起决定性、指导性作用的知识，而将抽象、难以捉摸的"天道"暂且搁置。春秋时期郑国大夫子产曾说"天道远，人道迩，非所及也"，丝毫不否认天道的存在，但更看重切实可行，具有操作性的"人道"。庄子有云："六合之外，圣人存而不论；六合之内，圣人议而不断。"即这种精神的集中体现，而"喜怒哀乐之未发，谓之中，发而皆中节，谓之和，中也者，天下之大本也，和也者，天下之达道也。致中和，天地位焉，万物育焉"为儒家最高价值标准，即中庸之道，亦为出自个人本身，非求助玄远难测的神秘力量。

另外，中国人求学即讲入世，"仕而优则学，学而优则仕"，为孔子弟子子夏所言，反映了中国学人的传统心态与现实诉求。孔子本身教学，要求弟子熟记《诗经》，并有言"诵诗三百，授之以政，不达，使之不能专对，虽多，亦奚以为？"该语所针对的，一来当时春秋国政，多以礼乐为本，熟诵诗经，谙习礼乐典章，治理国政便有所发挥。二来列国交往，使臣多借《诗经》中言辞为外交辞令，故贵族以诗经未必习范本，但即令熟读，不能活用，也为下乘。

由此可见，孔子教导弟子诵诗经，从最初目的就并非为了单纯陶冶个性、吟唱怡情，而是有着很明确的现实意义。可以说，倘若无此能力，断不能进入当时国家的高级政治圈。不过，抛开个人名利问题，"经世致用"是中国学人一贯理想，《大学》中所述"格物、致治、正心、诚意、修身、齐家、治国、平天下"，从自身修养直至为国出力，这条连贯的程序链表明了中国学术传统的一个完整循环，也提出了中国学人的最高理想。

三、"文化冲突"或"文化共存"？

既然中西文化之间存在非常明显的差距，是否表明其间必然发生冲突与矛盾？二者可否共存，在不同体系下能否互相适应？甚至在产生差异的环境中能否有立足之地，都是摆在现实中的迫切问题。

实则，早在鸦片战争后，西风东渐，中国以意想不到的方式迎来西方列强时，此问题便已随之产生。有学者提出，现在的知识人与19世纪的士大夫所面临的西化处境基本相同。当时，西方与中国在战争、谈判、冲突等非常状态中开始了相互摸索、相互了解的过程。中国士大夫面临冲击，有了一个对西方从惧怕到主动了解的过程，从1840—1895年，中国士大夫由初步反应到主动了解，最后融合、创新西方观念，为我们做出了面临新挑战冲击下应对的榜样。

西方在近代同样经历了对外来文化的吸收与融合。16世纪，随着资本主义的快速崛起，对新技术、新文明的吸收应用也变得愈加迫切，15—17世纪中，文艺复兴与启蒙运动两大改变西方世界命运的事件，背后都有东西文化交流的影子，从贷款计算、商贸往来、著作译介、文化交流、艺术风格，甚至关系到西方地理大发现的航海技术，都有东方文化不可磨灭的影响。

这表明，即使存在文化、宗教等种种方面的差异，但文化之间的共存性显然超越了冲突性，即令处于双方政治、军事等摩擦分歧的大环境中，也并不会造成交流的停滞，有西方学者评论："在文艺复兴时期，东西方之间并不存在明确的地理或政治分界。掩盖这两种文化之间在贸易和思想上自由交流的，是很久以后在 19 世纪出现的看法。这种看法认为，伊斯兰东方与基督教西方在文化和政治上截然不同。双方固然经常发生宗教和军事冲突，不过重要的是，尽管存在这些冲突，他们之间的物质和商业交流持续进行，并且为双方取得文化成就都创造了一个非常有利的环境。"（杰里·布罗顿，2007）

近年来，不断有学者提出文明冲突的理论，最具影响力者无疑非哈佛大学亨廷顿（Samuel P. Huntington）教授的《文明的冲突与世界秩序的重建》（*The Clash of Civilizations and the Remaking of World Order*）莫属。这部著作中作者提出其主体为文化和文化认同形成了冷战后世界上的结合、分裂、冲突模式，并进一步阐述了由此引发的数个推论。（塞缪尔·亨廷顿，1999）但必须注意，这是一部政治学著作，其主题与目的都是对世界政治局势、体系做出合理分析，而并非一部探寻文化之间关系、影响的文化学著作。作者在中文版前言里也开宗明义地提出："随着冷战的结束，意识形态不再重要，各国开始发展新的对抗和协调模式。为此人们需要一个新的框架来理解世界政治，而'文明的冲突'模式似乎满足了这一需要。"（塞缪尔·亨廷顿，1999：2）可见本书主旨是为政治学需要服务，是一种自我构建的体系，并非文明的客观发展过程探讨。

由此引发的矛盾是，究竟如何理解"文明的冲突"模式？这是否无法避免，双方有没有解决共存之道？亨廷顿的书中提出的文明，更偏重于宗教文明，而造成所谓"文明冲突"的起因，归根结底是不同主体文化的国家间产生各种利益冲突。或借文明之名，行政治目的之实的政策冲突，绝非文化本身不存在共存共荣的可能。现实中不难看出，无论中国、美国或是欧洲、澳洲，一个国家或区域内本身就由多种不同文化构成，缩小到美国本身，作为移民国家，结合了清教徒基督教文化、黑人文化、印第安文化等，才形成了今天所谓的美国文化。虽然今天美国的基督教文化仍为社会主流，但中国文化、印度文化、非洲文化等都对其起到了重要的补充、组合。同时，从文化学角度看，宗教文化也不能代替文化全部，只是其中一方面，很难以宗教划分作为文化冲突的例证。

另一个诠释国家冲突与文化交流并不矛盾的例子就是近代中国，中国的近代史几乎是与西方国家的冲突史，面临突如其来、亘古未有的变局，中国士大夫开始纷纷寻找对策。无疑，当时的官僚大夫并没有接触过西学，他们应对的唯一途径就是自中国传统文化中借用比附。

其中，对商业概念的创新最为引人注目。传统儒家文化重农抑商，对商业发展及商人地位都采取严格控制。反之，农业自商鞅变法，便被上升到国家根本战略高度，《商君书》中所倡导"耕战"理念，将农业与战备紧密结合。曾国藩借"耕战"首次提出针对西方工商业影响的"商战"，反映出高度清晰的时代理念。对此，王尔敏先生曾有评价称："像曾国藩这样传统的读书人，竟能认清遭遇之时代，提一个面对之世局。本之于生平学问，而自《商君书》之农战主张，推论及于当代，自可见面对变局，故有学问仍是创新思维的固有资财，不可废也。"（王尔敏，2007）

无疑，彼时对西方文化，多数国人或惧怕，或愤怒，当时屡屡出现的"教案"，也从另一方面反映出民众对外来文化的某种心态。就在中西冲突最激烈的情况下，士大夫中的开明分子并没有盲目排外、故步自封，开始了对西方著作的译介、学习。虽然某些观念不免浅薄，前后矛盾，难以自圆其说。"但吾人若循其发展之大体方向，寻其脉络连贯处，同时又细考其每一时期之关节，在西洋势力威胁冲击与影响之下，中国士大夫经过内省深思而提出之新方法与概念，无论其为自发之观念，或直接吸收之舶来思想，皆各有其重大之时代意义。"（王尔敏，2003）

四、"存异求同"与"融会贯通"

前引曾国藩之案例，足以说明中西文化并非判然分野、格格不入，在发端、成长的环境，以及教育、目的的理念方面，二者有异，但不等于没有交汇贯通处。文化架诸人文社会整体情况之上，通过交流传播，每个社会群体都会进行互有补益的吸收。因此，往往交流的情况决定文化发展的状况。斯塔夫里阿诺斯教授的名作《全球通史》，将 1600 年作为近代史的年限，而非西方学界传统采用的 1640 年英国"光荣革命"，其缘由，便是作者认为，在十七世纪前，各个地区独立成章，互无往来，只能作为地区，不能代表全球整体发展，十七世纪的地理大发现将全球连成一体，因此，1600 年后，世界方作为整体概念的世界呈现在史学家眼前。同时，文化交流广泛的地区往往发展更为迅速。

既然文化交流的存在与作用已被历史学家肯定，因此可以对其性质做出客观分析。所谓文化交流，根本原则为其能被交流各方所接受，那么，不同文化中相同或相似的部分就成为首当其冲的交流点。具体到中西文化之间是否存在趋同之处，答案是肯定的。不妨举例说明:《庄子》中著名的一段话:

"昔者庄周梦为蝴蝶，栩栩然蝴蝶也，自喻适志与! 不知周也。俄然觉，则蘧蘧然周也。不知周之梦为蝴蝶与，蝴蝶之梦为周与? 周与蝴蝶，则必有分矣。此之谓物化。"

庄周梦蝶，典故已为大家熟知，这里提出著名的"物化"概念，也是中国国学中的重要命题。《庄子》一书，以今天的学科分类看，具备文学与哲学双重价值，但无论如何，都是生活在某个时代中有感而发的感触，或多或少的代表了某些特定思潮。无独有偶，英国诗人济慈也曾经于诗作中提出过相似的理念:

"Forlorn! The very word is like a bell/To tell me back from thee to my self!

Adieu! The fancy cannot cheat so well/As she is fam'd to do , deceiving elf.

Adieu! Adieu! Thy plaintive anthem fades/Past the near meadows, over the still stream,

Up the hill-side; and now 'tis buried deep/In the next valley-glades:

Was it a vision, or a waking dream?/Fled is that music: —Do I wake or sleep?"（济慈，2007）

管中窥豹，略见一斑，中西文化虽然有林林总总的差异，但不存在难以逾越的鸿沟。不过话虽如此，在文化交流方面，自近代开始便存在一些非文化本身因素的障碍。

今天我们所谓"国学"，是与西方的"西学"相对，如前文所述，是近代出现的概念。近代时期，对"西学"存在另一种称呼，即"新学"。顾名思义，所谓新学，相对应的就是"旧学"，而今天，通常使用"现代化"概念，其相对的，就是所谓"传统"。名称一字之别，取向随之不言自明。

这种心态造就了如今的一个怪圈，即:不断有人讨论、论证中国传统文化在今时今日是否依旧存在生命力，是否能因应当前的社会需要，是否与现存教育制度发生冲突，诸如此类言论不一而足。凡此种种，并非出于对中国文化的自我轻视，而是在潜意识中认为现代社会已然使国学濒临无立足之地的情境，而中国古学由于时间的久远，已远远不能对当前时代做出诠释。

这种现状的确存在，不过在前文中已指明:中国学术的根本目的并非探讨终极真理，也不通过构建体系作为手段，其原则就是借由适当的指导思想，因应某种特殊的需要，具有浓厚的入世意义与高度灵活性。以儒家学说为例，春秋战国，孔子为开创，之后儒分八道，至孟子已有所不同，再后两汉经学、宋明理学、清代汉学，其主张学说随时变化、次第更迭，为治思想史者所熟知。

同理，今日中国随意采用西方教学模式、教育系统，然国学绝非无一席之地，今时今日，治国学不等同于旧时熟背四书五经，以求金榜题名。也并非需要完全遵循明清套路，由音韵训诂之小学至经学、史学样样皆通。完全可采用更为灵活的教学模式，存异求同，将中国浩如烟海典籍中对今日思想道德、社会行动有助益者采择拣选、择优而习。

西方社会科学，亦不乏固有缺陷，如斯宾塞（H. Spencer）倡导之社会达尔文主义，认为达尔文主义，特别是它的核心概念——生存竞争所造成的自然淘汰，在人类社会中也是一种普遍的现象。认为它在人类的进化、发展上起着重要的作用。因此这种思想常被利用来强调人种差别和阶级存在的合理性以及战争不可避免等。所造成的严重后果则是种族主义的兴起，基于社会达尔文主义的一种幼稚的种族观念是：一个种族为了生存必须具备侵略性。达尔文进化论清楚地说明，各物种为了生存而不停地斗争，弱小物种和种族的消亡和灭绝贯穿了历史。白种人被看做是最伟大的人种是因为他们具有优越感和征服欲。这种论点的荒谬现在已为世人所公认，遭到唾弃。

可见西方社会在发展过程中也难免走入歧途，需要时时进行查漏补缺式的更新。中国社会目前经历了重大变革，开始融入世界、走向世界。因此，我们的学说、传统中恰恰存在可与西方文化互补的成分。钱穆先生曾言："中国人仍当读中国书，贵能以中国书中所讲道理来阐扬宏申美国之大道，不当只求美国之大道，而先自把中国方面一切全放弃，此亦即当前国人所主张之通俗化。"（钱穆，2001）诚为不易之论。也可以说是真正明了了中国文化会通合和的精髓。在我们前进的步伐中，有时可能难以自西方文化中找到现成的解决方法，中国古话："眼前无路想回头"，这个回头最佳莫过于回到我们的传统中去。

参考文献

[1] 朱熹. 四书章句集注 [M]. 北京：中华书局，1983.

[2] 陈鼓应. 老子注释及评介 [M]. 北京：中华书局，1984.

[3] 陈鼓应. 庄子今注今译 [M]. 北京：中华书局，1983.

[4] 钱穆. 论语新解 [M]. 北京：三联书店，2002.

[5] 钱穆. 现代中国学术论衡 [M]. 北京：三联书店，2001：20–21.

[6] 钱穆. 国史新论 [M]. 北京：三联书店，2001：27，65.

[7] 钱穆. 湖上闲思录 [M]. 北京：三联书店，2000.

[8] 钱穆. 中国思想通俗讲话 [M]. 北京：三联书店，2002.

[9] 余英时. 中国思想传统的现代诠释 [M]. 南京：江苏人民出版社，2004：6–8.

[10] 余英时. 文史传统与文化重建 [M]. 北京：三联书店，2005：28.

[11] 余英时. 现代危机与思想人物 [M]. 北京：三联书店，2005：38.

[12] 王尔敏. 中国近代思想史论 [M]. 北京：社会科学文献出版社，2003：43.

[13] 王尔敏. 今典释词 [M]. 台北：台湾历史智库出版有限公司，2007，17.

[14] 陈波. 逻辑学是什么 [M]. 北京：北京大学出版社，2002：39–40.

[15] 拜伦、雪莱、济慈抒情诗精选集 [M]. 北京：当代世界出版社，2007：41.

[16] 恩格斯. 路德维希·费尔巴哈和德国古典哲学的终结 [M]. 北京：人民出版社，1997：10.

[17] 布罗顿. 赵国新，译. 文艺复兴简史 [M]. 北京：外语教学与研究出版社，2007：181.

[18] 亨廷顿. 文明的冲突与世界秩序的重建 [M]. 北京：新华出版社，1999：2，4.

利用英文影视来提高学生的间接言语使用能力

北方工业大学文法学院　张　娜

摘　要： 国内高校英语学习者由于缺乏真实的语言环境，在跨文化交际能力上有很大的提升空间，尤其在间接言语行为上有明显的缺失问题。而英文影视作为社会生活的戏剧化缩影，提供了许多真实的语境和场景。间接言语行为作为语言中常见的语言现象，在英文影视中被广泛使用。本文在会话含义的合作原则理论背景下，分析影视台词中四种常见的间接话语行为。最后，提出了如何借助英文影视来提高学生使用间接言语能力的建议。

关键词： 间接言语行为　英文影视　合作原则　会话含义

一、引言

　　中国高校非英语专业教学大纲规定，大学英语教学内容除了英语语言知识、学习策略和应用技能之外，还包括跨文化交际能力。也就是说，大学生要学习掌握与英语国家人们进行交际的能力。这就要求了解英语国家文化中语言的真实使用情况——跨文化语用学。作为语用学的一个重要分支，学者何自然（2009）提出，跨文化语用学主要研究人们在使用第二语言或外语进行交流时因文化差异而产生的语言问题。学习者不仅能正确地利用语法规则来遣词造句，而且要求在特定语境下正确地利用语言形式，实施交际功能。中国学生学习英语的一个主要障碍就是缺乏英语语境，再加上多年来的应试教育，从而使得学生的口语与英语本族人相差甚远，尤其体现在使用间接言语方面。

二、学生在口语交际中缺乏使用间接言语的能力

　　为了提高学生的英语口语交际能力，作为研究生英语听说课程的课外作业，笔者让学生自己命名来拍摄英文微视频。笔者发现，学生在自创剧本中，无论在任何语境下都愿意直截了当来使用语言，即直接通过话语形式的字面意义来实现其交际意图（直接言语行为）。例如在一个恋人分手的场景中，女孩子在抱怨他们捉襟见肘的经济生活之后，脱口而出如下话语：

　　Girl：You are a useless folk（女孩：你是个无用的家伙。）. 而男孩马上接口说：

　　Boy: If I get a wealthy girl as my girlfriend, I wouldn't have to be so tired every day and quarrel with a crazy woman（男孩：如果我找一个有钱的女朋友，就不会每天这么辛苦劳累，而且总跟一个疯女人吵架了。）.

　　Girl: OK. OK. You have the right to seek a rich girl and many rich girls if you have the ability（女孩：好，好，你有权利去找一个甚至多个有钱的女朋友，如果你有这个本事的话。）.

在分手的语境下，学生使用的是直截了当的指责，使得本来就受伤的两颗心更为痛楚。

相比之下，英文影视中出现了大量"拐弯抹角"的说话方式，即说话人通过话语形式取得了话语本身之外的效果（间接言语行为）。同样是恋人分手的场景，在电影 *Mrs. Doubtfire*（《窈窕奶爸》）中，Miranda 对她玩心未泯的丈夫这样委婉地提出分手：We've just grown apart. We're different. We have nothing in common（我们在不同的背景下长大。我们是不同的。我们没有任何共同点。）。而在电影 *Jerry Maguire*（《甜心先生》）中，当 Jerry 认识到他的女朋友 Avery 并不是他心目中的女生时，他尝试这样提出分手：There's something missing（我们之间缺少些东西。），即我们之间相似的地方太少了。

当然，语言的使用风格的不同可以归结为很多因素，比如说在教育知识水平、性格、风俗文化等方面存在差别。而作为研究生这个相对较高层次的群体而言，在口语交际中间接言语现象缺失较为严重，一个主要的原因应该是他们对这方面缺乏足够的意识、理解和操练。

三、从英语影视中学习间接言语行为

美国哲学家 H.P. Grice（1975）认为在言语交际中，会话不是说话人进行的杂乱无章的语句堆砌，双方必须共同遵守某些基本原则，即合作原则。这些准则包括：质准则；量准则；关系准则以及方式准则。违背这些准则可以产生一定的会话含义。而间接言语行为正是对上述这些准则的违背，从而生成各种各样的会话含义。由于各种原因，英文影视中会出现大量的间接性言语。我们可以利用 Grice 的合作原则作为理论框架，使用这些台词向学生展示间接言语现象。

3.1 违反质准则的间接言语行为

质准则要求人们说真话。即不要提供虚假信息，也不要说缺乏足够证据的话语。英文影视有时为了间接表达观点，同时也为了取得娱乐效果，人们会故意提供虚假信息来间接表达人物的想法。

在美剧《老友记》中，钱德勒不想吃瑞秋做的难吃的蛋糕，偷偷跑到阳台上给扔掉了。当瑞秋问其感受时，他谎称被鸟抢去了。下面是瑞秋重复他的话：

例 1：RACHEL: So a bird just grabbed it, and then tried to fly away with it and, and then just dropped it on the street.（瑞秋：一只鸟把蛋糕叼去了，然后飞走了，然后蛋糕掉在街道上了。）

CHANDLER: Yes, but if it's any consolation, before the bird dropped it, he seemed to enjoy it.（钱德勒：是的。但是如果能让你好受一点的话，在蛋糕掉下去之前，这鸟儿好像很喜欢这蛋糕呢。）

钱德勒明显地使用这样虚假的信息，间接表达出他拒绝去品尝这蛋糕的意思，目的在于营造出一个幽默诙谐的气氛，同时也表达出他不想伤害瑞秋的良苦用心。

3.2 违反量准则的间接言语行为

量准则关注的是话语的信息量。我们在说话时既要求提供的信息应是交际所需要的，也要求信息量不多也不少。英文电影经常在这方面额外使用具体的细节，而非单纯概括性的表述。因为具体的细节会有画面感，会给观众留下更加深刻的印象。

在电影《单身日记》中，丹尼尔鼓足勇气向布里奇表白：

例 2：DANIEL: You are the only one who can save me, Bridge. I need you. Without you, twenty years from now…I'll be in some seedy bar with some seedy blonde. （丹尼尔：只有你能够拯救我，布里奇，我需要你。没有你，二十年后，我只能混到在一个在三级酒店搭讪丑婆娘的地步。）

丹尼尔这里没有直接说：没有你，多年以后我只能落到形单影只找妓女的地步。这些细节的字眼"二十年后""三级酒店""丑婆娘"使得观众眼前出现一幅栩栩如生的画面，让人忍俊不禁，并能在脑海中留下深刻的印象。

3.3 违反关系准则的间接言语行为

关系准则要求所提供的话语或信息应该是相关的。在英文电影中，经常用转移话题的方式来间接表达观点。表面上没有相关性，实际上却是关系紧密。这样做的目的不仅能委婉表达说话人的观点，避免说话伤害到对方，往往也能造成幽默的效果，使观众在会心一笑中领略语言的魅力。在英剧《爱玛》中，奈特利先生向爱玛表白：

例 3：KNIGHTLEY: …I went to London, so I could learn to be indifferent. But I chose the wrong place to try to forget you. （奈特利：我去了伦敦，本想忘了你，但我选错了地方，对你愈加思念。）

EMMMA: I was talking to Harriet. （爱玛：我刚刚在跟哈里特聊天。）

KNIGHTLEY: Harriet? I don't mind what we talk of. We can talk of Harriet if you must.（奈特利：哈里特？我不介意谈话的内容，如果你一定要，咱们可以聊哈里特。）

EMMA: After taking to Harriet on a…on a secret matter of her heart, I examined my own heart and there you were. Never. I fear…to be removed. （爱玛：跟哈里特聊了……聊了她的心事……之后我审视了自己的内心，意识到你一直在我心里。恐怕……永远无法抹去。）

这里，奈特利鼓起勇气向爱玛做了表白，满心期待得到爱玛的回复。谁知爱玛却转移话题，提到完全不相关的事情。观众的心与奈特利一起陷入失望。岂知爱玛却从这不相关的事巧妙转到对奈特利的回复，即她也喜欢对方。此时悬念得以解开，观众与奈特利在欣慰一笑中迎来了故事的完满结局。这种转换话题的说话方式带来一波三折、更加吸引人的效果。

3.4 违反方式准则的间接言语行为

方式准则注重的是提供的话语是否清楚、明白。要尽量避免晦涩、歧义和啰唆，尽量井井有条。英文影视中经常使用晦涩的话语来间接表达观点，即使用那些不能从字面上理解，需要根据具体语境来揣测说话人的意图。

在电影《曲线难题》中，米琦为了争取亚特兰大律师事务所的合伙人资格，参加了公司几位资深董事成员组织的面试。面试者没有直接用疑问句来提问，而是间接地使用下面的陈述句：

例 4：INTERVIEWER: You'd be the youngest partner this firm's ever had. （面试者：你将是我们事务所最年轻的合伙人。）

例 5：INTERVIEWER: You'd be the only woman. （面试者：你是合伙人中唯一的一名女性。）

上面两个例句虽然都是陈述句，但目的并非只是对米琦做出评价，而是面试方抛出的暗含杀机的问题，旨在邀请米琦做出相应的回复。例 4 句中，面试者的画外音是：你如此年轻，如果得到合伙人资格，你怎么看？例5句子的隐含意义是：如果你入选，将会是合伙人中唯一的女性，你怎么看这个问题？面试者之所以使用这种间接的提问方式，主要是出于礼貌的原因。毕竟，被面试方也是公司的职员。同时，面对如此间接的问题，被面试方可以从多个角度入手，从而考察出人物的反应速度和工作能力。

四、结语

综上所述，英文影视中大量使用间接言语行为，它们或者使语言更加耐人寻味，令人莞尔，使人在玩味语言美感的同时，达到了艺术熏陶之功效；或者营造出幽默诙谐的效果，使观众在笑声中得到身心的释放；或者增加了悬念，起到了吊胃口、吸引人的功用；或者帮助观众更加深刻地认识剧中人的性格特点和人物特征等等。由此可见，间接言语行为是口语交际中不可缺少的语言现象。学生在学习使用语言过程中，如果只关注语言的字面意思，而不关注间接言语的这些神奇功能，将很难营造和谐的人际关系。正如美国语言学家莱考夫（G. Lakoff）所言，言语交际中信息传递和获取的重要性次于双方的人际关系，而间接言语行为是改善人际关系不可缺少的润滑剂。

针对研究生们在口语交际中缺乏使用间接语言的现象，教师可以充分利用英文影视中的这些真实有趣的间接言语，帮助学生理解掌握本族语者在不同语境下真实使用语言的状况。首先，教师可以搜集相关视频资料，最好把不同场景下的会话剪辑成几分钟的视频片段，并根据违反合作原则的四个方面进行分类，逐渐积累这些资源，这必将成为帮助学生习得跨文化语用能力的有力助手。其次，在分析这些微视频时，教师可以与学生共同分析，如果使用直接言语行为会有什么不同的效果。通过这样的对比分析，会给学生留下更深刻的印象。最后，给学生机会在口语交际中使用间接语言行为，在他们拍摄的微视频作业中，检查是否有不同的间接言语现象，并作为评定成绩的一个标准。如果学生通过这种方式意识到并使用这种间接言语现象，不仅会提高他们在国际交往中的跨文化语用能力，也势必会迁移到母语的使用上，从而改善他们在日常生活中的人际关系。

参考文献

[1] GRICE H P. Logic and conversation[M]. Cambridge: Cambridge University Press, 1975.

[2] LAKOFF R. The logic of politeness or, minding your p's and q's[C]. Chicago:Regional Meeting of Chicago Linguistic Society, 1973.

[3] SEARL J R. Speech acts[M]. New York: Cambridge University Press, 1969.

[4] 何自然，冉永平 . 新编语用学概论 [M]. 北京：北京大学出版社，2009.

第三部分
阅读与写作教学的新探索

以批判性思维为目的的非英语专业
研究生学术英语写作课程的思考

北京工业大学文法学部　霍晓峰　郎咸慧

摘　要： 批判性思维是创新人才的必备技能。非英语专业研究生学术英语写作课程是促进学生思辨力和逻辑思维的有效途径，但是目前在教学中存在很多问题。本文探讨了批判性思维在非英语专业研究生学术英语写作课程中存在的问题，并尝试分析原因，提出相应的策略，以期改善现状，在提高研究生学术英语写作技能的同时，也提升学生的批判性思维能力。

关键词： 批判性思维　学术英语写作　研究生英语

一、前言

20 世纪 80 年代开始，很多国家将批判性思维能力的培养作为高等教育培养的目标之一。北伦敦大学校长 Brian Roper 曾指出，高等教育应该培养学生的抽象思维能力、逻辑思维能力、有效推理能力以及论据评价能力（Chapman, 2005）。但是在我国，黄源深在 1998 年和 2010 年曾两次尖锐地指出，学生缺乏分析、综合、判断、推理、思考、辨析能力，并称之为"思辨的缺席"（黄源深，1998；2010）。随着时代变迁和人才培养要求的不断提高，党中央积极实施创新驱动发展战略，坚持创新驱动实质是人才驱动，要加强能够立足于现实且面向未来的创新人才培养。目前，国内越来越多的大学也将培养具有创新精神和创新能力的创新型人才作为培养目标。创新型人才最大的特点在于具有创新性思维，而创新性思维的前提和基础是批判性思维，因此批判性思维的培养具有极其重要的现实意义。

尽管很多高校将批判性思维能力作为哲学课程之一，但这种能力是各个学科、多门课程共同培养的结果。批判性思维是科学核心素养的重要组成部分，而作为在研究生教育中教学课时较多、覆盖全校的非英语专业研究生学术英语写作，非常需要在课程当中融入批判性思维的培养，培养学生学术创新精神和探索、解决问题的实际能力。

国内对于批判性思维和写作的研究大约起步于 2002 年，研究主要涉及介绍批判性思维理论、批判性思维在写作教学中的应用和培养、教学中存在的问题以及应对策略、批判性思维和写作教学一体化模式探究、批判性思维能力培养下的写作量具与测评等等，大多数都集中在英语专业写作或者大学英语写作课堂。如何在研究生学术英语写作中培养批判性思维能力的研究寥寥无几。研究生在学术英语写作方面的较高层次的思维活动需要更深层次的探究和论证，因此本文试图挖掘研究生学术英语写作教学中的问题，提出相关对策，希望可以改善教学现状，提升研究生的学术写作能力和思辨能力。

二、批判性思维和研究生学术英语写作

1. 批判性思维

美国批判性思维运动的开拓者罗伯特·恩尼斯对批判性思维所下的定义是："批判性思维是理性的、反思性的思维，其目的在于决定我们的信念和行动（Ennis, 1987）。"布鲁克菲尔德将批判性思维定义为："一种确保我们的假设合理，能准确引导我们的行动、实现预期效果的习惯。包括发现假设、检验假设、多角度看问题及做出明智的行动四个步骤（布鲁克菲尔德，2018）。"在国内，批判性思维能力或称为思辨能力是指"依据标准，对事物或看法做出有目的、有理据的判断的能力"（文秋芳，2012）。可以看出，专家们对批判性思维的定义各有侧重点，比如恩尼斯的侧重点是批判性思维中反思和合理性的特征，布鲁克菲尔德和文秋芳则强调了批判性思维的目的和过程。

2. 学术英语写作

英语写作是在语言和思维的共同作用下所表现出的一种外在的书面语表达能力，是一种外部形式，而最根本的原则是用语言表达思想进行思维的能力（Vygotsky, 1986）。学术英语能力包括语言能力、体裁能力、思辨能力和专业知识四个方面（Snow et al., 2009）。目前国内高校的研究生英语课程普遍开设了研究生学术英语写作，但是老师和学生普遍有学习效率较低的感受。笔者研读了若干本研究生学术英语写作教材，观看了学堂在线的部分学术英语写作课程，发现大部分教材和课程以教师为出发点，缺少对学生的需求分析，一般是堆砌理论和技巧，提供范文和素材，介绍句型结构和写作格式。整体说来，缺乏对学生系统地培养分析、综合、概括、比较、推理能力。学生在学习写作过程中对批判性思维能力的锻炼并没有得到提升。这一现状正如何其莘等在《关于外语专业本科教育改革的若干意见》中提到的现象，在语言技能训练中往往强调模仿记忆，却忽略了学生思维能力、创新能力、分析问题和独立提出见解能力的培养（何其莘等，1999）。

非英语专业研究生的总体批判性思维能力处于中等偏下水平，批判性思维能力与他们的英语写作水平存在显著的正相关关系，批判性思维能力越高就越容易在英语写作任务中得到高分（闫岩，2014）。笔者曾对83名参加研究生学术英语写作的非英语专业研究生进行了课堂观察，并在课程结束后做过简单的访谈。结果表明，全部学生在学习了学术英语写作课程后均对英语学术论文的语篇的宏观组织模式、修辞特征、语言特征比较了解。但抛开语言因素，自述对学术英语写作比较有信心的学生占比不到一成。这部分同学在平时写作学习中不仅学习模板，他们更愿意分析并总结文献特点，善于从多角度思考不同研究方法下学术论文的行文结构，探究论文的研究问题与写作之间的关系。而其余90%以上的同学更倾向于关注语言层面，比如用词和句型结构，在学期论文写作时也直接套用模板。

对于研究生来说，语言的准确性固然重要，但是学术英语写作需要的批判性思维能力和表达能力更为重要。因此完善研究生学术英语写作教学，促进学生的批判性思维能力的提升，才能实现培养具有创新性思维的创新型人才的目标。

三、以批判性思维为目的的研究生学术英语写作课程的思考

1. 提高学生的科学素质

科学素质是公民素质的重要组成部分。公民具备基本科学素质一般指了解必要的科学技术知识，掌握基本的科学方法，树立科学思想，崇尚科学精神，并具有一定的应用它们处理实际问题、参与公共事务的能力（全民科学素质行动计划纲要，2006）。然而在研究生学术英语写作的实际教学中，学生更倾向于接受科学知识而不是科学方法，习惯被动地接受教师讲授的学术文化和学术写作模式，不能充分了解学术知识，更缺少观察与分析，继而很少进行怀疑和批判性的思考。

因此教师在授课过程中，要具有更高的思辨意识，才能更好地影响和推动学生的思维能力。在非英语专业研究生学术英语写作课堂，我们采用权威期刊发表的文献作为学习对象。内容是语言学习的根本，语言既是学习工具也是学习目标。教师引导学生对学习内容进行批判性信息处理，采用探究式、发现式的教学方法，与学生共同解构学术论文，挖掘文献主旨观点、谋篇布局、写作态度等。通过讨论，学生逐渐打破思维定式，学会对比文献，判断作者研究和论证中的优点与缺点，从较高的维度上探求专业知识和论文写作的关系。

2. 改变传统的语言学习观

传统的英语写作教学一贯本着知识本位的教学理念，以文章做法为核心的写作体系，比较注重语言，轻视内容。教师习惯强调学生语言的准确性，关注语法、用词、搭配、句法等等，学生也习惯了通过语言的模仿进行学习，而很少对内容仔细观察，进行批判性思考。学生写作追求语言表达，但忽视逻辑、论述、思想。

反思目前的研究生学术英语写作教材和课堂，大部分为分解式知识讲授。主要的教学方法是对范文的精讲，核心步骤是在观摩教师精心挑选的文献的基础上形成通用模板。大部分的任务型练习也是以此为主导设计的。不可否认，这种讲授模式和模板在某种形式上促进了逻辑思维的形成。比如论文的整体框架，论文每一个部分的必要要素，以及大量的万用句型，这些知识结构都是可取的写作知识，是论文写作的关键。但是，我们同样需要清醒地意识到，写作中关键、核心的环节在这个过程中都被弱化了，比如论文作者如何论证自己的论文选题、论文的研究过程如何被严谨地表述、研究方法和研究结果如何被验证并经得住反驳、论文的研究价值如何被体现。进一步讲，学生起码要知道在何时、何地、以何种方法自如地将这些知识迁移到自己的论文写作中。从写作意义上来说，这些才是批判性思维的核心，而模板式的写作教学对促进学生批判性思维能力的作用非常有限。

知识的本质在于支撑起创造性思维。研究生学术英语写作课堂以学术论文为中心，从阅读文献开始，到论文实践写作，保持开放性的思维，让学生意识到学术英语写作课堂不仅仅是学习语言表达和语法的课堂，而是一个开放思维、拓展研究思路的创新课堂。培养学生敏锐的语言视角，探究各学科语料的差异，理解作者的写作意图，观察作者为了实现交际目的而选用的表达方式，将研究生的注意力从语言的准确性转移到思辨表达和信息功能上。

四、结论

　　批判性思维是有效分析问题和解决问题的能力，对研究生个人、科研发展、社会发展有着重要的意义。较强的批判性思维是学术写作的前提，反之，写作又促进批判性思维能力的提升。本文基于批判性思维和学术英语写作，着重分析了目前非英语专业研究生学术英语写作课堂的普遍问题，尝试思考如何将批判性思维能力的培养与研究生学术英语写作教学相结合。今后可以继续对以批判性思维为目的的研究生学术英语写作课堂的课堂架构、课程模式进行探索，探讨如何将批判性思维能力的提升落实到研究生学术英语写作课堂，具体落实到论文写作的每一个步骤和每一个部分中，比如从选题到谋篇布局，从引言到结论。

参考文献

[1] CHAPMAN J. The Development of the assessment of thinking skills[EB/OL]. http://www.cambridgeassessment.org.uk/ca/digitalAssets/109493_The_development_of_the_Assessment_of_Thinking_Skills.pdf, 2005.

[2] ENNIS R. A taxonomy of critical thinking skills and dispositions[M]. New York: Freeman, 1987: 9–26.

[3] SNOW C, UCCELLI P. The challenge of academic writing[A]. //OLSON D R, TORRANCE N. The Cambridge handbook of literacy[C]. New York: Cambridge University Press, 2009: 112–133.

[4] VYGOTSKY L. Thought and language[M]. Cambridge: MIT Press, 1986.

[5] 何其莘，殷桐生，黄源深，等 . 关于外语专业本科教育改革的若干意见 [J]. 外语教学与研究，1999（1）24–28.

[6] 黄源深 . 思辨缺席 [J]. 外语与外语教学，1998（7）.

[7] 黄源深 . 英语专业课程必须彻底改革——再谈"思辨缺席"[J]. 外语界，2010（1）22–26.

[8] 全民科学素质行动计划纲要 [EB/OL].（2006–2010–2020）[2006–2010–2020]. http://www.gov.cn/jrzg/2006-03/20/content_231610.htm.

[9] 斯蒂芬 . 批判性思维教与学 [M]. 钮跃增，译 . 北京：中国人民大学出版社，2018：13.

[10] 文秋芳 . 中国外语类大学生思辨能力现状研究 [M]. 北京：外语教学与研究出版社，2012.

[11] 闫岩 . 非英语专业研究生批判性思维能力对英语写作水平的影响研究 [D]. 山东：山东师范大学，2014：50–52.

Enhancing Critical Thinking Ability in ELT: A Perspective of Reading Process

中国人民公安大学　王卫平

Abstract: The process of learning English through reading is not merely focusing on the language but the ideas and the purposes of the author. With communications technology developing drastically these years, we have been frequently exposed to immense English materials from various sources. How to guide students through learning English with critical thinking is of great significance to teachers. Studies on critical thinking in ELT have been undertaken by researchers in recent years. This paper intends to elaborate the concept of critical thinking and critical reading and discuss how to develop students' critical thinking ability while learning English through reading.

Key words: enhance　critical thinking ability　critical reading

With the new developments in higher education in China, National Standards of Teaching Quality for Undergraduate Foreign Language and Literature Majors (hereinafter referred to as the National Standards) and the Teaching Guide for Undergraduate Foreign Language and Literature Majors (hereinafter referred to as the Teaching Guide) has been issued and implemented. According to the National Standards, students majoring in foreign language should have the ability of foreign languages application, literature study, intercultural communication, critical thinking, and research innovation, information technology application and independent learning.

1. Literature review

Researchers in China have started to combine critical thinking ability with classroom English language teaching since the beginning of the new millennium. There have been an increasing number of studies on developing critical thinking ability in ELT in China. Professor Sun Youzhong held that how to develop critical thinking in language teaching, or how to develop language proficiency and critical thinking at the same time was crucially important for teachers (Sun, 2011). He proposed eight teaching principles including Targeting, Evaluating, Routinizing, Reflecting, Inquiring, Fulfilling, Integrating, and Content (TERRIFIC) in order to provide strategies and guidelines for the teaching design of language and critical thinking integrated instruction, and believed that implementing these principles would lead to English language teaching innovation and quality improvement (Sun, 2019). While other scholars believed that it was of paramount importance to cultivate the readers' awareness and critical thinking ability in writing (Li, 2011). Another researcher explored how to cultivate the critical ability of postgraduate students (Zhu, 2018) in the language teaching classroom.

2. Critical thinking v.s. critical reading

2.1 Critical thinking

The intellectual roots of critical thinking could trace to the teaching practice of Socrates 2,500 years ago who discovered that people could not rationally justify their confident claims to knowledge. The term "critical thinking" has its roots in the mid-late 20th century. Definitions of critical thinking are overlapping which together form a substantive and trans-disciplinary conception of critical thinking. Critical thinking involves the evaluation of sources, such as data, facts, observable phenomena, and research findings in light of one's prior knowledge and understanding of the world. John Dewey is credited with being the progenitor of many modern educational ideals, critical thinking being no exception. He stated that reflective thinking was an "active, persistent, and careful consideration of a belief or supposed form of knowledge in the light of the grounds which support it and the furthest conclusions to which it ends (Dewey, 1910)." Dewey (1910) introduced the term "critical thinking" as the name of an educational goal, which he identified with a scientific attitude of mind. More commonly, he called the goal "reflective thought," "reflective thinking," "reflection," or just "thought" or "thinking."

While some people claimed that critical thinking was a loose term, more of a cultural buzzword than a clearly defined educational concept, others said that the absence of an established definition "acts as a barrier" to teaching critical thinking. Ennis (2016) lists 14 philosophically oriented scholarly definitions and three dictionary definitions, maintaining that the 17 definitions were different conceptions of the same concept.

In educational contexts, the definition of critical thinking expresses a practical program for achieving an educational goal. For this purpose, a one-sentence definition is much less useful than articulation of a critical thinking process, with criteria and standards for the kinds of thinking that the process may involve. The real educational goal is recognition, adoption and implementation by students of those criteria and standards.

Critical thinking is the intellectually disciplined process of actively and skillfully conceptualizing, applying, analyzing, synthesizing, and/or evaluating information gathered from, or generated by, observation, experience, reflection, reasoning, or communication, as a guide to belief and action. Critical thinking is a mode of thinking—about any subject, content, or problem—in which the thinker improves the quality of his or her thinking by skillfully taking charge of the structures inherent in thinking and imposing intellectual standards upon them.

Briefly, critical thinking is the ability to think clearly and rationally, understanding the logical connection between ideas. Critical thinking might be described as the ability to engage in reflective and independent thinking. In essence, critical thinking is about being an active learner rather than a passive recipient of information. Critical thinkers rigorously question ideas and assumptions rather than accepting them at face value. They will always seek to determine whether the ideas, arguments and findings represent the entire picture and are open to finding that they do not. This is what language teachers should keep in mind and guide students throughout their reading process.

2.2 Critical reading

Critical reading is the process of reading that goes beyond just understanding a text.

Critical reading involves (OL)

- carefully considering and evaluating the reading
- identifying the reading's strengths and implications
- identifying the reading's weaknesses and flaws
- looking at the "big picture" and deciding how the reading fits into the greater academic context (the understandings presented in other books and articles on this topic)

In brief, we are actively responding to the reading. Critical reading is useful at all stages of academic study, often involving asking questions about the reading. In particular, we are examining the strengths and weaknesses of the reading's argument.

To do this, we need to consider (OL)

- the reading's background
- its purpose and overall conclusion (claim)
- the evidence used in the reading
- the logical connections between the claim and the evidence
- the reading's balance
- its limitations
- how it relates to other sources and research
- if the reading is based on research, how this research was conducted

The difference between critical reading and critical thinking is: Critical reading is a technique for discovering information and ideas within a text. Critical thinking is a technique for evaluating information and ideas, for deciding what to accept and believe. Critical reading refers to a careful, active, reflective, analytic reading. Critical thinking involves reflecting on the validity of what you have read in light of our prior knowledge and understanding of the world (OL).

Table 1　The difference between critical reading and critical thinking

	Critical reading	Critical thinking
purpose	Critical reading is a technique for discovering information and ideas within a text.	Critical thinking is a technique for evaluating information and ideas, for deciding what to accept and believe.
meaning	Critical reading refers to a careful, active, reflective, analytic reading.	Critical thinking involves reflecting on the validity of what you have read in light of our prior knowledge and understanding of the world.

3. Enhance students' critical reading ability

3.1 The difference between reading and critical reading

Critical reading is a more active way of reading; it is a process of analyzing, interpreting and, sometimes, evaluating. It is a deeper and more complex engagement with a text. Critical reading is when we read critically, we use our critical thinking skills to question both the text and our own reading of it.

Table 2　The difference between reading and critical reading

	Reading	Critical reading
Purpose	To get a basic grasp of the text.	To form judgments about HOW a text works.
Focus	Absorbing/Understanding	Analyzing/Interpreting/Evaluating
Activity	What a text SAYS	What a text DOES and MEANS
Questions	What is the text saying? What information can I get out of it?	How does the text work? How is it argued? What are the choices made? The patterns that result? What kinds of reasoning and evidence are used? What are the underlying assumptions? What does the text mean?
Direction	WITH the text (taking for granted it is right)	AGAINST the text (questioning its assumptions and argument, interpreting meaning in context)
Response	Restatement, summary	Description, interpretation, evaluation

Take Text A under the title "The Seven Biases of Eurocentrism" of Unit 8 in Reading Critically (I) as an example. In this text, the writer listed seven biases of Eurocentrism: 1) Euro-heroism, 2) Euro-mitigation, 3) Euro-exclusivity, 4) Shortchanging the achievements of other cultures, 5) Disparagement of other countries, 6) Marginalization of other cultures in textbooks and classrooms, 7) Western paradigm. In order to guide students into the critical reading process, the following five questions are designed:

- How do you understand "Euro-heroism" as coined by Mazrui?
- What the quotation marks around the word "discovered" in Paragraph 2 suggest?
- The Algerian War led to the collapse of the Fourth Republic of France. According to Mazrui, what are the typical Eurocentric and a less Eurocentric point of view on this event? How do you understand by "a paradigm not only of inclusion but also of interaction"?
- What is this example and why does Mazrui explain the seventh bias in greater detail than the previous biases?

In English, "seven sins" usually refers to the seven deadly sins in Christianity. In this article, Mazrui criticizes Eurocentrism by addressing its seven biases and sometimes refers to them as "sins" (Para. 20). Why does Mazrui use such a strongly derogatory term? To what extent do you agree or disagree with him?

· According to Mazrui, Eurocentric perspective in the study of culture and history may be attributed to the fact that "Europeans have dominated most branches of science for at least 300 years" (Para. 29). In your opinion, are there any other reasons for the Eurocentric biases in historical accounts?

Firstly take question number five as an example, ask students to think about whether the sentence "Europeans have dominated most branches of science for at least 300 years" states the fact or not, and engage them in reflective and independent thinking. Then, raise another question: If the Europeans have dominated most branches of science for at least 300 years, what about other peoples, such as Chinese, Indians, etc.? Furthermore, other questions can be followed:

· What is the difference between Eurocentrism and Ethnocentrism?
· What is the root of white supremacism and hate crime in Europe and the U.S.A.?
· Is Eurocentrism in any case being replaced by Americocentrism?

After the above questions are finished, the reasons can be expounded in a broader way, such as the enlightenment, colonization of Europe, the spread of European languages especially English, etc.

3.2 How to prepare for critical reading

There are two steps to preparing to read critically(OL):

1. Self-reflect: What experiences, assumptions, knowledge, and perspectives do you bring to the text?

What biases might you have? Are you able to keep an open mind and consider other points of view?

2. Read to understand:

a. Examine the text and context: Who is the author? Who is the publisher? Where and when was it written? What kind of text is it?

b. Skim the text: What is the topic? What are the main ideas?

c. Resolve confusion: Look up unfamiliar words or terms in dictionaries or glossaries. Go over difficult passages to clarify them.

For example, consider the following (somewhat humorous) sentence from…

3.3 The process for reading critically

To read critically, we must think critically, which involves analysis, interpretation, and evaluation. Each of these processes helps us to interact with the text in different ways: highlighting important points and examples, taking notes, testing answers to our questions, brainstorming, outlining, describing aspects of the text or argument, reflecting on our own reading and thinking, raising objections to the ideas or evidence presented, etc.

3.3.1 Ask students to think about the patterns of the text

Analysis means looking at the parts of something to detect patterns. In looking at these patterns, students' critical thinking skills will be engaged in analyzing the argument the author is making:

What is the thesis or overall theory?

What are the supporting points that create the argument? How do they relate to each other? How do they relate to the thesis?

What are the examples used as evidence for the supporting points? How do they relate to the points they support? To each other? To the thesis?

What techniques of persuasion are used (appeals to emotion, reason, authority, etc.)?

What rhetorical strategies are used (e.g. definition, explanation, description, narration, elaboration, argumentation, evaluation)?

What modes of analysis are used (illustration, comparison/contrast, cause and effect, process analysis, classification/division, definition)?

3.3.2 Ask students to think about what the patterns of the argument mean

Interpretation means reading ideas as well as sentences. We need to be aware of the cultural and historical context, the context of its author's life, the context of debates within the discipline at that time and the intellectual context of debates within the discipline today. We need to think about "What kinds of reasoning (historical, psychological, political, philosophical, scientific, etc) are employed? What methodology is employed and what theory is developed?

How might our reading of the text be biased?

Conclusion

In practice, critical reading and critical thinking work together. Critical thinking allows us to monitor our understanding as we read. If we sense those assertions are ridiculous or irresponsible (critical thinking), we examine the text more closely to test our understanding (critical reading). Conversely, we can think critically about a text (critical thinking) only if we have understood it (critical reading). We also need to be aware that reading each text on its own merits, not imposing our prior knowledge or views on it is a must. While we must evaluate ideas as we read, we must not distort the meaning within a text. We must guide students into critical reading while reminding them of not allowing ourselves to force a text to say what we would otherwise like it to say.

References

[1] Critical reading[EB/OL]. [2020–12–26]. http://owll.massey.ac.nz/study-skills/critical-reading.php.

[2] DEWEY J. How we think[M]. New York: D.C. Heath & Company, 1910.

[3] ENNIS R H. 2016, "Definition: A Three-Dimensional Analysis with Bearing on Key Concepts", in Patrick Bondy and Laura Benacquista (eds.), Argumentation, Objectivity, and Bias: Proceedings of the 11th International Conference of the Ontario Society for the Study of Argumentation (OSSA), 18–21 May 2016, Windsor, ON: OSSA, pp. 1–19. Available at http://scholar.uwindsor.ca/ossaarchive/OSSA11/papersandcommentaries/105; accessed 2017 12 02.

[4] MAYGARD G E. An experiment in the development of critical thinking[M]. New York: AMS Press, 1972.

[5] SUMNER W G. Folkways: a Study of the sociological importance of usages, manners, customs, mores, and morals[M]. New York: Ginn and Co, 1940: 632–633.

[6] WALLACE C. Critical reading in language education [M]. New York: Palgrave Macmillan, 2003.

[7] 李莉文 . 英语写作中的读者意识与思辨能力培养——基于教学行动研究的探讨 [J]. 中国外语，2011（5）：66–73.

[8] 刘晓民 . 论大学英语教学思辨能力培养模式构建 [J]. 外语界，2013（10）：59–66.

[9] 孙有中 . 突出思辨能力培养，将英语专业教学改革引向深入 [J]. 中国外语，2011（5）：49–58.

[10] 孙有中 . 思辨英语教学原则 [J]. 外语教学与研究，2019（11）：825–837.

[11] 朱红明 . 基于 ESP 教学的非英语专业研究生思辨能力培养研究 [J]. 中国校外教育，2018（12）：73.

基于需求分析的科技英语阅读教学启示 [1]

北京林业大学　由　华　张永萍　娄瑞娟

摘　要： 大学英语教学应在通用英语（EGP）的基础上逐渐向专门用途英语（ESP）方向发展，将大学英语与专业人才培养结合起来，使大学英语教学服务于国家对人才培养的战略需求，服务于学生专业学习或国际交流的多元化需求。本文以科技英语阅读课程为例，通过基于需求分析的问卷调查，了解学生对该课程的认知和需求，以期为今后教学实践和课程改革提供指导。

关键词： 通用英语　专门用途英语　需求分析

一、前言

　　党的十九届五中全会确立了建设科技强国的重要战略目标，明确提出把科技自立自强作为国家发展的战略支撑。在此背景下，科技英语教学要顺应时代，与时俱进，在专业人才培养方面进行深入探索，为国家战略需求服务。同时，科学技术的发展日新月异，当前国际上大部分科技论文、科技新闻、科技资料是以英语为载体，要想及时、准确地获取最新的科技信息，有效开展国际交流与合作，就必须利用好英语这一工具。蔡基刚（2016）认为，"在新一轮世界一流大学和一流学科建设中，科技英语将成为整个外语教学，乃至整个专门用途英语中最具有实践价值和实践意义的学科"。科技英语的重要性不言而喻。

二、通用英语与专门用途英语课程定位之争

　　通用英语以语言学习为驱动，旨在培养学生的英语听、说、读、写、译技能，学习语言的同时提升综合文化素养。这体现了大学英语的人文性特征。专门用途英语包括学术英语和职场英语两类课程，以专业需求为驱动，将专业内容与语言教学相结合，学习语言的同时提升学术素养和科学素养。这体现了大学英语的工具性特征。针对通用英语与专门用途英语在整个大学英语课程体系中的定位，争论已久。二者是替代关系？主次关系？还是并存互补关系？王守仁（2013）指出：学术英语的需求是存在的，但要不要开设专门用途英语课程，开设多少，应由各高校根据实际需求决定。"就全国范围而言，提升我国高校本科生的英语能力、培养跨文化交际能力同等或更加重要，构成大学英语教学不可或缺的内容。"文秋芳（2014）认为，两类课程的目标不同，不应该相互排斥，应建立通用英语与专门用途英语并存的大学英语教学体系。蔡基刚（2015）则坚持大学英语教学发展方向必须是学术英语而不是通用英语，学术英语一定要设置为必修课程以逐步替代传统的通用英语。

1　资助项目：北京林业大学教育教学研究项目"基于需求分析的通用学术英语课程（EGAP）教学策略探究"（BJFU 2020JY070）。

当前，通用英语教学确实面临着诸多问题。一方面，由于中小学对英语的重视，大学新生的基础英语水平在逐年提高，通用英语课程被认为费时低效，其教学方式和教学内容已无法满足学生个性化、多元化、多层次的教学需求，亟需改革；另一方面，笔者在教学实践中发现，很多学生在通过英语四六级后，英语学习就失去了方向和动力，陷入迷茫。这种背景下，专门用途英语作为通用英语的后续课程，因其目标明确、实用性强、能激发学生继续学习英语的动力而越来越受到重视，陆续在很多高校开展起来。

2020年新发行的《大学英语教学指南》明确了大学英语教学的三部分主体内容，即通用英语、专门用途英语和跨文化交际。《大学英语教学指南》（2020）指出，"各高校应以需求分析为基础，根据学校人才培养目标和学生成长需要，开设体现学校和专业特色的专门用途英语课程。"这样的定位使大学英语课程体系更加完善，也为新一轮的大学英语教学改革指明了方向。北京林业大学于2019年下半年开始实施第二轮大学英语教学改革，为二年级和三年级非英语专业的学生开设了中国文化、西方文化、学术英语、实用英语四大模块16门课程的限选课。面对课程改革，如何做好从通用英语到专门用途英语的有效衔接对教师和学生来说都是挑战。本文以所教授的科技英语阅读课为例，通过基于需求分析的问卷调查，了解学生对该课程的认知和需求，以期为今后教学实践和课程改革提供指导。

三、科技英语阅读课程学生需求分析

科技英语阅读课属于专门用途英语中的通用学术英语（EGAP）范畴，开设目标是提升学生跨学科知识结构，培养语言应用能力，为专业英语学习提供语言支撑。为了解学生对科技英语阅读课的认识和学习兴趣，以便为课程设置、教学内容和教学方法提供依据，笔者通过问卷星对北京林业大学2018级和2019级选修科技英语阅读的大二和大三学生进行了问卷调查，共收到有效答卷600份，占所教学生总数的72%。答卷学生来自全校16个学院的不同专业，其中88.1%的学生已通过英语四级，17.5%的学生通过了英语六级，六级通过比例较低，主要是受新冠疫情的影响，2020年6月份的考试被迫取消，导致2019级学生在填写本次问卷时还未有机会参加六级考试。鉴于此，本次分析不涉及因四级、六级英语水平不同而造成的需求差异。调查结果如下：

1. 学习动机方面

84.7%的学生认为，即使通过了英语四六级，也有必要继续学习英语。60%的学生认为科技英语阅读最好在大二开设，20%的学生认为开设时间应该提前到大一，这一数据为开展丰富多样的大学英语后续课程提供了依据。30.5%的学生因为兴趣选择了科技英语阅读这门课，27.8%的学生为了学分，13.7%的学生为了专业学习或工作，因学校随机选派迫不得已而学习的占24.8%。这说明大部分学生有明确的学习目标和学习动机，但教学中也要考虑如何激发被迫选课的学生的学习动力。71%的学生认为科技英语阅读对英语语言提高帮助很大，62.7%的学生认为科技英语阅读有助于提高英语学习兴趣，69.7%的学生认为科技英语的学习内容对未来研究生期间的学习或以后的就业有帮助。对课程的正面评价有助于发挥学生的主观能动性，增加对课程学习的投入度。

2. 学习主动性方面

课文能按时预习和复习的学生只占 23.7%，其中园林学院和生物学院的学生表现最好，分别占所在学院学生总样本的 34.7% 和 31.6%，信息学院和艺设学院表现垫底，相应的数据分别为 11.5% 和 15.8%。只有 6.7% 的学生会经常阅读科技类文章，或针对课程的主题做拓展阅读，绝大多数学生没有课外阅读的习惯。这就需要教师通过设计各种教学活动对学生加以引导，培养高效的学习习惯、阅读习惯和主动建构知识的能力。

3. 教材认可度方面

相比于以人文社会内容为依托的大学综合英语，60.3% 的学生表示更喜欢科技英语教材的内容。与学生交流中，部分学生表示科技英语体现最新的科技发展，话题新颖，一些科技应用与我们的生活息息相关，实用性和时效性更强。教材难易度方面，60.7% 的学生认为教材难易适中，认为教材难度较大的学生占 38%。这一项表现出明显的专业差异。艺设专业 65.8% 的学生认为教材很难，紧随其后的是园林（52%）和林学（40.2%）。这说明《科技英语基础阅读》这本教材基本符合我校学生需求。该教材以科普类文章和科技新闻类文章为主，不涉及太多的专业术语，趣味性较强。当然授课过程中也要根据所教学生的专业差异和实际英语水平及时调整教学内容，因材施教。

4. 课堂教学方面

82% 的学生对目前授课内容和授课方式表示满意。授课内容上，最受欢迎的主题是自动化与人工智能、计算机与网络、生命与健康、太空探索。除以上主题外，可以看出不同专业的学生对于与自己专业相关的领域更感兴趣，例如生物专业中选择生物工程的占 63.2%，园林专业选择环境较多（28.6%），材料和工科专业选择能源较多（29.6%）。当被问到还有哪些建议时，部分学生提到可以拓展课文内容，增加课外阅读材料，补充视频资料等。61.3% 的学生认为阅读的主要困难在词汇方面，认为长难句造成阅读困难的学生占 18.7%。部分原因在于，通用英语学习强调听、说、读、写、译等基本技能的培养，主题内容多与社会、文化、文学、历史相关，学生对科普类、科技类、专业类文章接触较少，所以看似简单的科技文章，如果不熟悉学术词汇和科技专有词汇、不了解科技文章的句法和文体特点，就会出现阅读障碍。

四、基于需求分析的教学启示

1. 教学目标

作为通用英语与专业英语之间的桥梁，科技英语阅读要体现英语的工具性。基于学生需求，教学目标可以定为：教会学生以英语为工具获取专业信息，高效阅读科技新闻、科普文章、科技文献等不同层次的科技文章，从而掌握科技发展的最新动态和前沿知识；了解科技英语文章的词汇、句法、文体特点；能够将所读信息以口头或书面形式规范地输出；熟悉常见的翻译技巧，具备相关学科专业的翻译能力；阅读过程中能对有争议的科学问题理性分析、辩证思考。

2. 教学内容

选修课的特点就在于学生专业背景复杂，需求各不相同。基于我校的专业设置和学生需求，主题方面，应尽量选取与学生专业领域和学习兴趣相关、能体现科技进步和发展前沿的科普类文章，力求覆盖面广、选材真实、贴近生活、时效性强；内容方面，科技英语阅读以跨学科的内容为依托，应以培养阅读技巧为主，兼顾翻译和写作的提高，学习重点应该放在语言的应用上。材料难易度方面，按照语言学家克拉申 20 世纪 80 年代提出的"i+1"的输入假设理论，选择难度略高于学生现有知识水平的教学材料，不应涉及过深的专业知识，从而消除学生的畏难情绪，达到有效输入，提高学生学习的兴趣。

3. 教材选择

教材是教学内容的具体体现。与通用英语较为成熟完备的教材体系相比，科技英语阅读的教材目前还存在很多问题。种类少，选择余地少；教材缺乏系统的编写理念，文章难易参差不齐；教材很多内容更新不及时，无法跟上科技的最新发展；很多教材练习部分过于单调，以词汇、长难句互译为主，忽视了对语言技能应用能力的全面培养和思辨能力、科技素养的培养；教材形式单一，鲜有多媒体或线上补充资源，无法开展线上线下混合式教学。

鉴于目前教材存在的诸多缺点，笔者建议授课采取出版教材＋补充材料相结合的方式，以使选材多元化，满足不同层次、不同专业的学生需求。通过选取教材中的典型文章进行精读，掌握科技英语的文体特点和语言特点，同时借助于网络和信息技术，建立立体资料库，补充相同主题的泛读材料和视听资料，追踪科技热点，了解不同视角，辩证地思考问题。教师可以把相关资料定期推送给学生，学生根据自身需求有选择地阅读和观看，自主学习，主动建构知识。

4. 教学方法

与通用英语文章相比，科技英语文章相对来说语气正式，陈述客观，长难句和专业术语较多，对基础薄弱的学生是一大挑战。除了课堂上常规讲授外，教师还应设计多种课堂练习活动，丰富授课内容，增加学习的趣味性。笔者教学实践中尝试了任务驱动的小组主题展示，鼓励兴趣相同的同学组成小组，针对单元主题或某一热点话题做汇报展示。这一活动将语言学习与专业知识很好地结合在一起，能有效提高语言应用能力。为完成任务，小组内成员先要主动阅读科技文献材料，然后对获取的信息加以筛选、提炼、整合，向全班同学汇报阅读的成果。这种任务驱动的教学可以达到多重效果。首先，学生主动收集资料，拓展知识面，从"要我学"转变为"我要学"，发挥学生主体作用，增加了主动学习的兴趣。其次，组内成员分工合作，在主题设定、材料收集、幻灯片制作、当众演示等各个环节发挥各自优势，各司其职，培养了团队合作精神和集体荣誉感。再次，从输入到输出的整个过程强化了学生的语言应用能力，增强了用英语进行学术交流的能力，提升了学术素养和思辨能力。

5. 课程思政

课程思政需要教师在课程中积极挖掘思政元素，并将其巧妙地、隐性地融入到课程教学中，达到立德树人的目标。科技英语阅读可以成为思政教育的优秀载体。新中国成立后的短短几十年时间，中国很多科学研究从无到有，从弱到强，很多项目甚至走在了世界前列，例如高铁、移动支付、5G 技术、3D 打印、量子卫星，超级计算机等。谈论这些成就可以大大增强民族自信心和自豪感。与此同时，通过科技新闻阅读，了解自己的劣势和不足，了解西方国家对我国尖端科技的压制，从而引导学生体会科技自立自强的重要性，激发他们为国奋斗的爱国情怀，培养正确的价值观。

6. 师资建设

大学英语教师大部分都是文学、语言学的教育背景，没有相关学科的专业知识储备，在谈到某些跨学科知识点时可能能力不从心。这对教师和非相关专业的学生来说都是挑战。大学英语教师要从语言教师转型为复合型教师，就需要主动学习科技知识，了解科技最新动态。教师应该积极参加培训，定期研讨，相互学习，补充知识的短板。此外，收集前沿科技材料、建立定期更新的立体资料库是一个庞大的工程，需要发挥团队的集体优势，需要教师之间的通力合作。

五、结论

全球化背景下，要培养一流人才，就要重视学生的多元需求，建立完善的大学英语课程体系，在通用英语课程和跨文化交际课程的基础上增加专门用途英语课程。课程性质不同，其教学目标、教学内容、教学方法、评价方式等都要做出相应调整，以适应不同层次、不同专业学生的需求，只有这样才能实现大学英语的教学目标，培养出具有英语应用能力、学术或职业英语交流能力、跨文化交际能力的复合型人才。

参考文献

[1] 蔡基刚.再论我国大学英语教学发展方向：通用英语和学术英语 [J].浙江大学学报（人文社会科学版），2015（4）：83–93.

[2] 蔡基刚.国际科学英语和中国科技英语学科地位研究 [J].浙江大学学报（人文社会科学版），2016（3）：69.

[3] 教育部高等学校大学外语教学指导委员会.大学英语教学指南（2020 版）[M].北京：高等教育出版社，2020：21.

[4] 文秋芳.大学英语教学中通用英语与专用英语之争：问题与对策 [J].外语与外语教学，2014（1）：1–8.

[5] 王守仁，姚成贺.关于学术英语教学的几点思考 [J].中国外语，2013（5）：4–10.

中国学生概要写作难点分析

北京师范大学外文学院　贾志梅

摘　要：英文概要写作是学生进行学术交流活动时需要掌握的一项基本技能，是促进学生阅读和写作能力的有效手段。本文分析了学生在概要写作中遇到的难点和问题，介绍了概要写作的步骤，指出了学生在写作中经常出现的问题，旨在为学生概要写作提供一些方法和指导。

关键词：概要写作　读写　影响

概要写作（Summary writing）是一种"阅读＋写作"或称为"理解＋产出"的复合型任务（陈蕊娜，2013），它同时涵盖了语言的输入和输出活动。概要写作是学生学术活动中常见的学习任务，实际应用范围很广，如读书报告、课程论文、研究报告等，它不仅能检测学习者的阅读和写作能力，还可以考查写作者分析、归纳和整合信息等思维能力。

概要写作过程涉及阅读理解的一些高级认知过程，要求学习者在阅读文章后，能够识别文章的中心思想，能够区分主要观点和支持性细节，删除细节和冗余信息，并且能够用自己的话，而非照搬原文中的句子来概括一篇文章的主要内容和观点。要完成概要写作任务，既要培养学生对文章观点的归纳概括能力和思考能力，对文章语篇结构及逻辑关系的分析能力，同时也要培养综合运用语言的输出能力。但是由于中国学生不太了解英语概要写作的特点，在写作中常常会出现一些问题，比如引用原文未标注、对文章的中心思想和作者的写作意图未加概括，未用自己的话而是照搬原文的句子或重点词语等。本文旨在通过介绍概要写作的特点和写作步骤，帮助学生了解和掌握写作技巧，提高概要写作能力，以适应未来参与学术交流的需要。

一、文献综述

关于影响学习者概要写作的因素涉及很多方面，国内外很多学者都对此展开了探讨和研究。Hidi & Anderson（1986）认为概要写作中对学习者认知能力产生影响的文本特征主要有三项，即文章长度、体裁和复杂性（如词汇、句子结构、话题熟悉度、文章结构的清晰度等）。Kirkland & Sanders（1991）研究了概要写作带给学生的认知负荷，指出文本的难易度、文本长度、学生的二语水平内容图示、情感认同、认知技巧等都会影响学生的写作任务。Yu（2009）发现原文对概要写作有显著影响，甚至超过了学生的语言能力对概要写作的影响。Yu 把可影响学生概要写作的文本特征称为"文本可概括性"，包括文章组织结构、生词出现频率、内容熟悉度以及文章长度等方面。Sanchez（2001）等研究者发现文章的正副标题可以影响学生的概要写作过程及结果。Hidi & Anderson（1986）认为文章体裁对概要写作过程产生一定影响，是决定这一题型难度的主要因素之一。李久亮（2014）的研究表明学生在说明文概要写作中的表现好于记叙文，因为许多解说性文章都在组织结构上具有一些固定特征，例如原因—结果类、对比类、问题—解决方法等，因此这种体裁文章的结构相对比较容易识别。

学者们认为概要写作可以直接讲授，如 Casezza（1993）示范了 EMQA 模式，即教师解释、教师示范、学生提问、学生操练等。Friend（2000）示范了教师提供概要写作原则，教师使用图示，示范概要写作，学生在教师指导下练习写作，告诉学生如何寻找重要信息，如何概括主要内容等。具体来说，在概要写作的过程中，可以采取几个步骤，先仔细阅读原文，然后根据内容把文章分成几个部分，并且用自己的话概括出每部分的中心思想，之后把句子连接起来，添加必要的连接词，增强连贯性，形成最后的概要语篇。

二、写作步骤

1. 阅读

首先浏览全文，对文章的大意和结构有所了解，特别要注意标题和副标题，因为文章的标题常常点出文章的中心思想，同时要注意文章的结构和体裁，通常根据写作目的大致分为三种类型：描述经历、传递信息和论证观点。不同的体裁和文章结构需要写作者调整写作方法和用词。

2. 分部分归纳

浏览之后，把文章分为几个部分，仔细阅读每个部分，碰到关键的、影响理解的生词需要查字典，对于基本可以猜出的生词或细节可以暂时忽略。阅读时应把重点放在找出每段的主题句和主要事实，并进而归纳出该部分的中心思想。主题句常常位于段首，如果文中没有明确的主题句，则要根据文章的内容用自己的话概括出来。这部分阅读时关注点在把握文章的整体框架和中心思想上，弄清楚各个层次之间的关系，确定要点和次要点，正确归纳作者的原意。

3. 写作

现在对整篇文章的中心思想及每部分的重要内容有了基本了解，用一句自己的话而非原文中的句子，概括出每部分的主要内容以及主要支撑细节。在所有部分都归纳概括之后，再用一句话来概括全文的中心思想，即文章的中心论点句（Thesis statement），至此文中的主要框架基本搭成。可以开始写草稿，你可以用 thesis statement 作为概要的导语，点明文章的写作意图或目的，用其他每部分的主要观点作为主体部分，当然在这个过程中需要整合文章内容，添加一些连接词或者句子来保证句与句之间、段与段之间的语义连贯。同时还需要注意以下几点：

a. 概要写作的开头一定要向读者交代文章题目、作者姓名以及本篇的写作意图，具体来说，文章的目的是要描述某个经历或事件（记叙文），还是传递信息或知识（说明文），或是要论证某个观点，以说服别人（议论文）。

b. 注意时态和人称，概要写作常用一般现在时，人称常用第三人称，文体应与原文保持一致。

c. 字数：概要的长短一般为原文的四分之一到三分之一，但描述类概要，如故事梗概常常只有原文的百分之一或更少。当然也取决于写作任务的要求，比如考试中要求考生基于一篇报纸文章约 2 000 字写一篇 200—300 字的概要。

d. 措辞：非常重要的一点是，不能照搬原文，而应该用自己的语言写成，切忌把原文中的主题句（topic sentence）剪切并粘贴到自己的概要中，如果一定要用原文就要使用正确的引用方式，在引用作者原话时，前后加引号，并在括号中加注作者的姓名以及作者文章的发表年代。

e. 概要写作的结构一般分为导言、主体和结尾三部分。导言部分一般包括文章的中心思想句，需要注意的是，这句话不能从原文中照搬，而需要写作者用自己的话概括出来；主体部分一般是一至两个段落，写作顺序应与原文保持一致；主体部分切忌简单罗列原文要点，应根据文中的逻辑关系，找出并归纳各个要点之间的联系，并适当添加连接词，使概要脉络清晰，衔接紧密；至于结尾部分，概要写作的目的不同于评论，它重在准确的呈现作者想要表达的观点和想法，所以概要常常没有结尾部分，写作者应注意不要在结尾部分掺杂自己的观点和看法。

三、实例分析

在进行了概要写作的讲解和部分有针对性的练习之后，笔者给学生布置了写作任务，要求学生基于一篇约为 1 500 字的文章 "Global Warming Is Real"，写一篇字数约为 200 字的概要。本文是一篇议论文，作者列举了全球变暖的证据，旨在论证全球变暖是无可争议的事实，并反驳了那些对此观点持怀疑态度的人。在收集评阅了学生的作业后，发现主要问题有以下方面：

1. 开篇无出处意识

概要写作通常要在首段指出原文出处，如文章标题、作者等信息，但许多学生的开头都像是在写说明文或议论文，例如，

Nowadays global warming has become a serious problem;

Our planet is in extreme danger: the earth is warming. It's very terrible!

2. 没有归纳原文写作主旨的意识

本文是篇议论文，作者列举了全球变暖的九大证据，包括海平面上升、温度升高、冰川融化等证据，旨在论述全球变暖是个无可争议的事实，并反驳了对方的两个观点，但很多同学没有在概要的开头，用一句话来概括文章的中心思想和写作意图，而是一开始就一一列举了这九大证据，有些同学还添加了细节，显然不符合概要写作的要求。例如，

The author listed 9 evidence to show global warming is real. First, …second…, third… ninth…

3. 缺乏语篇知识和对文章结构的分析能力

本文是典型的议论文，议论文体裁重在利用证据劝导或说服别人，议论文的一个不可或缺的部分就是驳论 / 反驳，但很多同学由于对议论文体裁缺乏理解，所以都漏掉了文章的驳论部分，概要中未作任何交代，显然是不完整的、缺失的。

4. 照搬原文

很多同学的概要中都有以下句子，如，Global warming is real；Global warming is a hoax；Sea level are rising at an unprecedented rate... 这些句子其实都是原文，不少同学都把这些句子拿来放在自己的概要中，而未作任何注释；有的同学认为概要写作就是摘抄文章中的主题句，把原文中九个证据的主题句抄写一遍生成了自己的概要写作，这些显然都是不符合学术写作规范的。这个问题如果不及时加以纠正，形成习惯，有可能引起将来的学术不端行为。其实这九个证据之间是有联系的，写作者应找出其中联系，进行分类归纳，例如，陆地与海洋气温升高→世界各地冰川融化→对人和动物带来的影响：极端天气、酸雨等，如果能找出证据之间的联系，整合归纳相似内容，添加适当连接词语，就可以增强证据之间的衔接，避免罗列之嫌。

四、结语

概要写作是高等教育阶段学生应该掌握的一项重要学术写作能力，在多门课程中，教师都会要求学生对所读材料中的信息进行概括总结，因此有必要培养学生的概要写作能力以适应各类英语学术活动。概要写作教学中教师尽量做到"透明化"和"可视化"，创设条件让学生经历学习的"发现"和"顿悟"过程，提高学习迁移能力（陈蕊娜，2013）。概要写作过程就是学习者对原文语言进行理解、分析、判断、获取主要信息并用自己的语言进行表述的过程。在这个过程中，教师需要注意引导学生如何正确引文，注意抓住文章的主要脉络以及写作意图，注意整合关键内容，找出联系，避免照搬原文。同时，要注意不同语篇对概要写作的影响，教师在授课过程中要注意传授这方面的知识，使学生得到写作上的指导，让概要写作更加规范，符合学术写作的要求。

参考文献

[1] CASAZZA M E. Using a model of direct instruction to teach summary writing in a college reading class[J]. Journal of reading, 1993, 37(3): 202–208.

[2] FRIEND R. Teaching summarization as a content area reading strategy[J]. Journal of adolescent and adult literacy, 2000, 44(4): 320–329.

[3] HIDI S, ANDERSON V. Producing written summaries: task demands, cognitive operations, and implications for instruction[J]. Review of educational research, 1986, 56(4): 473–493.

[4] KIRKLAND M, SAUNDERS M. Maximizing student performance in summary writing: managing cognitive load[J]. TESOL quarterly, 1991, 25(1): 105–121.

[5] SANCHEZ R, LORCH E, LORCH R. Effects of headings on text processing strategies[J]. Contemporary educational psychology, 2001, 26(3): 418–428.

[6] YU G. The shifting sands in the effects of source text summarizability on summary writing[J]. Assessing writing, 2009, 14(2): 116–137.

[7] 陈蕊娜. 近十年国外概要写作过程研究评介 [J]. 贵州民族大学学报，2013（1）：112–116.

[8] 李久亮. 不同文章体裁概要写作任务的 Rasch 模型分析 [J]. 外语与外语教学，2014（5）：30–35.

小组合作在研究生英语学术论文写作中的应用

中国政法大学外国语学院　叶　洪　陈可欣

摘　要： 针对公外研究生英语学术写作需求和传统个人写作模式的局限，本文通过文本比较、问卷调查、跟踪访谈，分析小组合作在英语学术写作中的作用。研究表明，小组写作能够提升参与者的英语学术写作质量和情感支持，但分组和组内分工不合理可能导致"能者多劳、懒人搭便车"现象。本文认为，小组合作是解决研究生学术写作教学班级大互动少的有效手段，但需根据学生层次和知识贮备情况调节写作任务、分组方式和监督机制。

关键词： 小组合作　学术英语写作　写作质量　情感

一、前言

1. 引言

随着经济全球化和教育国际化的深入发展，我国研究生英语学术写作需求日益增强。然而，目前我国研究生英语学术论文写作存在诸多问题：1）学生难以跨越英语知识和写作实践之间的鸿沟，缺乏谋篇布局和学术语言表达能力（陈秀娟等，2012；于万锁，2016）；2）英语学术论文写作教学偏重体裁格式，忽略对批判性思维能力的培养（韩京和等，2012）；3）学术英语写作过程中，学生缺乏情感支持，普遍存在写作焦虑情绪（秦晓晴等，2015）。究其原因，在以教师为中心的大班教学模式下，师—生、生—生互动机会很少，教师不能对学生的写作思路和写作文本进行有针对性的指导和修改，学生的创造性和批判性思维也难以得到发展（韩松等，2010）。鉴于此，本文根据学术写作的认知规律，考察小组合作写作模式在政法类专业博士阶段英语学术论文写作教学中的应用效果，摸索解决上述问题的方法和路径。

2. 国内外研究回顾

合作学习是 20 世纪 70 年代初兴起于美国的一种教学理论与策略体系，现已被广泛应用于英语课堂。合作学习针对传统写作教学中忽视同伴相互作用的弊端，强调人际交往对于认知发展的促进功能，以推动学生个性与群体性的协同发展（张法科等，2004）。目前，小组合作写作的积极作用已在许多研究中得以体现，但其研究对象大多集中于通用英语（EGP）的范畴。

首先，小组合作的支架作用能够帮助写作者提升写作能力，逐渐从简单的写作任务向复杂的写作任务过渡（Liechty et al., 2009）。小组讨论和独立思考能对写作质量产生不同程度的积极影响（McDonough et al., 2019；Naoko Mochizuki, 2019；余盛明，2008）。组员内部的反馈、互评及建议不仅利于拓宽写作思路，让写作者在发现错误、改正错误的尝试中真正掌握写作技能，还能提高表达的准确度和得体性（Storch, 2005；韩松等，2010）。

其次，二语写作课堂中应用小组合作形式，能够使写作者通过与小组同伴交流和评估他人作品，提高自我评估和批判能力（Towler et al., 1992; Ferris et al., 2011）。杨鲁新和汪霞（2012）通过课堂观察发现，写作者与同学互动后能对自己研究设计中存在的问题和改进方向更加明确，加深对提案设计核心要素的把握和理解。

此外，情感支持方面，同伴相互支持在论文撰写的初期十分有帮助，能减少焦虑感（Burnett, 1999）。同伴交流在写作过程中起到重要作用，可以创造一种鼓励交流的氛围，在这种氛围下相对优秀的同伴可以起到示范作用（Boud et al., 2005；Cumming, 2009；Nakamura et al., 2009），并通过展示、解释、倾听、鼓励和指导，帮助相对落后的写作者扩大其最近发展区（zone of proximal development）（Vygotsky, 1978；Harland, 2003）。而在缺少支架作用的情况下，即使写作动机很高的研究生也可能因压力太大、无人分担而感到不堪重负。

综上所述，针对我国研究生对英语写作需求日益增多，但教学班级大、互动反馈少的现状，小组合作这种写作形式不失为一种新的思路。同时，国内外对小组合作写作的研究大多集中于通用英语写作，包括比较小组合作与个人写作在流畅度、准确度和复杂度等方面的差异，以及不同合作和互动模式对写作效果的影响，研究样本相对较小；鲜有将小组合作应用于学术英语写作教学的研究。

3. 研究问题

本研究的具体问题包括：1）小组合作的学术写作模式能否提高论文写作质量（包括论文选题、文献综述和语言使用维度）？ 2）小组合作写作能否提高学生学术写作的情感支持？ 3）合作写作在学术论文写作中尚存在哪些问题？

二、研究设计

1. 研究背景

"学术英语写作"是中国政法大学一年级新入学博士生的选修课。该课程时长为8周，每周4个课时，由一名教师教学，目的为教授英语学术写作规范和写作方法。该课程开设多年以来，教学面临多重困难，包括：1）大班教学中教师很难与学生个别互动，或提供较详细的写作反馈；2）不同专业论文写作规范不同，导致教学针对性不强；3）教学缺乏有效监督，学生参与度低；4）学生普遍存在学术写作焦虑。为解决以上问题，授课教师2018年开始尝试小组合作写作教学。

2. 研究对象

研究对象为中国政法大学2018级博士课程"学术英语写作"班的学生，共127名博士生，分为两个自然班，其中1班93名学生，2班34名，均采用小组合作教学模式；学生自由组成22个小组，每个小组3—8名学生。对照组是该课程2017级学生，共计60名博士生，采用传统以个人写作为主的教学模式。

3. 研究工具

研究工具包括问卷调查、小组讨论记录及访谈笔录、文本分析（对比分析2018级博士生小组合作完成的22份开题报告和2017级博士生个人完成的60份开题报告）。

问卷分为三个部分：（1）学生对"小组合作"形式的整体感受和评价；（2）从写作能力、情感支持和交流策略三个方面考察"小组合作"在学术写作中的效用；（3）其他问题和建议。共计 26 个题项。除第三部分外，问卷均采用李克特 5 级量表形式，测量学生对各题项中表述的认同程度。问卷开始调查前，研究者对问卷初稿进行了试测，并根据受试者对题项内容、措辞和清晰度的反馈意见修改了问卷。正式问卷通过"问卷星"发放和回收，共回收有效问卷 104 份。研究者利用 IBM SPSS 22.0 对问卷进行内部一致性检验，得出克隆巴赫系数为 0.968，高于可接受的信息系数 0.7，可见问卷的信度较高，能在后续研究中加以使用。

三、结果与讨论

从统计数据可知，学生整体上对小组合作这一形式满意程度较高，87.5% 的受试者喜欢这种形式，80.76% 的受试者对自己本学期通过小组合作进行学术论文写作的经历感到满意。有 79% 的学生认为，相较于传统个人写作模式，小组合作更适合学术论文写作课程。以上数据说明，小组合作教学改革是一次较为成功的尝试。以下从三个方面对调研结果进行分析讨论。

1. 写作质量

表 1　小组合作写作对论文各部分写作的影响

	完全无帮助	无帮助	不确定	有帮助	非常有帮助
对论文的选题	0%	12.5%	6.73%	42.31%	38.46%
对文献阅读	0.96%	6.73%	1.92%	50.96%	39.42%
对文献综述的写作	0%	6.73%	6.73%	43.27%	43.27%
对论文整体构思	0.96%	5.77%	7.69%	43.27%	42.31%
对论文理论框架的确立	0%	8.65%	6.73%	39.42%	45.19%
对论文格式规范	0%	4.81%	8.65%	37.50%	49.04%
对提高学术论文语言（汉语）水平	0.96%	9.62%	13.46%	34.62%	41.35%
对提高学术论文英语表达	0%	8.65%	10.58%	39.42%	41.35%

1.1 论文选题

如表 1 所示，80.77% 的受试者认为"小组合作"形式对论文的选题有帮助。同时，通过对比分析 2018 级和 2017 级博士选题，笔者发现，2018 级学生选题虽然仍有一些语言问题，但在学术性、创新度和聚焦度方面均有改善。大多数选题都以某个案例或者研究工具、理论背景为出发点，避免了 2017 级学生选题开口过大、不够聚焦等问题，更具有可操作性，适合博士阶段的学术要求和论文水平，也更容易在内容和观点上进行创新。

1.2 文献综述与批判性评述

如表 1 所示，分别有 89% 和 86% 的学生认为小组合作对学术论文写作中的文献阅读和文献综述写作有提升作用。就 2018 级小组作业的具体文本来看，文献综述所引用的文献有较高的广度和相关度，发表时间也较新，夹叙夹议的写作方式也体现了批判性评述的特点。此外，学生的规范引用意识有显著提升，引证人际互动能力和语篇融入能力有明显提高（徐昉，2016）。

除了组内讨论外，每组要在课堂汇报展示本组的研究选题、研究思路和方法等，听取全班同学的反馈意见。因为博士班同学专业背景和职业背景各异，往往能从不同角度提出很有价值的建议，很大程度上弥补了个人写作的局限和不足。

1.3 语言表达和引用格式

如表 1 所示，超过 86% 的学生认为小组合作方式对于论文格式规范有提升作用。从具体文本来看，2018 级学生的论文摘要有意识地规避了第一人称的使用，语言表达更为客观。后续访谈表明，小组合作形式对论文的提升作用主要表现在同伴意见反馈、论文修改互评等方面。正如 Wang Chuming 和 Wang Min（2014）在研究中的发现，小组成员间可以互通有无，通过"拉平效应"将语言水平提升到最佳状态。

2. 写作情感

如表 2 所示，超过 80% 的受试者认为，小组合作在学习动力、学习自信和克服焦虑等方面有帮助作用。学生能够在小组交流和切磋中体会学术论文的创作过程。小组合作带来的热烈、活跃的讨论氛围，能够使学生对学术论文产生更加浓厚的兴趣，激发学生的学习动机，增强写作自信。

表 2　小组合作写作对情感支持的影响

	完全无帮助	无帮助	不确定	有帮助	非常有帮助
对提高学术论文写作的动力	0.96%	4.81%	10.58%	45.19%	38.46%
对克服写作焦虑和怵写心理	0.96%	6.73%	4.81%	40.38%	47.12%
对增强今后论文写作的信心	0.96%	9.62%	7.69%	39.42%	42.31%

写作焦虑受到多方面因素制约，包括环境因素、学习任务、个人经历等（Krashen，1985）。在传统的学术写作课堂，教师的主导作用和学术写作本身的难度导致了学生中普遍存在的焦虑情绪。而在小组写作任务下，组员作为参与者可以分担任务压力，形成良好的合作氛围。通过与同伴平等的交流和沟通，不断得到积极反馈和评价，学生的压力得到释放，焦虑情绪也明显缓解。

3. 问题和建议

调研发现，有约 10% 学生对小组合作经历不满意。结合问卷调查中的开放性问题以及后续访谈，笔者发现，意见主要包括三个方面（1）小组缺乏明确的分工和计划；（2）小组讨论时间与个人空闲时间冲突，影响小组进展；（3）组员交流缺乏技巧，易产生冲突。其中，意见最大的是分组和组内分工不合理问题，可能导致"能者多劳，懒人搭便车"现象。

针对以上问题，笔者提出四个解决方法：（1）发挥组员的各自特长，明确分工，合理分工；（2）加强组长的领导能力和教师的监督作用，奖惩分明；（3）培训小组合作技能；（4）丰富讨论形式，充分利用线上讨论的优势。

四、结语

国外对学术英语写作的实证研究开展了近半个世纪，而国内这方面研究起步则晚得多。本文探讨通过小组合作写作模式，以解决我国研究生英语论文写作教学中常见的问题。研究表明，小组合作写作能够有效解决班级大反馈难、互动少的困境，小组互动能提高学习主动性，提升对论文写作批判思维等元认知水平，显著增强学生的自信心和写作质量。但是，合作写作要求小组成员对学术论文写作有一定的认识基础，因此对较低层级的学生，如本科生和硕士研究生，可能应用效果不如博士生满意。未来研究需要增加对合作学习与学术写作过程的认识，了解微观层次的认知交互过程，比如学生如何开展有效的讨论、合作中如何精制信息、如何交换意见、如何处理冲突、如何整合观点等，关注引导学生更有方法地开展合作写作，引导学生在合作过程中不断反思，这也许是解决当前学术英语写作困境和合作学习容易流于形式的有效途径。

参考文献

[1] BOUD D, LEE A. "Peer learning" as pedagogic discourse for research education[J]. Studies in higher education, 2005, 30(5): 501–516.

[2] BURNETT P C. The supervision of doctoral dissertations using a collaborative cohort model[J]. Counselor education & supervision, 1999, 39(1): 46–52.

[3] CUMMING J. Representing doctoral practices in the laboratory sciences. In BOUD D, LEE A. (Eds.), Changing practices of doctoral education [M]. New York: Routledge, 2009.

[4] FERRIS D, BROWN J, LIU H S, et al. Responding to L2 students in college writing classes: teacher perspectives[J]. TESOL quarterly, 2011, 45(2): 207–234.

[5] HARLAND T. Vygotsky's zone of proximal development & problem-based learning: linking a theoretical concept with practice through action research[J]. Teaching in higher education, 2003, 8(2): 263.

[6] KRASHEN S D. The input hypothesis: issues & applications[M]. London: Longman, 1985.

[7] LIECHTY J M, LIAO M, SCHULL C P. Facilitating dissertation completion & success among doctoral students in social work[J]. Journal of social work education, 2009, 45(3): 481–497.

[8] MCDONOUGH K, VLEESCHAUWER J D. Comparing the effect of collaborative & individual prewriting on EFL learners' writing development[J]. Journal of second language writing, 2019, 44: 123–130.

[9] MOCHIZUKI N. The lived experience of thesis writers in group writing conferences: The quest for "perfect" & "critical" [J]. Journal of second language writing, 2019, 43: 36–45.

[10] NAKAMURA J, SHERNOFF D J. Good mentoring: fostering excellent practice in higher education[M]. San Francisco: Joss, 2009.

[11] STORCH N. Collaborative writing: product, process, and students' reflections—ScienceDirect[J]. Journal of second language writing, 2005, 14(3): 153–173.

[12] TOWLER L, BROADFOOT P. Self-assessment in the primary school[J]. Educational review, 1992, 44(2): 137–151.

[13] VYGOTSKY L S. Mind & society: the development of higher mental processes[M]. Cambridge, MA: Harvard University Press, 1978.

[14] WANG C, WANG M. Effect of alignment on L2 written production[J]. Applied linguistics, 2014, 36(5): 502–526.

[15] 陈秀娟，战菊. 研究生学术英语写作研究 [J]. 社会科学战线，2012（7）：277–278.

[16] 韩京和，姚俊. 英语学术论文写作教育的缺失——基于中国留学生批判性信息素质考察的研究 [J]. 河北大学学报（哲学社会科学版），2012，37（2）：133–138.

[17] 韩松，王金霞. 对非英语专业研究生学术英语写作教学的多元思考 [J]. 学位与研究生教育，2010（8）45–49.

[18] 秦晓晴，杨京京，毕劲. 英语写作障碍和写作焦虑的构成及影响因素研究 [J]. 外国语文研究，2015，1（1）：97–106.

[19] 徐昉. 二语学术写作的引证能力及其发展特征：截面与历时证据 [J]. 外国语（上海外国语大学学报），2016，39（3）：73–82.

[20] 杨鲁新，汪霞. 论文提案写作问题与应对策略——三名硕士研究生的个案研究 [J]. 外语与外语教学，2012（4）48–52.

[21] 余盛明. 穿越语言敏感地带：缓冲语 [J]. 广东外语外贸大学学报，2008，19（6）：57–60.

[22] 于万锁. 工科博士生英语科技论文写作的主要问题及解决建议 [J]. 外语界，2014（3）：55–62.

[23] 张法科，赵婷. 合作学习理论在大学英语阅读教学中的应用 [J]. 外语界，2004（6）：46–51.

农科博士生英语科技论文写作课：EAP 教师教学策略案例研究[1]

中国农业科学院研究生院　卢　鹿

摘　要：本文采用个案研究法，探究一名 EAP 教师在农科博士生英语科技论文写作课中使用的教学策略。研究发现，教师主要运用了 4 种教学策略：（1）采用体裁分析教学方法；（2）鼓励学生参与论文修改实践；（3）分享相关应用语言学研究成果；（4）鼓励学生分享 SCI 论文写作经验。本研究有助于 EAP 教师反思教学实践活动，提升学科性英语学术论文写作课教学质量。

关键词：EAP 教师　英语科技论文写作课　教学策略

一、引言

发表国际期刊论文是研究生专业学习和科研能力提升的自发要求，也是培养研究生学术素养和专业素养的有效渠道（蔡基刚，2020）。为此，国内很多高校为理工科研究生开设了英语科技论文写作课。国内学界针对该类课程的教学模式开展了一系列研究（如孙蓝等，2009），但目前对教师教学实践活动仍缺少关注。从微观层面考察 EAP（English for Academic Purposes）教师在研究生英语科技论文写作课中使用的教学策略，将有助于教师反思教学、提升学科性英语学术论文写作课教学质量。

二、文献综述

受师资、教学时间安排等因素影响，国内研究生英语科技论文写作课的授课班级经常由来自多个学科的学生组成（蔡基刚，2018），EAP 教师需要为不同学科背景的学生提供有意义的学习材料和学习活动。为应对这种挑战，ESP（English for Specific Purposes）学派体裁教学法提倡教师采用基于归纳和发现的体裁分析方法进行教学（Cheng, 2018），引导学生探究、发现本学科学术论文体裁的使用特征，自主提升目标体裁意识；同时，将语言教学融入体裁分析方法教学，帮助学生全面掌握目标体裁特征（Cargill et al., 2018）。

Li et al.（2018）通过观察一位英语为母语的专家型 EAP 教师在国内开展的英语科技论文写作工作坊，发现该教师运用了多种教学策略，包括采用体裁分析方法教学、强调应用语言学在支持科学家国际发表方面的价值、鼓励使用语言重用策略、讲述相关故事和过

1　资助项目：1. 2020 年中国外语教育基金项目"活动理论视域下的新时代农科博士生国际发表能力提升路径研究"（ZGWYJYJJ10A101）；2. 2020 年中国农业科学院研究生院基本科研业务费专项"英语科技论文写作课建设与农科博士生国际期刊论文写作能力提升研究"（1610042020003）。

往经历等。后续研究发现，尽管国内一些教师观摩了这位专家型教师的授课，但受到学生英语语言水平、教学资源、课程教学时长等各种社会文化因素影响，教师在教学中会选择性使用并本土化一些策略，以满足学生的学习需求（Li et al., 2020）。

三、研究方法

本研究采用个案研究法，探究一名 EAP 教师在农科博士生英语科技论文写作课中教学策略的使用。研究在北京某农业科研机构的研究生院开展。学校为一年级博士生开设了"英语科技论文写作课"（以下简称"写作课"），课程共 11 周，1.5 小时 / 周，总计 16.5 小时。EAP 教师林琳（化名）有应用语言学学科背景和中英文学术论文发表经历，自 2018 年起主讲写作课。学生来自多个学科专业，包括土壤学、植物病理学、蔬菜学等，班级规模通常不超过 25 人。

写作课使用林琳自编的讲义；教学媒介包括教师讲解、PPT 幻灯片、课堂练习、课堂讨论等；学生学习成果测评包括课堂活动参与（如体裁分析口头汇报）和两项过程性写作任务（论文引言、摘要）。

本研究数据收集与 2020 学年林琳的写作课同步进行。表 1 汇总了主要数据源和具体数据。

表 1　数据收集汇总表

主要数据源	具体数据
课堂教学	● 课堂教学录音（16.5 小时）
课程材料	● 课程讲义、教学大纲 ● 课堂教学 PPT 幻灯片 ● 学习任务要求（体裁分析口头汇报任务、写作任务）
教师教学日志	● 6 份

数据分析从转录课堂教学录音开始；之后，采用主题分析法，并参考 Li et al.（2018）对经验型 EAP 教师英语科技论文写作课教学策略的分析，归纳林琳使用的教学策略。数据分析以课堂教学录音数据为主，并对教师教学日志和课程材料进行比对分析，用以补充、验证课堂录音数据的分析结果。

四、研究发现

1. 采用体裁分析教学方法

写作课教学主要围绕如何撰写 SCI 论文各部分进行。第 2—10 周，林琳依次讲授了如何撰写引言、材料和方法、结果、讨论、摘要、致谢部分。课堂讲解以分析论文各部分语步修辞结构为主线，穿插语言点和写作策略讲解。例如，在第 2 周开始讲解引言写作时，林琳首先用 PPT 幻灯片展示了引言的语步修辞结构，即 5 个论证层次（见图 1）。

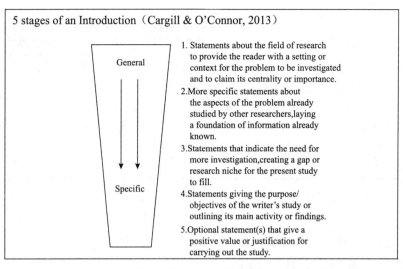

图 1 引言的 5 个论证层次

第 2–4 周，通过师生共同分析一篇土壤学 SCI 论文（以下简称"范文"）引言的论证层次，林琳引导学生关注各层次的语言特征和写作技巧；同时，鼓励学生课后对本学科高水平 SCI 论文进行体裁分析，挖掘论文的学科性语言特征。表 2 总结了引言部分的教学内容和学习活动。

表 2 SCI 论文引言部分的教学内容和学习活动

周数	教学内容	学生课堂学习活动	学生课后学习活动
第 2 周	● 引言的论证层次 ● 层次 1 ■ "指明研究问题重要性"的 2 种表达技巧 ●层次 2 ■避免剽窃的 3 个策略	● 师生共同分析范文引言的论证层次 ● 师生共同分析范文层次 1 的语言表达 ● 学生对比含有相同信息的两个文本片段，辨识文本剽窃 ● 学生练习转述和总结文献文本片段 ● 学生练习创建复杂句的句型模板	● 学生自主分析 3 篇学科论文的引言部分 ■ 论证层次 ■ 各层次时态和语言表达特点 ■ 段落内部信息安排 ■ 创建层次 3、4、5 的句型模板 ● 学生准备学科性论文引言体裁分析口头报告 ● 学生撰写自己研究论文的引言部分
第 3 周	●层次 3 ■ "指明研究空白"的 2 种表达技巧 ●层次 4 ●层次 5	● 师生共同分析范文层次 3 的语言表达 ● 学生创建范文引言层次 4 的句型模板 ● 师生共同分析范文层次 5 的语言表达	

续前表

周数	教学内容	学生课堂学习活动	学生课后学习活动
第 4 周	● 清楚交流的原则：（1）从一般信息到具体信息；（2）从旧信息到新信息；（3）避免头重脚轻句；（4）灵活使用语态；（5）正确使用时态；（6）避免语言表达冗余	● 师生共同分析范文引言的段内信息安排 ● 学生完成教师设计的相关练习（改写头重脚轻句、修改冗余语言表达等）	

表 2 展现出林琳采用体裁分析方法教学的两个特点：（1）使用范文引导学生关注论文体裁的规约性特征，并鼓励学生利用体裁分析方法工具，发现、掌握本领域 SCI 论文体裁的学科性特征；（2）注意将语言使用学习融入体裁结构分析中。

2. 鼓励学生参与论文修改实践

在 11 周的教学中，林琳 6 次利用收集的 SCI 论文初稿文本实例，引导学生在课上练习论文修改技巧。在教学日志中，她指出，修改论文实操练习能够训练学生自主发现问题和解决问题的能力。

> 课上光讲不练是不行的，学生需要积累写作修改经验。课上用的修改练习材料中有学生经常出现的问题。让学生亲自动手修改，能提升他们对问题的敏感度，也能锻炼修改技巧。（教师教学日志，第 4 周）

表 3 展示了第 5 周林琳引导学生识别和修改语言冗余的教学片段。师生对话中，林琳提示学生关注文本可能存在的语言冗余问题（How about redundancy?）；学生发现问题后，她立刻组织学生开展小组合作修改活动，并为学生搭建了脚手架，提供了修改方向（combine these three sentences into one; work out the logical relationship between Sentence 2 and Sentence 3），帮助他们克服潜在的认知困难。

表 3 修改语言冗余课堂话语片段

修改文本	课堂话语（第 5 周）
[1] As a fertilizer synergist, amino acids have been widely used. [2] Amino acids can promote plant growth, increase yield, improve plant quality, and enhance plant absorption of mineral elements such as nitrogen, phosphorus and potassium[5][6]. [3] Application of amino acids can promote the growth and yield of wheat[7], corn[8,9], rice[10], cauliflower[11], tomato[12], cabbage[13] and other crops.	林琳：These are the first three sentences in the Introduction. Any problems here? 学生：…… [学生低声讨论] 学生 1：I think it's okay. 林琳：Em, no grammatical mistakes, right? 学生：No. 林琳：How about redundancy? Is there any repetitive language here? 学生 2：The beginning of Sentence 2 and Sentence 3. 林琳：Correct, exactly. So how can we revise these two sentences? They contain similar information.

续前表

修改文本	课堂话语（第 5 周）
	学生 3: Combine them into one sentence? 林 琳: Em, it's a very good suggestion. But how? Now, I'd like you to do a group work. Three or four students one group. See if you can combine these three sentences into one. First work out the logical relationship between Sentence 2 and Sentence 3. It will help you with the revision.

除在课堂上参与论文修改练习外，学生在完成过程性写作任务中（引言和摘要写作），也需要根据教师反馈进行写作修改。

3. 分享相关应用语言学研究成果

学术论文写作教学的一个显著特征是在课堂教学中运用应用语言学研究成果（Starfield, 2016）。在第 1 次课上，林琳谈到应用语言学研究成果对本课程教学方法的影响：

We'll take genre analysis approach to learn how to write research articles in this course. I'll show you the framework of each section of a research paper. These frameworks are based on the research findings in applied linguistics，应用语言学领域，the field I'm working in.（课堂话语，第 1 周）

教学中，林琳与学生分享的其他应用语言学研究成果包括：语言重用（Flowerdew et al., 2007）（第 3 周）、第一人称代词使用（Hyland et al., 2017）（第 6 周）、模糊限制语和强调词的使用（Hyland, 1998）（第 9 周）、国际发表中的文本塑造者（Li et al., 2007）（第 10 周）、博士生国际发表的困境和对策（Ho, 2017）（第 11 周）。在教学日志中，林琳对这一教学策略进行了反思：

学生在学习时经常有很多疑问。学术论文写作相关文献能够在一定程度开拓他们的思路，为他们解惑。我也希望这些研究成果能帮助他们结合自己的实际情况，总结出自己的经验，形成自己的知识。（教师教学日志，第 8 周）

4. 鼓励学生分享 SCI 论文写作经验

第 2 周到第 11 周，林琳每周安排 2—3 名学生在课前分享 SCI 论文写作经验。她在教学日志中解释了使用这一教学策略的意图：

SCI 论文写作和发表十分复杂，涉及研究、写作、期刊选择、投稿、制图、文献管理一系列问题，一个人的知识毕竟有限，一些内容我无法与学生分享。让学生分享经验，能创造相互学习的机会，拓宽他们的学习渠道。（教师教学日志，第 2 周）

显然，选择这一教学策略与学生的学习需求和林琳对于自己缺乏相关学科专业知识的认知有关；但也反映出 EAP 教师在教学资源相对匮乏的情况下（如很难与专业教师合作授课、教学时长有限），为应对挑战，挖掘现有教学资源，共建师生学习共同体的尝试。

五、讨论和启示

本文采用个案法，探究了一名 EAP 教师在农科博士生科技论文写作课中使用的教学策略。研究发现，教师主要运用了 4 种教学策略：采用体裁分析方法教学、鼓励学生参与论文修改实践、分享相关应用语言学研究成果、鼓励学生分享 SCI 论文写作经验。

本研究中，林琳采用的体裁分析教学方法与基于归纳发现的体裁分析教学法（Cheng，2018）有所区别。课上，林琳运用演绎演示的方法，为学生呈现论文各部分体裁结构，并通过讲解论文范文，引导学生关注论文规约性体裁和语言特征；课下，她布置学生完成学科论文体裁分析任务，鼓励学生结合课堂知识自主归纳发现学科论文体裁和语言特征。与林琳相似，一些国内研究生英语科技论文写作课教师也采用本土化体裁分析教学方法（如孙蓝等，2009）。体裁分析教学方法本土化可能与多种因素有关，如 EAP 教师对基于归纳发现的体裁分析教学法的熟悉程度，对学生学习习惯和自主学习能力的认知等（Li et al.，2020）。

在英语科技论文写作课教学中，EAP 教师需要为学生设计论文写作修改实践活动，帮助学生在做中学，积累写作修改经验。研究发现，很多参加科技论文写作课学习的研究生尚未开始研究项目或研究项目尚在进行中，因此教师多采用代理写作任务替代真实的论文写作任务（如张萍，2013）。本研究中，林琳除了为学生布置写作任务，也设计了论文修改模拟任务，帮助学生在识别问题、寻找解决方案过程中，将从课堂获得的陈述性知识转化为能够用于实战的程序性知识。

EAP 教师讲授英语科技论文写作课通常面临两大困境：一是学生来自不同的学科领域；二是教师缺乏学科专业内容知识（Li et al.，2020）。本研究中，林琳运用两种策略应对上述困境：（1）运用应用语言学研究成果丰富教学内容（Li et al.，2018）；（2）利用学生学科多样性特点，将学生转化为教学资源，组织他们分享 SCI 论文写作经验，帮助他们在科学研究、论文写作发表、学科话语特征异同方面进行拓展性学习（Leydens et al.，2007）。这些教学策略反映出 EAP 教师合理利用本地资源应对挑战的能动性。

本研究仅以一名 EAP 教师为研究对象，分析其在教授英语科技论文写作中使用的教学策略。今后的研究可以扩大研究对象范围，并通过对教师个案教学实践活动的深描，以丰富研究生英语学术论文写作教学研究。

参考文献

[1] CARGILL M, GAO X, WANG X, et al. Preparing Chinese graduate students of science facing an international publication requirement for graduation: adapting an intensive workshop approach for early-candidature use[J]. English for specific purposes, 2018, 52: 13–26.

[2] CARFILL M, CONNOR O P. Writing scientific research articles: strategy and steps (2nd edition)[M]. Oxford UK: Wiley-Blackwell, 2013.

[3] CHENG A. Genre and graduate-level research writing[M]. Ann Arbor, MI: University of Michigan Press, 2018.

[4] FLOWERDEW J, LI Y. Language re-use among Chinese apprentice scientists writing for publication[J]. Applied linguistics, 2007, 28(3): 440–465.

[5] HO M. Navigating scholarly writing and international publishing: individual agency of Taiwanese EAL doctoral students[J]. Journal of English for academic purposes, 2017, 27: 1–13.

[6] HYLAND K. Boosting, hedging and the negotiation of academic knowledge[J]. TEXT, 1998, 18(3): 349–382.

[7] HYLAND K, JIANG F. Is academic writing becoming more informal?[J]. English for specific purposes, 2017, 45: 40–51.

[8] LEYDENS J A, OLDS B M. Publishing in scientific and engineering contexts: A course for graduate students tutorial[J]. IEEE transactions on professional communication, 2007, 50(1): 45–56.

[9] LI Y, FLOWERDEW J. Shaping Chinese novice scientists' manuscripts for publication[J]. Journal of second language writing, 2007, 16: 100–117.

[10] LI Y, FLOWERDEW J, CARGILL M. Teaching English for research publication purposes to science students in China: a case study of an experienced teacher in the classroom[J]. Journal of English for academic purposes, 2018, 35: 116–129.

[11] LI Y, MA X, ZHAO J, et al. Graduate-level research writing instruction: two Chinese EAP teachers' localized ESP genre-based pedagogy[J]. Journal of English for academic purposes, 2020, 43: 1–15.

[12] STARFIELD S. Supporting doctoral writing at an Australian university[J]. Writing & pedagogy, 2016, 8(1): 177–198.

[13] 蔡基刚. 国际期刊论文写作与发表：中国研究生必修的一门课程 [J]. 学位与研究生教育，2018（4）: 10–15.

[14] 蔡基刚. 期刊论文发表与研究生学术素养和专业素养培养 [J]. 学位与研究生教育，2020（7）: 40–45.

[15] 孙蓝，陈纪梁. 研究生英语科技论文写作探究式学习体系的思考与构建 [J]. 中国外语，2009（4）: 66–71.

[16] 张萍. 小组协作项目驱动任务分解——硕士研究生学术英语交流能力培养的教改实践 [J]. 学位与研究生教育，2013（7）: 33–37.

第四部分

ESP 与学科英语教学

ESP 在研究生英语阅读教学中的实践

云南师范大学　　杨丹元

摘　要：随着全国高校研究生外语教学的不断发展和改革，专门用途英语（ESP）已经成为新的教学发展趋势。为了优化研究生公共英语阅读教学，达到阅读内容和学生的专业相结合，本文提出 ESP 实现的两个路径，分别为阅读任务设定和文献阅读研讨，同时本文也指出实施 ESP 所面对的挑战和带来的反思。

关键词：专门用途英语　非英语专业硕士研究生　阅读任务　文献阅读

一、前言

在实施"一带一路"倡议和"双一流"建设的背景下，高校外语教学在不断深化改革，研究生外语教学也已经从强调语言知识的传授到提高学术英语运用能力。目前国内主要盛行以内容为依托的教学法，交际教学法，情景模拟教学法，专门用途英语教学理念等。笔者在研究生外语教学中引入 ESP 理念进行改革和实践，从学生的课堂表现和课后反馈中得到预期的效果。ESP（English for Specific Purposes）最早起源于 20 世纪 60 年代后期，Halliday（1964）在 *The Linguistic Sciences and Language Teaching* 中首次提到 ESP 概念，这也是现代 ESP 教学的开端。20 世纪 80 年代以后，专门用途英语作为英语教育学的分支兴起，专门用途英语的研究成为英语语言学和语言教学的重要内容，它具有四个明显特征：1. 满足特定专业需求的学习者；2. 学习内容与特定专业或职业有一定联系；3. 词汇句法和语篇的意义在于语言运用；4. 与一般用途英语形成鲜明对比。同时国内也在逐步形成和完善 ESP 课程体系，程世禄（1998）编著《ESP 的理论与实践》；王颖（2006）提出一般用途英语（English for General Purpose）和专门用途英语（English for Specific Purposes）是指英语学习中的两个不同阶段，一般用途英语帮助学生掌握各种英语技能，为以后语言能力的实际运用打下一个良好的基础，专门用途英语培养学生在不同语言环境下的语言运用能力。莫莉莉（2008）出版《专门用途英语教学与研究》，刘梅（2013）对基于 ESP 课程体系的中国大学英语教学连续体模型进行了探索，提出了一个分五阶段的大学英语教学连续体模型。Gavioli（2016）进行专门用途英语学习语料库探究，引发有关语料库语言学从理论和实践两个角度对教学的意义。可见 ESP 已经被国内高校教学工作者所熟知运用，成为一种新的教学发展趋势。

二、ESP 在阅读教学中的实践

1. 阅读任务设定

笔者根据所使用的阅读教材（中国人民大学出版社出版的《研究生英语阅读教程》（提高级），充分利用不同主题和体裁的阅读材料，并设定特定的阅读任务给不同班级中不同专业的研究生，如 Lesson 3 "How We Broke the Murdoch Scandal?" 这篇阅读材料所涉及的主题为新闻报道，传媒学院新闻专业学生需要在课堂完成老师指定的问题：1. What is your attitude toward the work ethics? 2. What lessons should you learn form the passage? 3. What is a newly revised version of the professional code of ethics for Chinese journalists? 4. Why has the Western media's coverage of China always been prejudiced? 5. Why does the media play a major role in influencing people's opinions? 6. What functions does news reporting perform? 7. How do you understand the freedom of press in western countries? 通过对规定任务的解决，新闻学专业的研究生分别用英文表述学科知识和专业理论，并提出作为新闻工作者要坚持用习近平新时代中国特色社会主义思想武装头脑，牢记党的新闻舆论工作职责使命，自觉遵守国家法律法规，恪守新闻职业道德，自觉承担社会责任。 Lesson 2 "Humble by Nature, Humble by Culture" 这篇阅读材料涉及生态环境对文化的影响，于是人文地理学科专业的学生要完成的阅读任务：1. How does a country's geography influence the development of its society and culture? 2. What is distinctive climate and topography in Japan? 3. How do you understand "Humble by Nature, Humble by Culture"? 4. Why do the Japanese have humble attitude toward the earthquake? 5. Do you think human beings are largely responsible for the natural disaster? 6. What are the challenges in developing the economy without harming the environment? 通过对上述问题的深入理解，人文地理学科的学生分别用英文解释专业学科的特点和优势，并阐述这门学科的意义在于能解决世界性的资源短缺、人口危机、自然灾害、环境污染、城市问题以及为生态平衡作出贡献，也对于国家和地区的经济发展规划起到重要作用。 Lesson 10 "Our Picture of the Universe" 这篇文章选自于霍金的《时间简史》，它清晰地描述了宇宙生成的图景，把宇宙学的研究推向了一个新的阶段。根据这一主题，物电学院的研究生用英文陈述他们对牛顿万有引力和爱因斯坦相对论的意义，并回答老师设置的阅读任务：1. What is a good physical theory? 2. Why does the author say that any physical theory is always provisional? 3. What is the difference between Newtonian theory of gravity and Einstein's general theory of relativity? 4. Is there any physical reason for the expanding universe? 5. What is your opinion about the beginning of the universe? 6. What was Edwin Hubble's landmark observation? How important was the observation to the studies of the beginning of the universe? 上述针对不同专业学生设置的阅读任务是 ESP 在课程教材中的渗透，是指定阅读内容的延伸和创新，也是学术英语表达能力的提高，正如 Hyland（2002）指出 ESP 的意义在于我们用语言与某一社会群体成员从事交流以达到某一共同目的。同时教师 ESP 中突破传统教学模式，用阅读任务来激发学生专业英语的学习兴趣，改变被动接受性学习方式为主动研究性学习方式，充分发挥其主动学习和解决问题的能力。

2. 文献阅读研讨

为了改善和提高研究生研读文献，发表国际学术会议论文的能力，教师在课堂教学中应该纳入文献阅读研讨课，这是突破教材篇幅和主题的局限性，更好地为研究生进行相关领域的选题和论文做语言知识和学术内容的储备。例如在学术文献查阅和文献翻译中，教师指导学生提高全方位的信息检索能力，根据关键词以及期刊进行对应研究方向的搜索，然后进行阅读与学习。要求精读并翻译本学科高质量的经典著作和反映本学科最具前沿的论文，通过这样的方式，学生能够了解目前国外学术界的研究动态，包括顶尖学者的研究前沿。为了避免学生在阅读中无法从文献中获取有效的信息和知识，教师在每节课里给学生10—15分钟来研究和讨论他们的文献阅读，学生按照专业组成不同的学习小组轮流进行文献分享。教师不仅能及时发现并解决学生所存在的问题，也能根据学生的语言基础，对其制定的专业学习计划给予建议，先易后难、循序渐进，逐步提高。学生通过查阅大量国外文献，充分了解该学科在该领域的最新前沿，也能发现论文写作的创新点，并提高了自身的专业素养。同时在文献研读过程中，他们拓展知识面，掌握学术的新进展、新动态，并培养了他们的自主学习能力和科研思维能力，激发探索知识的欲望。

三、反思

在研究生公共英语阅读教学中引入 ESP 理念，其优势在于给不同研究生发挥专业特长的机会，激发其阅读兴趣，"学以致用"一词也在 ESP 中得到充分体现。然而 ESP 的主要意义在于以专业和学科的目标和方向来启动语言教学，教师需要了解和掌握各学科的专业特点和学术文献，因此专业学科和语言教学的结合势必对担任公共课教学的英语教师提出很多要求和挑战，如果对学生专业知识缺乏认知则会导致教师产生教学无法胜任感和身份认同危机。其次，有些研究生因为英语表达能力的欠缺而产生焦虑情绪和逃避的态度，在课堂中无法完成 ESP 的学习任务。因此教师需要在正式开展教学工作之前首先通过问卷调查学生对课程英语学习的目标，并测试其专业英语学习水平和了解不同专业学生对 ESP 的认识和态度，从而帮助学生更好地适应英语课程学习与 ESP 的结合，并提供有效的 ESP 教学。最后，教师要真正实现在研究生公共英语阅读课程中实现一般用途英语和专门用途英语的有效结合，就必须对考评体系进行科学的整体设计，并把重点放在过程性评价包括学生课堂参与的活跃度和阅读任务的完成情况。教师在教学过程中要不断思考适合学生的 ESP 的教学策略和教学模式，要对学生文献阅读研讨这个独立性思考和学习活动进行支持和指导，提高学生在专业学科表现出的语言综合运用能力。

四、结语

ESP 应用于研究生外语教学是培养实践型专业人才、提高职业能力的教学新模式，这将是我国高校研究生公共英语课程未来发展的必然趋势。任课教师应该不断探索如何优化原有的英语教学模式以便更好地开展 ESP 教学，这不仅有利于研究生的专业发展，还对于建设鲜明特色的专业学科具有重要意义。

参考文献

[1] GAVIOLI L. Exploring corpora for ESP learning[M]. Beijing: Tsinghua University Press, 2016.

[2] HALLIDAY M A K. The Linguistic sciences and language teaching[M]. London: Longman Group Limited, 1964.

[3] HYLAND K. How far should we go now[J]. English for specific purposes, 2002, (21): 385–395.

[4] 程世禄. ESP 的理论与实践 [M]. 广西：广西教育出版社，1998.

[5] 李光力. 研究生英语阅读教程 [M]. 北京：中国人民大学出版社，2018.

[6] 刘梅. 基于 ESP 课程体系的中国大学英语教学连续体模型 [J]. 外语电化教学，2013（1）.

[7] 莫莉莉. 专门用途英语教学与研究 [M]. 浙江：浙江大学出版社，2008.

[8] 王颖，周平. 普通用途英语和专名用途英语异同之比较 [J]. 山东外语教学，2006（5）.

公安院校英语教学的 ESP 转向分析

中国人民公安大学涉外警务学院　罗　赞

摘　要： 公安工作的实际需求对公安院校的英语教学提出了新的要求，公安院校英语教学的 ESP 转向势在必行，这不仅是英语教学改革的必然要求，也是维护国家利益的根本需要。公安院校的 ESP 教学应注重师资力量建设，以需求为导向规划课程体系，注重公安院校之间的课程合作开发。

关键词： 公安院校 ESP

一、引言

现有的公安院校英语教育正处于发展的十字路口，原有的教学定位和课程设置明显不符合国家对各领域具有国际竞争力的高端人才的需求，其定位偏差造成学分普遍压缩，处于不断被边缘化状态。学生的学习积极性不能够得到有效调动，很多公安院校都在进行摸索，寻求破解英语教育之困。本文拟对公安工作的切实需要进行分析，提出公安院校英语教学进行 ESP 转向的必要性，并初步探讨在公安院校开展 ESP 教学的基本途径。

二、公安院校 ESP 教学的必要性分析

1. 公安院校 ESP 转向是我国高等院校英语教学改革的必然要求

英语一直是我国高等教育体系中的一门重要课程，但近些年来，各大高校对英语的课时与学分都有压缩，学生也感觉学习英语的动力不足，高校英语课程的发展似乎进入了瓶颈期。之所以出现这种情况，从需求理论分析，是因为原有的英语课程理念与教学内容不能适应我国当前社会发展需求。外语教学一直是服务于国家的战略目标和社会经济发展需求的，社会的发展进步和国家利益目标的变化决定了外语教学的目标。在新世纪，国家对人才培养有了新的要求，《国家中长期教育改革和发展规划纲要（2010—2020 年）》提出，要"培养大批具有国际视野、通晓国际规则、能够参与国际事务和国际竞争的国际化人才"这对高等院校的英语教学提出了新的要求。

近些年来，我国英语学界对 ESP 的关注程度不断提升，2013 年 4 月上海市高校大学英语教学指导委员会颁布了中国第一个专门用途英语大纲《上海高校大学英语教学参考框架》，各高校也都进行了积极探索。本文作者认为，公安院校由于具有鲜明的行业特色和专业领域，具有推行 ESP 的内在要求和天然优势，应该重视并切实发挥英语作为国际通用语在公安领域的价值。2019 年 12 月 4 日—6 日，新文科背景下的"多语种 +"卓越国际化人才培养论坛在上海外国语大学举行。与会者普遍认为，各高校应"充分考虑学校类型、人才培养定位，制定符合学校特色的培养目标"（修伟等，2019）。

2. 现实公安工作的内在需要

随着我国对外交流的不断扩大和深入，与其他国家有了更多的交流与合作，公安工作国际化趋势也不断增强（李志永，2015）。境内来华旅游和工作的外国人数量有很大的增长，2018 年入境外国人达 6 亿人次，2019 年则达 6.8 亿人次，在华外国人管理在很多地方尤其是大城市成为了公安工作的重要内容。涉外治安案件和刑事案件呈明显上升趋势（张杰，2016）。国际警务合作是维护海外利益的重要手段，我国近些年来在打击跨国犯罪、恐怖主义、跨国追逃、国际维和等国际警务合作领域也有了更深入的发展。我国已缔结了 100 多条双边协定，公安部也与 83 个国家建立了警务合作关系，与 44 个国家的内政警察部门设立了 65 条联络热线，向美国、英国、俄罗斯等 23 个国家 25 个使领馆派驻警务联络官 40 名，向联合国维和任务区派遣维和警察 1 942 人次。警察培训合作也在多个领域开展，成效显著（周琼，2019）。

虽然我国在国际警务合作领域方面的工作卓有成效，但仍有较大的深入合作空间，在更多事务及国际警务组织中发挥更大的作用。涉外公安工作要求我们的警务人员具有较强的外语表达能力。英语作为世界通用语言，其作用是其他种类的外语不可比拟的，因此，应充分发挥英语在公安领域的作用。公安院校培养公安专业领域具有较高英语水平的高级人才，是符合我国公安工作需要及国家根本利益的战略性举措。

3. 激发学生学习动机的客观需要

公安院校的绝大多数学生毕业之后从事公安工作，很多学生认为现有的英语学习对今后的公安工作用处不大，只是为了应付考试或拿到学位。公安大学进行的一项关于英语课程建设的调查问卷表明，各个层次的学生中学习动力很足的学生仅为 38.18%，大多数学生只为应付考试，但是 70.73% 的学生认为有必要开设警务英语类课程。ESP 与专业密切相关，这本身就能激发学生的学习兴趣。学生是否有自主学习的意愿，受制于两方面的因素，外语自主学习的内部和外部指向性条件。内部指向性条件指学生的意愿、能力等，外部指向性条件指物质条件和社会条件。课程体系属于外语自主学习的外部指向性条件，与专业的关联性及其对将来职业发展的促进作用是激发学生学习外语的动力来源之一（顾世民，2013），因此 ESP 教学有助于触发外部指向性条件。蔡基刚（2013）也认为，在高校的英语教学中，ESP 是继续提高学生英语水平的唯一有效途径。结合自己的专业兴趣，以自己学科的内容为媒介，学习专业特定的句法结构、篇章体裁和交流策略与技能，开展以 research-based 或 project-based 教学法等等，都能极大地刺激和维持英语学习的兴趣和劲头，都会找到学习英语的新的兴奋点，学习效率也会大大提高。

4. 公安院校英语教师的职业发展需求

在全国的公安院校中，英语教师是一个庞大的群体，然而英语课的学科属性使其同公安业务及相关专业并无明显的相关性，英语老师在学校的学科建设及发展过程中也有被边缘化的感觉，在申请项目方面也受到制约。如何实现英语课程与相关公安专业知识的有机融合成为了公安院校英语教师的职业发展瓶颈，ESP 为英语教师的发展开辟了新的途径。除了可以把英语语言技能作为培养高级公安人才的重要方面，英语教师还可以利用掌握的语言学知识与相关专业结合开展跨学科研究，例如在侦查学领域，对话语问讯过程的把控及相关技巧就需要一定的语言学理论，如话语分析理论、会话含义理论等，这有助于英语教师进行科研创新和职业发展。另外就是可以充分发挥英语教师的语言能力优势，参与专业领域的对外交流活动，承担相应的翻译工作，这既有益于促进学科发展，也是对英语教师专业能力的锻炼和提升。

三、公安院校的 ESP 建设途径分析

1. 师资力量建设

在公安院校广泛开展 ESP 教学，需要加强师资力量建设。现有的英语教师对于语言教学驾轻就熟，但是对于公安领域的专业知识储备较为欠缺。无论是知识体系还是授课理念、方式，都不能满足 ESP 教学的相关要求。有些公安院校尝试由专业课教师进行英语授课或进行双语教学以破解专业知识与英语能力不可兼得的困局，但事实证明，虽然不少专业课教师英语水平很高，但是因为没有受过专业的语言训练，在口语表达方面不尽如人意。另外，由于对语言教学规律不甚了解，很难将专业知识与语言学习进行有机融合，难以达到较好的教学效果。因此，公安院校开展 ESP 教学的当务之急是尽快培养能够胜任 ESP 的英语教师。师资力量的培训是一项系统工程，牵涉方方面面，并且英语教师与专业教师往往分属不同的教学单位，这需要在学校层面进行跨学院或系部进行统一安排，对英语课教师进行专业知识培训或协调与专业教师的协作。例如，俄罗斯的高校非常注重培养人才的外语交际能力，几所著名院校的专业系部都设有自己的外语教研室，拥有自己的专业外语师资（李迎迎，2014）。外语教师与专业课教师进行合作教学，这也不啻为解决问题的一个思路，国内也有一些学者开始研究这种合作教学模式（徐剑英等，2017）。

2. 基于需求分析的课程体系建设

一切教学活动最直接、最主要的目的是满足学习者的需求，ESP 教学也是如此。所以，要弄清楚 ESP 教学的目的，就要对 ESP 学习者的需求进行分析（needs analysis）。ESP 学习者的需求可以划分为目标需求（target need）和学习需求（learning need）。前者指 ESP 学习者通过学习最终要达到的状态或水平，因此这一需求与 ESP 教学的目的相对应；后者则指学习者为实现目标需求所需学习的语言知识和技能，因此与其相对应的是 ESP 教学的内容（任荣政等，2012）。公安院校的 ESP 课程体系建设，应以公安工作的实际需求为导向、实用为目的。因此在制定课程大纲及课程内容时，要充分考虑具体工作场景对英语的实际需要。

在实际的公安工作中，有英语技能需求的工作内容主要包括涉外案件处理、出入境管理、国际警务执法与合作、国际维和、警务学术研究与国际交流、公安智库建设与国际传播、警务人才联合培养等，公安院校需要根据实际需要设计公安院校的 ESP 教学体系。根据英语语言教学为标准的分类示意图（图1）（付大安，2016），ESP 教学分为 EOP（职场英语）和 EAP（学术英语），而 EAP 又可以分为 EGAP（通用学术英语）和 ESAP（专门学术英语）。把公安工作场景与 ESP 分类图加以结合可以看出，涉外案件处理、出入境管理、国际警务执法与合作、国际维和等职场英语需要 EOP 的相关语言技能训练，而警务学术研究与国际交流、公安智库建设与国际传播则需要 EAP 的相关语言能力训练，而联合人才培养则需要二者。因此笔者认为公安院校宜开发 ESP 课程体系，形成较为完善的 ESP 教学模式。

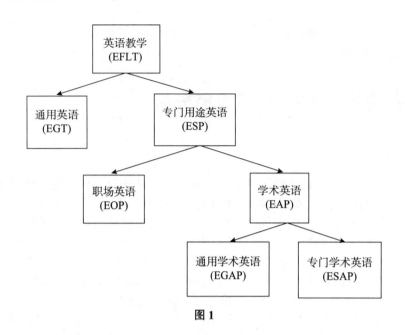

图 1

公安院校可以在本科阶段开设 EOP 课程，听说领先，注重学生英语实际交际能力的培养。可以充分利用情境教学、案例教学，选择适宜的教学场所并利用软硬件条件营造出真实的应用场景。在研究生阶段开设 EGAP 与 ESAP 课程，旨在培养学生的学术技能、学术规范和学术素养（秦秀白，2003）。EGAP 重在培养学生进行学术交流的基本技能，如听学术讲座，查阅文献、报告展示、学术写作、学术讨论等；ESAP 则是专业领域的研究与交流用英语，如刑事科学技术、侦查、治安等。不仅需要培养学生的英语语言交际能力，还要培养学生的英语科研能力及英语学术写作能力。

3. 建立公安院校 ESP 教学合作项目

公安院校承担了培养具有国际竞争力的公安人才的重大战略任务，ESP 建设是巨大的体系工程，单个院校很难独自撑起。另外由于各个公安院校的专业划分及学习内容有很高的一致性，特别适合建立公安院校 ESP 合作项目，共同推动 ESP 课程建设，进行共同探索、联合开发、资源共享。但合作项目不是研讨会，而是全方面、深入的课程研发，要能够对教学形成直接的推动力量，如培养目标的确定、教材的编写、授课模式的确定、语料库建设、评价标准、考核机制等。而公安院校之间，无论从管理体系还是业务交流方面有天然的密切关系，合作更容易达成。可以成立公安院校 ESP 教学委员会，由各院校相关英语教学负责人组成，并聘请我国 ESP 领域的有关专家，统一进行规划、指导，避免各自为政造成的人力、物力及资源的浪费。还可以充分利用互联网，打造统一的网络教学资源，建设 ESP 教学平台、开发慕课等，确定公安院校 ESP 教学质量评价标准及考核标准。

四、结语

公安工作的国际化趋势需要公安院校培养更多精通外语的高素质警务人才，公安院校的英语教学应充分适应公安工作的发展趋势，及时调整教学方向和目标，使英语教学工作服务于公安工作、服务于国家战略需求。

参考文献

[1] 蔡基刚. 误解与偏见：阻碍我国大学 ESP 教学发展的关键 [J]. 外语教学，2013（1）：56–60.

[2] 付大安. 地方本科院校 EGP 教师向 ESP 教师转型的研究 [J]. 外语与外语教学，2016（3）：21–27.

[3] 顾世民. 促进大学英语自主学习的课程因素研究 [D]. 上海：上海外国语大学，2013：14.

[4] 李迎迎. 俄罗斯提升国家外语能力的领军高校研究 [J]. 天津外国语大学学报，2014（3）：49–54.

[5] 李志永. 中国警务外交与海外利益保护 [J]. 江淮论坛，2015（4）：123–127.

[6] 秦秀白. ESP 的性质、范畴和教学原则——兼谈在我国高校开展多种类型英语教学的可行性 [J]. 华南理工大学学报（社会科学版），2003（12）：79–83.

[7] 任荣政，丁年青. ESP 教学"5W1H"要素分析 [J]. 外语界，2012（2）：58–64.

[8] 徐剑英，张雪红，胡吉祥. ESP 转型下大学英语教师与专业教师的合作教学研究———以《新闻英语》为例 [J]. 外语教学理论与实践，2017（1）：67–71.

[9] 修伟，田新笑. 聚焦"多语种 +"人才培养，探索外语学科发展——文科背景下的"多语种 +"卓越国际化人才培养论坛综述 [J]. 外语界，2019（6）：70–76.

[10] 张杰. 论公安机关对外国人分类管理的模式及变量因素的博弈 [J]. 山东警察学院学报，2016（5）：129–136.

[11] 周琼. 中国参与国际警务合作探析 [J]. 云南警官学院学报，2019（4）：74–78.

基于产出导向法的农林学科英语教学研究 [1]

北京林业大学外语学院　李　岩

摘　要： 本文主要探讨基于产出导向法的学术英语教学研究。产出导向法（POA）教学流程包括三个阶段：驱动、促成和评价，以农林学科英语为例的学术英语教学可以借鉴此教学模式。具体而言，在驱动、促成和评价这三个教学阶段中，坚持以学生为中心的原则，结合线上线下混合式教学，运用多媒体等教学辅助手段，进行以听说驱动、阅读促成、多元化评价等教学设计，以实现培养学生学术英语技能和思辨能力的教学目标。本文试图探究农林英语教学新范式，为农林学科英语教学改革提供有益的建议。

关键词： 产出导向法　学术英语　农林学科英语

一、前言

"产出导向法"（production-oriented approach）是文秋芳教授提出的具有中国特色的外语教学理论，POA教学流程包括三个阶段：驱动、促成和评价（文秋芳，2015）。

POA "旨在克服中国外语教学中'学用分离'的弊端"，强调"学用一体"，指出英语学习并不完全是为了培养学生的语言技能，而是以"全人教育"为目的（文秋芳，2018）。"产出导向法"对语言运用能力和学生素质的强调与学术英语课程的教学目的非常相似，因此在学术英语教学中适合运用"产出导向法"（龙丹，2019）。

二、学术英语教学目前存在的问题

传统的学术英语教学存在着以教师为中心的问题，课堂教学效率低下，往往费力甚大而教学效果不太理想，学生学习主动性不够，自主学习精神有待加强。学生要花大量的时间进行练习，尤其是在语言训练的层面，听说读写方面花费大量时间但收效不一定明显，教学效率有待进一步提高。

三、产出导向法下农林英语教学模式研究

1. 课程特色

2018年教育部发布了《实施卓越农林人才教育培养计划2.0的意见》。"农林英语"课

1　资助项目：北京林业大学2020年课程思政教研教改专项课题项目"大学英语——中国现当代文学英译赏读"（2020KCSZ186）。

程契合了此要求。"农林英语"是农林类学科通用学术英语。课程教学目的，是帮助农、林等各学科的学生习得专业和英语两方面的相关知识与技能，并进一步拓展，包括搜索阅读相关资料、研究特定内容、设计撰写 PPT、发表演讲等。因此在教学中，更强调培养学生的学术英语素养培养。

本课程具有以下特点：

（1）基于教育部等国家部门 2018 年关于农林人才教育培养计划，聚焦最新行业动向。

（2）选材新颖，主题丰富，兼顾专业性和趣味性。

（3）重点培养学生学术英语阅读、写作、听力和口语等全方位技能。

（4）着力培养学生的批判性思维和创新意识。

（5）本课程为农林类学术英语课程，对农林院校培养复合型人才具有重要现实意义。

2. 产出导向法在课程中的应用

文秋芳指出 POA 教学流程包括三个阶段：驱动、促成和评价（文秋芳，2015），学术英语教学可以借鉴这个流程。POA 由"驱动—促成—评价"组成的若干个循环链构成整个教学流程，不同教学阶段之间有很强的互动性和循环性，有利于激发学生的产出欲望（陈浩等，2020）。

本文从产出导向法的教学流程驱动、促成、评价这三方面入手，分析将这一教学理论应用于农林英语课程的可行性。

2.1 以听说驱动

根据文秋芳教授产出导向法的教学过程，教学驱动包含以下三个环节：第一环节"教师呈现交际场景"；第二环节"学生尝试完成交际活动"；第三环节"教师说明教学目标和产出任务"（文秋芳，2015）。

在驱动环节，教师在课前充分研读挖掘教材和教材大纲，说明单元目标及所需的语言技能和认知要求。教师适时向学生导入学习目标和产出任务。单元教学目标有三个层面：第一是语言层面上，掌握相关词汇、短语及句型表达。第二是认知层面上，了解农林学科英语文本特点等。第三是价值观层面上，认识到农林业对国计民生的重要性，激发学生对本专业的自豪感和荣誉感，促进内驱力的培养，学生会发自内心地热爱专业学习。在此基础上向学生介绍如何进行学术交流、项目调研、参加学术会议等，介绍学生相关领域文献阅读，如国际林业公约导读等，激发学生学习兴趣。教学设计践行以"学生为中心"的主线，教师引导，使学生真正成为课堂的主人，将基于"产出导向法"教学、线上线下混合式教学等融入课程设计，结合 U 校园 APP、微课和慕课等信息技术和网络资源，充分提升课程信息量与知识密度，提高课程挑战度和难度，激发学生的学习动机，优化学生学习过程，实现个性化、自主化、泛在化学习，提高学习效果和学习能力。

以《农林学科英语》第一单元"Forestry"为例，尝试运用产出导向法的理论思想进行教学实践。

例如，在学习"Urban Agriculture"这一课时内容时，教师根据教材的基础内容，适当地对我国的城市农业、北京当地的城市城郊农业等知识进行拓展，并设置相应的学习任务，要求学生在课后利用多媒体或书籍等查阅相关的资料，进行项目调研，并在下节英语课开始前，让学生在课堂上展开讨论，分享自己课后的成果。包括了北京城郊的一些生态农场、有机农场等，取得了较好的生态效益、经济效益等。通过这种方式，让学生对城市农业有更加全面的了解，对北京的 Urban and peri-unban agriculture 有了更深的了解，从而扩展了学生的知识与视野。

在口语驱动的环节中，鼓励学生多说多练，加大输出，学生在完成这个任务的过程中会发现自己语言基础、知识储备上的不足，提高了学生学习的动力。在听说阶段学生可以做展示如小组汇报、演讲等。通过口语的输出任务完成，促进学生提高自我效能感。

2.2 以阅读促成

在促成环节，教师须充分指导学生围绕产出任务，选取难度合适的教学材料展开教学活动，进行有目的的输入学习，以此来促成教学任务的完成。在这一阶段，输入材料的选择很重要。选择材料在难度上需要注意遵循循序渐进的原则，不能过难也不能过易，注重与教学大纲、教学计划相结合（梁雪梅，2019）。并充分考虑到学生的实际水平，具有一定的区分度。输入材料的选择需要内容丰富，话题有趣，有一定的新意。

在阅读部分，教师引导学生自主阅读、深入探究、小组合作，进行文本细读。教师及时发现学生学习过程中的问题，及时解答，激发其学习兴趣和创新思维，培养他们分析和解决问题的能力，体现课程创新性、挑战度的要求。

以"Urban Agriculture"为例，可以引入阅读"How to Raise a Garden in My Apartment"，介绍如何在家里成功种植一个小花园的经验，通过 window farm 等方式的实际操作，激发了学生的学习兴趣，内容对学生来讲很有吸引力。之后，教师可以向学生再提供一些相关的材料，比如如何实现 window farm 的操作，为什么它是一种垂直的室内无土栽培平台等。再如一些专业知识如各树种的分类和分布、世界森林资源调查报告等内容，在学生阅读这些内容的过程中，教师需要适当给学生提供该领域相关的词汇、短语及句型丰富的语言材料，进行知识点和语言表达的学术场景的呈现，引导学生去掌握与该领域相关的语言表达。

2.3 多元化评价

评价是产出导向法中的最后一环，也是相当重要的一环。"农林英语"课程以多元评价为主，在评价方式上将定性评价和定量评价相结合，引入形成性评价和过程性评价。将个人自评、组间互评和教师终评相结合，同时利用网络学习资源、U 校园、课堂派等中的课程积分、作业、课堂检测、课堂讨论等功能实现量化评价，激发学生参与度与学习热情，全面、客观、有效地评价学生的学习过程和成效。教师要坚持公平、及时的原则，及时将评价内容反馈给学生，让学生随时了解产出任务完成的状况，同时根据学生的掌握程度，教师也可以及时、灵活地进行调整，对不同程度的学习者进行不同层次的要求和指导，以求因材施教，让学生能更好地理解和掌握单元学习目标，优化产出效果。

如结合单元具体教学内容，以"Unit 2 Urban Agriculture"为例，布置单元口语产出子任务，向学生讲清评价的目标、要求和步骤。首先学生要进行相关内容的调研、搜集资料，包括有必要的情况下进行田野调查等。在完成资料积累、调研的过程之后，从语言层面进行梳理，准备口语输出，可以进行小组内展示，并派代表进行课堂展示，通过交流讨论师生共同提出修改方案，进一步完善。内容主题可以选择介绍北京生态农场，介绍自己参加某一环保社团的见闻及感受、北京周边乡村调研等活动。既锻炼了语言技能，又锻炼了实践能力，实现了价值引领，取得了较好的效果。

在此过程中要突出重点和难点，做到评价内容清晰突显，提高时间利用率，然后教师进行任务总结。

3. 结合校本科研教学实际进行课堂设计，进行课程思政融合，树立社会主义核心价值观

课程讲解中注意课程思政融合，如相关单元内容可以将"绿水青山就是金山银山"等思想引入，并结合北京林业大学"知山知水、树木树人"精神，加强学生对学校、对专业的认可和热爱。在讲授农业、林业、生物多样性等相关单元课程时，可以进行生态文明建设教育，将野生动植物的保护、生物链现状、碳汇、环境保护等与国家生态建设的大环境结合起来，学生自然而然会体会到专业知识的重要性。

如在"水土保持"单元中，可以结合实际向学生介绍。半个多世纪以来，北京林业大学发挥专业优势，在黄河流域广泛地开展了科学研究、服务社会等工作，为黄河流域生态保护和高质量发展做出积极贡献，如黄土高原植被恢复确立技术样本，历经 42 年从 50% 的土地寸草不生到森林覆盖率 84% 等等实例。类似的例子还有很多，基本上在每个单元的教学当中，农林学术英语课程都可以找到闪光点，可以自然的融入到课程教学当中，在实际情境当中让学生领会，有助于学生树立社会主义核心价值观，实现课程育人的目标。

四、结语

基于"产出导向法"原则进行课程设计，既提升了学生学术英语能力和素养，又培养了学生解决复杂问题的综合能力和思维，又将育人自然地融入大学英语教学中，顺应学生学习和时代发展的要求。

因此，以文秋芳的"产出导向法"理论为指导，将产出导向法应用于农林英语课程教学是可行的：（1）从语言技能的层面看，学习的目标更加明确，即在听的基础上，利用听来促进说，听说有效结合，增加了课堂互动，活跃了课堂气氛，学生课堂参与度增加。（2）从教学目标来看，产出导向法契合了教师的教学目标，教学重点突出；从教学效果上看，学生不仅要掌握知识，而且要将知识内化为能力。（3）从认知层面的角度看，产出导向法目的是要培养学生的某些能力，提供给学生解决实际问题的机会，这样的学习方式能调动学生的学习热情，优化学生学习策略，培养学生解决问题的能力。

在教学实践中，产出导向法模式下如何做到更加有的放矢，能有效提高学习者哪些方面的能力，教师在教学中所需要注意的一些关键问题，教材以及测试对教学的反拨作用等，都需要在教学实践中进一步研究、完善和提高。

参考文献

[1] 陈浩，文秋芳. 基于"产出导向法"的学术英语写作名词化教学研究——以促成教学环节为例 [J]. 外语教育研究前沿，2020（2）：15–22.

[2] 龙丹."产出导向法"在学术英语教学中的运用 [J]. 文教资料，2019（20）：222–223.

[3] 梁雪梅. 产出导向法在英语专业视听说教学中的可行性探究 [J]. 海外英语，2019（11）：45–46.

[4] 文秋芳. 构建"产出导向法"理论体系 [J]. 外语教学与研究，2015（4）：547–558.

[5] 文秋芳."产出导向法"与对外汉语教学 [J]. 世界汉语教学，2018（3）：387–400.

[6] 文秋芳."师生合作评价"："产出导向法"创设的新评价形式 [J]. 外语界，2016（5）：37–43.

Interpreted Police Interview in China: Practices, Problems and Recommendations

中国人民公安大学　曾范敬 [1]

Abstract: From the viewpoint of communication, most of foreign-related cases are intercultural communicative events, concerning two or more languages. Criminal investigative power is an important part of state sovereignty. It is common to dispose of foreign-related cases in native or official language of one country. On the other hand, it is not easy to find police officers who have a good command of several languages. Therefore, disposal of foreign-related cases needs the mediation of interpreters to bridge the linguistic gaps. Interpreted police interview is an indispensable stage of the whole criminal justice proceedings. It may affect the voluntariness and authenticity of suspects' confession, thus casting a shadow on the protection of suspects' human rights and realization of their legal rights. In order to guarantee the impartiality and equality of judicial process and protect the legal rights of suspects, the study of interpretation and interpreter in police interviews should not be ignored. With reference to the theoretical studies and practices of interpreted police interviews in Anglo-American legal system like the US, Australia, and the UK, related laws and regulations concerning interpretation and interpreter in police interviews and practices of Chinese Public Security Agencies are analyzed, problems discovered and suggestions provided in terms of significance of interpretation, the role, accreditation, ethics and standardization of interpretation in police interviews.

Key words: Interpreted police interview　Practices in China　Problems and Recommendations

1. Introduction

With the advent of globalization, the adoption of the opening-up policy in China, and the fall in airfares, esp. after China's entry into WTO, came massive movements of people in search of better economic opportunities in China. The international flux of people, capital, goods and information has crossed the traditional concept of national borders. In the global village of today, more people have been moving and migrating into China than ever before. According to statistics of the Bureau of Exit and Entry Administration (China Immigration Inspection) under the Ministry of Public Security, people entering into and exiting from China jumped to 490 million in 2014 from 382 million in 2010. And the foreigners traveling, living and working in China for

---

1· Dr. Zeng Fanjing (1975—　), professor in School of International Police Studies, People's Public Security University of China. His research interests cover forensic linguistics (police interview), foreign-related policing and international police cooperation.

more than 3 months reached 600,000 in 2012.

Against this background, foreign-related criminal and administrative cases show an upward trend. The foreign-relatedness, complexity and sensitivity of these kinds of cases have composed great challenges to public security agencies in China. From the viewpoint of communication, most of foreign-related cases are intercultural communicative events, concerning two or more languages. Criminal investigative power is an important part of state sovereignty. It is not uncommon to dispose of foreign-related cases in native or official language of a sovereign state. Therefore, disposal of foreign-related cases and enforcement of national laws on foreigners concerned need the mediation of interpreters to overcome language barriers and bridge the judiciary gaps. This field is called police interpreting. And police interviews mediated by interpreters are called interpreted police interviews.

1.1 Legal interpreting and police interpreting

According to the system of forensic linguistics (a broader concept in China, meaning the study of legal language) in Chinese academia, police language is part of legal language and accordingly police interpreting is under the umbrella of legal interpreting. However, the term legal interpreting for a long time, has meant mostly interpreting in court. Just more recently, scholars have turned their attention to the fact that court interpreting is only the last yard of the long process of legal interpreting which begins with pre-committal proceedings (Ozolins, 2010). This pre-trial stage includes essentially the investigations carried out by the police before the matter goes to court. The process of investigation is lengthy, slow, and complex and is mediated by interpreters. These are police interpreters who work behind the scenes. Unfortunately, the area of police interpreting has not attracted the attention of researchers in interpreting studies, human rights, or legal studies. For decades, the field of police interpreting has been overshadowed by the more public and the more examined specialization of court interpreting (Gamal, 2012). Scholars point out that "police interpreting is somewhat unjustly neglected by most recent linguistic studies" (Krouglov, 1999) and as a specialist area it "remains widely under-researched in Interpreting and Police studies alike" (Gallai, 2013).

1.2 Significance of police interpreted interviews

It is important and significant to study police interpreting or interpreted police interviews.

1.2.1 It is beneficial to the protection of judicial discursive right of suspects.

One of the major principles of the due process of law is that a person facing criminal charges must understand the charges against them. The right to "the free assistance of an interpreter if he cannot understand or speak the language used in proceedings" is regarded as "a minimum guarantee that anyone facing criminal charges is entitled to."

Under the interpreted police interviews, judicial discursive right of suspects is carried out by interpreters. Thus the quality of interpretation, the role and stand of interpreters are intimately related to the realization and guarantee of suspects' proceeding rights. It is a matter of justice and fairness. The accurate interpretation of suspects' goals and confessed facts are to the suspects' best interests.

1.2.2. It is beneficial to the realization of institutional goal of Public Security Agencies.

The role of an investigative interview is to obtain complete, accurate, relevant and reliable information. The main purpose of an investigative interview with a suspect is not to "obtain a confession," but rather to obtain information fairly so as to ensure that the information gathered will be admissible in the later stages of the process.

Thus, an efficient police interpreter is very critical to wind up a case and collect relevant evidence. As a bridge between police officers and suspects, the qualification of the interpreter has an immediate impact on the interview goal of police. Thus study on police interpreting can help realize the goal of public security agencies, and solve foreign-related cases more effectively.

1.2.3 It is beneficial to the standardization of practices of interpreted police interviews, esp. the conducts of interpreters. It is required by procedural justice and substantial justice. Sometimes, if a foreign-related case were not properly handled, diplomatic disputes would occur due to the foreign-relatedness and complexity of foreign-related cases. Furthermore, a rapid increase in the number of foreign-related cases needs a standardized practices to regulate interpreting services and conducts of interpreters.

1.3 The main aim of the research

The right to access an interpreter for a foreign detainee has long been granted when the detainee does not speak or understand the language. As stated by Glegg already in 1984 "the provision of appropriate interpreting and translation is absolutely fundamental from any sort of anti-racist or equity based perspective"(Glegg, qtd. in Longley, 1984)

The main aim of this research is to investigate the practices of interpreted police interview, and the problems within the Chinese context. To start with, I shall provide an overview of the legislation that governs police interpreting in China. Then, I will discuss the current situation and problems of police interpreting in China. At last, I will provide recommendations to solve these problems in police interpreting.

2. Right to interpretation and translation in the Chinese legal context

2.1 Overview of Legislation

In China, as in many other countries in the world, there are two types of detention: criminal and administrative. Criminal detention would involve anything having to do with criminal acts, and the administrative version would include detention of a foreigner for breaking a provision of the immigration law and other laws.

The provision of interpreting services is well protected by international conventions. Within the Chinese national legislation, the right to be assisted by an interpreter is also recognized, although most of the existing provisions do not specify the level of qualification or training necessary to act as an interpreter. I am going to outline only the main pieces of Chinese legislation regulating the provision of interpreting services in China.

2.1.1 Criminal Procedural Law of the People's Republic of China

Within the scope of criminal law, there are different acts. Criminal law is crucial as it states the cases where the person is granted free access to an interpreter. The main act is the Criminal Procedural Law of the People's Republic of China. According to Item 2, Article 9 of this act, "the People's Courts, the People's Procuratorates and the public security organs shall provide translations for any party to the court proceedings who is not familiar with the spoken or written language commonly used in the locality." According to Article 16, "provisions of this Law shall apply to foreigners who commit crimes for which criminal responsibility should be investigated." It means that foreigners have the same right to access to an interpreter during criminal proceedings in China.

According to this act, the People's Courts, the People's Procuratorates and the public security organs are free to choose anyone to act as an interpreter. Therefore, most of the time, the training and qualification of the interpreter are not required. In police stations, the interpreter is chosen according to the preferences of the police officer in charge of the case, without giving any importance to this person being a qualified interpreter or not. The police has the full power to appoint anyone as an interpreter during a case. Therefore, police officers can choose anyone they think will do the interpreting job properly. Although the right to access an interpreter refers to the right to be assisted by an interpreter in court, they have to be extended to also include the moment the person is first detained by the police.

2.1.2 Administrative Laws

Within the administrative law, there are acts that regulate the actions to be taken related to foreigners who come to and live in China. They include the The Exit and Entry Administration Law of the People's Republic of China (2013) and The Regulations of the People's Republic of China on Administration of the Entry and Exit of Foreigners (2013), a decree by the State Council of the PRC. In both laws, foreigners' entry into and exit out of China are regulated in terms of visa application, residence registration, stay and work in China. They also stipulate punishments foreigners may face if they violate legal provisions by the above laws. They may be ordered to leave China in limited time or be deported. But unfortunately, there are no specific provisions about interpreting service in enforcing the aforesaid laws.

Another important administrative law is The Law of the People's Republic of China on Penalties for Administration of Public Security (2006). According to Paragraph 2, Article 86, "If the person committing an act against the administration of public security, the victim or other witness who is not familiar with the spoken or written language common in use in the locality is interrogated, interpreters shall be provided, which shall be noted clearly in the written record of the interrogation."

2.1.3 Documents by the Ministry of Public Security (MPS)

Documents on Handling Criminal Cases by Public Security Agencies issued by the Ministry of Public Security, in its Article 324, stipulates that "Public security agencies shall use language commonly used in China while dealing with cases committed by foreigners. Suspects who are familiar with Chinese spoken and written language and do not need interpreters shall issue a written statement; Public security agencies shall provide interpretation service for foreign suspects who are not familiar with Chinese spoken and written language. Upon approval by Public Security Agencies at or above county level, foreign suspects may hire their own interpreters, but the interpretation fees shall be borne by suspects themselves."

Documents on Handling Administrative Cases by Public Security Agencies issued by the Ministry of Public Security, in its Article 215, stipulates that "Public security agencies shall use language commonly used in China while dealing with cases committed by foreigners. Suspects who are familiar with Chinese spoken and written language and do not need interpreters shall issue a written statement; Public security agencies shall provide interpretation service for foreign suspects who are not familiar with Chinese spoken and written language. Upon approval by Public Security Agencies, foreign suspects may hire their own interpreters, but the interpretation fees shall be borne by suspects themselves."

2.2 Criminal Responsibilities of interpreters

According to Article 305 of Criminal Law of People's Republic of China, if, in the course of criminal procedures, any witness, expert witness, recorder or interpreter intentionally gives false evidence or makes a false expert evaluation, record or translation concerning circumstances that bear an important relation to a case, in order to frame another person or conceal criminal evidence, he shall be sentenced to fixed-term imprisonment of not more than three years or criminal detention. If the circumstances are serious, the offender shall be sentenced to fixed-term imprisonment of not less than three years and not more than seven years.

2.3 Comment on Chinese legislation on police interpreting

There is only rough outline and lacks clear and detailed stipulations about police interpreting in major laws, neither substantially nor procedurally. It does not define what kind of qualifications the person acting as interpreter should possess, how to select police interpreters, the accreditation of police interpreters, and interpreting quality monitoring. This is mostly because some of the acts are very old, and they have not been amended with respect to the paragraphs relating to the interpreter since they were first enacted. Also, and most importantly, this situation might be the result of the authorities' lack of knowledge about the nature and importance of work performed by interpreters in the legal system.

3. Problems in interpreting in police settings

3.1 Status of police interpreters

3.1.1 Diverse sources

In police interpreting, the situation is similar to that of court interpreting. Most of the interpreters do not have a qualification as interpreters and the profiles of the people who undertake this work are very diverse. Few police stations have interpreters as permanent staff, although such services are starting to be implemented. Generally speaking, there are two categories of people acting as interpreters: in-house and freelance interpreters. In-house interpreters work as staff or on contract and often act also as translators. Freelance interpreters cover the majority of police interpreting needs. Local police agencies have established kinds of police interpreters database in China; most of them are language teachers from educational institutions like universities and translation training schools, and some police officers with good language proficiency, and very small amount of foreigners. When in great events, volunteers will be recruited to provide information and language services, most of them are college students.

With regard to freelance interpreters, there are some important aspects to be mentioned in this context. Since the term "interpreter" in all the countries studied may be used by anybody regardless of certificates or qualifications, and since there are no general binding requirements for police interpreters, in case of urgency (which, as already mentioned, is very common) practically anybody may be recruited as an interpreter without prior checks on qualifications. This means that both well-trained professionals and persons without any formal qualification or experience are allowed to work as police interpreters. For many languages of lesser diffusion universities do not offer a curriculum, so there are no interpreters with formal training.

3.1.2 Minimal requirements

In most cases, acceptance or entry requirements for working as an interpreter are still minimal in China, when choosing an interpreter involved in police settings. There are at least some regulations providing for police interpreting, including prerequisites (e.g. qualifications, no criminal records, disclosure certificate, etc.) that need to be fulfilled to be included in a list or register. The given criteria were as follows: just language knowledge, a degree in Translation and Interpreting, a degree in Language and Literature, and a native speaker of the language of the detainee or any other criteria. Generally, those who have obtained a bachelor's degree in one language, having a certificate of TEM-8, or CET band 4 or 6 are enough to be listed in the interpreter database. The main system used when recruiting interpreters for the police is that of a temporary expedient. There is no special requirement like any specific criteria, standards or exams for police interpreting.

3.1.3 Interpreter selection

Responsibility for the recruitment of interpreters generally lies with local police authorities. Recruitment through agencies is becoming more and more frequent, and in some provinces there has been a significant increase in the number of commercial service providers. Telephone interpreting sometimes is used. Interpreters are either contacted directly by the interviewing police officer or via the operational center, 24/7 supporting units operating on regional level.

Selection criteria, besides the necessary language combination, include cost, proximity/immediate availability, membership in a register (never mandatory), trust stemming from personal experience/acquaintance with recruiters after a former assignment; in special cases also gender (e.g. in case of sexual offenses), origin, or knowledge of a specific community/culture are also used as selection criteria.

When acting under time pressure, the police authorities often choose unregistered ad-hoc interpreters. This emergency option for less widely spoken languages with few or no qualified interpreters available is often applied also to languages of major diffusion. Often interpreters are chosen simply on the basis of personal acquaintance.

3.2 No systematic training of police interpreters

Until now there has been very little, if not any, specific training for police interpreting in China. The most difficult problem is languages of lesser diffusion for which interpreting schools have great difficulty providing "just in time" training in response to fast-changing needs.

ELT Advisory Committee of MOE and Translators' Association of China (TAC) has played a significant part in the professionalization and academicalization of interpreting in China through consultation and involvement in the design of curricula and the selection of the teaching faculty.

In the undergraduate degree in interpreting, students examine interpreting contexts in a wide variety of settings. Thus, political (diplomatic), economic, social, cultural, and tourist affairs are among the main contexts examined in the training. In the postgraduate degree, students tend to specialize in certain subjects like legal or medical interpreting. In the legal setting, the emphasis is predominantly on court interpreting and text translation. It is insightful to note that police interpreting is not examined as a specialist subject at any academic or vocational institution offering training in interpreting in China.

3.3 Lack of a Code of Ethics for police interpreters

There are codes of ethics laid down by different national or regional professional associations (like TAC) in China. These associations do not, however, represent exclusively interpreters specialized in legal interpreting, not to mention police interpreting; their members are mostly conference interpreters, and their codes of conduct lay down rather similar basic principles, but are not necessarily specific enough to fully apply to the field of legal or police interpreting. Generally speaking, there are no specific codes of conduct for legal interpreters. In many cases, legal interpreters, especially ad-hoc interpreters, are not aware of any established code of ethics to which to adhere. As there is not a code of ethics, many interpreters do not know how to act and what is expected from them, and therefore, they can exceed the limits of their work. However, such a code would be an important prerequisite for achieving full professional quality of the services rendered.

3.4 Accreditation

CATTI: China Accreditation Test for Translators and Interpreters（全国翻译资格考试）by Ministry of Labor and Social Security and 中国外文出版发行事业局,简称中国外文局（China International Publishing Group, CIPG）。

CETI: Certificate of English Translation and Interpretation（英语翻译资格证书）by Beijing University of International Studies.

SIC: Shanghai Interpretation Certificate by Shanghai Municipality.

MTI: Master of Translation and Interpretation, Ministry of Education

In the context of police interpreting, the interpreter is always the same: a community interpreter in English with generalist background training and no specialist training in law or police matters. The current generalist accreditation of interpreters is insufficient to cater for the complex and varied tasks involved in police interpreting work.

3.5 Quality monitoring

3.5.1 Lack of centralized registers of legal interpreters and quality assessment bodies

We come across the issue that a freelance "professional" framework leads to big differences in quality and, unfortunately, quality control is not carried out in a uniform and transparent way throughout the country. National quality control systems do not exist. Local initiatives do exist but are too fragmentary at the present time. There is no system in place to verify the accuracy of interpretation and translation. There are not centralized registers of legal interpreters from which criminal justice authorities can select interpreters.

3.5.2 Hard to monitor quality when non-widespread languages are needed

It is not difficult to find a quality, professional, "accredited" legal interpreter from a list of interpreters to interpret for criminal justice agencies. However, this applies only for widespread languages, esp. English. It is more difficult and complicated to find a qualified interpreter for some other languages, when police and courts often have to resort to appointing an "ad hoc" interpreter. In these cases it is very difficult to ensure and, above all, monitor and check the quality of the interpretation.

3.5.3 A/V recordings of interpreter mediated interviews or written records of interpretation

Different practices often exist in terms of keeping a record of the investigation and the interpretation. In most cases, a written record of the investigation is made (by a police officer), a written summary or verbatim record is taken down by police officers of all interviews; the police officer then reads it out and the interpreter interprets it using the sight translation method to the other party, who then signs the record and thereby agrees with the record's accuracy. Furthermore, the interpreter signs the record, thereby confirming its accuracy. Unless the party objects, there is no system in place to verify the accuracy of the interpretation and translation.

In some provinces, an audio and/or video recording of the investigation is made, including the interpretation. In many instances this has proven very useful, particularly when an "ad hoc" interpreter has been recruited: if there are any doubts and the investigation is particularly complicated, the interpretation can be cross-checked by calling on another interpreter. This serves as an excellent solution to cross-check the interpreter's performance and ascertains whether the interpreter has performed well or not. All interviews should be audio/video recorded.

4. Recommendations

4.1 Promoting legislation

Provisions should be introduced to stipulate the right to interpreter and translator in legal process clear and specific, not only on trial but also pre-trial. While emphasizing the importance of court interpreting, attention is expected to police interpreting. And related regulations and rules in detail concerning police interpreting and the conduct of interpreter mediated police interviews are needed.

4.2 To establish a minimum accreditation criteria

As demand for cost-effective police interpreting is growing, it would be advisable to map out requirements more precisely and match them with interpreter qualifications, experience and reliability based on objective criteria in order to meet identified needs.

In view of the establishment of registers, it would be advisable to agree on common minimum accreditation criteria for police and legal interpreters, involving institutions, users and professional interpreter organizations. These criteria should include basic and further training in specific interpreting techniques, knowledge of interviewing techniques and legal background, and compliance with a Code of Ethics.

It is advisable to establish a nationwide certificate examination for police interpreting and use it as a minimal requirement for police interpreters. Interpreters' assessment and certification should be equivalent all over China, with the aim of bringing uniformity to the diverse situations which prevail in the different provinces—i.e. learn from each other's best practices.

4.3. Developing special training programs for both police officers and interpreters

States should be more reactive and if possible pro-active in providing training for interpreters of languages of lesser diffusion and languages needed as a result of changes in migratory flows.

Interpreters should receive training to develop basic knowledge of investigative interviewing and questioning tactics. Police users of interpreting services should be provided with training for interaction through an interpreter. Specific training for interpreters in a policing context should be part of training courses in legal interpreting.

Joint training modules should therefore be organized on a regular basis by police academies, interpreting schools or professional associations. Only qualified (certified) interpreters should be recruited, especially during the decisive pre-trial phase. Working with interpreters should become part of police officer's training.

4.4 To draft a specific Code of Ethics for police interpreters

There should be some control over whether an interpreter working for the police abides by ethical rules; this could be done by way of certification through professional associations.

Professional associations (TAC, CATTI, and others) should be involved in the establishment of a code of conduct specific to the field of interpreting for the police. The specific codes of ethics (for suspect interviews, etc.) should be disseminated to legal authorities; relevant codes for the legal profession should be disseminated to interpreter associations. The practical guidelines for interpreters / police officers in interpreter-mediated police settings should be exchanged.

4.5 Quality monitoring of police interpreting

Different mechanisms should be put into place to check the quality of interpreting. An audio-video recording should be made of the investigation, including all interpretation. All A/V recordings of the case file should be kept until the case is closed. In the event of disputes, a second interpreter should be provided and the recorded interview re-interpreted so as to provide a comparison between both interpreted versions.

An interconnected register/list/database of qualified legal interpreters should be created at national level— as a gate-keeping tool to guarantee quality. There is much to be done in this field.

A control mechanism should be created, i.e. a professional organization of legal interpreters working in cooperation with the Ministry of Public Security, and universities' interpreting and law departments, to be called upon in the event of disputes.

4.6 Strengthening Police Interpreting Studies

The field of police interpreting crosses several disciplines such as linguistics, interpreting, law, human rights, migration studies, psychology, community interpreting, cultural communications, and legal cultures to name but a few. This multidisciplinary background calls for more research into the multifaceted process of interpreting for the police. Police interpreting will have to lobby and rally for its recognition as a relevant professional and a viable academic area. This can only be done by inviting all stakeholders from the interpreting profession, academia, civil society (minorities and migrant communities), the legal profession, and the police to examine the logistics of providing a professional interpreting service in police settings. By focusing research on the specialization of interpreting for the police and exchanging reports and case studies the field of police interpreting will reach the same professional status as other special field interpreting. It is also advisable to facilitate access to authentic data to enable research into the impact of interpreting in the investigative interview.

5. Conclusion

In the essay, a review of China's legislation on the right to access to right of interpretation and translation has been reviewed, and then a general description of practices, problems of interpreted police interviews from the perspective of police interpreters' sources, selection and accreditation, interpreters' training, Code of Ethics, and quality monitoring, etc are provided. After the presentation of problems, recommendations are provided to solve them. However, this research is just a tentative study of interpreted police interview in China. It needs more empirical study and more detailed linguistic corpus of police interpreting that need to be collected in the future to have a more objective analysis and provide more effective and efficient advice to interpreted police interviews in China.

References

[1] BERKSELIGSON S. Interpreting for the police: issues in the pre-trial phases of the judicial process[J]. Forensic linguistics: the international journal of speech, language and the law, 2000, 7(1): 213–238.

[2] BERKSELIGSON S. The Miranda warnings and linguistic coercion: the role of footing in the interrogation of a limited—english speaking murder suspect. In Janet Cotterill (ed.), New York: Palgrave Macmillan. Language in the Legal Process, 2002, 127–143.

[3] BUTLER I. Silence in Court? A Study of Language Interpretation in the Legal Processes of England and Wales. PHIL M. Thesis. University of Wales: College of Cardiff, 1995: 229.

[4] FOWLER Y. Taking an interpreted witness statement at the police station: what did the witness actually say?. BRUNETTE L, et al. (eds). The Critical Link 3. Interpreters in the Community. Amsterdam/Philadelphia: John Benjamins, 2003: 195–209.

[5] GALLAI F. I'll just intervene whenever he finds it a bit difficult to answer. Exploding the myth of literalism in interpreter-mediated police interviews[J]. Investigative interviews research and practice journal, 2013, 5(1), 57–78.

[6] GAMAL M. Interpreting for the Australian police. The refereed conference proceedings of the Applied Linguistics Association of Australia [EB/OL]. 2012. http://humanities.curtin.edu.au/schools/EDU/education/pdf/alaa/M-Gamal.pdf.

[7] NAKANE I. Problems in communicating the suspect's rights in interpreted police interviews[A], Applied linguistics, 2007, (28/1):87–112.

[8] OZOLINS U. Factors that determine the provision of public service interpreting: comparative perspectives on government motivation and language service implementation[EB/OL].[2010]. http://www.jostrans.org/issue14/art_ozoli ns.php.

第五部分

新理念与新技术应用

传统与多媒体教学手段对外语案例
写作教学的影响

清华大学语言教学中心　张　英

摘　要： 本文借助系统科学和认知心理学的基本思想，比较了外语写作案例教学中，传统教学手段与多媒体教学手段之间的差别，分析了这些差别对教员和学员的行为方式所产生的影响。这一结果，将为进一步研究网络教学手段的影响，提供参照。

关键词： 系统科学　认知心理学　外语写作教学　传统教学手段　多媒体教学手段

一、前言

自 20 世纪 90 年代中期起，以 PPT 为载体的多媒体教学手段，逐渐全面取代了以粉笔黑板为载体的传统教学手段。至今，25 年过去了。近年来，教学手段不断进化，网络教学迅速崛起。网络教学与多媒体教学逐步融合，甚至开始替代多媒体教学。在欧美，与网络教学匹配，出现了翻转课堂（拉克夫等，2015）和混合式课堂（霍恩等，2016）等课堂教学模式。

可以预见，网络教学必将对包括外语教学在内的大学教学产生深远的影响。一个有趣的问题是，网络教学是否会完全替代多媒体教学？本文暂不回答这个问题。因为作者意识到，在回答这个问题之前，有必要先深入理解多媒体教学，甚至有必要深刻理解多媒体教学与传统教学之间的关联语差别。本文将以外语案例写作教学为例，分析多媒体教学与传统教学手段的影响。

外语写作教学中，各种体裁的案例教学是必不可少的基本环节（Harmer, 2000），也是受多媒体教学手段影响最深的环节之一。这里将通过与传统教学手段的比较，揭示多媒体教学手段对该环节的深刻影响。

近年来，多媒体教育技术已经渗透到外语教学的各个环节。对教员和学员而言，多媒体教育技术的引入，究竟意味着什么？是机会，还是挑战？它破除了什么，又树立了什么？多媒体教育技术的渗透带来了教学手段的巨大变化，也必将导致外语教学的教学思想、教学规律以及教员、学员认知发展基本规律的根本性变化（王等，1992；马特林，2016；Sternberg，2016）。如何洞悉这些变化，怎样揭示其中新的规律，是亟待解决的重大课题。本文将仅以外语写作教学中案例教学为例，从信息论和系统论的角度（魏宏森等，1995），对此做一简要的分析。

二、信息展示方式的比较

在比较经典教学手段与多媒体教学手段时，应首先比较二者在信息的载体及信息的展示方式方面的差异。从辩证法的角度看，经典教学手段与多媒体教学手段在信息载体和信息展示方式方面的矛盾，是整个矛盾体系中最基本、最主要的矛盾。其他的矛盾都是这一对主要矛盾的延伸，并取决于主要矛盾的发展和运动。

相同的写作体裁、相同的案例内容，构成了相同的信息源。但在经典教学手段下，信息的载体是纸片，即教员在上课前将案例内容复印在纸片上；而在多媒体教学手段下，信息的载体是电子文档，即教员在上课前将案例内容制作成 Word 或 Powerpoint 文档。在经典教学手段下，教员将纸片分发给每个学员，学员展开纸片，教学内容便尽收眼底；而在多媒体教学手段下，教员通过多媒体系统，将文档内容展示在大型投影屏幕上，或将其显示在每个学员前面的小型显示屏上。两种不同的教学手段，由于信息的载体不同，对应产生了两种完全不同的信息展示方式。过去，人们很少注意到两种信息展示方式的差别，更少关注到这种差别的深层次含义。

信息展示方式的差别，直接导致了对信息源的使用和操作主导权的差别。经典教学手段下，由于教、学员手中拥有同样的信息源，所以信息展示的主导权划分成了两部分。大部分主导权掌握在教员的手中，教员通过语音信息引导学员关注纸片上文字信息；另有一小部分主导权掌握在学员的手中，学员可在响应教员引导的同时，根据自己的意志关注纸片上感兴趣的文字信息。而多媒体教学手段下，教员拥有全部的信息源，所以信息展示的主导权"一元化"地掌握在教员的手中，教员不仅决定了什么时候展示什么信息，而且完全决定了以什么样的速度、节奏、取舍方式来展示这些信息。至于学员，他们只能完全听从于教员，稍有松懈，便有可能导致信息的丢失。

总之，经典教学手段使教员和学员分享了信息展示的主导权，而多媒体教学手段给予了教员对信息展示的绝对垄断权。就写作信息的展示过程而言，经典教学手段下学员具有一定的主动性，而多媒体教学手段下学员基本上处于被动地位。但是，此处的主动性并不意味着优势，而被动性也不意味着劣势。只有经过仔细的甄别和分析，才能得出优、劣之分。

三、信息容量的比较

在经典教学手段和多媒体教学手段下，单次操作所能展示的信息量的差别，是另一个具有本质性和关键性意义的指标。但这个指标，长期以来也没有得到足够的关注。

在经典教学手段下，教员和学员每次至少可以展示一张纸片上的信息。一般情况下，一张 A4 的纸片可容纳 300~600 个英文字符。一个几百字的案例，在一张纸片上便可完整地展示出来。如果要对两个案例进行比较分析，那么，一、二张纸片便可满足要求。

在多媒体教学手段下，需要区分两种情形。情形之一是采用投影屏幕展示系统。由于屏幕尺寸的限制和视觉分辨能力下限的制约，每次在屏幕上可显示的英文字符数一般不宜超过 30~60 个。因此，一个几百字的案例往往要通过几张、甚至十几张卡片才能在屏幕上展示完毕！情形之二是采用小型显示屏展示系统。此时，尽管视觉分辨能力下限的制约得以缓解，但显示屏尺寸的制约仍然存在。因此，每次在显示屏出现的英文字符数一般不宜超过 90~130 个。

在信息量上，单张纸片的信息容量是屏幕的几倍或十几倍。从单次操作所能展示的信息量角度看，经典教学手段的信息存储功能要比多媒体强大得多。绝不可忽视这种信息容量的差异所带来的后果。其最直接、最重要的后果体现在两方面：一是导致了教员的教学过程和行为方式的差别；二是引起了学员认知过程和行为方式的差别。下面主要针对这两方面的差别，进行分析和比较。

四、信息展示方式对教员、学员行为影响的比较

信息展示方式的差别，带来了学员对信息反馈、接收、加工方式及最终效果的差别。在体裁案例写作教学中，学员主要接收两类信息：一类是来自教员的语音听觉信息，另一类，是反馈来自纸片或屏幕上的文字视觉信息。不论是在经典教学手段还是在多媒体教学手段下，学员都要接收、加工这两类信息。表面上没什么区别，但实质上差别极大。

在经典教学手段下，学员根据语音信息的指引，从纸片上搜索、反馈文字视觉信息。注意到，语音信息来自讲台上的教员，而文字信息则来自眼前的纸片，听觉信息和视觉信息在来源、传递和接收方向方面是完全分离的。因此，对同一个学员而言，会产生两方面的后果：一是视觉信息总是滞后于听觉信息，即学员先接收来自教员的语音信息，加工、解码语音信息，然后在理解其含义的基础上，通过视觉系统扫描、解码眼前纸片上的文字信息。这个过程，使得学员对视觉信息的处理必然要落后于对听觉信息的反馈。二是视觉信息常常与听觉信息脱节。当视觉信息严重滞后于听觉信息时，二者就会发生脱节。此时，尽管教员在讲解纸片上的内容，但学员却手忙脚乱地在纸片上搜索，以求锁定对应的文字信息。最后，滞后与脱节便陷入恶性循环。对不同的学员而言，两类信息的分离会带来以下的后果：由于每个学员都按照自己的意愿、习惯和节奏对两类信息进行反馈、接收和加工，学员相互之间基本上没有协同性。当这种非协同因素加剧到一定程度时，学员之间的信息反馈和信息交互的基础将会丧失。

在多媒体教学手段下，尤其在用大屏幕展示的情况下，听觉信息和视觉信息在来源、传递和接收方向方面是高度统一的。另外，教员在解释屏幕上的文字信息时，教鞭、激光指示笔或鼠标的定点、定向移动进一步强化了两类信息的连接。因此，对同一个学员而言，视觉信息与听觉信息之间的滞后和脱节问题基本上不存在。不仅如此，对不同的学员而言，大家都以同样的步调反馈、接收和加工信息。因此，学员相互之间在信息处理上的协同性和信息交互的基础均得到强化。

总之，与经典教学手段不同，多媒体教学手段在教员、学员之间的信息传递及学员的信息反馈、接收和加工方面都体现了高度协同性。这是多媒体教学手段的优势。

信息展示方式的差别，还带来了教员传递信息方式的差别。经典教学手段下，为避免上述的视觉信息与听觉信息之间的滞后和脱节，为克服学员在接收语音信息和反馈文字信息步调上的非协同因素，教员不得不花费大量的口舌补充一些解释性信息。同样，在多媒体教学手段下，为保证各个子过程之间的衔接和弥补相邻两张卡片之间的间断，为协助学员回顾从前面诸卡片上消失的信息，教员不得不花费大量的时间增添一些说明性的信息。但对写作教学过程本身而言，这些解释性和说明性信息并非是必不可少的。实际上，在大多数情形下，这些解释性和说明性信息甚至是完全不必要的。因而，可将其归为低效率或冗余性信息。

绝不可忽视冗余性信息的负面影响。在外语写作教学中，教员大部分情况下都是用目

标语而非母语授课。因此，学员在接收、存储和加工教员的语音听觉信息上面临巨大的压力。冗余性信息的存在，将进一步加剧学员的信息储存和加工处理负担。当这些压力和负担超越一定的限度时，冗余性信息就完全成为干扰性和有害性信息。总之，冗余性信息不仅降低了教员的授课效率，而且弱化了学员的信息加工效果。从这个意义上看，经典教学手段和多媒体教学手段各有其局限性。

五、信息容量对教员、学员行为影响的比较

下面分析信息容量差别对教员的教学过程和行为方式的影响。在经典教学手段下，纸片较强的信息存储功能，不仅确保了信息展示过程的完整性，而且保证了教员教学过程的完整性，即教员有可能借助"一"张纸片将整个教学过程"一"气呵成；纸片较强的信息存储功能，不仅提高了信息展示过程的连续性，而且增强了教员教学过程的连续性，即在一个教学过程中，教员可以将全部的教学意图不间断地贯彻完毕。

然而，在多媒体教学手段下，多卡片的信息存储功能方式不仅人为地割裂了信息展示过程的完整性，而且破坏了教员教学过程的完整性，即教员不得不屈服于信息展示方式的限制，将教学过程相应地分割成若干个子过程的组合；多卡片的信息存储功能方式还打破了信息展示过程的连续性，而且加剧了教员教学过程的间断性，即教员不得不在两个相邻卡片的衔接地带，被迫间歇性地中断教学进程，以实现两个相邻卡片上信息的过渡。

多媒体教学手段在信息容量以及在信息展示的完整性和连续性上的存在局限性，会对学员的行为方式和认知过程产生消极影响。由于教员人为地将教学过程划分成了若干个子过程，在两张相邻的卡片处人为地引入了间断和过渡，学员在信息加工过程中将不得不关注了过程之间及间断点处的衔接。更糟糕的是，当新的卡片展示出来时，前一张（甚至几张）卡片将从视野中消失。于是，学员必须将前面卡片上的信息存储在记忆中，否则，将无法对当前卡片上的信息进行加工。这无疑会大大加剧学员的记忆负担，影响学员信息加工的速度和深度。

六、实践阶段学员信息加工深度的比较

在外语写作体裁的案例教学中，教员在完成了案例分析之后，往往要留出一定的时间给学员进行写作实践。在这个阶段，学员应根据案例分析过程中学到的写作知识，自己写出一段某种体裁的短文。在学员的认知发展过程中，写作实践阶段对应于信息深层次加工的过程。因而具有特殊的重要性。

教学手段的差别，对学员的信息加工深度具有多方面的影响。经典教学手段下，由于学员手中拥有对案例信息源的支配权，他们就可能根据自己的实际情况，以案例为借鉴，对写作信息进行反复加工。随着加工次数的增多，信息加工的深度就有可能逐步提高。但在多媒体教学手段下，案例信息源由教员垄断。学员是否有机会利用它进行写作信息的深加工，不取决于学员，而取决于教员。因此，如果教员忽视了学员的需求，便可能会使学员丧失对写作信息深加工的机会。

但是，多媒体毕竟创造了信息传递、接收和加工方面的协同性。这种协同性，为教员与个体学员之间，以及学员与学员之间的信息交互奠定了共同的基础，提供了更多的机

会。信息交互的强化会带来两方面的正向效应：一方面，使一张卡片能以较少的先期信息激发出较多的后继信息；另一方面，使每个学员都在教员和其他学员的启发之下，对写作信息的加工由浅层次升华到深层次。因此，在多媒体教学手段下，只要能将这两方面的正向效应充分发挥出来，那么，对提升学员在实践阶段的信息加工深度，将是非常有益的。

七、结束语

就外语写作的案例教学而言，经典教学手段与多媒体教学手段带来很大的差异。在诸种差异中，信息载体、信息展示方式和信息容量方面的差异起着根本性和决定性的作用。从各种差异的后果来看，经典教学手段与多媒体教学手段各有自己的优势，但也有各自的局限。因此，在多媒体教学手段得到广泛使用的形势下，如何扬长避短，是一个需要高度关注的问题。

参考文献

[1] HARMER J. How to teach English[M]. 北京：外语教学与研究出版社，2000.

[2] STERNBERG J R, STERNBERG K. Cognitive psychology[M]. 北京：中国轻工业出版社，2016.

[3] 阿克夫，格林伯格. 翻转式学习 [M]. 北京：中国人民大学出版社，2015.

[4] 霍恩，斯特克. 混合式学习 [M]. 北京：机械工业出版社，2016.

[5] 马特林. 认知心理学 [M]. 北京：机械工业出版社，2016.

[6] 王甦，汪安圣. 认知心理学 [M]. 北京：北京大学出版社，1992.

[7] 魏宏森，曾国屏. 系统论——系统科学哲学 [M]. 北京：清华大学出版社，1995.

"以学生为中心"的混合式教学探索
——以研究生公外"英语阅读"
课程教学单元设计为例

中国政法大学 李 昕

摘 要： 提高课程学习的效果与质量，始终是大学教学的主要任务。"以学生为中心的学习"理念重塑教学形态与师生角色，混合式教学借力和发挥现代教育技术优势，使学习活动不局限于课堂空间和时间，教学从关注"如何教"转变为"促进学"，它有助于实现"以学生为中心的学习"。本文以一门研究生公外"英语阅读"课程为例，呈现一个教学单元的混合式教学设计，旨在探索混合式教学在公共英语教学中的应用及与同行交流教学经验。

关键词： 以学生为中心的学习 混合式教学 教学设计

一、"以学生为中心的学习"理念与混合式教学

20 世纪末以来，高等教育经历从"教"到"学"的范式转型（Barr et al., 1995）。教学从关注教师"教"的能力与效果逐渐转向引发学生"学"、关注学习方法与学习效果。20 世纪 80 年代，国外学者首次提出"以学生为中心的学习"概念（刘海燕，2017），建构主义理论进一步促进这一理念及其教学模式的发展。"以学生为中心的学习"转变为"以教师为中心的教学"范式，它强调学生是学习过程的积极参与者，在教学过程中处于主体地位；而教师创设学习环境，支持和指导学生学习；教学以学生（可迁移）能力培养为导向，学生主动和深层地学习，重视学习效果（刘海燕，2017）。

混合式教学，源自美国教育领域，2003 年这一概念被引入我国教育教学与研究者视域（叶荣荣等，2012），它将传统的课堂教学与现代教育技术支撑的在线教学或学习活动结合起来，发挥各自教学形态的优势。混合式教学以"掌握学习""主动学习""深度学习"等理论为基础，以帮助和促进学生最优化学习效果为目标（李逢庆，2016）；它有利于重构、优化与丰富教学资源、提高教学效率，为学生提供"教与学"参与程度更高的学习体验，更能呈现"以学生为中心的学习"效果（杨芳等，2017）。

国内不同类型高校的教师根据教学需求与学生特点和学习需求，探索不同形式的混合式教学方法。据一项调查统计，国内有近 70% 的高校教师开展不同程度的混合式教学（郑静，2018）。无论教学如何"混合"，若想获得预期的混合式教学效果，实现"以学生为中心的学习"理念，教师需要在混合式教学设计之初形成对教学内容、教学方法、学习评价与师生角色这些根本问题的基本认识。

第一，混合式教学是课堂教学与在线学习活动的有机融合。混合式教学不能简化为拼凑线下教学和线上学习活动的各个片段，需要对传统的"课堂教学内容做减法"（于歆杰，2019），针对线上线下不同教学环境特点，对原有教学内容进行合理重组。通过合理的教学设计实现"每个教学环节无缝衔接，使教学内容承上启下，教学活动连贯有序，并实现教学手段灵活多样"（杨芳等，2017）。第二，以学生的学习活动为导向，师生互动、生生互动是混合式教学的主要特点。因而，除在课堂教学中适度保留讲授法外，问答法、讨论法、研讨法、案例法、小组合作学习等教学方法适用于混合式教学设计。第三，混合式教学的学习评价应多元化，这主要体现在弱化"一张卷"的测试评价，突出过程性学习评价和学习成果导向的评价，即"从关注考试转变为关注学生的成长，从关注结果转变为关注过程，对学生进行发展性评价"（杨文婷等，2008）。第四，混合式教学中的师生角色与责任发生变化。教师从"学习资源的提供者过渡为学生学习经历的陪伴者和学习成效的激励者"（于歆杰，2019）。学生则需要一定程度的自主学习能力与学习自律性，并能够承担适度的学习负荷。同时，混合式教学下的教学互动活动增多，作为互动式学习参与者与学习社群的成员，学生需要更多的学习投入。

二、"英语阅读"课程的混合式教学设计思路

外语教学强调语言输入与输出的关系，强调语言运用的交流意义，学生只有不断运用语言，才能获得对所学语言知识的真正理解和自然使用。混合式教学通过课堂教学与在线学习活动的有机融合，拓展与丰富外语学习的语言材料资源，提供多样化的语言运用机会，为师生营造外语学习的交流空间，有利于实现"以学生为中心的学习"效果。

课程基本情况："英语阅读"课是笔者所在大学研究生公共外语教学的一门读写类课程，为研究生一年级学生开设，每周2课时，共计15周教学，教学依托该校自主研发的教材《学术思辨英语》。该课程是以内容为依托的英语教学，强调英语阅读学习与学科学习相结合，教学单元的主题为与学生专业（法学或其他）相关的争议性话题，通过阅读同一主题的观点相斥的思辨类文章进行英语学习。因而，该课程的教学目标，在培养学生英语读写能力外，还提出培养学生掌握运用英语工具进行初步探究专业课题的学术能力和思辨能力。

学生学习需求与教学条件：修读该课程的学生普遍英语基础较好、具有法律专业本科学习背景，而且学生表达出强烈的使用英语进行专业文献学习和专业知识拓展的学习需求，那么传统的讲授式课堂教学已无法满足学生的学习需求。另外，从教育技术条件看，"学习通"在线学习平台在该校已广泛运用，并不断升级完善，师生能够较为熟练地应用这一系统。在线学习将延伸有限的课堂教学，有助于丰富的学习活动设计。

该课程混合式教学设计基本思路：笔者基于对该课程教学内容、教学目标、学生学习需求与教学条件的分析后，形成该课程混合式教学设计的基本思路：课堂教学指向教师指导下的参与式学习；在线学习活动指向基于学习成果的共享式学习；以讨论式学习和小组合作学习为学生主要学习方法；以指导性的"预学"材料夹、提问式阅读、构建思维导图式写作策略、小组主题报告、在线讨论、在线共享文本以及在线答疑为主要教学形式；以多元学习评价记录学生在该课程的学习表现与发展，包括在线作文、在线测验、在线讨论评价、小组主题报告评价、期末考试等。

三、"英语阅读"课程"动物权利"教学单元的混合式教学设计示例

教学单元是呈现课程教学设计总体思路的基本载体。下面，笔者聚焦该课程"动物权利"（Animal Rights）教学单元的教学设计，呈现如何"以学生为中心"进行线下线上混合式教学实操。

学习准备：学习准备环节的目的在于学生进入主题式阅读和课堂讨论前"扫清生词障碍"与熟悉话题背景信息，为课堂教学"储备能量"。教师通过"学习通"平台，上传该教学单元的"预学"材料夹（learning package），包括背景信息阅读（Top 10 animal rights issue；About the authors），TED 视频学习资源（Legal thing and legal person），基于主题式阅读的词汇学习有声课件以及配套练习（Vocabulary quiz）。学生下载预学材料夹，在第一次课堂教学前完成自主性学习并在线完成配套练习。

第一次课堂教学（2 课时）：第一次课堂教学指向教师指导下的学生参与式学习活动，主要围绕该单元两篇观点相斥的思辨性文章（文章 1：All Beings That Feel Pain Deserve Human Rights？；文章 2：Why Animals Have No Rights？）进行篇章理解与议论文写作学习。篇章理解采用学生"提问题"（Ask a question）的方式进行，即由学生基于阅读向同伴提出一个阅读问题，师生归纳所有提出来的问题，形成问题线索并回答，进而构建起对文章的主题理解。这一教学方法能够通过阅读促进学生发展分析、综合、评价的高阶思维能力。同时，师生通过思维导图方式（Mind map）讨论两篇文章各自的论述性写作策略，分析各自论述语言特点并提炼文章中的示范句式，形成可参考的写作建议（Writing tips）。

第一次线上学习活动：第一次课堂教学后，笔者设计了两项在线学习活动。其一，参考课堂教学中依托阅读篇章而形成的写作建议，应用该单元所学主题词汇与句式进行线上写作"The Importance of Protecting Stray Dogs and Cats"。其二，由学生推荐与"动物权利"相关的拓展性英语阅读材料，进行共享式学习活动。笔者在布置这项在线学习活动时，提出了如下要求"Recommend one reading on any issue of animal rights, share it with the class and give your reasons why you recommend it to read？"。共享式学习活动使得学生成为教学的构建者，能够激发其主动学习的兴趣，学生提供了丰富的拓展阅读材料，例如："Vaccination May Help Protect Bats from Deadly Disease" "Coronavirus—From Bats to Pangolins" "How Do Viruses Reach Us？" "Debate Rages over Treatment of Animals"等文章。同学们通过在线学习平台共享这些补充阅读。

第二次课堂教学（2 课时）：这次课堂教学主要围绕小组主题报告进行。于课程初期由学生自发形成不同小组，并认领不同教学单元的小组报告主题，做好主题报告准备。"动物权利"教学单元的小组主题报告围绕两个话题：话题 1 "Do Animals Have Rights？"；话题 2 "Protecting Wild Animals"。教师只是布置指导性的话题，由各组学生自主决定所聚焦的具体问题或报告的研究命题，比如某一小组就从 animal welfare 与 animal rights 的区别视角出发进行论述。小组主题报告的评价由教师和随机抽取的 3 位同学在课堂上同时完成客观打分（教师 10 分，学生 5 分，共计为 15 分），同时，师生从内容性、语言表达、交流技巧三方面进行主观评价，师生还与报告的小组进行提问式互动。

第二次线上学习活动：本次学习活动依托"学习通"平台的在线讨论功能进行线上讨论。该教学单元的线上讨论设计为："Give your opinion based on one of the two pictures, one is about trafficking tusks for profits, and the other is about using animals in bio-medical research.

You might also post some pictures you'd like to share with us on the issues of animal rights. Let's talk!"学生通过发帖方式（英语书面交流）参与指定话题的讨论，同时他们也成为在线讨论的发起者。这种在线讨论具有公开性，学生会受"同伴压力"影响，合作学习、积极参与学习，通过讨论或达成共识或提出新的看法。有学者认为在线讨论是"学习社区的一种表现形式，集结了持有共同目标的学习同伴，学生彼此是学习的支持者、推动者和促成者"（杨芳等，2017）。由于在线讨论是一种书面交流，学生会特别注意英语表达的准确性与贴切性，这在某种程度上促进了英语学习的输出效果。此外，书面交流形式的在线讨论也能特别关照学习风格偏好"沉默"的学生，降低其交流焦虑，弥补课堂面对面讨论中这类学生参与度不足的问题。教师同样参与在线讨论与反馈，这使学生意识到师生同为学习共同体，更好引发学生参与教学。

师生在线答疑与教学提议：利用"学习通"平台的班级群功能，学生随时自由发言与提问，也对课程教学提出学生视角的提议。传统的课堂答疑或因"受众面窄"或因"时间仓促"，无法实现对学生学习的纠偏与补充，课程学习效果调查也不尽如人意。在线学习平台弥补了这些不足，学生主动反思学习、及时"查缺补漏"。同时，学生提出的教学建议，比如该教学单元增加"各国动物保护法律法规的条款（英文文献）""非官方动物保护组织的理念与实践（英文报道）"的文本学习材料，为教师下一轮的课程教学内容改进"建言"，而学生们积极参与该课程建设也体现出他们的学习主动性。

混合式教学的策略与方法在学生主动学习、参与教学、合作学习与互动交流方面发挥了有力的教学支架作用。教师在混合式教学实践中，为了更好实现"以学生为中心的学习"，需要不断了解学生的学习需求与反馈的问题，积极进行教学反思，改进与优化课堂教学和在线学习活动设计，激发和促进学生成为真正的主动学习者，提升课程学习质量与学生学习体验。

参考文献

[1] BARR B, TAGG J. From teaching to learning: a new paradigm for undergraduate education[J]. Change, 1995, 6: 12–25.

[2] 李逢庆 . 混合式教学的理论基础与教学设计 [J]. 现代教育技术，2016（9）：18–24.

[3] 刘海燕 ."以学生为中心的学习"——欧洲高等教育教学改革的核心命题 [J]. 教育研究，2017（12）：119–128.

[4] 杨芳，魏兴，张文霞 . 大学英语混合式教学模式探析 [J]. 外语电化教学，2017（2）：21–28.

[5] 杨文婷，何伏刚 . 混合式教学中教师技能的新要求 [J]. 中国远程教育，2008（6）：63–66.

[6] 叶荣荣，余胜泉，陈琳 . 活动导向的多种教学模式的混合式教学研究 [J]. 电化教育研究，2012（9）：104–112.

[7] 于歆杰 . 论混合式教学的六大关系 [J]. 中国大学教学，2019（5）：14–28.

[8] 郑静 . 国内高校混合式教学现状调查与分析 [J]. 黑龙江高教研究，2018（12）：44–48.

基于体裁的非英语专业学术英语写作混合教学模式评介

北京工业大学文法学部　王英男　许　炜

摘　要： 随着国际学术交流的增加，非英语专业研究生的学术英语写作能力日益受到重视，因此，对于学术英语写作课程的教学模式研究也越来越深入。本研究采用问卷调查的方法，对基于体裁、融合了科研写作小组以及自主学习模式的学术英语写作混合教学模式进行了介绍和评价。研究表明，此教学模式在帮助学生掌握通用学术英语写作范式和语言特征的基础上，能更好地融合学科需要，使学习内容更贴合学生的专业研究，同时，更好地培养研究生的自主学习能力。

关键词： 体裁　非英语专业　学术英语写作　混合教学

一、引言

近年来，随着国际学术交流的不断深入，国内对于非英语专业研究生学术英语写作能力的培养越发重视，很多高校都开设了相关课程，旨在培养非英语专业研究生的英义学术写作能力。目前大多数课程以体裁教学法为主，即以 Swales 的语步分析理论为依据，在课堂教学中应用体裁和体裁分析理论、围绕语篇的图式结构开展教学活动（Swales et al.，1994）。体裁教学法可以让学生认识到写作是一件"有规律可循的社会交往活动"，可以增强学生学习写作的自信心，同时，从长期来看，体裁教学法还可以"培养学生的创造性思维能力"（秦秀白，2000）。

但是，体裁教学法也存在着不足。比如，过多地将重点放在灌输僵化的语篇结构上，而忽视了实际使用中的语言灵活运用；教师占据课堂的主导地位，学生之间的互动不足；以及过多以体裁为中心，强调对现有体裁特点的识别和接受，对来自学习者的批判容忍度较低（官濛等，2021）。

为了弥补不足，探索更为有效的教学模式，笔者在学术英语写作的教学过程中尝试使用以体裁教学法为核心的混合教学模式。本研究即在此基础上对学生进行问卷调查，对此教学模式进行评介，并提出相应建议，以期对非英语专业研究生的学术英语写作教学有所贡献。

二、课程设计

本课程的教学对象为北京一所 211 高校的一年级非英语专业研究生，开课时间为入学第一学期，总学时为 64 学时，每周 4 学时。学生以学部 / 学院为单位编排班级，即同一班级学生来自于同一学部，但是所学专业方向可能仍然会有较大差异，比如，城建学部班级的学生其专业包括建筑学、防灾、城市规划与设计等。这意味着学生的专业背景可能仍然差异较大，这对体裁教学提出了挑战。

本课程的教学目标为培养非英语专业研究生的学术英语写作能力，教学内容以面向科研发表的论文阅读和写作为重点，其教学设计有以下几个特点：

第一，体裁教学法为基础。从文体上帮助学生把握面向科研发表的论文的结构要素，从语域上把握其英语语言特征，最终掌握科研论文的写作方法和写作规范。

第二，成立科研写作小组。相同专业学生自愿结合，每组 8~10 人。所有学习都以小组为单位，具体包括：1）搜集本专业顶级期刊学术文献，每组 5 篇，文章必须来自该学科顶尖期刊，作者尽量来自以英语为母语的地区，以保证所选文章具有优秀的科研成果和语言质量（官濛等，2021）；2）对照老师讲授的通用体裁特征，依据小组文献发现本专业论文体裁特征；3）结合老师讲授的语言特征，补充建立本专业的英语学术语料库；4）合作学习，分别撰写论文并彼此反馈、进行研讨；5）合作完成"摘要"部分的学习并展示学习成果。

第三，鼓励学生自主学习。强调课前预习、课后复习，"摘要"部分完全交由学生自学。

三、调查设计

本调查的目的是对笔者所采用的基于体裁的混合教学模式进行评价。调查问卷包括 30 道主客观题，内容涉及四个方面：1）学生的课前基础，包括英语水平、对学术（英语）写作的了解程度、是否已发表过论文等；2）学生的学习需求；3）学生对学术英语写作能力提升效果的评价；4）学生对混合教学模式各环节的评价，包括小组学习、自主学习。

调查于 2021 年 1 月、课程刚刚结束之后进行，调查对象是笔者所教授的三个班级共 244 名学生，他们分别来自本校信息学部、材料学部和城建学部。

四、研究结果与分析

调查问卷通过"问卷星"小程序进行，笔者所教授的 244 名学生全部参与了调查，244 份均为有效问卷。调查的结果及分析如下：

1. 学生的基础参差不齐

表现在两个方面。第一，英语能力的差异。调查显示，244 名学生中，通过英语四级的 115 名，占比 47.13%；通过六级的 129 名，占比 52.87%，几乎各占一半。在课堂教学中发现，有的学生写作能力很强，写作水平接近于本族语者；同时也有很多学生在写作中会出现大量的基本错误，比如：语句结构不完整、时态不准确、主谓不一致等。第二，学术写作能力的差异。调查显示，有 9 名学生已经发表过英语学术论文，但是也有很多学生从未接触过学术写作。这样的差异，对教师的授课内容和进度都提出了挑战。笔者认为，为了解决这个问题，今后的学术英语写作课程可以考虑将学生基础作为编排授课班级的因素之一。

2. 学生的学习需求似强实弱

在被问到"今后是否会需要撰写英文科研论文"时，95.49% 的学生选择"是"。从此数据来看，绝大多数学生对课程的学习需求应该是比较强的，并且具备了明显的工具型动机（Ellis, 1985）；但是，笔者在实际教学中发现，学生所表现出来的学习主动性却差强人意。笔者分析，造成这一问题的原因有两个方面。第一，本课程设置在入学第一学期，离毕业时间较远，学生还没有切实感受到科研压力。第二，基于第一点，学生对自己在课程中的写作缺乏明确的话语身份的认知，绝大部分学生都将自己认定为学术英语写作课的学生。在完成写作任务时，学生们想的就是完成英语课程作业，而没有去切身体会自己在真的研究什么。这样的话语身份直接影响了他们对于学术体裁的运用和把握（王薇，2019），对体裁教学的效果产生了消极影响。

针对这一现象，笔者考虑是否可以在课程中加强与学科导师之间的合作，通过导师明确、督促学生所要完成的科研任务，来激发学生的学习动机，提高学习需求。

3. 教学效果整体反馈良好

从课程考试成绩来看，基于体裁的混合教学模式整体教学效果良好，绝大多数学生掌握了学术论文的写作方法。同时，问卷调查显示，学生的满意度较高，83.76% 的学生认为自己的"学术英语写作能力""提升很大"。这证明了此混合教学方法今后可以成为非英语专业研究生学术英语写作课程教学的一个发展方向。

4. 科研写作小组有助于融合学科需要

体裁教学虽然很有优势，但是也有其不足。其中之一是体裁教学注重所谓标准范式及相对固定的语步顺序，形成较为固定的模板；这种所谓通用范式有利于初学者掌握，但是过于僵化。有时由于专业方向不同，学生会觉得所读文献与模板并不相符，这在教学中会让学习者迷惑甚至质疑。为了弥补不足，笔者在集中教学的同时，组织学生以科研写作小组为单位全程进行学习。调查问卷显示，64.34% 的学生表示"对科研协作小组 / 分组学习的效果""很满意"，21.72% 的学生"比较满意"。同时，在问卷的主观评介表述部分，有一部分学生明确提到了学习小组的"自选文献补充了老师所讲的通用范式"，认为"更有针对性"了，更"贴合本专业"了。因此，笔者认为，成立科研写作小组可以很好地弥补体裁教学法的不足；同时，在考虑如何融合不同学科需要时，今后可以尝试与学生的专业导师合作，在课程中加大与专业的结合，使得学生的学习更有效率和实际意义上的帮助。

5. 自主学习模式效果显著

本学期的教学内容大多以"老师讲、学生讨论"的方式进行，而"摘要"部分则完全布置给学生自主学习，当然，在此之前，教师已带领学生结束了"引言"的学习，对学习方法进行了示范。

调查显示，在被问到"本学期所学各部分内容，哪个部分你认为自己掌握得最好？"时，有 131 名、占比 53.69% 的学生选择了"摘要"，要远远高于排名第二的"引言"（45名学生、占比 18.44%）。笔者分析，"引言"的学习是第一章，刚刚开学，所以学生们的兴趣更浓、动机更强。而"摘要"的学习，由于学生们全程积极参与，并且要将学习成果转述给其他同学听，因此更大程度地调动了学生的学习积极性，所以其学习效果甚至大大超过了第一章的"引言"。这样的教学实践和对比，反映并验证了研究生的确具备独立自主学习的能力，此教学方法也更有利于进一步培养他们的自主学习能力。

五、结论与启示

　　本调查在对学生情况进行了解的基础上，对基于体裁的学术英语写作混合教学模式进行了不同方面的评介。调查显示，从整体而言，混合教学模式比单一教学模式更为灵活和有效，可以帮助学生在学习掌握学术英语写作通用范式的基础上，融合学科需要，更有针对性地学习。同时，学生的学习需求和动机似强实弱，若想改变此局面，语言教师可以考虑和专业导师加强合作，帮助学生更快地意识到自己的科研身份、觉知科研压力；或者，也可以在课程设置上调整学术英语课时间或者科研课题的进度安排，以使学术英语写作课与学生的科研任务节奏更为一致。另外，在课程安排上，教师应该加大学生自主学习部分的比例；既适合学生的能力水平，又符合研究生阶段的培养目标。

　　当然，任何一门教学方法都不可能是完美的，而且，学术英语写作课程的教学研究在我国还属于一个相对较新的研究领域，仍然需要广大授课教师进行不断地研究和大胆地实践。本研究虽然在教学方法上进行了大胆地尝试，并进行了跟踪评介，但是在研究中仍然存在着不足，比如调查的规模较小、数据分析方法有待提升等，希望今后能同其他研究学者共同努力，更深入地探讨学术英语写作的教学模式。

参考文献

[1] ELLIS R. Understanding second language acquisition[M]. Oxford: Oxford University Press, 1985.

[2] SWALES J M, FEAK C B. Academic writing for graduate students[M]. Ann Arbor: University of Michigan Press, 1994.

[3] 官濛, 周萍. 融合学科需要的体裁教学模式研究——以研究生学术写作课程为例 [J]. 文化创新比较研究, 2021（26）: 95–97.

[4] 秦秀白. 体裁教学法述评 [J]. 外语教学与研究, 2000（1）: 42–46.

[5] 王薇. 学术英语写作学习者的元认知与体裁习得研究 [J]. 外语教学研究前沿, 2019（5）: 73–80.

"实用英语视听说" 翻转式课堂教学实践 [1]

北京林业大学外语学院　梁艳春　欧　梅

摘　要： 随着互联网和信息技术在教育教学工作中的深入发展与广泛应用，为构建基于翻转课堂的现代化英语视听说教学模式提供了机遇。本文依托翻转课堂的相关概念和理论，结合自己的教学实践开展了如何通过课前、课堂和课后的翻转来有效提升英语听、说的教学效果，从而实现以学生为主体的个性化教学方式。结果显示，翻转课堂教学模式可以调动学生的学习兴趣，激发学生积极参与课堂活动，提升学生的批判性思维能力、分析和创新能力，最终实现教学效果。

关键词： 翻转课堂　教学模式　实用英语视听说

一、引言

　　随着互联网和信息时代的到来，使得以教师为中心的传统大学英语授课模式面临着考验。教育部《关于加强网络学习空间建设与应用的指导意见》指出，以习近平新时代中国特色社会主义思想为指导，深入贯彻党的十九大和全国教育大会精神，落实立德树人根本任务，发展素质教育，以国家数字教育资源公共服务体系为依托，以促进信息技术与教育教学实践深度融合为核心，以应用驱动和机制创新为动力，全面加强空间建设与应用，加快推进教育信息化转段升级，推动教与学变革，构建"互联网＋教育"新生态（教育部，2019）。起源于美国的翻转课堂作为一种全新的颠覆传统教学手段的教学理念与方法正好可以成为变革传统课堂的一个有效途径。

二、翻转课堂的发展及其理论依据

　　翻转课堂（Flipped Classroom）起源于美国，最初只是一些教师为解决学生由于天气、生病等因素不能到校上课，教师制作一些小视频供学生在家学习。20 世纪 90 年代早期，美国哈佛大学的 Eric Mazur 教授为了照顾基础差跟不上教学进度的学生，尝试开展翻转课堂模式的实践与研究（Berret, 2012）；2004 年，美国人 Salman Khan 为了解答表妹的数学问题，采用了录制与共享教学视频的方法（Zaid Ali, 2012）；2007 年，美国两位高中化学老师 John Bergmann 和 Aaron Sams 为了给不能正常上课的学生补课，进行了录制与共享教学视频的实践（November, 2012）。但是，严格来说这些研究者的教学探索只是带有翻转课堂的某些特征。2011 年，可汗学院（Khan Academy）发起人 Salman Khan 在 TED

1　资助项目：1. 北京林业大学 2020 年教育教学研究一般项目"互联网＋"背景下项目型"实用英语视听说"课程研究与实践，项目编号 BJFU2020JY067 2. 北京林业大学科研反哺人才培养研究生课程教学改革项目（JXGG19027）。
＊　特别说明：人民大学附属中学 S2C1 班杨晓霏参加了本项目的文献收集、整理，问卷调查的设计和分析。

（Technology Entertainment Design）上的一个题为《用视频重塑教育》的演讲，之后全球教育界开始关注这一教学模式。

翻转课堂教学模式的理论依据是建构主义学习理论，它强调学习者的主体地位，学习者在一定的学习情境中，利用有效的学习资源，可以自主建构而获得知识（Catherine, 1996）。在大学英语教学过程中，教师应该把教学的舞台让位于学生，学生是认知的主体，是意义的主动建构者。教师是教学过程的组织者、指导者、意义建构的帮助者、促进者，以此来激发学生的主观能动性，使学生能够更好地完成知识的建构和内化。另一个依据是认知负荷理论，认知负荷理论要求尽可能降低学生的内在认知负荷和外在认知负荷；并在确保工作记忆资源有所盈余的前提下，适当引导学生投入更多的心理努力，提高其相关的认知负荷，实现图示的获得与规则的自动化（Sweller, 2003）。我们知道学生之间是存在差异的，但传统学校的课堂教学由于各种客观原因，并不能根据每个学生的特点因材施教。基础好的学生认知负荷过低，造成教学时间浪费，而基础差的学生认知负荷过高，阻碍了学习。而在翻转课堂教学中，就可以解决这一问题。课前给学生提供足够的微视频和相关的学习资源，学生可以根据自身的基础，灵活选择学习资源、安排学习时间，不用担心是否影响其他同学进程；可以反复多次观看视频，不必担心知识点的遗漏，从而实现真正的分层教育、激发其学习的主动性、积极性和创造性，从而实现个性化学习，解决了当前大学英语课堂教学的矛盾。第三个是自主学习理论。自主学习是与传统的接受学习相对应的一种现代化学习方式。以学生作为学习的主体，通过学生独立的分析、探索、实践、质疑、创造等方法来实现学习目标（Benson, 2011）。而翻转课堂的特点就是强调学生的自主学习能力。学生根据自身的学习情况，通过在线学习平台，可以自主选择学习的时间、地点、次数等。通过自我学习找到自己的问题所在，并且能够带着这些问题走进课堂，通过小组协作、讨论、探究和课堂展示等行之有效的方式在教师的指导下，达到知识的内化和深化。

三、大学生英语视听说课程教学现状

2019 年 9 月，为适应新形势下对双一流建设的需求，遵循《北京林业大学深化本科教育教学改革总体方案》的指示精神，我校对大学英语课程进行了教学改革。其中"实用英语视听说"是实用英语模块中的一门，其目标是全面提升现阶段学生的听说能力，以提高其在未来职业领域中的沟通能力，进而实现用外语讲好中国故事，弘扬社会主义核心价值观。视听说课程作为语言运用课程在很多高校开设，课程体系很完备。但由于种种原因，在课堂上出现的许多问题没有得到实质性的解决。从教师教学现状来看，大学英语课程安排较为紧密。虽然我们一直强调学生是教学活动的主角，但由于各种原因，学生能够进行有效语言训练的时间还是非常有限。教学经常是"听、做题和对答案"的三部曲形式。这种缺乏互动性的教学对培养学生的批判性思维能力、创新能力和思政教育效果都不足。从学生学习现状来看，学生自主学习能力不足，缺乏"主体"意识。叫到了才发言，叫不到绝不开口。语言表达能力不足，缺少即兴发挥能力。这种现象与我们国家对新时代的大学生提出的"以学生为主体"的教学理念背道而驰，因此，对传统大学英语课堂进行改革势在必行。

四、翻转课堂在大学英语视听说课程中的实施

传统英语视听说多采用"听—做练习—对答案"的模式。在大学英语教学改革形势下，教师应借助网络信息平台和移动设备，革新原有的课堂教学模式，通过课前、课堂和课后的翻转式教学，培养学生的自主学习、合作学习和互动交流能力，推动大学英语听说课程教学的创新发展。

4.1 课前知识先学

基于翻转课堂理念，教师将要求学生上课前需完成的任务提前发布到网络信息平台，让学生先进行自主学习。经过比较，本课程选取的网络平台为"课堂派"，由北京爱课互动科技有限公司开发，为老师及学生提供便捷的授课、作业在线批改、成绩汇总分析、课件分享、在线讨论等服务。对于教师而言，选好课前内容是关键。上传到网络平台的内容应该是基于本课的教学计划而制作的，具有一定的知识性和技能性，同时也要有一定的趣味性。通过观看视频，让学生产生想学、愿学、爱学的思想，达到掌握知识、训练技能和提高综合能力的目的。学生观看完听力视频，为了检查学习效果，教师设计一些与听力、视频主题相关的问题，如填空题、简答题和思考题，使学生能从多方面、多角度地思考问题，增强学生的思辨力。教师在设计练习时需充分结合学生的认知结构和实际情况，合理设计练习的难度和数量，以便更好地激发学生的学习兴趣。此外，习题需层次分明，以满足不同层次学生的发展需求。为了实现个性化教学，教师应开设网络在线交流平台，以便随时了解学生的学习情况。学生在课外学习过程中遇到任何难题都可以通过交流平台向同学或教师请教，帮助学生最大化地完成知识吸收过程。

4.2 课堂知识内化

课内如何引导学生对课前所学知识进行高效内化是关键。课堂热身活动起着事半功倍的效果，教师可以通过创设情境，提出问题，采用启发式的引导，创造条件让学生动脑、动口，激发学生学习和表达的欲望，促进学生多元思维。完成这一项任务后，就要解决课前学生自主学习时遇到的问题。可以让学生先在小组内进行探究和讨论。此时，教师要掌控全局，密切关注各个小组的学习动态。在发现问题时予以指正，在学生需要帮助时及时指导，保证每组都能高效顺利地完成学习任务。教师也要密切关注每个学生，进行个性化辅导，尽量调动每个学生的潜能，力保每个学生的学习效果，真正实现因材施教。小组内解决不了的问题，教师就进行集中讲解。探究协作学习能够培养学生的合作意识、创新精神、思辨能力和交际能力，通过生生互动达到内化所要学习的知识。学习语言的最终目的是为了沟通与交流，完成以上步骤后就可以请同学到讲台上汇报学习成果了。小组展示的话题局限于学生讨论的问题，但形式可以多样，可以是口头陈述、幻灯片辅助主题报告、角色扮演、辩论等。各小组可以充分利用组内成员的特长、发挥其才干，与其他同学积极互动、调动课堂气氛，从而获得充足的发挥空间。

4.3 课后知识巩固

基于学生在课前自主学习以及课堂讨论中提出的问题和疑点，结合学生课堂展示中所暴露出的问题，教师应及时总结、反馈、评价。教师的课后总结分为两个部分，一是对整个教学过程进行总结。教师在知识传递和内化阶段如果发现教学设计方面有任何不足，都要及时调整和修正，以保证今后的教学过程更加完善，教学效果得到不断提高。二是对学

生的学习情况进行评价和反馈，教师可以分析每位同学的优点和不足，然后将评价反馈给学生，并在今后的学习过程中根据每位同学的优缺点进行有针对性的指导。学生根据教师的评价和反馈进行有针对性的复习巩固，可以通过重复看视频和做课后习题来巩固加强。请看下图1。

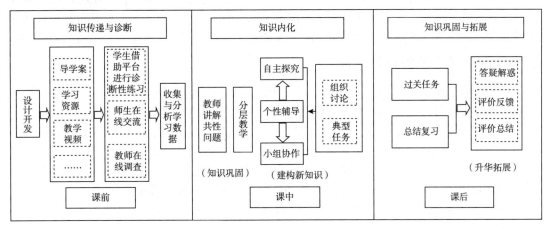

图1　翻转课堂教学活动设计图

五、翻转课堂指导"实用英语视听说"课程的优势

5.1 翻转课堂采用"先学后教"的教学理念

哈佛大学的 Eric Mazur 教授认为，一般而言，学习的过程主要包括知识传递和知识内化。传统的教学模式是通过教师在课堂上讲授知识来完成知识的传递，学生通过课下复习和写作业等方式完成知识的内化。由于学生认知能力不同，必然会造成学生知识内化的效果不同。而翻转课堂正好把这两个学习过程颠倒，知识传递从课堂上转移到课下，知识内化从课外或家庭中转移到课堂上，从时间和空间两个维度实现学习过程的完全翻转，实现"先学后教"的新型教学模式（崔璐等，2016）。知识内化是学生学习的最终目标，翻转课堂的知识内化是通过小组的协作探究以及师生之间的深入交流，在老师的帮助与同学的协作下共同完成，从而使教学效果和学习效果达到最大化，这正是传统教学法无法比拟的。

5.2 翻转课堂实现了分层教学

毋庸置疑，学生之间都存在着个体差异，但传统的大学英语教学由于各种客观原因，教师为了完成教学任务必然在固定的时间和有限的空间将知识传递达到最大化。教师无暇顾及所讲的知识是否被所有学生完全消化吸收了。这种教学方式忽视了学生的个体差异，这样就不能使课堂的功能完全发挥出来，自然教学效果欠佳。然而，翻转课堂的课前视频的设计、课内有针对性的讲解和小组讨论都是以个体学生为中心来设计的，充分发挥了学生的主体作用，有效实现学生的个性化、差异化学习。学生可以自己控制学习时间、学习地点、学习内容、学习量等，他们不再是传统课堂上被动的知识接受者而转变为知识的生产者，真正回归其"学习的主人"这一最初的本源（谢芳，2021）。真正实现了分层化、个性化的学习，解决了当前课堂教学的矛盾。

5.3 翻转课堂有效地培养学生的思辨能力

在传统的课堂里，教师具有绝对的话语权，一堂课中大部分是老师在讲，学生只有在老师点名回答问题时才能开口发表自己的看法。这种教师一言堂的教学模式极大地抑制并束缚了学生的思维能力。翻转课堂由教师的单项传递知识转变为师生双向互动。教师引导学生提出问题，探究问题，解决问题。翻转式课堂有效地培养了学生的创新能力、思辨能力、逻辑思维能力、自主探究能力和协同合作的能力等综合素质，增强了学生的学习效果。

5.4 翻转课堂的教育科学性

哈佛大学物理学教授 Eric Mazur 认为：传统教学只注重学习过程的第一步——"信息传递"，并把这一过程放在最重要的环节——课堂上，但他们忽略了第二步——"吸收内化"，把这一过程放在缺少帮助的课后环节中（Brunsell et al., 2013）。结果本应用于师生互动、同伴协作和交流的课堂，常常被教师一个人占用。事实证明，群体教学和个体差异的矛盾使得在课堂时间传递知识注定是一种有缺陷的方法。Eric Mazur 教授提出，由于新网络科技让知识的传授变得便捷和容易，教师应该改变教学模式，而应把教学重心放到第二步（Berret, 2012）。换言之，就是把"吸收内化"这一重要的过程放在课堂中，翻转课堂的实施，正是顺应了这一趋势。

六、结束语

作为一种新的教育形式，翻转课堂教学模式在大学英语视听说教学中有一定的优势，通过课前学生自主学习，课堂教师以问题引导作为教学设计的重心，采用提问、启发和点评等方式促进学生深度思考探索。学生以思考、讨论和实践等方式发挥其主观能动性。课后将教学时空由课堂内教学向课堂外实践教学延伸，充分利用所构建的网络教学平台为学生提供有提炼、有深度、有拔高、能拓展的教学内容，实现课前、课中和课后闭环式学习。

基于翻转式的混合式教学解决了英语教学课时数与教学目标不足的矛盾。确立了线上线下结合，课堂的显课程和教学平台的潜课程结合，融知识与技能，将学生接受知识过程变为积极主动参与、内化、吸收和运用的过程，最大限度地实现学习者自主学习，提高学习效率。总而言之，翻转课堂教学模式将彻底颠覆传统的英语教学，为英语教学改革开辟新的途径。

参考文献

[1] ALSAGOFF A Z. From flipped to gamified classroom[EB/OL]. （2012–09–04）[2014–08–30]. http：// zaidlearn.blogspot.com/2012/09/from-flipped-to-gamified-classroom.html.

[2] BAKER J W. The classroom flip: using web course management tools to become the guide by the side[A]. In Chambers J A (ed.). Selected papers from the 11th International Conference on College Teaching and Learning[C]. Florida: Florida Community College, Jacksonville, 2000.

[3] BENSEN P. Teaching and researching autonomy[M]. 2nd ed. London: Pearson Longman, 2011.

[4] BERRETT D. How "flipping" the classroom can improve the traditional lecture[J]. The education digest, 2012, 9: 36–41.

[5] BRUNSELL E, HOREJSI M. A flipped classroom in action[M]. Washington: The science teacher, 2013.

[6] FOSNOT C. Constructionism: theory, perspectives, and practice[M]. New York: Teachers College Press, 1996.

[7] FULTON K. Upside down and inside out: flip your classroom to improve student learning[J]. Learning & leading with technology, 2012, 39 (8): 12–17.

[8] KNELL D. Technology as a passport to personalized education[EB/OL].(2013) http://www.nytimes.com/2011/12/06/science/daphne-koller-technology-as-a-passport-to-personalized-education.html? pagewanted = 1&_r = 2.

[9] NOVEMBER A, MULLB. Flipped learning: a response to five common criticisms[EB/OL].(2012) http://www.eschoolnews.com/2012/03/26/flipped-learning-a-response-to-five-common-criticisms.

[10] PILLING N.Baker's "classroom flip" spreads global[EB/OL].(2014) http://www.cedarville.edu/Offices/Public-relations/CampusNews/2014/Bakers-Classroom-Flip-Spreads-Globally.aspx.

[11] SWELLER J. Evolution of human cognitive architecture. The psychology of learning and motivation[M]. San Diego: Academic Press, 2003.

[12] 崔璐, 宋绍成."先学后教, 当堂训练"教学模式研究 [J]. 高教学刊, 2016（13）: 77–79.

[13] 教育部关于加强网络学习空间建设与应用的指导意见 [EB/OL]. (2019–01–16) http://www.gov.cn/xinwen/2019–01/27/content_5361514.htm

[14] 谢芳."互联网＋教育"背景下如何运用数字化资源构建充满生命活力的课堂 [J]. 教学交流,2021（1）: 175–176.

[15] 张金磊, 王颖, 张宝辉. 翻转课堂教学模式研究 [J]. 远程教育杂志, 2012（4）: 46–51.

Blended Learning in Post COVID-19 Era—Reflections from a Comparative Analysis of Two Different Pedagogical Approaches[1]

首都经济贸易大学　葛卫红

Abstract: Blended Learning has now risen to a new normal after the COVID-19 pandemic in 2020. As encouraged by the education authority of China, online learning is now increasingly imbedded into the routine teaching process in universities. Though with many benefits as proved by the previous practices during the pandemic, there are still drawbacks that we need to overcome. Based on the rationale of Blended Learning, this paper compares the results of two different pedagogical approaches of complete virtual teaching in the first half of 2020 and Blended Learning afterwards for the course of interpreting in CUEB and the teaching results including its effectiveness and problems were analyzed by studying students' feedback from questionnaires and interviews. Evidence shows that though the modality of Blended Learning helps to deliver benefits in many areas, students still pointed out many drawbacks of online learning and that they felt they learned more from traditional face-to-face teaching in classroom. Based on the reflections on past teaching practice, this paper identifies three key elements of mobile-assisted blended learning framework including making better use of new technologies, making a good plan and design and adopting a new open assessment system for better students' learning output.

Key words: Blended Learning　COVID-19　Technology　Assessment

1. Introduction

The COVID-19 pandemic had disrupted the social and economic landscape all across the globe in 2020, including the educational sector. Social lockdown and school closure have led to the rise of online learning assisted by different mobile learning technologies which so far have generated very good results in sustaining students' learning during the crisis. This paper, part of a larger project to build a mobile-assisted blended teaching model for interpreting class which especially focuses on the integration with the approach of situated learning, reviews two kind of very different teaching practices for the course of interpreting during the two semesters in 2020 and 2021 in the hope of shedding light for an optimal blended teaching framework for better

---

1　本文系首都经济贸易大学 2021 校级教改立项项目 "信息化视域下线上线下融合式情境学习——口译课创新教学模式研究" 的部分研究成果，项目号 02492154202015。

students' learning outcome. The semester in the first half of 2020 was complete online teaching resulted from COVID-19 and the second in 2020 and the first in 2021 was blended teaching & learning model after schools were reopened. Feedbacks from the students show that though they recognize the benefits of online learning, they still get the most from the traditional face-to-face classroom teaching. This paper therefore proposes three key elements that future Blended Learning shall pay attention to optimize the potential of online resources.

2. Rationale of Blended Learning

Blended learning is a combination of face-to-face teaching and computer-assisted online learning, and its concept has gradually formed after the popularization of the Internet. Now with the emergence of different online teaching platforms like Chaoxing, Blackboard, WebCT and Moodle, new technologies of WeChat, QQ, Tencent and Dingding, etc and more and more MOOC courses, Blended Learning is now embracing a very good development trend, especially driven out of the needs from COVID-19.

Blended Learning leverages on information technology to integrate different teaching resources, and draws on the strength of both online learning and traditional classroom face-to-face teaching to help cultivates students' autonomous learning ability and thus makes the teaching process more targeted and better tailored to students' needs. However, it is not a simple combination of online and offline learning, nor an arbitrary mixture of two or more teaching forms, but rather an in-depth multi-dimensional integration of different interactive teaching and learning strategies. American scholar Driscoll (2002) pointed out that Blended Learning is a combination of a variety of modern network technologies, different teaching theories and designs in the hope of achieving better teaching results. Singh & Reed (2001) believes Blended Learning focuses on optimizing achievement of learning objectives by applying the "right" learning technologies to match the "right" personal learning style to transfer the "right" skills to the "right" person at the "right" time. Li Jiahou (2014) pointed out Blended Learning in essence is integrated learning and content is the most important element if to realize the most optimal combination of the teaching model, teaching resources and strategies.

3. Mobile-Assisted Blended Learning Practice for the Course of Interpreting during COVID-19 Pandemic

Because of COVID-19 pandemic sweeping all across the world, the first semester in 2020 was complete virtual learning powered by a range of digital platforms and technologies in Capital University of Economics and Business (CUEB). As the results were pretty good and encouraged by the university authority, after the university was reopened in the second half of 2020, blended teaching & learning model was adopted for the course of interpreting combining both face-to-face traditional classroom teaching and students' self virtual learning.

3.1 Complete mobile teaching & learning in the first half of 2020

The COVID-19 pandemic blocked the communication of almost everybody in the first half of 2020 which completely changed the landscape of education. Complete virtual teaching and learning was adopted in CUEB for the course of interpreting underpinned by a variety of technologies and platforms, e.g. weChat, Tencent, and Chaoxing. WeChat was predominantly used for instant communication with the students, and Tencent for live stream class to replace the face-to-face class offline. Chaoxing is a comprehensive platform where the course of "Interpreting for Conferences on Economy and Trade" was created and different learning materials were uploaded including audio and video resources. It is just like a dynamic virtual textbook which can be upgraded at any time. There is a "Discussion" area where different topics were created and students could leave their textual or audio message to discuss with others openly just like what they have done in classroom before. The teaching model was a mixture of Tencent live stream and students' self-learning offline by themselves. The teaching flow was that the learning materials would first be uploaded onto Chaoxing for the students to preview and prepare in advance. Then via Tencent live stream, main points were discussed and more interpreting practice was done. After class, assignment was given to require the students to interpret certain passages and submit their audio onto Chaoxing's Homework section. Their homework would be given detailed textual feedback and the texts of the key points in each unit were also posted onto Chaoxing after the lesson for the students to review.

Even this kind of teaching model is the first try, it has been well-received among the students. Statistics of a questionnaire afterwards shows that altogether 95% of the students said they were "very satisfied" or "satisfied". A total of 90% students said they've learned very much or much knowledge. 55% said the effect of the complete online learning was tantamount to that of offline. As to what impressed or helped them the most, 30% respondents said it's when they were required to practice interpreting the learning materials given several days ahead on Chaoxing platform and when they felt much enlightened after the teacher spelt out details of how it should be done in virtual class. My personal rating by the students for this course increased from No. 20 in the previous semester to No. 5 among the total 60 teachers of the School of Foreign Studies which also means their recognition of the teaching model. As to the open question of "What do you think is the biggest strength of the online study in the semester?" the students mentioned different aspects, like "detailed homework feedback," "the availability of teaching materials posted on online platform in advance," "convenience" and "detailed teachers' notes posted on the online platform afterwards."

3.2 Blended teaching in the second half of 2020 and early 2021

After the pandemic was under good control, offline teaching was resumed since September 2020. However, the education landscape is never like that before. As proved effective and convenient, online learning has been continued and integrated into the routine teaching process in classroom for better learning outcome. In the second half of 2020, the course of "Interpreting Basics" continued to adopt the Chaoxing platform for a more dynamic and vivid teaching "textbook" to replace the traditional paper book as the audio and video resources for interpreting practice can be better imbedded. But there was no Tencent live stream class and all lessons were offline. In the semester in early 2021, for the course of "Interpreting for Business Conferences," in addition to the Chaoxing platform, MOOC study was introduced. Students have been required to watch the MOOC course of "Consecutive Interpreting" developed by Guangdong University of Foreign Studies on "icourse163.org" and make notes. Key points of the video course were also discussed briefly in class, but not in great details in the interest of time.

This teaching process is still going on, but the mid-term feedback from the students for the first term of 2021 shows that 53% said they were "satisfied" and 39% "very satisfied." As to the effect of students' online learning, though 12% said they were "very satisfied," 47% "satisfied" and 41% OK with it, and 80% believed that online learning enhanced their self-directed learning and engagement, 81% thought that they learned more from the traditional classroom teaching. They contributed the reasons to "being less focused," "being less supervised," "less interaction" and the "efforts for much self-control" for online study. What's worth noting is that as the MOOC course study goes in parallel with the classroom teaching, many students complained about the dual workload and amount of homework.

4. Key Elements of an Optimal Blended Teaching & Learning Framework

Chinese education authority has been promoting online and offline blended teaching ever since 2016[1] and this trend is further accelerated by COVID-19 and will be a new normal in post pandemic era. Though proved very effective with quite many benefits, results from the survey for the two very different pedagogical approaches show that there are some key elements that Blended Learning shall especially pay attention to so as to tap its full potential.

4.1 Make better use of different information technology and online resources to shape a systematic and dynamic teaching framework

Technologies are key to Blended Learning and teachers shall seek and make good use of them to power their teaching. With the emergence of Blended Learning models like "flipping class," "synchronous learning" and "asynchronous learning," the information technologies and teaching is getting increasingly integrated. There is already a whole array of different ICT technologies right now, e.g. different social media platforms like WeChat, QQ and Dingding, and many tools like Tencent & Zoom which have helped power blended teaching during the COVID-19 crisis. There will very possibly emerge new developments which can better facilitate the teaching process and make it more convenient and effective. The teachers shall keep their minds and eyes open, explore or even develop new tools with partners to enrich their teaching. The Chaoxing platform used for the interpreting class in CUEB approved very effective as it can incorporate audio and video resources in exactly where it is needed. And the MOOC courses available online can also be tapped to complement the classroom teaching. In addition,

---

1　https://gaokao.chsi.com.cn/gkxx/zcdh/201607/20160719/1544358704.html.

AI (artificial intelligence) or VR (virtual reality) technologies are very mature. They can be leveraged into the teaching process to optimize students' learning experience and outcome. Those virtual technologies can take students to near-real, but hard-to-go scenarios to help their study. As far as interpreting class is concerned, VR technologies can bring near-real interpreting settings into classroom for students to do interpreting practice which can better guide students' learning process and improve their learning outcome.

4.2 Better plan and design the blended teaching framework for ideal learning outcome

As Blended Learning incorporates online and face-to-face classroom study, a complete teaching framework shall be shaped with special design and plan of different activities to achieve optimal results. The teachers first of all shall select appropriate online resources from among the massive materials available online and better fit it into the classroom study. Students pointed out in interview that the drawback of online learning is lack of interaction with and the supervision from teachers. There needs more self-control, otherwise, they are very easy to go distracted. Therefore, teachers shall select appropriate online resources with suitable length so that they won't intimidate or dampen students' learning passion. Second, the online learning shall be well linked with classroom study instead of getting them separated as it may lower students' learning desire. Though the things learned online don't need to be repeated in classroom, teachers still need to find a way to connect it with their offline teaching to enable students to see the value of it. Third, online learning shall be an integral part of the whole teaching process, rather than something extra imposed on students in addition to the usual teaching content as it may increase students' learning burden and thus detest it. Their complaint of too much homework exactly justifies the necessity of a good plan and design which takes the overall picture into consideration. Xue Chenglong and Guo Yingxia pointed out in 2020 that for the future online learning, to foster students' ability of self-learning is more important than ever. But to achieve that and have online learning play a better role, a good design is critical.

4.3 Establish an open and multi-facet new assessment system

In the case of blended teaching & learning, a new, open and multi-facet assessment system shall be established to assess students' performance based on their efforts in different parts of the learning process with due consideration to what they have accomplished, what problems they have solved, and what progress that they have made. This multi-facet assessment system aims to encourage students' study in different areas, for example, online learning, in-class activities and after-class assignment with different percentage of the final points allocated to each of them. What's more, learners' self and peer evaluation shall also be adopted to trigger learners' learning interest on the one hand and make the whole assessment process more objective on the other. Students' complaint of too much workload as a result of both online and offline learning can be addressed by having them work in teams. It can not only enhance their team work spirit, but also practice team evaluation, with the team leader assessing all the members, or the members taking turns to assess everyone as they know better how each of them is doing.

5. Conclusion

Blended teaching & learning has been proved very effective with many benefits with no doubt, such as increasing students' engagement and autonomy, creating dynamic and constantly upgraded teaching "textbook," enriching the teaching and learning process, encouraging team work if well designed and improving class management and evaluation efficiency for teachers as students leave their study footprint online and the technologies can do the analysis automatically. But still there ARE drawbacks such as "less interaction," "less supervision" and "the need of self-discipline." While Blended Learning is the mega trend in today's world, the comparative study of the two different models during the COVID-19 pandemic in this paper shows the importance of leveraging on the right technologies to power the teaching process and achieve optimal teaching results. A good design & plan and a new assessment system from teachers are also critical so as to encourage the students to step over the drawbacks of online learning for better results. This new normal is still going on and there is still much more to be done to explore many other related issues, for example, how to increase more students study input on online learning, and how can it be better integrated with other teaching approaches, e.g. situated learning, etc. More research in this area shall continue.

References

[1] DRISCOLL M. Blended learning: let's get beyond the hype[J]. Learn training innovations, 2002, 3 .

[2] SINGH H, REED C. A white paper: achieving success with blended learning[J]. Central software retrieved, 2001, 3.

[3] 黎加厚 . 微课程教学法与翻转课堂的中国本土化行动 [J]. 中国教育信息化，2014，7–8.

[4] 薛成龙，郭瀛霞 . 高校线上教学改革转向及应对策略 [J]. 华东师范大学学报，2020（7）：65–74.

[5] 詹泽慧，李晓华 . 混合学习：定义，策略，现状与发展趋势 [J]. 中国电化教育，2009（12）：88–95.

后疫情时代探索大学英语教学模式新策略

国防大学国际防务学院　边菲斐

摘　要： 疫情期间高校英语线上教学，为高校英语教师加快更新教学理念，转变新型教学模式提供了很好的实践机会，在未来日常教学中，应着力探索线上线下混合式教学方式，将线上和线下教学的优势相结合，提升教学效果，促进高校英语教学高质量、可持续发展。高校英语教学应通过线上英语教学改革促进学习变革，利用线上慕课加线下课堂进行混合式教学，积极开展有组织的教研活动，充分发挥团队教学优势。

关键词： 英语线上教学　混合式教学方式

一、引言

2020 年年初，新冠疫情在全球发展迅速且情势严峻，中国及世界其他国家的各大学校积极配合疫情防控，采取关闭学校的方式来阻止病毒的传播。各国大学众多校区的面授课程全面停止，学校要求教师尽可能地进行线上教学和线上考试。在条件允许的情况下，期末考试也可在线进行。如果课程或考试无法采用远程方式进行，教师可能采取其他替代手段，例如根据学生先前的任务表现进行评分。这无疑对我国现阶段的大学英语教学模式造成了巨大的冲击，我国当前英语教学主要还是以线下面授为主，线上教学仅仅是辅助手段。面对疫情等事件影响，如何更加高效地利用在线教学模式实现"停课不停学"，是推动大学英语教学探索新的教学模式的必然选择。

二、教学模式的分类

国外学者乔伊斯和威尔根据教学模式的理论和根源，将教学模式分为四种类型，即信息加工教学模式、人格（人性）发展教学模式、社会交往教学模式、行为修正教学模式。教学模式可以定义为在一定教学思想或教学理论指导下建立起来的较为稳定的教学活动结构框架和活动程序。作为结构框架，突出了教学模式从宏观上把握教学活动整体及各要素之间内部的关系和功能；作为活动程序，则突出了教学模式的有序性和可操作性。

按照教学模式的外部形态，以及相对应的这种形态下学生认识活动的特点，教学模式中常用的方法可以分成五类：以语言传递信息为主的方法，包括讲授法、谈话法、讨论法、读书指导法等；以直接感知为主的方法，包括演示法、参观法等；以实际训练为主的方法，包括练习法、实验法、实习作业法等；以欣赏活动为主的方法，例如陶冶法等；以引导探究为主的方法，如发现法、探究法等。

目前，我国大学英语教学模式，主要采取课堂讲授法、研讨法、多媒体演示法，这些都是传统课堂教学的优势。(刘泽华等，2019) 在面授英语课堂上，教师合理地创造语境，能最大限度地激发学生的学习兴趣，并能提供大量互动的机会，让学生能边学边用，让学生感受到成功运用新学语言达到相关交际功能的成就感。同时结合英语小组合作学习的教学机制，为学生创造大量的实践机会，并通过小组内的竞争，提高学生学习的积极性。

三、疫情期间国内英语线上教学现状

面对疫情防控新形势，我国高校教师们展现了前所未有的担当和尽责，掀起了一场史无前例的新教学理念和教学模式的改革浪潮。为了深入了解全国高校线上教学及质量状况，受教育部高等教育司的委托，全国高校质量保障机构联盟（CIQA）以我国86所高校为样本，对疫情防控期间全国高校的线上教学状况及质量情况进行了综合分析调研。(CIQA联盟，2020)

参与调研高校的教师根据课程性质和课程目标，灵活选择教学形式。各高校广泛采用的教学形式（见图1），依次为直播（53.54%）、提供学习材料（51.99%）、线上答疑（48.70%）、线上讨论（47.90%）、录播（28.57%）和其他（6.53%）。各高校教师大部分采用"直播授课+在线互动""提供学习资料+线上辅导""录播资源+在线课堂"等多种组合形式进行线上教学。在高校英语教学中，"直播授课+在线互动"提高了学生们的学习热情，提升了语言教学的效果。"录播资源+在线课堂"使学生可以在任何地点任何时间反复学习，加深对课堂重、难点知识的掌握，可以根据自己的学习情况，自主加强学习。

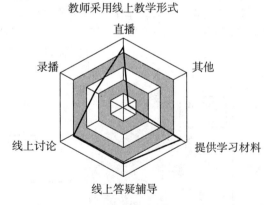

图1　各高校教师采用线上教学形式情况
资料来源：全国高校质量保障机构联盟（CIQA）

高校教师将此次线上授课作为一次转变教学思维、探索教学改革的良机，教师之间充分分享在线教学经验与心得，普遍感到通过在线教学有了很大收获（见图2）：尝试了新的教学模式58.04%，依据线上教学特点重建教学内容，提升了教学信息化水平17.03%，获得了直播经验12.3%。我国高校英语教学模式长期以来以传统的课堂面授为主，这次疫情加快了英语教学模式的大胆改革创新，激活了英语语言教学多教学模式的探索，大大提升了教学的信息化水平。

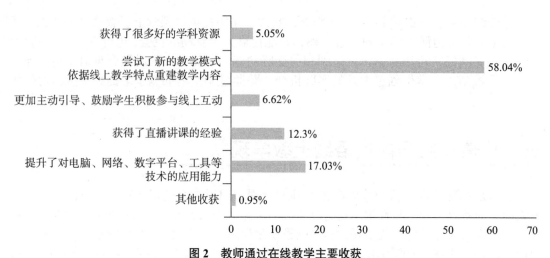

图 2　教师通过在线教学主要收获
资料来源：全国高校质量保障机构联盟（CIQA）

据不完全调查统计，教师（90.55%）普遍认为线上教学投入精力更多，有 17.46% 的教师备课时间超出平时 2 倍时间，有 58.47% 的教师备课时间超出平时 1 倍时间。教师普遍积极投入、潜心钻研、精心组织、勇于创新、采用"一个主要直播平台＋多个辅助平台"的方式，教学形式多种多样、各展其能（有学校统计，线上教学形式比例见图 3），61.36% 的教师采用两种以上的教学形式和手段开展教学，有些老师"辗转"四个平台只为讲好一门网课。有 68.04% 的教师选择 QQ 群或微信群与学生们进行讨论，教师通过课堂作业和测验来检验在线教学成果的比例分别为 78.79% 和 54.92%。同时，教师对学校教学平台技术支持与保障也比较满意（有学校调查，21.32% 的教师表示"非常满意"，51.44% 的教师表示"满意"）。在高校英语教学中，在线英语教学突破了课堂面授的局限，为教师和学生创造了更多的交流机会。英语作为一门语言学习，本身就需要大量练习和巩固来提升学习效果，建立英语学习 QQ 群或微信群，能够及时上传口语等作业，让教师对每名学生的学习情况有更清晰的了解。

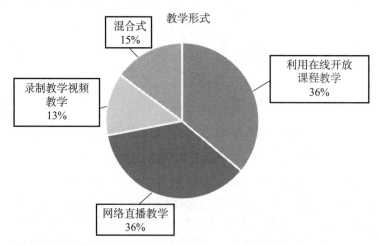

图 3　线上教学形式比例
资料来源：全国高校质量保障机构联盟（CIQA）

疫情期间实施在线教学对绝大多数教师来说，是一次重要的教学模式改革和创新，教师们从教学内容、方法、形式、手段、技术等方面精心设计（见图4）。高校英语教学中更需要教师根据语言应用实际情况，加入课本外的辅助内容，线上教学为教师提供了更广阔的平台资源，教师可以通过视频音频等，为学生提供更加详细的内容讲解，让学生主动去学习更丰富的内容。

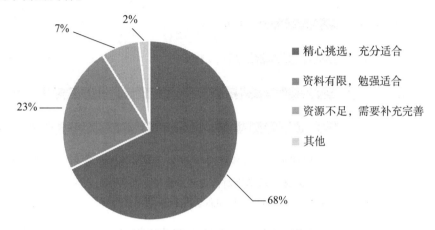

图4　教师开展线上教学所利用的课程资源情况
资料来源：全国高校质量保障机构联盟（CIQA）

教师在线上教学时采取多种方式，强化课堂讨论、互动（见图5）。在高校英语教学中，师生互动讨论，课外自主研讨，能够将语言学习更好地应用到实际解决问题中，有助于学生提升本专业学习中的自主学习能力，掌握本专业国际领域中的前沿动态，有利于学生进行科研创新。

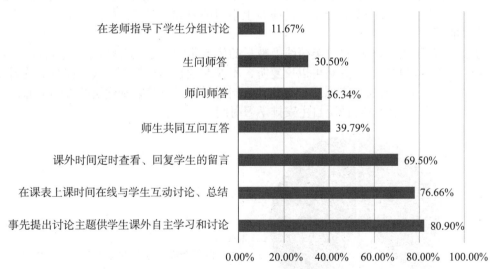

图5　教师线上教学时采取的各种师生互动方式
资料来源：全国高校质量保障机构联盟（CIQA）

疫情期间的在线学习，使对学生的学习情况评价多元化，教师并通过完成作业、回答问题、互动发言、考查考试等，及时分析和掌控学生在线学习状况和评价学生学习进度及效果，更有针对性地指导、引导和督查学生学习（见图6）。高校英语学习评价长期以试卷分数为主，而语言的学习有听说读写等项内容，因此在评价学生学习情况时，应多维度考察，此次疫情期间的在线教学，为学习情况评价提供了综合性的措施。

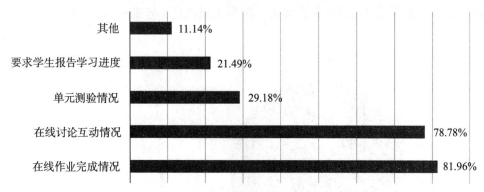

图6　教师对线上教学相对传统课堂教学效果评估结果
资料来源：全国高校质量保障机构联盟（CIQA）

据调查报告，81%的学生赞成培养自主学习能力，其中37%的学生十分赞成（见图7）。学生对在线互动满意率最高，对生师交流、讨论以及答疑等互动环节满意度较高。（图8）高校英语线上教学模式，促进了学生积极主动在线上课堂中表现，为大部分学生提供了积极参与交流讨论及答疑等互动活动的机会。因此，线上英语教学模式应突出师生互动，强调任务导向，引导学生交流研讨。

学生对在线教学设计与组织的满意度在97%以上（见图9），线上教学总体安排满意度达95.92%（见图10）。因此，疫情期间，高校英语教学实现了"停课不停学"的目标，大部分学生能跟上学习进度，能基本适应线上学习的方式，对自己的线上学习状态表示满意，并且能够达到学习目标。

总之，相较于线下教学，高校英语线上教学的优点非常突出。英语线上教学可以随时学、随地学，不需要定时定点，并且可以反复听，不像课堂教学只能听一次。在线上英语课堂中，学生学习心态更放松，更愿意参与互动，同时学生可以接触到优质的教学资源，可以反复听，根据个人英语学习情况自主安排学习时间。

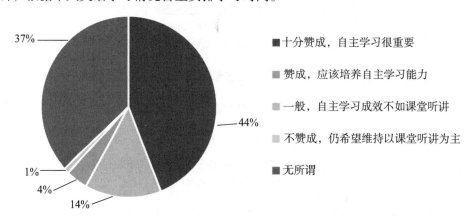

图7　学生对线上教学增强自主学习能力的看法
资料来源：全国高校质量保障机构联盟（CIQA）

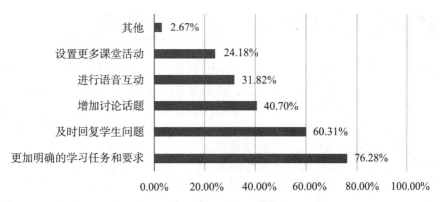

图 8　学生喜欢的线上教学互动环节与方式

资料来源：全国高校质量保障机构联盟（CIQA）

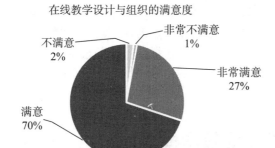

图 9　学生对线上教学设计与组织满意度

资料来源：全国高校质量保障机构联盟（CIQA）

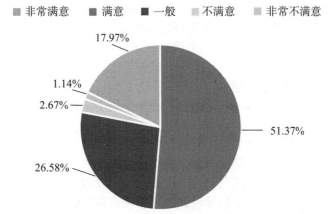

图 10　学生对线上教学总体安排满意度

资料来源：全国高校质量保障机构联盟（CIQA）

四、疫情期间国内英语线上教学存在的问题

通过疫情期间高校英语教学的运行，反映出目前线上英语教学还存在一些问题与不足。第一，英语线上教学平台系统稳定性不够，运行过程时有卡顿、延迟、掉线现象，影响教学的流畅性。这耗费了教师和学生参与在线教学的很多时间，降低了在线教学原有的便捷教学优势属性。第二，缺乏统一的高校英语教学平台，平台之间的兼容性不稳定、跨平台播放不连贯或效果较差等都严重影响教学效果；部分平台的功能不全，有些资源无法很好利用，使教师精力分散在许多硬件技术性问题上，增加了非教学类工作量。

第三，英语教师的线上教学设计与技术掌握还有很大提升空间。大多数教师对线上教学准备不充分，部分教师对线上教学的设计不足，在某种程度上存在"将课堂搬上网络"的现象，缺乏对线上教学的过程管理和学生线上学习的组织，应在紧抓学生的注意力上下工夫（乐国斌，2018）。第四，部分教师尚未积极调整教学思路和模式，没有落实线上教学需要从"以教为主"向"以学为主"的转变，仍采用传统课堂的教学模式，不利于提升学生的自学能力。第五，学生在线英语学习的自主性和自我管理能力有待提高，学生学习依赖与传统教学模式相近的网络教学方式，如课堂直播、看视频、完成作业等，参与教师辅导答疑投入的学习时间和精力相对较少。第六，英语在线教学课后作业量比传统教学大，压缩了学生自主学习空间，甚至出现"在线学习任务过重"的情况。第七，部分学生因缺乏上英语网课的硬件设备，导致在线学习效率低，英语在线教学的硬件设备方面有很大的提升空间。

五、发展融合式英语教学模式对策

疫情期间高校英语线上教学，为高校英语教师加快更新教学理念，转变新型教学模式提供了很好的实践机会，在未来日常教学中，应着力探索线上线下混合式教学方式，将线上和线下教学的优势相结合，提升教学效果，促进高校英语教学高质量、可持续发展。（王春玲，2021）首先，高校英语教学应始终坚持以学生发展为中心，通过线上英语教学改革促进学习变革，积极推混合式教学，大力推进智慧教室建设，构建线上线下相结合的混合式教学模式，利用信息技术把传统课堂教学的优势和网络在线教学的优势相结合。（陈彦，2021）其次，英语老师们应多利用线上慕课加线下课堂进行混合式教学，着力实现课前、课中、课后无缝连接，相互补充。再次，混合式教学实时过程中要进行教学目标、教学资源、教学活动、教学评价的综合规划，实现教学方式向以学生为中心的转变，加大教学效果的形成性评价比例。最后，高校英语教师应积极开展有组织的教研活动，充分发挥团队教学优势。利用线上教学大规模、可复制的特点，组建英语课程教学团队，各展其才、分工合作，提高线上教学的效率和质量。针对已有优质英语线上课程资源的课程，结合英语课程教学目标加大对教学资源选用，采用"视频播放＋直播讲解＋线下教学"的混合式教学模式。针对没有形成合适的优质英语线上课程资源的课程，则可采用"名师大班直播授课，团队成员分工答疑辅导，线下辅导授课"等创新式教学模式。

参考文献

[1] 陈彦.网络环境下大学英语课堂教学优化策略 [J].学苑教育，2021（2）：23–24.

[2] CIQA 联盟.全国高校线上教学状况及质量分析报告——来自 86 所各类高校的调研综合报告 [R].CIQA 联盟微信公众号，2020：6.

[3] 乐国斌.互联网＋时代商务英语教学模式研究 [M].长春：东北师范大学出版社，2018：30.

[4] 刘泽华等.大学英语教学法探究 [M].武汉：华中科技大学出版社，2019：118.

[5] 王春玲.大学英语听力课混合教学模式和在线教学模式比较研究 [J].海外英语，2021（4）：15–17.

基于一流大学建设需求的研究生英语读写优质课程开发

云南大学　王文俊[1]

摘　要： 本文基于一流大学建设内涵式发展的需求，以研究生英语读写优质课程开发为目标，旨在改革非英语专业研究生英语读写课程的传统教学模式，强调课程从学生的学术应用、知识兴趣和认知水平出发，倡导体验、实践、参与、合作与交流，最终提高学生的综合语言运用能力。努力探索中的研究生英语读写课程将突破"有意改革，实践困难"的研究生英语教学的现状。课程开发以有品质的课程建设为短期目标；以培养"双一流"背景下兼具实用性和人文素养、具有国际视野和时代情怀的研究生为长远目标。

关键词： 课程开发　需求分析　英语读写　一流大学建设

一、引言

"十三五"期间，我国的学位与研究生教育得到了前所未有的重视。坚持立德树人、服务需求、提高质量、追求卓越成为培养高层次人才，追求高质量和内涵式发展的必然要求。2020年7月29日，全国首次研究生工作会议在北京召开。其中，持续加强课程建设成为重要议题。教育部印发的《关于改进和加强研究生课程建设的意见》为研究生课程设置提供了指导和质量保障。

外语教育一直是我国研究生教育的重要内容，是保证人才在学术交流活动中实现国际化的基本途径。1981年版的《中华人民共和国学位条例暂行实施办法》规定，外国语是硕士研究生和博士研究生学位考试的必修课，其中英语为核心语种。1992年，国家教育委员会（现教育部）颁发《硕士博士学位研究生英语教学大纲》，为研究生外语教学提供了有效指导。2020年，北京市高等教育学院研究生英语教学研究分会，顺应新时期研究生外语教学的需求，制定了《非英语专业学位研究生英语教学大纲》（简称《新大纲》），在课程定位与性质、教学目标与教学要求、课程与课时设置、评价与测试、教学方法与教学手段，教学资源、教学管理和教师发展八个方面进行了阐释，并提供了《学术英语常用词表》。此举为我国新时期的非英语专业外语教学改革进行了有益的指导和示范。

1　本文为2020年度云南省研究生优质课程建设项目《研究生英语读写》阶段性成果。【作者简介】王文俊，女，博士，副教授，硕士生导师，云南大学外国语学院研究生公共外语教研室主任。

二、文献综述

　　课程是高等学校教学建设的基础，课程建设是学校教学基本建设的重要内容，主要由课程模式建设与教学模式建设构成。从定义上来讲，课程是有目标、为学生和教师服务的过程（Ornstein，2018）。语言课程建设是高质量语言课程的基础，是为满足学习者需求、学校发展需求和社会发展需求而进行的综合建构。

　　著名课程理论专家 Tyler（1949）提出了课程体系设置的"四步线性"模型：课程目标（objectives）—教学内容（experience）—教学组织（organization）—教学评价（evaluation）。泰勒的课程设置原理因其普适性和划一性受到好评。但随着现代教育的发展，其决定主义的弊端日益凸显，例如忽视课程开发中的创造性、学校的特殊性、教师和学生的主体性等。Murdoch（1989）将语言课程设计划分为两大板块：外层因素（out circle factors）和内层因素（inner circle factors），涉及环境分析（environment analysis）、需求分析（needs analysis）、内容（contents）、顺序（sequencing）以及材料选择（material selection），但忽视了监控（monitoring）、评估（assessment）与评价（evaluation）。Graves（2000）基于教师教学实践，提出了"非线性"的课程设计方法、可以从框架的任何地方开始的循环模式，包括背景界定（defining the context）、需求评估（assessing needs）、表达理念（articulating beliefs）、目标形成（formulating goals and objectives）、组织课程（organizing the course）、内容概念化（conceptualizing content）、材料开发（developing materials）、计划评估（developing an assessment plan）等八个部分。

　　Nation 和 Macalister（2010）结合之前的"线性路径"和"循环模式"课程开发模式的利弊，提出了由聚焦核心且外环和内环构成的模型（见图 1）。模型的核心是目标，对于目标的达成，有内容、形式和监控的保障；内环由需求、环境和原则组成；外环是评价。该模式设计科学、层次合理、关系清晰，对现阶段的研究课程开发具有指导价值和意义。

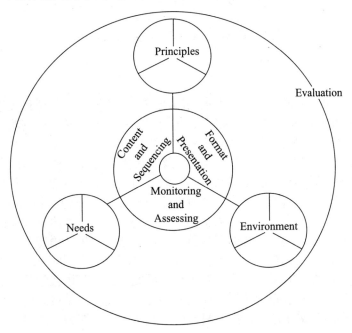

图 1　Nation 和 Macalister 课程设计模型

三、课程描述

本文将在"双一流"大学建设的背景下，进行"研究生英语读写"优质课程开发的讨论。课程包括课程目标、课程设计理念、课程在研究生人才培养中的地位和作用、知识构成与能力构成比例、课程讲授模块、课程拟解决问题、采用的主要教学方法、信息化教学手段的运用以及教学方法的创新与探索九个基础板块的内容。

1. 目标分析

课程目标是指在一定教育阶段的学校课程中，以提高学生的基本素质和技能，使其发挥元认知的学习的主观能动性，以达到预期水平所设置的实现标准。课程目标实现与否与教学效果息息相关。课程目标的制定依据涉及对学生的研究、对社会的研究以及对学科的研究。该课程在听说读写基本技能课程框架之下，旨在提升学生的人文素养、科学素养和跨文化素养，全面发展在读研究生读、写能力的同时，重点培养其具有较强的通用英语能力、学术英语能力和跨文化交际能力（如图2）。通过课程学习及语言综合技能训练，进一步提高对所学语篇篇章结构与信息的分析、综合、归纳、概括的理性思维水平，深刻理解、准确把握语言材料中所蕴含的思想观点。同时，通过对阅读文献的分析和理解等，进一步提高学术思辨能力写作的输出能力，达到在日常和专业学术交流中能够流畅、准确地进行思想沟通的程度。

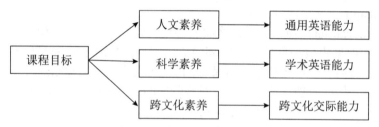

图 2　研究生公共英语课程多元能力分析

2. 需求分析

需求分析（needs analysis）又称需求判断或需求评价，一直是课程大纲开发的构成要件。该课程依据 2020 年 8 月的《新大纲》，进行了新的需求判断，体现英语学习满足对学生需求（个人发展）、学校需求（学科发展）和社会需求（社会发展）的三维需求的有机结合，开展具有"有效学习""学用结合"以及"人文教育"为特色的研究生英语读写课程。其中，有效学习倡导读写教学必须要实现教学目标和促成有效学习的发生，充分调动学习者的主观能动性，满足学生需求。"研究生英语读写"不追求课程名称的"花样式"翻新，而是以内容和方法为核心，着力打通"读"与"写"基本语言技能的有效链接，实现以读促写、以写促读、读写结合的有效英语学习。通过学生英语能力的提升，加强学术英语的相关训练，提升专业水平的发展，为学校向区域领先、国际一流发展做贡献，从而满足学校（学科）的发展需求。人文教育则强调研究生公共英语教学的目的，即研究生读写课程应当融合社会主义核心价值观，体现立德树人的要求，拓展研究生的国际视野，培养其家国情怀，提高跨文化意识，提升科研能力和学术交流能力，最终服务于教育发展的社会需求。

3. 环境分析

自 2017 年被列为国家首批"双一流"建设高校以来，云南大学立足祖国西南，面向东南亚和南亚，积极探索构建适应学校未来发展需要的学科新体系，营造了良好的学科发展环境，不断激发学校发展的内生动力。近年来，云南大学外国语学院研究生公共外语教研室在学校"双一流"大学教学的过程中，确立公共外语教学为研究生国际化教育服务的理念，避免公共英语课程被边缘化的问题，不断锐意改革、加强创新。本文基于研究生课程建设的需求，结合一线教师的教学实践，依托基础读写课程，探讨基于一流大学建设需求的研究生英语读写优质课程开发。"双一流"建设背景下的云南大学在近年来综合实力有了很大的提升，研究生生源质量较以往有明显提高，公共英语水平普遍较好。这就要求新时期的公共英语读写课改变传统的教学模式，强调课程从学生的学术应用、知识兴趣和认识水平出发，倡导体验、实践、参与、合作与交流，发展学生的综合语言运用能力，使语言学习的过程成为学生积极的情感态度、主动思维和大胆实践、提高跨文化意识和形成自主学习能力的过程。

4. 原则指导

强化课程在人才培养中的地位和作用。研究生教育处于高等教育的顶层，旨在培养高素质、创新型、专业化、适应各行各业的高端人才。新时期，我国不断加大改革开放力度，经济全球化不断加强，大数据、人工智能、互联网＋等新技术飞速发展。在此背景下，研究生的外语素质和能力，尤其是用外语获得资料、提取信息并进行科研的能力，对于研究生的培养比以往任何时候都更加重要。新时期的研究生公共英语课程对于持续提高研究生的人文素养、国际视野、家国情怀、专业能力、创新精神，对于服务国家的发展战略、经济建设、国防外交、社会民生等，都具有积极的贡献作用。

四、课程实施

1. 教学内容

科学配置课程知识构成与能力构成的比例。该课程的知识构成与能力构成约各占50%。一方面，基于研究生现有语言基础上，进行有针对性的阅读输入训练，把所读内容在主旨理解、篇章结构、词汇句法等方面进行阅读的构建和文本理解的输入；另一方面，通过阅读内容及时产出写作任务，使学生结合自身兴趣爱好和专业需求进行书面的表述，通过训练，发现问题、分析问题并解决问题，在写译练习下进行习作的产出和文本构建的输出。课程支撑教学实现中从"阅读"到"理解"再到"写作"，即"输入—内化—输出"的环节。

该课程讲述主要以方法引导、活动环节设计、督促激励以及语言评估为主，目前使用教材为中国人民大学出版社出版的《研究生英语读写教程》（基础级）。课程内容与读写能力训练构成如下：

表1 "读写课程"内容与语言技能训练一览表

话题内容 Contents	阅读技能 Reading Skills	写作技能 Writing Skills
语言 Language	阅读效率 Reading Efficiency	结构 Organization
文化多样性 Cultural Varieties	阅读灵活度 Reading Flexibility	段落 Paragraph
生活与健康（1） Life and Health (I)	阅读速度 Reading Rate	小结 Summary
工作与就业 Work and Employment	略读 Skimming	简历 Resume
科学与技术 Science and Technology	跳读 Scanning	求职信 Application Letter
生活与健康（2） Life and Health (II)	快读 Reading Faster	图表 Graphs
环境与能源 Environment and Energy	主动阅读 Active Reading	阐述 Exposition
文化与教育 Culture and Education	预读 Pre-reading	例证 Exemplification
经济与管理（1） Economics and Management (I)	预测 Making Predictions	因果关系 Cause and Effect
经济与管理（2） Economics and Management (II)	提高专注度 Improving Concentration	对比比较 Comparison & Contrast
环境与可持续发展 Environment and Sustainability	拓宽关注面 Improving Attention	下定义 Definition
成功与快乐 Success and Happiness	积累所读 Remembering What You Read	论证 Argumentation

课程讲授模块：学生课堂导入（Warming-up）学生课堂演讲是对前一个单元学生小组活动的一个有效检查；新单元引导活动（Lead-in）引导活动的形式多样，其目的是将学生引导到某一单元的语言功能或话题上来，引导活动也包括处理所列出的阅读材料词汇；阅读理解（Reading Comprehension）该模块的训练内容为真实性较强的文学、文化、社会、科学等领域的阅读材料，目的在于通过笔记进行整理归纳，完成撰写 outline 和 summary 等产出式习题训练，帮助学生建立语言习得过程中相匹配的输入——输出训练模式，最终达到表达的运用与实践；写作表达活动（Writing）该模块的训练内容为大量单词、短语、句型、文章思想、文章结构，进行细致语音、语调练习和规范的表述。要求学生对读、

读材料或文章进行结构分析和仿写，最终产出为思路清晰的阐释、复述、概述以及专题写作。

课程拟解决的问题：输入与产出的效率问题。本团队发现研究生英语学习中最大的问题是没有建立有效的、相匹配的输入和输出环节，更有甚者并没有输入和输出这一概念。错误地把英语学习归为和物理、数学、生物学一样的思考类知识，而忽略了英语是不依赖于意识的运动型知识，错把运动类知识当作思考类知识进行学习，好比通过看书学游泳。英语作为运动类知识最重要的两个环节是确认相对应的输入和输出。和以往以完成课本练习、讲解生词和长难句为目的的模式化、传统化和单一化教学不同，本门课程最重要的目标就是把研究生英语回归于语言本身，通过明确相应的输入和输出进行大量练习，即让研究生真正地读英语、说英语、习得英语，最终进行学术交流。让研究生英语走向实际应用，让高级英语学习阶段的输出落实到有效、快速地获取信息、准确用英语传递信息，参与国际学术交流和合作。

2. 教学方法

采用的主要教学方法为任务教学法和产出导向法。任务教学法（task-based language teaching, TBLT），强调在训练中习得语言。该教学法立足于学生自身，把学生作为教学的主体，教师从学生"习得"的角度设计教学活动，充分发挥学生的认知能力，调动他们已有的目的语资源，激发他们的学习积极性，使学生在实践中认识并应用目的语。任务型教学以具体的任务为载体，以完成任务为动力，在英语学习过程中通过反复训练，使学生运用所学语言知识发展能力。该教学法由教学目标、信息输入、活动方式等要素组成，坚持"意义至上、使用至上"的原则。产出导向法（output-drive teaching, ODT）。该教学法强调输出驱动，主张产出既是语言学习的驱动力，又是语言学习的目标。产出比输入性学习更能激发学生的学习动机和学习热情，更能取得好的学习效果。教学中以产出任务作为教学起点，学生尝试性完成产出任务后，能够认识到自己语言能力的不足，增强学习的紧迫感。一旦学生明确了产出任务的意义和自身的不足后，会更积极主动地为产出任务而进行输入性学习，以弥补自己的不足。

3. 教学手段

信息化教学手段的运用：本课程的展开主要借助多媒体教学手段，研究生英语读写课堂教学主要以凌极语音实验系统为主实现多媒体语言教学、自主学习、课堂讨论、课堂练习和课堂管理。本课程还借助"雨课堂"将带有MOOC视频、习题、语音的课前预习课件推送到学生手机，实现及时的师生沟通。且"雨课堂"的使用能完成实时答题、弹幕互动，为传统课堂教学师生互动提供了更好的解决方案。借助于"雨课堂"还能保证课前—课中—课后的每一个教学环节，教师获得数据支持，个性化报表、自动任务提醒，让教与学更明了。课下学生自主练习则以慕课（MOOC）资源为主，学生可以不受限制地利用开放网络课程资源进行大量的视读练习，获得充分的训练。

从实施细节看，任务型教学模式下教师应该转换角色为需求分析者、任务设计者与合作者、激励促进者以及监控评估者。也就是说，教师在"任务前"要认真分析语言习得者的语言需求是什么，如何将语言需求与教学需求、社会需求有效结合从而对实现任务的选择、组织和实施并激发学生对学习语言的兴趣，并对学生进行引导和鼓励，帮助他们不断进步。研究生英语读写课在任务型教学模式理念的指导下，将改变以往学生被动完成练习、学习单词的学习方式，上课不再是单纯的语法和文本分析，机械地回答问题和做练习，而是在教师设置的任务中增强参与性，有意识、有目的地应用所学语言知识。课堂是场景再现，教师将语言学习和获取信息变为任务交给学生，学生在完成任务的过程中领会和应用语言知识，发展语言技能。在完成任务的过程中，学生始终处于一种积极主动的学习心理状态，学习的主动性将得到提高，用英语写作也将成为主动行为。

本课程所采用的产出导向法，是基于传统的输入型教学将输入视为二语习得的决定性条件，忽略了输出的作用这一现状。该教学模式主张教学要实现教学目标和促成有效学习的发生，更简洁明了、更准确地反映英语教育的本质。课堂上的活动可以有多种形式：教师讲授、小组讨论、个体展示、小组展示等，不同的形式服务于不同的教学目标，关键在于教师要选择实现教学目标的最佳形式。在当前研究生外语教学的课时被压缩的前提下，教师更要将时间都用到学生的有效学习上。产出式导向法首要关注的是学生能学到什么，而且该教学法提倡输入性学习和产出性运用紧密结合，两者之间有机联动，无明显时间间隔，也就是提倡"学""用"无边界，融为一体。

4. 课程实践环节

以指定教材《研究生英语读写教程》（基础级）中的任务为例。主题为"Anxiety: Challenge by Another Name"（《焦虑的另一个名字是挑战》)，任务明确为能输入场景，快速以写作形式输出要素；读材料，快速获取优质派对的要素，能在笔记上以 outline（大纲）的形式快速做出笔记，最后在写作输出环节能阐述概括篇章内容。训练步骤：输入场景，输出要素；进行第一遍泛读，获取关键词（重复频率高的单词）得出主要内容；第二遍精读，获取并整理细节词（即总结性关键词、步骤类关键词）得出 outline；第三遍要求基于笔记内容做写作复述；第四遍要求无稿同步跟读篇章并再输入完整度更高的文章概述。最后，输出写作相关主题短文。

指导学生课外自主学习实践情况：在每学期开学的头三周内教学团队会通过章后概述和段落朗读的方式检测全班学生的读写能力，并制定学期内符合学生各自实际情况的提升计划，要求学生除了完成课堂训练外需要在课外实施自己的训练计划，并单独或以小组形式向老师展示训练成果。对于基础读写能力较弱的同学要求做到纠正发音，规范发音；对于有一定读写能力的学生要求做到就话题发表自己有说服力的观点以及就所读英文文献做书面概述；就课堂训练效果较差的学生要求对教材阅读材料反复读，做到概述、复述；对于词汇语法较弱的同学要求通过例子对比读写训练复述句子。

本课程的网络资源包括中国人民大学出版社的芸窗数字资源、慕课资源和自己制作的"学习通"相关学练章节。学生可以在课后登录，自行学习相关语言学习原理和进行音频、视频的练习；本课程还提供了大量难度适中、内容丰富、切合研究生专业知识以及人文知识的阅读材料，学生可以自行登录进行学习和练习；同时，课堂上还会使用课外阅读材料，要求学生做信息提取的泛读练习。应用软件和程序方面，为了符合研究生的兴趣以及为了使学生使用方便，本课程挑选出了扇贝英语、轻读英语、一点英语等适用于英语泛读练习的优质应用。

5. 课程考核

该门课程采用平时成绩和卷面成绩的考核办法，而占总成绩 30% 的平时成绩的核算以学生的产出训练程度和产出效果为考核维度。平时成绩即教师的语言评价分为即时和延时两种，即时评价即在学生进行学习和产出任务练习的过程中，教师对学生的学习效果给予的评价。延时评价的产出结果有两类：1）复习性产出；2）迁移性产出。教师可以结合具体的产出任务和样本分别讨论相应的评价标准。标准要表述清楚，便于学生理解，同时也要有利于他们对照检查自己执行的情况。同时，教师要事先向学生说明提交任务成果的最后期限和形式，以书面形式发给每个学生。教师对学生的语言能力评估理论依据为上海教育出版社出版的 *Language Assessment and Programme Evaluation*, 外语教学与研究出版社出版的《语言测试和它的方法》《语言测试与评估原理》。

五、教学评价

1. 学生及院系反馈良好

本课程探索改革至今三年时间，受到了参与课程学生的一致好评，学生普遍认为"对英语有了不一样的感觉"，"感受到了和以前不一样的英语课"，"想要一直沿用输入—输出的方法练习英语"以及"觉得英语课很有价值"，"已经体验到了产出型英语学习带来的效果"；甚至很多学生反映英语课只有一个学期很遗憾，希望有一年的时间上英语课，更好地为专业课和学术发展做准备。从实际成绩来看，学生的期末成绩、学位考试成绩通过率普遍较三年前有所提高，在研一上英语课期间通过大学英语六级的学生数量也最多。本教学团队也受到了各二级学院的普遍好评，比如民族学与社会学学院、政府管理学院、国际关系研究院、生态与环境学院、生命科学学院、法学院等。各二级学院的教务人员、辅导员及专业导师都给予该教学团队充分的肯定与认可。

2. 教学效率显著提高

在教研室常规"英语读写"课程原有十多年的教学基础和积累之上，突出读写的实际训练，强调读与写的有效结合，注重课堂的实用性和趣味性，同时尽可能满足当前读写教学的实际需要，以适应新时期研究生英语教学的发展。在课堂教学中以常见语言功能、常用语言话题和学术专题为主线安排设计，以培养学生在阅读及写作方面的实际运用能力为宗旨。并在省内率先全面实行了研究生英语无纸化考试，致力于优质题库建设，打造信度、效度和难度兼顾的海量题库，聚焦阅读和写译技能的测试，涵盖教材重点、难点以及研究生英语的知识点。

和改革前相比，当前研究生英语读写课程特色更为鲜明，主要体现在五个方面。第一个方面，更注重真实的英语阅读和写作材料，即侧重于读写课程的实用性；第二个方面，写作练习与中国国情和学生实际相结合，让学生有表达自己真实思想的机会，有利于学生在步入国际舞台时讲好中国故事；第三个方面，增加了大量的学术性阅读材料和学术性写作话题和任务，能够在很大程度上提高学生利用英语进行高层次学术研究的能力；第四个方面，更强调交际英语教学法的原则，课堂设计以使用方便、趣味性强、激励学生参与活动为元点，使师生最大程度地脱离单一的授课模式；最后，更充分、高效地利用多媒体进行教学。

3. 教师专业化水平有所提升

是一种不完全依托于教材的授课方式。事实上，无论何种科目的学校教育都要依托于教材，然而如何使用好教材取得良好的教学效果才是问题的核心所在。目前在我国外语读写教学中，以材料精读和完成练习为主，这种教学方式的突出弱点是，教师误把教课文当作课堂教学目标，而不是作为培养学生综合运用英语能力的工具。如此做法，输入与输出就有较长一段时间差。特别在目前课堂教学时间有限的情况下，大多数教师刚把教材内容处理完就要进入新单元的学习。其结果是，学生积累了大量惰性知识，但这些知识不能自动转化为产出能力，进而用于学术写作和学术交流。

4. 公共课边缘化地位得以改善

目前国内各"双一流"平台高校对研究生公共英语的重视都有新的提高，以北京大学、浙江大学、复旦大学、南开大学、四川大学为例，这些高校对研究生英语课程改革都持有积极的态度，均提出把英语作为世界通用语言在国际性课程开发和高校国际化建设中发挥重要作用的要求，均要求在国际化人才培养目标下推行研究生公共英语课程改革。就具体措施而言，以上高校均按照学术优先、能力为重、分类教学、学以致用的原则进行小班和分级教学，在教学内容上以视和读为主，以翻转课堂此类教学模式为重要辅助手段。该课程是明确以"读"促"写"，以阅读促进写作的教学课堂。是真正把教学理念应用于每堂课的实践。不可否认的是，研究生英语课程本身受"公共"二字影响，少了一份对学生的尊重，少了一份教师的激情。本团队的教师一直为非英语专业研究生授课，对大学的热爱和对工作的投入等感情都映射到了课堂上，是真正切实融入英语的实用性和课堂结构的最优化，不断改善公共课边缘化的地位。

六、结论与预期

本课程的设计理念符合当前各双一流大学建设对英语学科提出的新要求，对教学理念的积极实践也充分考虑到云南大学研究生的实际水平和学术需求，所培养出的学生也基本具备双一流大学研究生所必备的英语水平和素养。在做大量调查后本团队也发现，本课程的实践水平处于"有意改革，实践困难"的研究生英语教学的前列。

当前我国研究生公共英语教学中，尽管教师被赋予了课堂教学活动中"激励者""帮助者""咨询者"等多种新头衔，但他们最重要的职责并未得到合理彰显；学生却被认为是教学目标、内容和教学进度的决定者、课堂话语的主导者，似乎教师只要为学生提供对子和小组活动的机会，学生通过互动，就能构建和掌握新知识。从本质上说，本课程的目标不仅要实现提高学生英语读写综合运用能力的工具性目标，而且要达成高等教育的人文性目标，例如提高学生的思辨能力、自主学习能力和综合文化素养等。

本课程经过近两三年及未来两年的建设，将在团队师资队伍上形成了一定规模的教学团队，而且分批、分组、分人、分阶段到对口单位进行短期进修，保证团队课程建设走在理论的前沿和实践的第一线。在教学内容上，本团队力争把英语应用能力与人文性目标相结合，即教材与课外材料相结合，采用顾及学生智力、情感与道德的教学手段更好地服务于双一流大学建设对学生和教师提出的新要求。

参考文献

[1] 教育部学位管理与研究生教育司. 迈进高质量、内涵式发展新时代——"十三五"期间学位与研究生教育工作情况. http://www.moe.gov.cn/fbh/live/2020/52717/sfcl/202012/t20201203_503059.html.

[2] 北京市高等教育学会研究生英语教学研究分会 . 非英语专业学位研究生英语教学大纲 [M]. 北京：中国人民大学出版社，2020.

[3] ORNSTEIN A. Curriculum foundations, principles, and issues[M]. 7th ed. Edinburgh: Pearson Education Limited, 2018.

[4] TYLER R. Basic principles of curriculum and instruction[M]. Chicago: University of Chicago Press, 1949.

[5] MURDOCH G S. A pragmatic basis for curriculum design[J]. English teaching forum, 1989, 1: 15–18.

[6] GRAVES K. Designing language courses: a Guide for teachers[M]. Boston: Heinle and Heinle, 2000.

[7] NATION I S P, MACALISTER J. Language curriculum design[M]. New York: Routledge, 2010.

[8] BROWN D. The elements of language curriculum: a systematic approach to program development[M]. Beijing: Foreign Language Teaching and Research Press, 2001.

[9] 林文勋 . 探索构建适应未来发展需要的学科新体系 [J]. 大学与学科，2021（1）.

试论通识教育在大学英语教学中的具体操作与实践

北京林业大学外语学院　凌舒亚

摘　要： 通识教育已是世界各大学普遍接受的国际化议题，通识教育实际上是素质教育最有效的实现方式。中国大学生的大学英语课堂可以成为通识教育的最前沿阵地，因为大学英语课程不仅有英语这一世界最大通行语言的工具便利性，更可以发挥出英语语言所依托的深厚文化历史背景之魅力。本文依托大学英语课堂，趁北京林业大学外语学院大力推行教学内容以中西方文化为主导的时机下，试图展现具体课堂教学操作实践环节中的收获与反思。

关键词： 通识教育　大学英语教学　教材改革　课堂实践

说起通识教育的思想，在中国可是源远流长。《易经》中主张："君子多识前言往行"；《中庸》中主张："博学之，审问之，慎思之，明辨之，笃行之"。古人认为博学多识就可出神入化，融会贯通。《淮南子》中说"通智得而不劳"。通识教育可产生通人。《论衡》中说："博览古今为通人""读书千篇以上，万卷以下，弘扬雅言，审定文牍，以教授为师者，通人也""通人胸中怀百家之言"。通识教育可产生通才，即博览群书，知自然人文，知古今之事，博学多识，通权达变，通情达理，兼备多种才能的人。

在西方通识教育思想同样古老。亚里士多德主张"自由人教育"，他的对话式、散步式、讨论式多学科教育，被称为吕克昂式逍遥学派。伴随着工业革命，西方开始倡导博雅教育，主张培养博学多才、行为优雅的人。

通识教育是一种人文教育，它超越功利性与实用性。福柯（2001）认为，人是"这样一个生物：即他从他所完全属于的整个存在据以被贯穿的生命内部，构成了他赖以生活的种种表象，并且在这些表象的基础上，他拥有了能去恰好表现生命这个奇特的力量。"

人在这个世界上的存在是一个相当复杂的现象。它所涉及的是我们在这个世界上的方方面面，包括哲学、语言、诗歌，等等。这样人文科学绝不是从某个孤立的角度去审视我们作为人在这个世界上的存在；相反，它有助于我们思考自己在面对这个世界的综合复杂性时的构成性存在。（福柯，2001）"大学问家、大思想家"身上有着独立人格与独立思考的可贵品质，而这正是通识教育的终极追求。教育不是车间里的生产流水线，制造出来的都是同一个模式、同一样的思维；而是要开发、挖掘出不同个体身上的潜质与精神气质。因为通识教育是要"孕育"出真正的"人"而非"产品"。

那么，我们在具体的教学实践中应该如何操作呢？是否可以有创造性的发挥发展呢？大学英语这样一门如此普遍又如此传统且较为定型的课程是否可以再度昂扬挺进一步，引起教师们的反思与警醒呢？

一、通识教育在大学英语教学中的可能性与必要性

通识教育本身源于 19 世纪，当时有不少欧美学者有感于现代大学的学术分科太过专门，知识被严重割裂，于是创造出通识教育，目的是让学生能独立思考，且对不同的学科有所认识，以至能将不同的知识融会贯通，最终目的是培养出完全、完整的人。自从 20 世纪，通识教育已广泛成为欧美大学的必修科目。

1945 年，哈佛大学发表的《自由社会中的通识教育》报告（即哈佛"红皮书"）提出：教育可分为通识教育与专业教育两部分。报告所建议的通识教育课程包括：文学名著、西方思想与制度、物理科学或生物科学导论课，以及属于人文科学、社会科学、自然科学的其他课程各一。后来哈佛大学历年均对本科生提出学习此类课程（称"核心课程"）的具体要求。1992 年的要求是：在外国文化、历史、文学与艺术、道德修养、自然科学、社会分析 6 个领域各修若干课程，其总量应达毕业要求的学习总量的 1/4。

从几方面可以论证通识教育中国化的生动过程。无论是各种与通识教育相关的博雅教育、全人教育、自由教育、能力拓展训练等教育方式；还是中国贯彻多年的素质教育和"德、智、体、美、劳"全面发展教育；以及爱国主义、集体主义、社会主义教育；还有培养一专多能、德才兼备的人才教育；或者弘扬传统文化教育等等，都能涵盖在通识教育的范畴之中。这种包容体现了中国通识教育既有中国特色，又全面改革开放面向世界。用通识教育的理念可在相当程度上，整合多样性的现代教育理念和模式，赋予通识教育以中国传统文化内涵，既体现时代性，又保持民族性，把现代科学技术与中国传统的文化典籍结合起来，把现代信息文明与中华优秀文化历史统一起来。

再具体到本文题意，大学英语课堂当然不能覆盖通识教育的全部，但它可以胜任其中相当重要的人文部分，特别是中外文化、历史、文学与艺术等等内容的涉及或贯通，从而以英语语言教学为底本，在教学方针、教材选择、课堂实践、课程要求等方面推动学生自身的人文素质的建设。

从必要性来讲，大学英语几十年以来选用的教材一直以语言基础为重，总体要求不高，甚至学生大多数会以为通过了大学英语四六级考试就完成了全部或必要的英语学习。加之国内近年来欣欣向荣的语言培训机构，已经吸引走许多对语言有实际需求的学生，因而课堂或校内的学习几乎成为鸡肋，没有挑战性，没有吸引力，毫无成就感。而要求学生学习西方古典文化，厘清中国文化历史及其国际语境下的表达交流等等，不仅是对学生智力和智识的尊重和重视，也是对学生未来发展的体贴周全考虑。我们一定要抓住教育改革时机，促之以新，全面提升大学英语教学的质量与认可度。

从宏观角度讲，"上大学的最基本目标，是发现自己，认识世界，反省人类最基本的价值。大学主要是一种精神经历。度过了这样四年的人生，再想想实际问题也不迟。"（郑也夫，2013）所以对于任何质疑声音，我们可以坦然应对了。

二、大学英语教学改革在通识教育方面的明确阐述

按照教育部《大学英语教学指南》的要求（教育部高等学校大学外语教学指导委员会，2020），大学英语教学内容除了强调语言知识、语言技能等语言基础的要求外，还特别提出要提升学生的语言素养和人文性。这表明现今时代背景下，我们充分考虑到对学生的文

化素质和跨文化交际能力的培养，帮助学生了解国外的社会与文化，增进对不同文化的理解、对中外文化异同的认识，培养学生学习和感悟蕴含在语言背后的文化和人性深处的人文精神。

所以无论教学目标还是课程设置，大学英语都应该以提高综合文化素养为重，使他们在学习、生活、社会交往和未来工作中能够有效地使用英语，满足国家、社会、学校和个人发展的需要。具体为一方面培养学生英语听、说、读、写、译的语言技能，另一方面教授英语词汇、语法、篇章及语用等知识，增加他们的社会、文化、科学等基本知识，拓宽国际视野，提升综合文化素养。

不可否认，这种表述是适应时代发展的迫切需要的；同时也是我们民族自信与包容的必然结果：永远应该由我们自己来介绍自己祖国的光辉文化历史遗产，改变一贯西方社会所习以为常的那种不无偏颇的代言式国际交流风格。在北京林业大学外语学院最近几年推出的系列文化教材前言中有明确的相应表述（史宝辉等，2015）："通过对中国古代和当代社会历史文化等方面的介绍以及相关英语表达方式的训练，提高学生'向世界说明中国'的能力。"

我们的大学生也应该扎实、正面而全面地学习西方文化历史知识，不再像父辈那样由于时代限制而错失国际视野。大学生更应该以知识分子的参与意识，不为专业所限，能够针对几乎任何一种社会现象与问题贡献自己应有的思考与反馈。

大学英语的教学目的有长于别的学科的天然优势。但其实直到现在的文化课程大纲，才把它的课程优势引导发挥出来。似乎不应嘉奖过誉，而应目为迟来的觉醒。

三、具体课堂操作与实践

大学英语的教材几十年内有一套比较固定的模式，即分级而设，课文阅读加词汇练习，听说读写勤勤操练，语法写作翻译也忙个不亦乐乎。除了比拼词汇量、阅读速度以及最终的水平测试分数，学生们似乎不能有更高的追求或者非分之想了。而教师们也是一直勤勤恳恳地在这有限的一亩三分地里重复操劳并一代代再接再厉。讲一讲相关的文化历史背景是挤占时间，炫耀性思维在作怪，学生也是很难接受消化的。

而在北京林业大学外语学院的大学英语课程实践中，这种状况在最近几年有了巨大的改观。首先，我们已经有了复合式的教材，不仅有老的传统教材担当夯实基础的工作，也有了《西方文化读本》和《中国古代社会与文化》等全英文教材。新近的大动作是在本科大二和大三年级，在研究生博士生英语课程设置中有了多项英语专门选修课可供学生自主选择，使得博雅通识教育具体实践了起来。课时是有机分配的，内容是尽量跨界结合的，而期末的考察考试也是尽量平衡与制衡的。尽管这是刚刚施行若干个教学论的大学英语教学改革，但我们估计由于种种有利有益的原因，已经不会再有学生或者老师回到那套老路上，而舍弃这一与通识教育很相似的风格路数了。尽管还有许多问题和矛盾，本文希望在此做一简略讨论，试图廓清一些杂质，积淀一些问题，并提出一些期许，以利于我们的改革更加顺畅可行。

1. 教材选择的扩展性思考

目前配备的相关文化教材（在这里笼统称为文化教材，不特别区别前文通识教育所要求的具体分类）尽管在大题目下已经做到了几乎是"古今中外"无所不包的宏大局面，但细读起来仍有不够充分之感。恐怕想在两年的大学英语课程，短短的每个学期50课时的局限下，实际上很难做到大而全；通识的意图是好的，但"通"是不应面面俱到的。

所以在教材改革的方面，我们应该有最深入的思考。这是做好通识教育的一个出发点，也是根本问题，有相当大的挑战性。本文认为，我们在大纲清晰而明确的指导下，反而应该大胆相信大学生作为一个成熟个体的相应能力，完全可以"以点代面"的简约方式推动我们的历史文化大课堂，促进我们课堂的生动活泼性，细致入微地举例说明，从而达到令学生印象深刻、欲罢不能的局面；学生们自己补充完整必要的历史文化背景，举一反三，事倍功半。

课本材料可以省略背景介绍，也可以完全省略评价赏析部分，取而代之的应该是优美而经典的文本阅读，伴以相关的思考问题，引导学生既有英语阅读，又有反思扩张性探究。比如讲到西方文艺复兴的部分，我们可以直接引用莎士比亚的戏剧文本的片段。原本舞台上充满人文精神与抗争的对话是文艺复兴精神的最佳注解和表现，比任何评述介绍性文字都更有震撼力。再比如，在讲希腊古代神话时，我们可以直接引用奥维德的《变形记》。他的作品在英文里有非常优美的经典翻译。由此我们可以省出原本介绍众神的时间，而直接阅读奥维德诗歌一般的语言，充分领略到神话的魅力。也许因此不再会有学生视神话为骗小孩的东西。这些都是在本人课堂上充分实践的案例，效果不错，较为"激动人心"。

在这里，我们要做到的是相信学生天然的鉴赏能力，不能因为莎士比亚的文字以前只"供应"英语专业的做法而退却。况且我们要求的是"以点代面"，教学宏观要求是可以达到的。其次，现在时代背景下，大学生的知识面不再偏颇狭隘：他们交涉广阔，游猎探索精神勃发，技术经济条件卓然有备。

因此，我们可以在原本教材的基础上，补充相当内容，做一些尝试，以便通识教育可以"原汁原味"，英语语言也再次得到历练，无形中达到语言与文化学习的融合共生。

2. 师资培训的必要性

文化内容的加入，是对大学教师的极大挑战。从课堂实践来说，已经很有力不从心之感。原本英语专业出身的老师们现在必须无所不通，成倍地增加自己的知识面，与时俱进地更新自己的内存储备，其中艰辛可想而知。然而到现在为止，外语学院具规模且成系统的教师再培训计划并未出炉。大部分改革时期的艰难道路一直是老师们自己在开拓，"摸着石子过河"，千差万别，众说纷纭。

这种局面当然不可避免，也更应该做好提前规划，应对得当，而不能完全放任下去，造成今后进一步改革的困难和僵局。我们应该利用多渠道补充能量，把教学资源更多偏向教学改革第一线的老师们，让他们有更多的进修学习机会。或者也可以结合教师各自特长，分别教授自己所长内容，通盘合作，集体完成通识教育的伟大任务。

3. 多媒体等硬件设备的有效利用

传统大学英语课程在多媒体的利用上还是较为局限的。除了听力训练、模拟训练，我们应该更加主动地挖掘现代多媒体设备在教学中的多面性。比如，可增加英语电影片段的欣赏，结合所讲内容，找寻现有的影视材料。并且在播放之前阐述教学要点，引导学生做到观影之外照顾到文化知识点的学习。尤其在裁减选取影视原始材料时，要特别考虑教学要素，不能仅仅起调节课堂的作用，更应当从表现表演角度多方面启发学生对某一知识的掌握和反思。比如，在本人的课堂实践中，就曾利用BBC拍摄的纪录片的片段来补充教学中相对比较干枯艰险的中世纪宗教部分。尽管仅选取了短短的五分钟片段，但令学生尤其印象深刻的是在结束时主持人做了这样一个比喻："God is not the answer; God is the question."（"上帝并不给出答案；上帝却提出了问题。"）我相信这句朴实简洁的话可以让在座的学生思考终生。我们的信仰需求，我们在历史文化中传承的东西绝非巧合，我们的人生有些东西表面上幼稚可笑，然而我们终究并未解决。疑问，犹豫，非难自己，是通识教育的一种理想体验，会导致丰满的思考硕果。学习语言的境界也似乎一下子提高了好多好多。

我还曾利用多媒体进行学生口语训练，其中一个最有效最丰富的项目就是电影配音比赛。学生自己的选择，学生在语言输出及模仿表演的环节，都会使教师意识到他们的领悟能力和自我表现能力。语言学习的最高境界永远是一种艺术；学生们在简单的模拟过程中已经明白了自己的差距所在，体验到了英语语言自身的魅力。

四、结语

在大学开展通识教育最早最著名的哈佛大学，也同样还会有很多质疑的声音。"对哈佛学生来说，没读过莎士比亚更可耻，还是不知道染色体与基因的区别更丢人？哪些知识是重要到必须教给每个学生的？不如讲足够多的经济学知识让他们看懂华尔街的财务报表，还是培养足够多的幽默感让他们看懂《纽约客》上的笑话？"（蒲实等，2017）

清华大学的本科及研究生通识教育是从2009年秋季开始实施的。他们遇到了从老师到学生的一系列困难。"找教"中国文明"的老师比找教"西方文明"的老师还要难……通识课很难教。""学生要学好通识课，非大量阅读不可。但这又遇到了困难，因为学生不愿意也不善于读书……这同死记硬背和大量做题都不沾边。"（钱颖一，2016）

我们愿意听到这些质疑。我们愿意从一个困难的境地开创崭新的通识教育模式。低姿态才能更好地奋起勃发，才能走得更扎实更远。所想所做的东西还有很多。短短几年的文化内容的加入，已经给传统的大学英语教育带来了改革的良机。我们会持续关注，尽力而为。

（本文得到北京林业大学资助项目《莎剧欣赏与大学生英语实践能力的立体呈现》（项目号 BJFU2020JY068）的资助，特此致谢）

参考文献

[1] 福柯. 词与物 [M]. 莫伟民，译，上海：上海三联书店，2001：459–460.

[2] 福柯. 什么是批判？自我的文化 [M]. 潘培庆，译，重庆：重庆大学出版社，2017：V–VI.

[3] 教育部高等学校大学外语教学指导委员会. 大学英语教学指南 [M]. 北京：高等教育出版社，2020：4–5.

[4] 蒲实等. 大学的精神 [M]. 北京：中信出版社，2017：23.

[5] 钱颖一. 大学的改革 [M]. 北京：中信出版社，2016：172.

[6] 史宝辉，訾缨等. 中国古代社会与文化英文教程：第二版 [M]. 北京：北京大学出版社，2015：1.

[7] 郑也夫. 吾国教育病理 [M]. 北京：中信出版社，2013：186.

Four Links and Case Analysis of Class Discussion in College English Teaching

中国人民公安大学　杜　芳

Abstract:　The rapid development of information technology and its close integration with education have led to modern teaching methods such as flipped classroom or inverted classroom, e-learning and hands-on Inquiry Based Learning (HIBL). This trend has triggered a series of changes in teacher's role, classroom model and teaching evaluation. The new teaching mode still places the classroom discussion in an important position, and takes it as the carrier to carry on the teaching design and the implementation. However, in the context of the reform of teaching mode, how to reposition and evaluate the effect of classroom discussion become an unavoidable issue, especially if the discussion is not organized properly in practice, its effect will be minimal. This paper takes the teaching reform of college English as an example, bases on the case analysis of the effectiveness evaluation of classroom discussion, focuses on the four core links of the classroom discussion of college English, namely topic setting, task division, opinion sharing, and effect evaluation. Meanwhile, corresponding operational principles and strategies are also proposed.

Key words: College English Class　Four Links　Class Discussion　Design and Effectiveness

Discussion, in the classroom teaching, is one of the most effective teaching methods of teacher-student interaction or student-student interaction adopted by most teachers. Especially in the student-centered teaching philosophy (Student-centered Teaching), classroom discussion has become one of the most convenient and effective activities for class teaching organization and operation. With the rapid growth of information technology and its close integration with education, modern teaching methods such as "flipped classroom," "blended teaching," and "inquiry learning" have been born, which has triggered a series of new discussion on teacher roles, classroom models, and teaching evaluations, etc. The new teaching model still puts classroom discussion in an important position, and uses it as a "carrier" for teaching design and task implementation.

Meanwhile, class discussion is still one of the most commonly used methods. The so-called classroom discussion means that under the guidance of the teacher, the students express their opinions, discuss and inspire each other in the classroom around the pre-designed questions or topics, so that the students can understand the knowledge deeply and cultivate the college students' abilities such as knowledge analysis, critical thinking, problem-solving ability, etc.

Studies have shown that the frequency of discussions in college English classroom teaching is much higher than other subjects because of the characteristics of the language teaching and learning, which requires comparatively more interactions. However, in the actual teaching process, many teachers have various confusions and problems in the four key links of the setting of discussion topics, the division of discussion tasks, the sharing of discussion views, and the evaluation of discussion effects. A well-designed discussion topics will help to meet expectations and achieve better results. The following is a step-by-step analysis of the four links in the classroom discussion.

1. Discussion topic setting

Topic setting is the most critical link in class discussion. Whether it is scientific, reasonable or not directly determines whether the class discussion can be carried out successfully. Based on the classroom observation and survey, the topic setting needs to master the following principles: Firstly, the topic is closely related to the topic of the teaching content; Secondly, the topic is open and controversial; Thirdly, the topic design should be in line with the students' oral presentation ability, in other words, their spoken English level, so that most students may have something to say instead of keeping silence; Lastly, the problem design should be step by step, from the shallower to the deeper, to make sure the students can be successful in one easier part before they can go on to the next.

Take the first unit of "New College English" as an example. The topic of the unit is "Career Planning." Before teaching, teachers can set up the following discussion topics:

—Are you planning your future career?

—If so, what is the career you are aiming for?

—How to prepare for your future career?

—What factors will influence you in choosing a job?

These four questions are interlinked and open. Students have something to say. In a short period of time, all students can enter a good state of preparation, stimulate their interest in discussion, and generate a desire to explore knowledge.

In addition to common problem settings, a discussion method of collective evaluation is also recommended. You can select the students' tests or assignments in the class as example, sort out the wonderful expressions and common typical mistakes, and let the students discuss in class—if you change the role of the teacher, how would you rate it?

The advantage of this discussion method is that it adopts the principle of "empathy" in psychology. When examining peers' test papers or homework, empathy is encouraged, and students' attention will also be greatly improved. "In my homework, while looking forward to encouragement, I will be more impressed with my mistakes," the students express how they feel in the class discussion.

It is recommended that teachers mark out the names of students with better expressions after the comments, while concealing the names of students with poor expressions.

2. Discussion task division

The importance of this link is to increase student participation and encourage as many students as possible to speak. Some teachers worry that if the division of tasks is unreasonable, only a small number of students with better proficiency will take the lead in speaking, however, students with moderate proficiency will just follow along, and students with relatively poor proficiency will remain silent. Doesn't this deviate from the original intention of class discussion?

My suggestion is to assign tasks to students to organize themselves. As a university teacher, there is no need to deal with everything in detail, but to let the students organize themselves and believe in their abilities. The more the teachers worry about, the more detailed the teachers want to control, gradually and certainly, the students' ability to learn independently will decline.

Sometimes, the more the teachers let go, the more initiative and personality of the students will be stimulated and mobilized. Especially when we face the young born after 1995 and even 2000, the old classroom model that was led by teachers can no longer meet their needs and pace.

Now, should all the links be entrusted to students? The research shows that the teacher needs to limit the number of each group. The scale of the discussion group also needs to be scientifically designed and set. After grouping, each group recommends a representative to explain the summary of the group's views, and his/her performance will also be the score of all group members.

From a psychological point of view, "group pressure" and "peer expectations" are the two most effective indicators for improving performance in the short term, which will be a big challenge for all students participating in the discussion.

Then the teacher needs to emphasize in advance that the class discussion group will be carried on during the semester, and the students have to take turn to speak on behalf of the group. In other words, each group member has at least one opportunity to speak on behalf of the group during the semester. In the group discussion session of students, teachers can observe students' participation and concentration, encourage more silent marginal students to participate in group discussions, and count the results into the students' usual grades.

3. Discussion opinion sharing

In this part, the teacher or the organizer should pay attention to the time control since time management is a critical ability for any good speakers. In the process of opinion sharing, students' error correction is not suggested, instead, observation and taking notes in shorthand are encouraged to make preparations for the following comments part.

The research questionnaires were distributed in the listening and speaking classes. The sharing session differs depending on the topic to be discussed. If the topic is relatively complicated, for instance, the unit topic is World War II (Unit 1 New College English Integrated Course 4), students need to find information before class learning and make sufficient preparations, and the instant discussion on the class will apparently not be deep enough, and group representatives cannot completely and thoroughly share their group viewpoints.

At the same time, students are encouraged to use physical objects, courseware, blackboards and other auxiliary means during their sharing. If there is a discussion in class, then this session can be accompanied by a keynote speech supplemented by group members. It is recommended that before speaking, the teacher should clearly limit the speaking time for each group, and ask one student to take charge of timing, and strictly implement the time agreement.

Why do we need to set a time if students get something to say and discuss? In fact, as long as we pay attention, many people around us often do not have the concept of time control when speaking in public. Psychology and communication studies have shown that the average person's attention limit is only 8–10 minutes, and even the most wonderful sharing will be obliterated by the procrastination of time.

This is why the presentation time of most "micro-class" and "MOOC" videos is generally less than 10 minutes. The "TED" speakers, which are accepted and loved by more and more young people today, control their sharing time within 5–8 minutes. In addition, it needs to be emphasized that in the process of speaking, even if students make mistakes in pronunciation, intonation and grammar, the teacher should not interrupt them, because correcting mistakes will not only dampen the self-confidence of the speakers, but also affect their thinking and rhythm.

Teachers can take notes during the sharing process of students, and quickly jot down the advantages and disadvantages in columns, which will make sufficient preparations for the next evaluation session. It is recommended that teachers write down the content that needs to be evaluated, instead of trusting their own memory. With age, more and more teachers find that their memory is becoming less reliable when doing class discussion and evaluation. They sometimes want to express the highlights of the students' speeches but unfortunately the unreliable memory cannot help. Therefore, in the classroom discussion, the teachers' observation and shorthand should be attached with great importance.

4. Discussion evaluation

The evaluation part of class discussion is a part that is despised or even ignored by many experienced teachers. When sitting in the role of a student, the teacher finds that the students share wonderful views, but the instructor just respond lightly and said "Thank you, go back to your seat." There is no further comment after that, which is regrettable. As a sharer, when he/she does his/her best to make a presentation on behalf of the whole group, what he/she is most looking forward to is the evaluation of the listeners, especially from the teacher. The quality of the evaluation can reflect the attention of the listeners and the level of the listeners. It is an important link that must not be underestimated.

In the evaluation process, a combination of peer and teacher's evaluation is recommended. The former can be voluntary. First, to test whether students have focused or not, and more importantly, guide students to learn to listen, respect the contributions of their peers, and express their comments reasonably.

In some active classes, the evaluations among students are even more exciting than the discussion itself. Some students are very simple and directly criticize them, such as "His accent is too heavy, and I don't understand him." Then the teacher can guide the students to learn to respect the sharers instead of simply blaming them blindly; Some students dare to express their dissent, but the expressing way is too direct. Teachers can also use this to share some common sentences when expressing dissent. For students who simply say "Very good," the teacher should encourage them to explain the reason why and what they can learn from each other.

Once I got the chance to listen to a class from one of my colleagues. After every simple question, the teacher would give the finishing touch and a short and powerful comment, such as "I like your pronunciation", "How did you get this idea? It is amazing!", "Your answer is a good example of critical thinking. Well done!". Seeing the confident and excited facial expressions of the students, I believe that the teacher's evaluation and feedback let them experience the joy of learning, which is not only the core of class learning, but also the charm of classroom learning. In short, the discussion and evaluation links in the English class teaching are not optional. Paying attention to these links will make the class discussion more effective and even bring unexpected surprises to the teacher and the students.

The above can be illustrated as the following Mind Mapping.

Table 1　Four Links of Class Discussion in College English Teaching

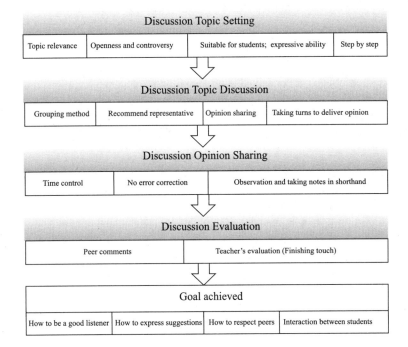

5. Summary

The reform of teaching mode and the College English Teaching Guide have set new goals and requirements for improving students' language ability. Based on the typical case analysis of classroom discussion, this essay closely focuses on the four core links of college English classroom discussion, namely, discussion topic setting, task division, viewpoints sharing, effect evaluation. And it also provides corresponding operability strategies and principles related, for example, topics need to be both open and controversial, no error correction in the discussion process, the principle of time management, observation and shorthand methods, importance of peer and teacher's evaluation etc. In order to achieve the teaching goal of cultivating students to learn to listen, be good at expressing, respect sharers' contribution, and enhance self-confidence in language expression and cross-cultural communication skills.

References

[1] BECKISHEVA T G, GASPARYAN A G, KOVALENKO A N. Case study as an active method of teaching Business English[J]. Procedia—social and behavioral Sciences, 2015: 166.

[2] LAMBANI. English teaching strategies for senior phase selected English teaching strategies for First Additional Language (FAL) senior phase learners[J]. International journal of educational sciences, 2016, 15: 3.

[3] 巩向飞. 用输入与输出理论指导大学英语听说教学——《全新版大学英语听说教程》的课堂教学设计 [J]. 首都师范大学学报（社会科学版），2008（4）：70–72.

[4] 何晓澜. "以学生为中心" 的大学英语课堂创设 [J]. 中国大学教学，2010（7）：36–37.

[5] 许岚峰. 大学英语课堂提问方式分析 [J]. 课程教育研究，2016（38）：116–117.

翻译专业学位硕士研究生特色课程体系建设研究[1]
——以中国地质大学（北京）为例

中国地质大学（北京）　张焕香　肖　楠

摘　要：MTI 课程设置是 MTI 教育的主要内容，完善、合理的课程体系对人才培养目标的实现起着至关重要的作用。本文以中国地质大学（北京）MTI 特色课程体系建设为例，针对目前课程设置同质化、缺乏特色、缺乏应用性课程等现状，参照国家指导性培养方案、专业学位基本要求、人才培养目标、本校的学科传统和优势，提出我校翻译硕士特色课程体系建设的思路。我校 MTI 课程特色课程体系包含三大板块：必修课程（含核心课程）、特色课程及特色实践课程。

关键词：翻译硕士　特色课程　课程建设

一、引言

自 2007 年国务院学位委员会批准设置翻译硕士（MTI）专业学位、培养专业化翻译人才以来，到 2020 年，全国设立翻译硕士专业的院校已达 259 所（中国翻译技术协会，2020）。MTI 教育的目标是培养高水平、应用型的专业翻译人员和管理人员，立足于应用型课程，注重培养翻译人才的综合能力。

MTI 课程设置是 MTI 教育的主要内容，完善、合理的课程体系对人才培养模式的实施和人才培养目标的实现起到至关重要的作用，所以培养应用型、复合型的外语翻译人才目标的实现，关键在于制定合理的课程结构，优化课程体系（杨桂玲，2009），为提升 MTI 教育的质量，有必要不断改进和完善 MTI 课程设置。

穆雷（2011）指出，MTI 教育应满足语言服务产业的需要，实用性是 MTI 课程设置的核心。如何把英语技能与各个大学的办学特色结合起来，设置实用的具有特色的课程，是 MTI 培养单位面临的一个紧迫问题。本文拟以中国地质大学（北京）为例，探讨 MTI 特色课程体系建设的问题。

1　资助项目：中国地质大学（北京）2020 年度研究生教改建设项目"地学类翻译硕士课程设置研究"（YJG202005）。

二、MTI 课程设置存在的问题

1. 课程设置同质性严重，特色不突出

我校 MTI 课程或多或少是对 MA 课程的复制。我校以翻译硕士教指委所制定的《翻译硕士专业学位研究生教育指导性培养方案》（下称《指导性培养方案》）为基础，设置了相应的课程，但是由于诸多因素的制约，现有的翻译硕士课程设置基本照搬《指导性培养方案》中翻译专业硕士的课程设置，自行开发的课程有限，和很多院校在必修课、选修课"殊途同归"地选择差异不大的课程，翻译硕士课程设置同质化严重，学校特色不突出。人才培养的相似化势必会导致翻译硕士学生缺乏自己的专业特色，满足不了社会的需求。

我校的翻译硕士专业学位培养只是粗略的定义为笔译方向，没有明确的特色专业方向，在课程设置上也没有开设与我校特色专业相关的课程，这种没有明确的特色专业方向和相应系统科学的课程做支撑的翻译硕士项目很难培养出"高层次、应用型和专业性"的翻译硕士来，这与翻译硕士设置的初衷相去甚远。要形成翻译人才培养的鲜明特色，就必须将特色定位放在首位。

2. 课程设置缺乏递进性，应用性课程少

我们曾多次对我校翻译硕士在读的不同年级的研究生进行访谈，学生们反映的最普遍的问题是，课程设置中基础性的课程偏多，如英汉翻译理论与实践，汉英翻译理论与实践，基础口译等，这些课程与英语本科课程体系没有显现出层级，一些课程内容上也类似，这导致了翻译硕士课程和本科课程缺乏连续性、递进性和互补性，从而削弱了翻译硕士对译者能力的培养，不能达到更高层次的培养要求。

目前翻译硕士课程设置中，能体现翻译硕士培养层次的应用型课程主要是笔译工作坊，一流理工科院校常开设的科技翻译以及其他特色翻译课程，如商务英语翻译、法律翻译、能源舆情翻译等在课程设置中没有体现，在课程设置上与很多院校存在较大差距，这对翻译硕士的培养质量也会产生一定的影响。

3. 翻译硕士课程师资短缺

师资短缺是翻译硕士培养面临的一大问题。翻译硕士培养要求专业教师具备翻译实践、翻译教学及翻译研究三种能力，要求配备双师型教师以及行业导师，然而，目前我校翻译硕士教师大都由外国语言文学专业内部自我培养或调配解决，缺乏丰富的外语口／笔译实践经验，因此在翻译硕士教学中难免力不从心，而且纯文科的背景造成翻译硕士教师不仅对学校特色的认知度不高，在如何将翻译硕士教学与我校特色相结合方面也有诸多疑惑。

三、特色课程体系建设的重要性

1. 开设特色课程，体现《指导性培养方案》精神

《指导性培养方案》中提出，翻译硕士专业学位课程包括必修课和选修课，同时列出了必修课和选修课的一些课程选项。《指导性培养方案》中虽然并未提及开设翻译硕士特色专业方向这一问题，但仔细解读《指导性培养方案》就可发现，国务院学位办是提倡各

翻译硕士培养单位办出自己特色的，"各培养单位可根据自己的培养目标与师资特色确定选修课"，也就是说，各翻译硕士培养单位可以有自己的培养目标，开设自己的特色专业方向，并设置符合该特色专业方向的课程。

2. 开设特色课程，实现翻译硕士培养可持续发展的内在要求

翻译硕士专业学位获得者应能够胜任不同专业领域所需的高级翻译工作，这一目标本质上包含培养各种专业性复合型口笔译人才。根据翻译专业学位研究生教育指导委员会的要求，为了培养经济发展所需求的高层次、应用型、专业性翻译人才，只有有了特色才能更好地生存和发展，才能真正保证翻译硕士的培养质量。

四、特色课程体系建设的思路

1. 调研兄弟院校翻译硕士专业特色方向

翻译硕士教指委指出，翻译硕士专业学位教育不能一窝蜂，每个培养单位应有自己的特色，体现当地经济文化发展特色及对翻译人才的特殊需求。理工类大学的翻译硕士可以培养侧重科技、工程领域，师范大学可以侧重教育、文化领域，农林医药类大学可以侧重农林、医药领域，经贸类大学则侧重经济、贸易领域等等。

那么，地大（武汉）、矿业大学、石油大学等兄弟院校的情况如何，他们设定的专业特色方向是什么呢？他们是如何结合自己的优势学科来凸显其专业特色的呢？我们对这些问题展开了深入调研，向兄弟院校取经、学习，为设定我校的翻译硕士专业特色方向提供借鉴，为我校翻译硕士培养转型奠定基础。

2. 确定我校翻译硕士的特色专业方向

依据《指导性培养方案》，"高层次、应用型、职业化"是翻译硕士专业学位人才培养的核心，但在课程设置上并未对各高校的翻译硕士进行统一规范，这样有利于培养多元化的翻译人才，满足不断变化的国内外翻译人才市场需要。

如何实现以区域的翻译市场需求为导向，突出翻译硕士课程的专业指向性和实践性，同时依托我校的办学优势和特色开发特色课程，作为翻译硕士的必修课程或选修课程，这是困扰我们翻译硕士课程设置的难题。

3. 修订翻译硕士培养方案和课程设置，突出我校办学特色

培养方案是研究生培养的纲领性文件，是体现学位点研究生培养特色和优势，保障研究生培养质量的基础性环节。我们应立足我校的办学特色，在充分调研兄弟院校翻译硕士培养模式，确定我校翻译专业硕士的特色专业方向，修订翻译硕士培养方案，突出我校的办学特色，培养高层次的翻译人才。

同时，从提高翻译硕士翻译实践能力和各门课程的具体内容入手，注重本科和研究生课程之间的层次性和课程的应用性，淘汰或改造教学内容重复，内容过窄、陈旧的课程，重新确立课程体系，调整课程结构，修订课程设置。

4. 制定翻译硕士翻译材料的具体要求

翻译硕士的培养属于应用型人才的培养，按照教育部的要求，翻译硕士在硕士学习阶段需要完成 15 万字的翻译量。我校翻译硕士 15 万字的翻译量也应立足学校的办学特色，根据翻译硕士的培养目标和相应的课程设置而制定相应的要求，如：15 万字的翻译量中包含至少 60% 的翻译材料与自然资源、地学、能源、水文等学科内容相关等。

五、特色课程体系建设

课程体系是根据学科内涵和培养目标制定的传授知识、培养能力的规划方案。我校于 2021 年 3 月进行培养方案修订，翻译硕士特色课程体系建设是培养方案修订的重中之重，目前课程体系初步完成。课程体系的建设将三个因素结合起来：国务院学位办对 MTI 培养的要求、区域市场和学校专业优势。

国务院学位办 2015 年颁布了《翻译硕士专业学位基本要求》，介绍了 MTI 专业学位的内涵、服务领域和发展趋势，描述了获得本专业学位应具备的基本素质、应掌握的基本知识、应接受的实践训练和应具备的基本能力。我校把这个文件作为课程设置的主要依据。同时基于学位办 2020 年颁布的《专业学位研究生核心课程指南（试行）》（以下简称《指南》）和 2011 年颁布的《指导性培养方案》，制定 MTI 课程体系。

MTI 教学指导委员会一直在鼓励各院校结合当地区域特点与自身优势创建特色课程（司炳月，2018）。北京为全国文化教育中心，市场需求多以非文学翻译为主，绝大多数翻译公司要求翻译的文本类型为非文学翻译。而且，在全球化进程不断加快的背景下，包括能源、经贸、文化、科技、工程在内的诸多领域，都显示出了对翻译专才的需求。

我校在地质学、矿产资源能源、地质工程、地球物理、水文地质与环境地质、地理信息系统与测绘、材料科学与化学等领域具有明显的特色和优势，取得了一批重要的成果。2020 年学校"自然文化研究院"的成立，确立了以"生态文明"为指导，以"自然文化"为特色，以"全面发展"为核心的自然文化研究主题，自然文化研究院的成立，为我校 MTI 特色培养提供了方向。

基于以上三个因素，我校在 MTI 课程设置中包含了三个板块：第一，《指导下培养方案》中必修课及《指南》中的核心课程，如：翻译概论、笔译理论与技巧、中外翻译简史、计算机翻译技术等；第二，特色课程，如"矿产资源翻译、自然资源翻译、能源舆情翻译等；第三，特色实践课程，如：地学翻译工作坊等。

参考文献

[1] 穆雷. 翻译硕士专业学位论文模式探索 [J]. 外语教学理论和实践，2011（1）：77–82.

[2] 司炳月. MTI 课程设置研究及再思考 [J]. 黑龙江教育，2018（4）：33–36.

[3] 杨桂玲. 理工科院校 MTI 培养模式与课程设置的思考 [J]. 中国成人教育，2013（4）：136–137.

[4] 中国翻译技术协会. 中国语言服务行业发展报告 [R]. 2020.

法律翻译专业人才培养与第二课堂建设研究

中国政法大学外国语学院　辛衍君

摘　要： 随着经济全球化和我国对外改革开放的深化，我国对外经济文化交流合作迅速发展，涉外法治专业人才严重短缺，加快涉外法治专业人才培养体系建设势在必行，法律翻译专业位列其中。法律翻译专业的学生需要具有扎实的汉语和英语语言能力、敏捷的逻辑思维能力、宽广知识面和跨文化交际能力。要完成以上教学目标，第二课堂作为课堂教学的有益补充具有不可或缺的重要地位。打造良好的第二课堂生态，对培养高质量法律翻译人才具有重要的现实意义。

关键词： 第二课堂　教学生态　法律翻译

一、前言

随着经济全球化和我国对外改革开放的深化，我国的对外经济文化交流合作发展迅速。1999 年党中央提出"走出去"的战略，在大胆走出去的同时，还主动敞开大门，搭建平台，将"请进来"作为构建丝绸之路"黄金通道"的重要方式。在这种形势下，国家急需高素质通用型以及专业型翻译人才。目前，我国许多所高校设立了翻译本科专业和翻译硕士学位（MTI）点，旨在培养具有创新意识和国际视野、独立思考能力、工作能力和沟通协调能力，能够胜任外事、经贸、教育、文化、科技、军事等领域相关的口笔译或其他跨文化交流工作的人才，目前各高校在培养翻译人才方面已取得了一定成绩，然而依然存在很多不足。

面对复杂的国际环境，我国正面临涉外法治专业人才严重短缺的现实，加快涉外法治专业人才培养体系建设势在必行，法律翻译专业位列其中。涉外法治专业人才的培养具有其特殊性，他们应该具有扎实的中英文功底、厚基础、宽口径、高素质、强能力、国际化等特质。他们需要掌握法学的基本理论和基础知识，具备涉外法律工作的专业知识和技能，能够运用所学法律知识解决涉外法律实务问题，具有较强的分析和解决问题能力，满足全球化深入发展和国家对外开放战略的需求，积极参与国际法律事务和全球治理，维护国家利益。

为达到上述培养目标，培养方案在注重夯实基础教学的同时，要抓好第二课堂的课外实践教学建设，做到课堂教学与第二课堂（课外实践）紧密结合，多渠道、多层次打造良好的法律翻译教与学的生态系统。

二、法律翻译第二课堂建设的背景及现状

1. 第二课堂的定义及特点

第二课堂的概念由著名教育家朱九思先生首次提出，它是相对课堂教学而言的，"一般处于学计划之外，引导和组织学生开展的多样性的课外活动实践课堂，目的在于培养技能，拓展视野，陶冶情操等，是课堂教学的有益补充和延伸"（朱九思等，1983）。

语言知识必须落实到语言实践中去，而语言实践能力又必须借助于语言知识，两者应相互结合。鉴于英语教学的实践性原则，第二课堂应该得到充分的重视，通过教师有意识的规划和指导，它作为课堂教学的延展，可以拓宽学生的知识面，加大语言输入的力度和强度，提高学生语言交际和应用能力。在第二课堂中，教师以语言学习过程中的促进者和指导者身份出现，而非知识传播者和权威。教师指导的第二课堂有计划、有目标，以多变的形式用来推动课堂教学，使课堂教学内容更丰富和完善，是对课堂教学的巩固和补充，两者紧密结合，满足教学需求，完成培养计划。学生在第二课堂中充分发挥个性特长，提高探索、创造和应变能力。第二课堂实践教育活动应充分利用新科技成果来丰富和改革教学内容，它具有形式新颖、内容丰富、趣味性、实践性、思想性以及多元性等特点。

2. 涉外法治人才培养的背景和现状

当今世界多极化发展，世界各国对外联系不断加强，经济全球化不断深入，我国的对外开放迅速发展。在这样的时代大背景下，教育部和中央政法委员会联合在 2011 年公布了《关于实施卓越法律人才教育培养计划的若干意见》，明确了培养具有国际视野，通晓国际规则，能够参与国际法律事务和维护国家利益的社会法律人才的新方向；2017 年 1 月外交部、商务部、国务院法制办还联合印发了《关于发展涉外法律服务业的意见》。

然而，目前涉外法治专业人才储备严重短缺，这是摆在我们面前的严峻现实。我国涉外法治人才数量严重不足，专业领域分布失衡，与国际水平差距很大。我国的涉外律师仅千余人，只占全国律师总数的 1.8%（吴晓锋等，2019）。为改变现状，国家急需稳步推进涉外法治人才的培养，这个任务迫在眉睫。但是涉外法治人才的培养不能一蹴而就，需要合理安排，逐步推进。构建科学合理的人才培养体系，是涉外法治专业人才培养的起点。我们应清醒地认识到涉外法治专业人才的培养是系统工程，需要面向世界、面向未来地认识，要立足大局、服务全局地谋划，历史地、辩证地研究，务实创新、科学发展地推进（赵大程，2013）。在国内涉外法律人才奇缺的情况下，涉外法律工作必须借助法律翻译来完成，因此培养合格的法律翻译人才是涉外法治人才培养的重要组成部分。

3. 法律翻译人才培养的目标和方案（以我校为例）

我校的法律翻译专业培养目标是旨在培养德、智、体全面发展，语言基础知识扎实、专业口径宽厚、翻译实践能力突出，社会适应性强的复合应用型翻译专业人才。本专业毕业生具有扎实的汉语和英语语言交流能力、敏捷的逻辑思维能力、较宽广的知识面、较高的跨文化素质和良好的职业道德，了解中外法律文化，熟悉翻译基础理论，较好地掌握口笔译专业技能，熟练运用翻译工具，了解翻译及相关行业的运作流程，并具备较强的独立思考能力、工作能力和沟通协调能力，能够从事与法律、外事、经贸、教育、文化、科技、军事等领域相关的一般难度的笔译、口译或其他跨文化交流工作。该专业毕业生需要具有

正确的世界观、人生观和价值观，良好的道德品质，中国情怀和国际视野；具备健康的体魄和健全的心理素质；了解我国国情和英语国家的社会和文化，具有较高的跨文化交际素质和良好的职业道德；熟悉翻译基础理论知识，掌握基本的专业口笔译技能；了解一定的大陆法系和英美法系法律知识；具有扎实的英语语言基础和熟练的听、说、读、写能力和较出色的翻译（特别是法律翻译）能力；较强的汉语表达能力；具有较强的沟通能力、思辨能力和创新能力以及一定水平的第二外国语应用能力。该专业的学制四年，本专业的双学士培养模式学制为五年，即五年获得文学和法学两个专业的学士学位。成绩优异的学生经学校综合考核将被推荐免试进入比较法学研究院攻读研究生硕士学位。

在校期间学生需要修满 161 学分。其中课堂教学学分：143 学分（其中含课内实践教学学分 10 学分）和第二课堂（课外实践）教学学分：18 学分。这其中包括了公益、社会实践以及专业实习等内容。法律翻译专业坚持英语专业教学本位，实施"英语 + 法律 + 翻译"复合型人才培养模式，体现翻译与法律相结合的复合特色。根据本专业培养目标的要求，结合社会需要，本专业课堂教学课程体系由通识课、专业课、国际课程和创新创业类课程构成，通识课和专业课均分别由必修课和选修课组成。第二课堂的社会实践与专业实习共四周，旨在引导学生了解社会，掌握社会调查的基本方法，安排在第三学年秋季期末；专业实习共十周，安排在第四学年秋季学期。

三、法律翻译第二课堂的构建

1. 目标

法律翻译第二课堂旨在把语言知识和能力培养融为一体，拓展多渠道学习方式，实现多元化学习。第二课堂提供了丰富的学习资料以及共享资源，全方位设计实践内容和学生参与形式以及相应的测评方式。关于法律翻译的第二课堂建设可以借鉴生态学与翻译学交融渗透衍生出的分支学科翻译生态学，将其相关理论和研究成果运用到翻译课外教学实践当中，推动和改革法律翻译教学实践，使法律翻译第二课堂中的生态因子彼此联动，提升效果。

2. 第二课堂的生态系统

随着现代社会经济与科技的飞速发展，人类对生物与环境逻辑关系的认知在不断加深，目前，生态学的研究领域已经扩展到了人类与自然界之间的关系。科学家对生态学的深入研究也引领其他不同领域的专家学者对这门自然科学产生了关注。近年来，在人文科学和社会科学研究领域，"生态"一词已转义泛指自然健康、保持平衡与"和谐共生"的集合（胡庚申，2008）。

翻译教学中的生态学视角是将翻译教与学视作一个完整的生态环境系统，将教师、学生、课堂环境综观为一个相互制约、相互影响的整体，将生态学中的研究视角和相关概念运用到翻译教学的各个环节中，探寻影响教学活动和翻译活动的各方面因素，最终提高翻译教学效果和翻译实践能力（刘飞，2020）。

培养具有国际视野、通晓国际规则、能够参与国际事务并熟练使用外语、通晓涉外法律知识和法律文化且具备法律口笔译技能的复合型国际化人才离不开丰富的第二课堂，需要处理好第二课堂翻译教学生态系统中因子之间的关系，包括系统中占主体地位的老师和学生以及教材、教学硬件、测评和实习环境等等。其中师生关系，学生与学生的关系，教师与教学环境的关系，学生与教学环境的关系是应该主要考虑的因素。

3. 内容和形式

法律翻译的第二课堂是课堂基础教学的延伸，注重提升学生的实务能力，所以应该尽量多创造法律口笔译实务的训练机会，模拟真实场景，通过大量实践来提升法律翻译实务能力。在此过程中要注意激发翻译教学生态系统中的决定性因子（学生）的积极性和主动性。另外，作为重要因子的教师，在指导学生时应该注重知识性与趣味性的有机统一。练习中注重实践形式和多元化，从而满足不同学生主体的需求。学生的自身英语和法律知识储备以及运用能力存在较大的个体差异，因而第二课堂还要考虑到学生的学习个性化需求，为学生提供多元化的实践教学服务。教师应精心设计和确定哪些是适合全班一起做的实践内容，哪些是适合三人以上的小组做的，哪些是适合个别学生做的。不同的实践内容采用的学生参与组织形式不同，塑造和发展学生的合作精神，营造良好的法律翻译第二课堂教学生态系统。

以我校为例，法律翻译专业的第二课堂实践活动丰富多彩。遵循"由精到广"的培养顺序。除了给学生提供各种互联网学习资讯和平台，还安排了培养学生良好的思想政治素养和人文情怀的系列活动。如："青年大学习"线上主题团课，"先锋团校基础培训班"，"自强之星"暨"感动法大人物"颁奖礼，从"红色"音乐学四史，"学四史"系列活动之"中国共产党依规治党的百年探索"等；此外还安排了培养法律复合型人才所需的多维专业知识以及法律思维和跨文化交际能力的活动。如："学四史"系列活动，"从刑法修正看我国社会发展与治理进步"，"从国际经贸法律实践看待我国可持续发展的历史进步"，"与改革开放同频共振的民法发展"，"法考同仁会"，"外语文化节暨英语演讲比赛"，"尚学讲堂系列之百万畅销书作家畅谈英语学习"，"外语文化节闭幕式暨外语配音大赛"，"外语文化节英语话剧晚会"，"国际模拟法庭"以及法律翻译和写作等赛事，案例研讨会等。另外，该专业以核心素养为培养重点，在第三学年秋季期末安排了4周的社会实践，引导学生了解社会，掌握社会调查的基本方法；还在第四学年秋季学期安排了10周的专业实习，拓展多种渠道，"深协同""促开放"，推动与政府部门、法院、检察院、律所和企事业单位中涉外部门的合作，增强合力，安排学生进行涉外法律业务的实习，以提高学生的涉外法律实践能力，其间学生研究与分析问题的能力得到提升，专业实习后要求撰写调查报告或实习报告。

四、结语

法律翻译人才培养是个系统工程，为保证第二课堂的效果，建议引入相应的评价机制，检验涉外法治专业人才培养的效果和质量。法律英语证书（LEC）全国统一考试的推出填补了此领域的空白，为政府、外向型企业、律所招募涉外法治专业人才提供了客观标准，努力形成以涉外法治专业人才培养为中心的质量文化，使行业、高校、学生形成对人才质量的共同价值追求和行为自觉（张法连等，2019），推动高水平涉外法治专业人才培养体系建设。

参考文献

[1] 胡庚申 . 生态翻译学解读 [J]. 中国翻译，2008（6）：11–15.

[2] 刘飞，赵莉 . 生态学视角下翻译第二课堂的研究 [J]. 山西大同大学学报，2020，34（1）：113.

[3] 吴晓锋，战海峰 . 改进 LEC 证书考试，推进涉外法治人才培养——涉外法治专业人才考量标准研讨会在渝举行 [N]. 法制日报，2019–5–29.

[4] 张法连，李文龙 . 我国涉外法治专业人才培养体系构建研究 [J]. 语言与法律研究，2019（1）：145.

[5] 赵大程 . 在全国律协涉外律师"领军人才"培养第一期培训班上的讲话 [J]. 中国律师，2013（11）:5–9.

[6] 朱九思，蔡克勇，姚启和 . 高等学校管理 [M]. 武汉：华中工学院出版社，1983.

第六部分
教师培养与教材建设

提高研究生英语教师法律专业能力乃当务之急

中国政法大学外国语学院　刘　华

摘　要： 要培养“具有国际视野、通晓国际规则、善于处理国际事务”的涉外法治人才，必须发挥高校英语教师应有的作用，培养大师级别的高校英语教师。而研究生阶段，英语教师应在明确自己职责的基础上，组建学术共同体，分专业研读经典英文教材和权威英文期刊，并在教学实践中不断进步，助力涉外法治人才的培养。

关键词： 研究生　法律英语　高校英语教师发展

“所谓大学者，非谓有大楼之谓也，有大师之谓也。”要培养“具有国际视野、通晓国际规则、善于处理国际事务”的涉外法治人才，必须发挥高校英语教师应有的作用，提升研究生英语教师的法律专业能力，培养大师级别的高校英语教师。

一、法学专业能力的提升是目前高校英语教师面临的最大挑战

尽管取得的成绩不容否认，但是，涉外法治人才的培养仍任重道远。调查表明，全国范围内能熟练运用外语和专业知识与国外客户洽谈业务的人才仅 2 000 名左右，熟知 WTO 规则和相关国际法、国际贸易法的律师更是少之又少（刘坛孝、付平，2018）。“截至 2020 年底，我国共有律师 51.3 万人，进入中华全国律师协会涉外律师人才库的仅有 2 200 人；国内能承担高端涉外法律业务的律师更是凤毛麟角”（张法连，2021）。

其实，很多研究都意识到了问题所在：无论是对课程设置的研究，还是对双语教学的研究，抑或是对大学英语教学改革、高校英语教师发展、通用英语（EGP）或专门用途英语（ESP，又分为 EAP 和 EOP）、内容依托教学（CBI）、法律英语的研究，都指向了一个重要的因素——教师专业能力的提升。可以说，专业能力的提升是目前高校英语教师面临的最大挑战。高校英语教师在“法学 + 英语”国际化人才的培养中，同法学专业课老师一样不可或缺，而且不能被后者所替代。

然而，另一方面，多数高校英语教师的确不懂法律，尽管他们一直没有放弃努力，试图通过各种途径来弥补这一缺憾，但效果并不尽如人意，也因此存在着广泛的焦虑。目前，高校英语教师的发展途径主要有：建立师资培训机制；鼓励教师跨专业读博；和专业课教师合作教学；教师自我发展；项目学习法；海外进修。（席红换，2018；李月娥、石运章，2018；王卓君、田慧，2017）。这些途径各有千秋，但当今情势表明，它们也各有不足之处。首先，师资培训一般时间较短、不系统，内容也受制于授课的老师；读博、项目学习法和海外进修，能参与的人较少；而与专业课教师进行合作教学，以及教师自我发展，困难很大。事实上，巨大的困难已成为高校英语教师产生职业倦怠的重要原因（陈晶晶，2017）。

二、研究生阶段高校英语教师肩负的职责

提高研究生阶段英语教师的法学专业能力，必须明白这个阶段英语教师肩负的职责。研究生是国家和社会培养的精英，他们应该能应付和解决国家乃至人类面临的问题。这就要求他们不仅要有扎实的法学知识，还要把握本学科的发展方向，并在国际事务中贡献中国的智慧。

经过了小学、初高中和大学英语的学习，通过了研究生入学考试，研究生阶段学生英语应普遍达到 6 级及以上水平，词汇量大约 6 000 词。但是，学生应该掌握 1 万到 1.5 万词汇量（蔡基刚，2020）。因此，研究生阶段的第一个目标就是要尽量缩小这个差距。

至少经过了本科四年的学习，研究生对于专业知识的掌握比较扎实，但要把握学科发展方向，提出建设性意见，除了跟随专业课老师进一步提高法学外，还需要掌握本专业的英文术语，阅读相关的英文文章，并让世界了解自己的观点。

不管是哪个目标，高校英语教师都可以通过帮助学生阅读英文的法学经典教材和权威期刊，并指导他们练习表达来实现，这就是研究生阶段高校英语教师的职责。

三、建立学术共同体，提升研究生英语教师的法学专业能力

1. 高校英语教师学法学优于专业教师学英语

可以说要想培养"法学＋英语"的涉外法治人才，必须要先有"法学＋英语"的国际化教师。那么，这些教师是应该从专业课教师中产生还是从高校英语教师中产生呢？专业课教师虽有扎实的专业知识，但英语方面较为薄弱，即便是留学归来的教师，由于语言磨蚀现象的存在（孙峻、王艳蓉，2015），其运用语言的能力也会随着时间的推移逐渐减退。而英语教师语言功底扎实，繁重的课时使得他们的英文水平维持得较好，虽然缺乏专业知识，但就法学专业知识的学习来说，年龄越大、经验越丰富，反而越能理解法律制度及其背后的根源。因此，相较于提高专业课教师的英语，提高英语教师的法学专业能力更加可行。

2. 高校英语教师开设的法律课程与专业课教师开设的课程不冲突

高校英语教师和法学专业课教师在涉外法治人才的培养中都必不可少，但又各有职责，例如：

课程的不同之处	英语教师	法学专业课教师
语言	英文	汉语
内容	全部来源于某法学领域的一本英文必读教材或期刊	对某法学领域更全面的讲解
目的	熟练掌握某一法学领域核心知识的英文表达	熟练掌握某一法学领域应该掌握的所有知识
时效性	即使资料过时，仍可当成是普通的英文资料阅读	现行有效的法律规定是重点

3. 法学专业能力的提高

明确了职责之后，高校英语教师可以通过下面的步骤来提升法学专业能力。

第一，将英语教师组织到一起，建立学术共同体。可根据各校的不同情况，针对不同的法学方向，将英语教师分成若干组，每组由对同一法学领域感兴趣的教师组成。

第二，联系相关领域的专家，推荐经典教材和权威期刊。在此过程中，可充分考虑学校的资源，例如图书馆的英文书籍和数据库等。

第三，将教材和期刊的名单提供给各位教师，各组教师一起阅读。高校英语教师一般不存在英文理解障碍，通过教师间互为解答、借助中文译文和请教专业人士等方法，也能解决阅读中的法学问题。高校英语教师通过阅读经典教材，可以系统地掌握该部门法的核心学科知识、培养法学思维。如果高校英语教师掌握了核心法学专业知识，即便国际化人才培养中的一切问题不能都迎刃而解，也起码解决了关键问题。

对经典教材较为熟悉之后，可以根据本校图书馆的电子数据库的资源，追踪一种英文法学专业的权威期刊。即便刚开始会觉得有难度，但随着对专业知识理解的加深和对某一种专业期刊各块内容的熟悉，英语教师定能感觉游刃有余，并借此进一步提升自己的专业能力。

因为教师对素材越熟悉，学生越能受益，所以可以只要求英语教师读懂一本法学英文教材，追踪一种期刊。

四、在教书的过程中不断成长

在阅读完教材以及一定量的期刊文章之后，英语教师就可以面向研究生开设相关的课程。

1. 法律英语课程必不可少

在研究生阶段，法律英语的课程必不可少，一是因为学生在词汇量方面的差距还较为明显，二是因为研究生像所有学习外语的人一样，需要抗拒语言磨蚀。正规课堂比在自然环境中习得英语的学习者更耐磨蚀，明示式掌握的英语比浸泡式或直接式耐磨蚀，侧重输入型教学（听和读）比侧重输出型教学（说和写）更耐磨蚀，并且课堂训练的强度越大，学习者耐磨蚀的能力越强（郭荣敏，2020），因此，必须要开设法律英语课程。

2. 教学内容和方法

研究生阶段的法律英语课程应该引导学生阅读经典教材和权威期刊中的文章。因为经典教材是对某一专业相关知识的系统论述，所以能涵盖几乎所有的专业术语；由于其中的大部分知识是学生所熟悉的，学生可以把注意力放在英文术语的记忆和句型的模仿上。法律英语课程还应该让学生了解英文数据库的使用方法，学会如何找到自己所需要的资源。阅读期刊文章，还能帮助学生熟悉论文写作的格式。

授课方式可以在"产出导向法"（Production-oriented approach，简称 POA）的理论指导下进行。POA 主张"学用结合"，将"输入性学习"与"产出性运用"紧密结合，主张"边学边用，学用结合"，提倡输入性学习和产出性运用紧密结合（刘凌燕，2018）。因此，可以让学生按照进度课前阅读相关的章节或文章，教师就重点难点设计问题，一方面检查学生的理解，一方面让学生通过对问题的回答来练习表述（肖鹏，2011）。这种上课方法还能够克服课时少的不利条件。

除此之外，教师还可以对出现的专业术语进行列举，对学生理解有问题的长句进行分析，提醒学生在法律语境下一些词汇的特殊含义，要求学生对文章进行高度概括和总结，并对总结进行点评。

3. 分专业小班授课，大量阅读

研究生都有自己的专业，因此与教材和期刊相关的法律英语课程也必须分专业进行。而小班授课，一是分专业的必然结果，二是这样老师才能照顾到更多的学生，学生才能有充分的练习时间。三年的研究生学习，学生应该至少读一本书，关注一种期刊。

要想提高英语，大量的阅读至关重要。美国学生的阅读量差不多是一门课每周 100 到 120 页，还很有可能超过 120 页，而这只是一门课的阅读量，每个学期学生有可能选修数门课程（李晓郛，2017）。中国学生如果要参与到国际事务，阅读量也必须能达到类似的标准。

4. 考核评估

考核的目的是让学生真正掌握该掌握的知识。因此，考核评估可以从相关资料的寻找和术语的掌握，以及对所学内容的理解等方面展开。

总结

进入 21 世纪，高校英语教师面临着巨大的压力。建立学术共同体，提高法学专业能力可为高校英语教师打开一扇大门。随着对所选定法学领域的熟悉和资料的积累，高校英语教师不仅可以编纂词典、评述已有的翻译，对于新出现的重要著作，也可以通过分工合作，迅速准确地将之翻译成中（英文）文。更重要的是，法律英语教师指导学生读英文经典著作，跟踪英文权威期刊，法学专业课教师鞭促学生更加深入全面地学习法学专业知识，二者结合，才能有效持久地培养涉外法治人才。

参考文献

[1] 蔡基刚 . 新时代我国高校外语教育主要矛盾研究：70 年回顾与思考 [J]. 中国大学教学，2020（1）：51–55.

[2] 陈晶晶 . 安徽省高校英语教师职业倦怠现状调查研究 [J]. 昭通学院学报，2017，39（3）：102–105.

[3] 郭荣敏 . 语言磨蚀视角下的大学英语教学策略研究 [J]. 阜阳职业技术学院学报，2020，31（4）：28–30. 转引自：Hansen L. Second language attrition in Japanese Contexts[M]. Oxford: Oxford University Press, 1999：142–153.

[4] 李晓郛 . 数据下的美国法治人才培养研究 [M]. 北京：知识产权出版社，2017：52.

[5] 李月娥，石运章 . 国内 ESP 教师发展研究的文献综述 [J]. 教师教育论坛，2018，31（9）：24–28.

[6] 刘凌燕，杜珺 . "产出导向法"视域下的研究生专门用途英语教学研究 [J]. 学位与研究生教育，2018（9）：27–31.

[7] 刘坛孝，付平 . 大学英语教学目标的调整与实现路径研究 [J]. 当代教育理论与实践，2018，10（4）：118–121. 转引自：董伟 . 人才短板阻碍中国企业走出去 [N]. 中国青年报，2010–07–08（10）.

[8] 孙峻，王艳蓉 . 高校英语教师中存在的语言磨蚀现象及对策研究 [J]. 西华大学学报（哲学社会科学版），2015，34（3）：92，96，108.

[9] 王卓君，田慧 . 体育院校英语专业 ESP 教师发展模式研究 [J]. 河北体育学院学报，2017，31（4）：55–59.

[10] 席红换 . ESP 背景下英语教师发展探讨 [J]. 山西大同大学学报（社会科学版），2018，32（5）：95–97.

[11] 肖鹏 . 研究生法律英语教学方法及其应用刍议 [J]. 广东外语外贸大学学报，2011，22（4）：86–91.

[12] 张法连 . 加快涉外法治人才培养体系建设 [N]. 人民日报，2021–03–25（19）.

Teacher Learning in Difficult Times: Examining Foreign Language Teachers' Self-Learning and Development about Online Teaching in the COVID-19 Pandemic

中国人民公安大学涉外警务学院　李修平

Abstract: This study assesses the impact of school closures on EFL teachers' self-learning and development in the context of COVID-19 pandemic. Studying the impact of the disruptions on EFL learning is particularly urgent, since EFL teachers consist of the largest group of English teaching and their efforts and investment have significant impact on the effect of classroom practice. The study deals with the EFL teachers' adaptability to new methods of teaching in online classes and their pressures and perceptions about online teaching. It also explores the ways and methods the EFL teachers undertake to accommodate themselves to the new challenges. Also, this paper presents about the ways and channels that EFL teachers are involved to self-learn and seek professional development in order to correspond to the new classroom setting. And further, the study demonstrates their wishes and hopes about the university authority in listening to their inner voices and in meeting their real needs.

Keywords: COVID-19 Online Teaching　Teacher Perception and Pressure　Teacher Self-Learn　Teacher Professional Development

1. Background

Erupted at the end of 2019, the coronavirus (COVID-19) pandemic resulted in widespread disruption in education. In many education systems and schools, routines and practices that were in place for decades have been changed overnight, overturned, updated and dismissed. New insights into the transmission and effects of the coronavirus (COVID-19) routinely brought with them changes in the recommended ways for people to interact with each other. Education, which is based on human relationships, has been strongly affected, and so have the lives of millions of teachers, students, parents and school leaders all over the world. The impact has been dramatic and transformative as educators scramble to put in place feasible short-term solutions for remote teaching and learning, particularly in some poor and remote areas, especially in the mountainous areas, where students and schools face additional challenges related to financing and available network infrastructure.

The education sector has, as the others, been imposed for the paradigm shift from traditional physical classroom education methodology to the online classes. Teachers are making great efforts to maintain the same depth of engagement with students which they could have in a real classroom setting. Yet, the pandemic also reminded parents and students of the important role teachers and schools play. Many parents came face-to-face with the complexity of a teacher's job, which not only requires know-how, but also a lot of patience. Being in the spotlight of the family members also put extra pressure to teachers. The other part of the equation is, of course, how well educational institutions are equipped and accustomed to online learning, and how well teachers are prepared and engaged in online teaching.

The additional pressure that the current, worldwide unrest of education putting on teachers could have a negative effect on their willingness to stay in the profession, let alone to find time to learn in order to respond to the changes in educational system.

This paper deals with the teachers' adaptability to new methods of teaching the students in online classes, through video-conference like Tencent Cloud Meeting, Dingding Meeting, Yu Classroom, Classin, etc. and the challenges that they face. Also, this paper presents about the ways and channels that the teachers are involved to self-learn in order to correspond to the new classroom setting. What will be the long-term effect of all this on teachers' professional development, and their willingness to take up time and energy on self-cultivation?

It is of great importance to research and study the personal learning and the professional development of EFL teachers at tertiary level in China because these teachers play a key part in the overall language education of the large quantity of college students. The purpose of this study is to explore the experiences of Chinese EFL teachers at the tertiary level as learners in order to understand how they learn to teach and their context in relation to their knowledge, beliefs, and practice. Particularly, given this difficult time, language teaching methods will definitely change due to the change in the teaching setting, type of feedback, teacher and learners' extra skills in the use of technology and the different communication environment. The study will throw light on the mindset of the teachers in response to the new challenging period.

2. Introduction

In the past decades, China has witnessed an increasing growth in the number of English learners in China. A recent, yet conservative estimate is that China has approximately 200 million English users (Zhao & Campbell, 1995, as cited in Cortazzi & Jin 1996). The emergence of English as a global language has had tremendous impact on government policies and educational practices in China, especially since it's joining of the World Trade Organization (WTO) and the awarding of the 2008 Olympic Games to Beijing. In September 2001, the government lowered the age of learning English as a compulsory subject from 11 to 9 years, and all the colleges and universities under the control of the Ministry of Education were all obliged to use English as the main instructional media for undergraduate courses related to economic growth (MOE, 2001).

The demand for English and language education has thus dramatically increased. As a result, China now has the largest number of English learners in the world, with an estimated number of 50 million in the regular education sector and 150 million in the non-formal educational sector with a total number of 500,000 full-time English teachers (Wang and Lei, 2000). Consequently, there is an increasing demand for qualified English language teachers in China. However, the government's "great leap forward" for English also creates significant problems including unequal access to effective language instruction, inadequately trained and skilled teachers, and a gap between curriculum and pedagogical reality (Nunan, 2003). The preparation of quality teachers is not a new issue in English education, foreign language (FL) education, researchers as a second language (ESL) and English as a foreign language (EFL) education state the importance of teachers in the overall effectiveness of language learning and teaching (Freeman, 1941; Freeman, 1989; Perng, 1987; Robinson, 1991; Schrier, 1993). However, teachers are not given enough attention in the research of language education both in Western countries as well as in China. Especially, the teachers' perceptions and beliefs are rarely studied. Over the past two decades, teaching had been researched from the outside, from the perspective of a researcher or an observer looking at observable classroom teaching processes or teaching behaviors (Long & Richards, 1996, in preface to Woods, 1996). Teachers are neglected as learners and so, by extension, is the process of their learning to teach (Freeman, 1989).

For centuries deep inside Chinese, vastly influenced by Confucius, knowledge has been viewed as a sacred system that can be transmitted from a teacher endowed with a great deal of knowledge, authority, and respect. Knowledge is received and memorized, not constructed or created; knowledge is power and property, not shared (Szalay *et al.*, 1994). Accordingly, teaching a foreign language in China has meant teaching a set of language and cultural rules, or in today's more beautiful words, "Widening students' horizons and sharpening their awareness of cultural difference." In English classrooms, the notion is that language learning involves a quantitative increase (*liangbian*) in knowledge through memorizing the target language's vocabulary and grammar, which will automatically lead to fluency and appropriate use of language, the final qualitative change (*zhibian*) (Dzau, 1990). Now, the emerging government-supported approach of TBLT, which has its origin in western pragmatism and modern constructivism, calls for learning by doing/using, meaningful knowledge construction, and teaching language through communication. This new approach promotes a creative and critical pedagogy that clashes with the prevailing traditional thoughts and practice that are deeply rooted in Chinese culture of learning (Hu, 2002b). The new and traditional approaches are in conflict in several important respects: the philosophical assumptions about the nature of teaching and learning (e.g. the interactive model of TBLT vs. the Chinese epistemic model), perceptions of the respective roles and responsibilities of teachers and students (e.g. learner-centeredness vs. teacher dominance/ control). Learning strategies encouraged (e.g. verbal activeness vs. mental activeness), and qualities valued in teachers and students (e.g. independence and individuality vs. receptiveness and conformity) (Cotazzi & Jin, 1996a, 1996b; Hu, 2002b). Indeed, such radical changes will require a great deal of learning on the part of teachers and will be difficult to make without support and guidance (Darling-Hummond and Sykes, 1999; X. Wu, 2005).

Though Chinese educational authority realizes that EFL teacher professional development, the current programs available to teachers are inadequate. Every year, the government invests huge sums of money on in-service teacher training programs (X. Wu, 2005). Even those programs offered at the national level are rarely based on research-based understanding of teachers' educational needs.

In the context of a booming demand for EFL education in China, the shortage of teachers qualified to teach in such programs, and ineffective teacher professional development programs, this research project addresses important issues at an opportune moment in Chinese educational thought and practice. The goal of this study is to explore Chinese EFL teachers' learning process at the tertiary level, their perceptions of knowledge, and their practices in order to make recommendations for new and effective teacher professional development programs in China.

3. Review of Relevant Research and Theory

The research and study on teacher learning and development is a comparatively young field, and particularly those on EFL teachers at the tertiary level are rare. Recent decades have seen the emerging of new concepts and ideas. In order to develop a framework for this study, I would like to achieve a clear understanding of the meaning of teacher education as the first step. This part reviews the related studies on theoretical approaches to teacher education, research issues in the field of foreign language and EFL education and problems in China's college English language teacher education.

Teacher education is defined as "those formal or informal experiences designed to prepare an individual to become a teacher (pre-service) or to improve the professional skills of practicing teachers (in-service)" (Dejnozka and Kapel, 1991). And teacher learning has been defined as an "unstudied problem" since the 1980's in general education (Clark & Peterson,1986; Kennedy, 1991; NCTRE, 1988) and recently in language education (Freeman, 1996; Freeman & Richards, 1998). The latest trend in teacher education in ESL and foreign language teacher education, moves from "teacher training" to "teacher education" (Mendelsohn, 1994; Richards & Nunan, 1990).

Drawing on advances in cognitive science, teacher educators have come to recognize that teachers are not empty vessels waiting to be filled with theoretical and pedagogical skills; they are individuals who enter teacher education programs with prior experiences, personal values, and beliefs that inform them of knowledge about teaching and shape what they do in their classrooms. "To return to teachers the right to speak for and about teaching," as Elbaz (1991: 10) puts it, has brought teachers into the research process, a critical element of professionalization. In outlining an agenda for research, Kennedy (1991) notes, "Teachers, like other learners, interpret new content through their existing understandings and modify and reinterpret new ideas on the basis of what they already know or believe." (p.2) In the same article, Kennedy defines teacher learning as a function both of the teacher-learner and of the learning experience itself. She insists that teacher educators must design research that examines both what teachers bring with them to new experiences themselves—the features that are likely to promote learning the new ideas or practices offered to them. Therefore, teacher education should involve teachers in developing theories of teaching, understanding the nature of teacher decision-making, and strategies for critical self-awareness, self-evaluation and reflection. Teacher education emphasizes the interactive process (Freeman,1989), and provides opportunities for trainees to develop their knowledge, awareness, and skills while reflecting on their teaching experiences.

Constructivism, considers diversity of participants when training and preparing teachers, though it has been criticized for abstracting the person from the sociocultural context (Bell & Gibert, 1996). Constructivism holds that, "All learning takes place when an individual constructs a mental representation of an object, event or idea." (Bell & Gibert, 1996:44) In other words, learning involves relearning, reorganization of one's prior representations of the world. Accordingly, professional development and improvement of teachers should depend on the participants and their learning contexts. This view indicates the need to supplement a conventional knowledge base with the concept and study of a teacher as learner.

Some researchers in the field of language education have emphasized the importance of regarding both novice and veteran teachers as learners. (Freeman & Johnson, 1998; Kennedy, 1998; Pennginton, 1990) Pennginton (1990) points out, "since every teacher and learner is different, teaching is most effective when it is based on two kinds of knowledge: knowledge of the students and knowledge of oneself." (p.135) Kennedy (1998) suggests expanding the list of things to be learned including defining learning as transformation, reconsidering the role of the formal study of teaching, and encouraging the longitudinal study of teacher learning. Freeman and Johnson (1998) add the concept of the teacher-learner as another dimension to the knowledge base of teacher education. They state, "in the push to understand the complexity of language learning in the classroom, teachers are often overlooked, and they are portrayed as conduits to students rather than as individuals who think, and are learning, in their own right." (p.407)

Teacher learning and professional development, a young field of research, has since flourished. Recent years have seen a growing body of literature that calls for understanding the process of teacher learning as normative and lifelong, emerging out of and through experiences in social contexts (Freeman & Johnson, 1998). This new development leads to a reconceptualization of the knowledge base of language teacher education which promotes serious recognition of teachers' personal practical knowledge (Golombek, 1998) and learning and teaching from experience (Kamhi-Stein, 2004), and proposes research on teacher learning in language teaching (Freeman & Richards, 1996). All these new understandings provide a theoretical basis for my study.

4. Materials and Methods

The study reported here is a qualitative inquiry into what the language teachers adjust to the new challenges, how they carry out and reflect on online EFL teaching in the COVID-19 pandemic period, trying to construct meaning from their thoughts, feelings and experience, in this difficult time, and their attempt to map their mindset of self-learning for professional development in response to the new online classroom setting.

This study is carried out within the frame of theory of constructivism. Constructivism learning theory is a philosophy which enhances students' logical and conceptual growth. The underlying concept within the constructivism learning theory is the role which experiences or connections with the adjoining atmosphere play in student education. The constructivism learning theory argues that people produce knowledge and form meaning based upon their individual experiences. Two of the key concepts within the constructivism learning theory which create the construction of an individual's new knowledge are accommodation and assimilation. According to constructivism, reality is constructed by individuals interrelating with their cultural and social world: human beings, and by necessity, including teachers, seek understanding and perceptions of the real world where they live and work, and develop subjective understanding from their own experience.

As Merriam (1998) indicates, qualitative researchers are fully interested in and actively engaged in understanding the meanings people construct with the environment, and this is also in line with the purpose of this study as well.

4.1 Participants

The subjects of this research are the EFL faculty members in three comprehensive universities which are all located in Beijing. The participants in this study are five college English teachers, which constitute the largest EFL teacher group in China. They're chosen mainly because they are largely representative of EFL teachers and their educational backgrounds and teaching experience varied substantially. For the sake of protection of personal information and for the convenience of data presentation, the participants are referred to as Tom, Linda, Lucy, Laura and Tina. Table1 reviews an overview of these teachers' demographic information:

Table 1　overview of participants' demographics

Name	Gender	Age	Educational degree	Year's of teaching	Course	Students' university year	Online platform
Tom	Male	30	MA	4	College English	Second year	Tencent
Linda	Female	43	PhD	17	College English	First year	Tencent
Lucy	Female	46	MA	24	College English	First year	Tencent
Laura	Female	46	MA	25	College English	Second year	Tencent
Tina	Female	44	MA	21	College English	First year	Tencent

4.2 Data Collection and Research Procedure

The data of the present study were collected from March 1 to 7 for a week through questionnaire. As the lockdown measures are still partially carried out in Beijing and people are discouraged to get together socially, the questionnaires were distributed through WeChat. The participants were supposed to answer the questions and then returned back via WeChat too. The survey package to each participant include a preface letter, an electronic version of the survey questionnaire. The preface letter explains the purpose of the study. It clearly states that the data gathered from the survey will be used strictly for educational research purposes. All information provided by the participants will be confidential. The subjects will be clearly told that their participation is completely voluntary, their answers to the questionnaire have no bearing on their current teaching, and that their confidentiality would be guaranteed.

5. Data Analysis

The data analysis procedures began immediately after the return of the questionnaire by the participants and subsequent data were processed. They were then processed through thematic analysis, which is defined by Braun and Clarke (2006) as: "A method for identifying, analyzing and reporting patterns within data." (p. 79) Thematic analysis is a widely used method of analysis in qualitative research. In 2006 Braun and Clarke published an article that described to novice researchers how to use thematic analysis in a step-by-step manner. Braun and Clarke (Braun and Clarke, 2006; Miles et al., 2014) state that thematic analysis is a foundational method of analysis that needed to be defined and described to solidify its place in qualitative research. It allows for flexibility in the researchers' choice of theoretical framework. Some other methods of analysis are closely tied to specific theories, but thematic analysis can be used with any theory the researcher chooses. Through this flexibility, thematic analysis allows for rich, detailed and complex description of the data.

6. Findings and Discussion

6.1 EFL Teachers' Self-learning and Development about Online Teaching in the COVID-19 Global Pandemic

As the world becomes increasingly interconnected, so do the risks we face. The COVID-19 pandemic doesn't stop at national borders, and it imposes enormous influence on people regardless of nationality, level of education, income or gender. Education is no exception. In the ongoing COVID-19 pandemic, policy decisions to close schools have been under debate. As decision makers need to balance public health and educational concerns, there is little evidence available how interruptions in instruction due to school closures affect students' academic achievement and language development, needless to say, how teachers catch up with the times and update their knowledge to cater to the new environment.

This study assesses the impact of school closures on EFL teachers' self-learning and development in the context of the COVID-19 pandemic. Studying the impact of the disruptions on EFL learning is particularly urgent, since EFL teachers consist of the largest group of English teaching and their efforts and investment have significant impact on the effect of classroom practice. As in many other countries, universities in China had been closed for half a year in the spring of 2020, and in subsequent months, there were no regular EFL classes as instruction. As a consequence, when the universities reopened, EFL lessons took place and were scaled back dramatically. In the meantime, it also provided an opportunity for all parties involved to update their reflection about EFL teaching and upgrade their knowledge and skills of information technology to meet the needs of online teaching.

6.2 Teachers' Perceptions and Pressures of Online EFL Teaching over COVID-19

When asked, nearly all the participating teachers expressed their perspective about the striking differences between real classroom setting and online EFL teaching setting. And also all the participants said they were working under greater pressure over COVID-19 as compared with traditional forms of teaching. The pressure not only comes from the lack of initial psychological preparation, but also from the family chores. Linda expressed her view of her pressure over the difficult period:

> *Linda: Yes, they come from the unfamiliarity of the computer teaching software at the beginning stage of online teaching, and at the following stage you have to change the traditional teaching approaches to adapt to the new online teaching environment, such as coming up with new ways to strengthen the interaction between you and students since most of the time they are hiding behind the computer screen and you are not clear whether they are listening to you or have left. The difficult access to have face-to-face contact with the students will bring a feeling of frustration and anxiety to me.*

As reflected in Linda's experience, she was worried about the lack of computer teaching software and also the ineffectiveness of interaction with the students, which caused great anxiety. Meanwhile, teachers are mostly also parents themselves and may need to assist their own children with online learning. This also results in great pressure on the teachers, which, in the struggling of striking a hard balance between supporting their students' online learning and that of their own children's, compromises their availability to teach and supporting the former group.

> *Lucy: Yes. I do. Mainly three aspects: not familiar enough with the technology and sometimes computers may break down with no reasons at all; preparing lessons are much more work than before because students don't have textbooks at hand and you have to make great PPT and it takes a lot of time; it's not convenient for teachers and students to interact, esp. pair work or group work are hard to organize.*

6.3 Integrating Traditional Classroom Teaching into Online EFL Teaching with New Skills

When asked if there are a lot of differences between real classroom setting and online classroom setting, all the participants give an unanimous answer: yes. That shocked me, because in the hypothetic period, I assumed that there would be at least one or two who don't agree with the assumption. But the result is a little unexpected. As Linda put it in the answer:

> *Linda: Surely, it is. You can have easy contact with the students in real classroom setting. You can perceive the facial expressions, body gestures of the students, which can help you instantly figure out whether they could understand you or not. If you find them confused, you can slow down the speed of teaching or repeating what you have just said.*

The positive feedback will give teachers a feeling of control.

Tom: While in online classroom setting, the lack of feedback will make teachers feel at a loss and anxious. Online classroom setting also has its advantages. You can rely on the Superstar platform to conduct some discussion activities and assign some homework. You can get a detailed data about the learning time, percentage of completion, correction rates, and etc., which can help you to have a clear evaluation of the students' learning situation. It is also convenient for the teachers to use online learning audio or video materials for teaching and do some activities like voting to stimulate the interests of the students and enhance the interaction.

It seems that few teachers are able to easily cope with the transition to online learning environments quickly and effectively. There are numerous differences between teaching online and teaching in offline classroom. While the subject matter and learners may be the same, teaching online requires different skills and teaching methods than teaching face-to-face. Even teachers well experienced in the use of educational technologies to support student learning in classroom environments, and whose students regularly use educational technologies outside of class, can struggle when operating in a wholly online environment.

Lucy: Yes. Online classroom setting can be easily influenced by the place where students live. Some students may have bad Internet connection, which make them unable to have a class smoothly. Students may easily get distracted by people in the room, who may talk or make some noise. The same is true of teachers. Some teachers don't have a quiet room with children making all kinds of noise in the room. Besides, the learning atmosphere in online classroom is not good enough. With the teacher watching them, some students may not focus their attention and do something else.

6.4 Challenges Facing EFL Teachers Managing Classes Online over COVID-19

All the participants expressed their confusion and anxiety during the initial stage of online teaching. Suddenly exposed in a totally new situation, they have to spend some time, longer or shorter, to adjust themselves to the new way of giving lectures. They are all already familiar with the traditional approaches in face-to-face delivery in real classrooms before the outbreak of COVID-19. Few of them have mastered or been trained to have a sound command of digital lecture transaction. Just like what Linda said she felt at a loss when having online classes and seem to be lack of control of her students.

Lucy: I need to be trained at classroom management skills level. In the real classroom, I can easily sense the students' needs and can immediately respond to them. But in the virtual classroom setting, I don't know if the students are really listening to me or really understand what I teach. In the real classroom, I may easily organize many kinds of activities, such as pair work, group work, work shop brainstorm, guessing games, etc. But in online classroom, I often struggle with facilitating group work or enforcing classroom rules.

It seems that all the teachers are very clear about the differences between the before pandemic classroom setting and the after pandemic setting. What they concerned most are mainly in the uncertainty of the status of the students and they seemed to suddenly lose control of a familiar toy and felt were thrown into a sea unknown.

Linda: There is a big difference between online teaching and offline classrooms. 1. Uncontrollable student status; 2. High requirements for students' sense of self-discipline and self-control. After a period of time, the difference between students is much higher than offline; 3. Online teachers experience poorer, more tired, weaker and achievement feelings are at a low level; 4. Online interaction lacks emotion. Post-00s students prefer typing rather than communicating in spoken language, so hiding behind the screen is the comfort zone of most students, and there is almost no positive pressure for classroom learning and peer competition.

6.5 Teachers' Perceptions on the Need of Acquisition of New Knowledge and Skills in the Initial Stage of COVID-19

With the movement restrictions and school closures happened resulting from the COVID-19 pandemic, teachers had to rapidly change their way of working to manage remote teaching and learning, often with little spiritual preparation. For many teachers, the sudden change of lecturing form make it hard to accommodate, though some educators have been positive, responsive and solution focused. Trying to sort through resources and align the most relevant to the curriculum can feel overwhelming. Teachers may feel confused and unsure about how to make remote learning enjoyable and fun for students. Many were feeling worried and anxious about their students being on track with their learning. This can be a stressful time for teachers.

On the other hand, it is quite a challenging job to balance work and personal demands (caring for children and elderly relatives, household chores, etc.). In addition, many people feel isolated, as they are not being able to attend collective worship and/or community gatherings and events.

Lucy: after being long confined at home, I'm worried that I'm losing the chances to brush up my knowledge and may be outdated. I sometimes feel isolated from my peers and my school community and not confident at giving lectures as before. I need to have opportunities to get further training about online teaching and giving feedback.

From the questionnaire we can see that they may worry that they do not have the right skills and knowledge to manage learning remotely. They may feel frustrated and tired. At the same time, they are eager to have opportunities to learn some new digital skills and methods to maintain the same effect of teaching. They have a strong desire to keep updated in order to cater to the challenges through understanding of students' learning needs.

6.6 Channels and Methods to Self-Learn and Develop Professionally

In the presence of the disruption faced by educational systems, teachers have played a key role in guaranteeing the successful learning and will continue to have a critical role in moderating the impact of the COVID-19 crisis on students. New situation has imposed new challenges on teachers in finding new methods and skills to fulfill their duties, and given the right-now demands of the pandemic, focused support and professional development will be crucial. As social distancing and safety measures need teachers to upgrade their traditional knowledge and skills, in-person training for the foreseeable future, remote professional development programs will be needed to ensure teachers are supported, both now and in the post-COVID world. Teachers also need to self regulated to invest in their professional development. With the focus, now on remote teaching and learning, there may be new skills and knowledge that they need to refresh up.

Tina: Over the COVID-19 pandemic, I strongly feel it urgent and critical to update my existing knowledge and skills. So I often reach out for support. Sometimes I reach out to my peers, colleagues, and work together to create, to adapt resources and design lesson plans. Sometimes when I feel at lost, I try to seek advice from peers on how to manage remote teaching and learning. Under the circumstances of uncertainty, I'm often struggling with managing the demands on my time. I'm not bothered in the least to reach out to my friends, family and colleagues to get support. These are not normal times, and it's not a sign of weakness to need help with things like anxiety.

It seems that all the participants need to maintain professional and social connection with their peers. They see it as a good way to keep them updated with the times. They reach out to their colleagues using phone, video calls, and text messages to share their feelings and worries, as well as strategies and tips to support remote teaching and learning. They usually take a positive attitude toward the self-leaning and professional development and seek for help when needed. Staying in touch with school community will not only help them feel connected, but also support their professional growth.

Lucy: In order to act quickly to adjust myself to the new situation, I read articles online and participate in remote training conferences, live workshops, and in-person seminars. Also there are a lot of MOOC resources online that I could turn to.

And here is what Linda said: The essential technical learning is necessary, but after all, technology is only a means and a platform, not an end. The purpose of English classroom teaching is still interpersonal communication. There are many ways to learn new technologies: various software descriptions, online seminars, workshops, and online WeChat groups, small programs, publishing houses and other institutions, exchanges with colleagues in schools, and so on.

6.7 Teachers' Wishes and Hopes for the University Authority over the COVID-19

As reflected in the questionnaire, all the participants wish that the university authority could do more both financially and spiritually and hope that the authority could create more opportunities of training or online workshops for them to participate in.

Linda: "May the work unit organize more activities for teacher learning and development and give more financial and sprit support."

Interestingly, some of the participants stated that the university level authority seems mistrust their efforts and is busy giving instructions on how to manage classes without listening to them and learning their real needs. Participating in school governance means having opportunities to shape the work environment, which is positively associated with teachers' satisfaction with their terms of employment. Since teachers are called on to contribute to shaping the new educational environment, they should be given a say on how to implement the new requirements, at least for decisions at the college level. Besides, improving the decision-making process itself also will make teachers feel more empowered and satisfied with the conditions of their work environment.

Tom: " What I'd like the authority to do is to hear us, to get to know what we really need, the challenges we face and difficulties we have over the COVID-19 period. With two kids still having online classes at home, I have to struggle many times to strike a hard balance between the workload and my family chores. It seems that the authority doesn't know our sacrifices."

It seems that all the participants have a strong desire to gain support for teachers' continuous professional development. The material support such as financial incentives, reduction of teaching time, and reward for extra efforts are the important determinants of teachers' satisfaction with their terms of employment. These forms of support may be particularly welcomed by teachers in the current situation, in which they have to take in and master very quickly new, sophisticated information on responding to health risks, changes in student behavior and adapting teaching practices.

Tina gives her wishes: 1. School decision-makers should truly experience the whole process of online teaching, experience the hardships and difficulties of frontline teachers, including physical and mental hardships. A good class requires 8 times the preparation time behind the scenes. Teachers still need time to recharge, to study, and to participate in vocational education, and hope that non-teaching time and work can be streamlined, so as to reduce the burden on teachers. 2. The school invites authoritative experts to give targeted lectures, such as teaching methods, teaching concepts, educational psychology, psychological decompression, and so on.

Motivated teachers make school systems strong. By supporting and empowering teachers during the coronavirus crisis and beyond, education systems will ensure they are well placed to alleviate learning losses and help drive the COVID-19 recovery.

7. Conclusions

College teacher education is a complex project which involves a lot of elements. While informal self-directed, group-oriented, and formal learning are all important for teacher growth and development, teacher needs-based learning experiences that are embedded in a holistic learning process are the most helpful.

However, over the COVID-19 pandemic, due to social distancing measures designed to limit the spread of the virus are likely to interrupt or at least severely limit in-person professional development activities for the predictable future, such programs will need to be adapted or developed for remote delivery. When all the universities and educational institutions are fully closed, little research attention has been paid to documenting and analyzing attempts of education are in full closure, it also make it very hard to get to know the conditions of the massive EFL teacher group. Thus little research attention has been paid to documenting and analyzing attempts of the changes of educational environment. Related "good practices" or "bad practices" records are considered rare, and on the whole, activities and initiatives of these sorts are poorly documented, especially when it comes to the needs of learners and education systems across the whole universities. In the presence of the COVID-19, very few classroom teachers have received training on online instructional approaches and tools. If they want to have an effective online teaching to support their students' learning, they need to be prepared to do so through in-job training. Where this is not possible, educational systems should not develop an approach to online learning that relies on teacher instruction or involvement. The university authority should make enough available the existing channels as peer support group, especially where they are already enabled through the use of technology tools such as email, online message boards, WeChat, MOOC websites, open lessons of famous universities etc., can be invaluable when teachers are obliged to get involved to work fully online.

In order to engage and motivate teachers to stay on track professionally, the university authority, not only need to provide resources of remote professional development training, but they also need to give them a say and listen to their inner voices in order to cater to their real needs. Regardless of whether universities will be open or closed, and whether the programs are face-to-face, remote or mixed, professional development programs should be designed in such a way that teachers' participation and engagement can be sustained, enabling them to continue learning and developing their skills, even in the turmoil contexts.

In spite of its significance, our study has one obvious limitation: The lack of data from students. COVID-19 imposed challenges to both teachers and students. Data from students' perspectives would allow for a more holistic study. Future research might consider including data from students' perspectives for a more generalizable and holistic study. On the other hand, due to the time limit and lockdown measures, we couldn't reach out to massive subjects and get more teachers engaged.

References

[1] ALLEEN T. PEARSON. The teacher: theory and practice in teacher education[M]. New York: Routledge Press, 1989.

[2] BELL B, J GILBERT. Teacher development: A model from Science Education[M]. London: Falmer Press, 1996.

[3] BRAUM V, CLARKE V. Using thematic analysis in psychology[J]. Q. Res. Psychol, 2006, 3: 77–101.

[4] CICHARDS J C, NUNAN D. Second language teacher education[M]. New York: Cambridge University Press, 1990.

[5] CLARE KOSNIK, CLIVE BECK, ANNE R. Freese: Making A Difference in Teacher Education Through Self-Study[J]. Netherlands: Springer.

[6] DEJNOZKA E L,D E KAPEL. American educators' encyclopedia[M]. New York: Greenwood Press, 1991.

[7] ELBAZ F. Research on teacher's knowledge: the evolution of a discourse[J]. Journal of curriculum studies, 1991, 23: 1–19.

[8] FREEMAN D, J RICHARDS. Teacher learning in language learning.[M]. Cambridge University Press, 1996.

[9] FREEMAN D, K JOHNSON. Reconceptualizing the knowledge-base of language teacher education[J]. TESOL Quarterly, 1998, 32: 397–417.

[10] FREEMAN S A. What constitutes a well-trained modern language teacher? [J]. Modern language journal, 1942, 25: 293–305.

[11] GOLOMBEKP R. A study of language teacher's personal practical knowledge. [J]. TESOL quarterly, 1998, 32(3): 447–464.

[12] KAMHI STEIN L.D. Learning and teaching from experience: perspectives on non-native English-speaking professionals[M]. Michigan: University of Michigan Press, 2004.

[13] KENNEDY M. An agenda for research on teacher learning. Special Report 91. East Lansing: Michigan State University[J]. National Center for Research on Teacher Learning, 1991.

[14] KENNEDY M. Learning to teach writing: does teacher education make a difference? [M]. New York: Teachers College Press, 1998.

[15] LONG M H, RICHARD J C. Series editor's preface. In Understanding expertise in teaching[M]. New York: Cambridge University Press, 2003.

[16] MERRIAM S. B. Case study research in education: a qualitative approach[J]. San Francisco, CA: Jossey-Bass, 1998.

[17] MILES M B, HUBERMAN A M. Qualitative data analysis: an expanded sourcebook (2nd ed.)[M]. Thousand Oaks: Sage Publications, 1994.

[18] PENNGINTON M C. A professional development focus for the language teaching practicum. In J. Richards Nunan (Eds.). Second language teacher education[M]. Cambridge: Cambridge University Press, 1990.

[19] PAULA R,VILLIA. Teacher change and development[M]. New York: Nova Science Publishers, Inc, 2006.

[20] RICHARDS J C. Beyond training: perspectives on language teacher education[M]. New York: Cambridge University Press, 1998.

[21] SIMON BORG. Teacher cognition and language education: research and practice[M]. London: Continuum, 2008.

[22] WOODS D. Teacher cognition in language teaching: beliefs, decision-making, and classroom practice.[M]. New York: Cambridge University Press, 1996.

[23] Zhao Y, K P Campbell. English in China[J]. 1995.

运用真实语料开发研究生《英语写作》教材

中国政法大学外国语学院　张洪芹

摘　要： 本文提出运用真实语料开发研究生《英语写作》教材，旨在助力中介语向目标语的接近。本文探讨了真实语料开发的理论与实践两部分内容。理论上，梳理了关于语料真实性的讨论，提出英语写作教材真实性的本质特征，即有效交际；实践上，真实的材料让学习者与真实的语言和内容互动，提高交际能力满足自我与社会需求。本文旨在为研究生英语写作教材的编写提供新的思路与方案。

关键词： 真实性　真实语料　研究生英语写作教材　西方期刊

一、前言

外语教学文本的真实性（authenticity）研究始于二十世纪七八十年代。真材实料（authentic materials）指现实生活中的文本（Wallace, 1992），非真材实料是专门为语言学习目的而设计的。真材实料产出于语言社区，旨在实现其社会目的。（Little et al., 1988）真实材料由现实生活中的人所使用，呈现一定的激励作用。（Nuttall, 1996）真实的材料让学习者与真实的语言和内容互动。学生接触大量真实的英语真实文本，并向学习者证明，这门语言不仅仅是在课堂上学习，而且也是真实存在的。同时，也极大地激发他们的学习动力，提高其学习动机。（Guariento et al., 2001）故此，真实语言材料在课堂教学中呈现诸多优势，如对学生的学习动机有积极影响、提供真实的文化信息、让学生接触真实的语言、更紧密地联系学生的需求、支持更有创造性的教学方法等（Berardo, 2006）。换言之，使用真实的文本，包括书面和口头语言，有助于缩小课堂知识和学生参与现实世界事件的能力之间的差距。（Wilkins, 1976）真实语料是学习者在语法、词汇和语音等方面的一种参考资源，亦是激发学生语言的灵感来源（Cummingsworth, 2002）。学习者理解的一切对他来说都是真实社会生活情景，真材实料的使用可让学习者感觉其在学习目标语言。

国内"真实性"研究也有呈现一定的推进性。有些研究侧重本科的英语阅读教学（张逸，1998），以及本科的英语读写教学（庄元莉，2006）。研究者较少关注研究生英语写作教材，而研究生教材存在一定的发展空间，如"体裁面过窄，内容与大学英语写作教材重复；现有教材与学生需求和目标需求之间存在一定的差距"（黄建滨等，2009）。本文拟探讨研究生教材选用中的真实性问题，从理论与实践层面提出改进对策，希望对改善我国高校研究生英语写作教材建设现状有所帮助。

二、研究生《英语写作》教材的语料真实性的理论探讨

1. 语料真实性

语言教材的"语料真实性"（authenticity of language materials）主要呈现四类观点。第一类关注材料来源，如新闻报道语料、报纸杂志语料、电视广播语料、电影语料、网站语料等，真实语料界定为社会生活中流通的、人们日常接触的语言素材（Wallace, 1992）。第二类侧重语感真实性，支持者认为，真实的语言材料就是符合母语者语感的、可接受的、地道的语言材料，可激发学生语言灵感（张逸，1998；Cummingsworth, 2002）。第三类关注真实语言材料的交际功能。支持者 Morrow（1977）认为，真实的文本是一段真实的语言，由一个真实的说话者或作者产出的，服务于某一真实的听众／读者，实现某种社会目的功能。第四类关注真实语言材料功能，真实语言材料有助于我国学习者缩短与英语目标语之间的距离（Berardo, 2006; Wilkins, 1976），提升英语规范的适应性及内化性。这四类观点从不同的层面讨论了真实性，也存在共核蕴含。四类观点关注共享同一目标，语料的真实性是英语母语者的言语产出，凸显真实语料中的思维规范，强调外语学习者的适应性。所以，我们认为第四类观点概括了语料真实性的适应性内涵，即由外语中介语靠近英语目标语。在英语写作教材开发实践中，真实语料教学、真实语料交际方式的习得，可有效提升英语目标语的接近性。

2. 语料真实性的内涵

真实语料是交际中的语料，是交际的参与者产生的。在英汉跨文化教学语境下，语料真实性凸显其关键内涵。其一，真实性语料有别于中介性语料：真实性与母语者的产出相关，凸出信息内容交际，如西方英语期刊、西方散文、英语小说、新闻媒体等。中介性语料与非母语者的产出相关，凸显语法形式交际，如网络四、六级／四、八级英语范文、*China Daily* 等中介语变体，或通过编造产生的相关教材语料，导致我国研究生英语书面语交际者通常或多或少带有口语成分，包括词汇选择、句式选择及修辞方法选择。其二，语料真实性凸显语汇、内容、文化思维等规范层面。语料的真实性呈现为各个层面的语言规范要素，语料真实性要呈现口语与笔语真实语篇的不同类型，在派生词、转换词、多词短语、句式结构等常规用法方面，凸显口语及书面语的语言常规，充实真实语料的文体内涵。再者，真实语料内容需要匹配学生需求，如"适宜性、可利用性及可读性"（Nuttall, 1996）。其中，内容适宜性是指阅读材料应该与学生需要相关，使学生感兴趣，并激发学生动机。可利用性指如何利用课文来培养学生的阅读能力；可读性是用来描述文本句法结构与词汇难度。

3. 运用真实语料教学的优点

"优秀的教材应该尽可能地创造条件使学习者接触真实的语言"（程晓堂等，2011）真实语料在英语写作教学中有着内在的优势，尤其培养学习者在英语书面语交际方面对西方语言规范的适应性和内化性。英语写作教学的目的是要培养学习者跨文化适应能力和互文能力。要达到这一目的，学习者就应当掌握书面语交际中的真实英语素材。真实语料是本族语者交际行为的语言输入，真正反映了语言在真实语境中的应用，有助于培养学生面对真实交际环境的适应能力。真实语料用于教学让学习者学以致用，减少虚假、不自然表达等尴尬现象。使用真实语料教学能调动学习者的积极性，培养其书面语产出能力。书面语

石化现象（牛强，1999）反映学习者对接触真实语言、减少石化现象、进行有效交际的强烈需求。真实语料同时也反映一些西方文化思维规范，应当在教材编写和教学活动中加以英汉对比性引导，降低汉语的干扰，培养中介语学习者适应西方思维规范，提升自身的语言表达能力及有效交际能力。课堂教学环境提供给学生接触英语真实语境，用杂志、期刊等英语本族语真实语料，"使学习者关注自己的语言输出与真实语言输入之间的差异"（程晓堂等，2011），加深学生对英语目的语的文化适应性（acculturation）。英语目标语的真实语料有利于更加全面地呈现英语语言思维规范，有助于学习者更好地习得目的语社区的思维规范，最大限度地靠近英语目标语。

4. 运用真实语料开发教材的挑战

如上所示，英语本族语真实语料用于英语写作教学彰显诸多优点。同时，英语写作教学运用真实语料编写教材仍然面临一定的挑战，这里面既有与现有的教学体系的不协调问题，也有时效话题的更新问题。

运用真实语料开发研究生写作教材面临的首要大挑战，是与研究生以前习得的教学体系不协调。大多数大学本科英语教师，虽然从事多年英语写作教学，有着丰富的教学经验，并熟悉英语语法知识，但其教学很少涉及中西文化规范，忽略西方思维规范适应能力的提升，亦忽略汉语的负迁移现象，未能扭转学生本科阶段的思维误区。再者，我国在教材选用上没有统一的指导思想，教学教材大部分由任课教师自由随意选用，在句法有效表达、语篇逻辑架构、观点立场的可信度、语体选择等方面严重不足，无法满足我国学生的需求。本科《英语写作》课程教材大多忽略跨文化视角，缺乏中英对比维度，学生的英语水平停留在中介语阶段，凸显语法表达未能靠近英语规范，呈现石化现象，很难消融，很难突破。研究生英语写作真实性语料的教学需要突破先有的不协调的本科习得，提升学生的跨文化能力。当然，真实语料教材可拓展空间、弥补不足，更好地实现中介语教学的最终目标，旨在进一步靠近英语本族语。

运用真实语料开发研究生写作教材面临的第二大挑战，是新话题的挖掘及题材的丰富度问题。英语写作教材要使用其最新版，也可在课堂教学中呈现真实材料的新内容。话题随时效变化，呈现动态的需求。同时，来自报纸、杂志的英语真实语料会面临话语内容不集中的问题、用文本教学活动设计等问题。真实材料的选择呈现动态变化特征。

三、研究生《英语写作》教材的真实语料开发实践

1. 从学生需求定位真实性教材

从真实语料角度，考虑教材面向的对象需求。研究生《英语写作》课程教材的建设立足于我国文化语境，立足于我国研究生英语书面语之缺乏英语思维规范的共同弊病误区，如无效表达误区、石化误区、不当互文误区等，提出创新性的教材开发维度，如呈现跨文化维度、英语语言思维规范的适应维度，满足我国学生的需要。教材开发针对我国学生需求，以"向目的语靠近"（Selinker, 1972）教学总体设计为依据，探索运用真实语料编写英语写作教材的可行性。

2. 从时效性、权威性定位真实性教材

研究生英语写作教材选择要体现时效性，与时俱进，不断更新。教材要选取近五年内的真实语料，涉及热点话题，突出学科的发展，扩大术语和新名词语料的习得。例如，genetically modified food（转基因食品）、alternative energy（新能源）、gig economy（零工经济）、sharing economy（共享经济）、a delivery man（外卖小哥）、Coronavirus Disease（新冠系列名词）等。

教材语料要具有权威性和说服力。研究生英语写作语料的主要来源应当是国外经典哲学语篇、主流杂志报纸、主流网络传媒和名著等。编写写作教材时，可以参考西方主流报刊杂志之真实材料比如 *The Economist*（《经济学人》）、*The Guardian*（《卫报》）、*Time*（《时代周刊》）、*The Times*（《泰晤士报》）、*The Atlantic*（《美国大西洋月刊》）、*Newsweek*（《新闻周刊》）、*The New York Times*（《纽约时报》）、*The Washington Post*（《华盛顿邮报》）等电子版类报刊杂志，需要随着其新版本，选择其新话题。学习者通过接触和阅读权威性语料，兼顾词汇内容习得而语言规范习得，提高学习效率，达到事半功倍的学习效果。

3. 从跨文化交际能力培养取向定位真实性教材

教材建设应凸显跨文化交际能力培养取向。首先，教材开发应凸显学术内容，学术规范涉及语篇的各个层次，提升学生的有效表达，降低重语法结构轻信息交际等问题，提升跨文化交流能力。教材开发还应强化立德树人内容，涉及励志性、守信类的西方经典散文（"Youth" by Samuel Ullman; "The Meaning of Failure" by Robert Schuher; "Three Passions" by Bertrand Russell），以及时代性的销售与诚信、网络诈骗的溯因及消解、诚实守信等系列内容，注重通过语言学习提高学生的人文素养。再者，教学开发应涉及跨文化对比内容，亦融入西方研究者的著述，如 Kaplan（1966）、Eli Hinkel（2004）、Hyland（2005）等，涉及中介语学习的困难、策略等研究，提供中西文化差异类内容及跨文化类内容，有助于学生了解中英语篇的文化差异，有助于提升学生的自我调整能力及其目的语思维规范的适应能力等，教材改革在推进学生跨文化能力发展方面有一定的作用。

4. 开发流程

研究生《英语写作》课本教材建设体现以学习者为中心，根据需求分析设计课堂体例及结构，根据英汉对比教学法来设计课程内容及结构体例，并根据互文借用教学法设计中介语适应目的语的实践任务。开发流程如图 1 所示，整个流程分为前期、中期、后期三阶段，如表 1 所示。

表 1 研究生《英语写作》课本开发步骤

编写原则与实施方法	需求主体及类别		编排内容体例
（1）需求分析	学生的学习需求	英语真实语料的线性表征特征与非线性规范	英语真实语料的广泛题材与多样体裁体例
	学生的未来发展需求	获得实际语言综合运用能力	以话题为主线，安排主话题诸类体例

续前表

编写原则与实施方法		需求主体及类别	编排内容体例
（2）读写结合	对照阅读任务	学生书面语输出与目标语输入的差距	中介语与目的语的对比语篇体例
	互文写作任务	为写而学，在写中学	语内、语外互文借用语篇体例
（3）细节加工	线性问题	非线性问题	教学辅助材料设计

前期设计阶段（1）：根据需求分析选择课文材料和话题，设计总体任务，各单元的内容围绕主话题展开；中期设计阶段（2）：以英汉对比为线索、以互文借用为方法来设计课程内容体例和结构，实现在对比中学，在互文中习得英语规范。后期设计阶段（3）：细节加工与教学辅助材料设计。

5. 教材开发的宗旨与实践技巧

英语教材旨在融读与写于一体，体现语言的工具性与人文性的统一：语言学习能促进人的全面发展，着重培养学生语言运用能力，注重通过语言学习提高学生的人文素养。在教材的编写过程中，我们总结了两大宗旨：英语教材旨在促进中介语向目的语的靠近，侧重学生习作在教材开发中的中心地位，推进学生的思辨能力的提升，以达到有效提升其英语写作水平的目的。同时，我们也总结了三大实践技巧。

5.1 确立整套教材的总主题框架

按照经典与现代两维度来筛选相应的语料，应涵盖多样的话题形式，如立志话题（正能量、成功与失败、责任与道义、学术不端等）、婚恋家庭话题（早恋、试婚、单亲家庭等）、社会政治话题（美国大选、性别歧视、老龄化、全球变暖等）、科学技术话题（人工智能、人才外流等）、医疗卫生话题（新冠话题、心理问题等）、零工经济与共享经济话题（外卖小哥、互联网交易等）。

5.2 以目标语的语言规范为线索设计课文任务内容

本教材需开启英语本族语者的语言表达规范内容，涉及线性与非线性。前者指词、短语、句子、段落及语篇规范，后者指文体修辞、思维模式、衔接与连贯等。同时，本教材需开启语言表达的语言工具内容，如标点符号用法、排比、隐喻等策略。这些手段有助于解决学生的病句及句式弱化问题，如网络句式、套语套句、格式句式、习作无章法等石化现象，亦有助于提升学生的有效表达，降低重语法结构轻信息交际等问题，提升跨文化交流能力。需求核心的具体体现之二是本教材亦拟添加非语言工具性素材。

5.3 以互文资源借用为主要的教学方法设计书面语交际能力的培养

互文性提倡读与写的融合性，即读中有写、写中有读，强调写作性阅读，达成写作功能与阅读功能重构，体现读者与作者对话，建构与解构连续体，呈现语篇建构的积极性视角。二语新语篇的作者可辨别、吸收、转化其阅读语篇中的符号资源并为新语篇所用，这涉及词汇、语句、结构、语类等语篇互文显、隐性逐层关系。语内资源的模仿与转化有助于达成对学术语篇规范"挪用"的效果。

互文性强调知识共享，读者享有前文本（作者）的语域知识、表达形式与内容、交际目的等。强调交际的潜移默化。语内互文关系涉及语篇的语言形式、表达内容和相关语类；语外互文涉及读作者的互动、老师与学生的互动等。读者与作者的互文关系，强调读与写的同时性，呈现写作性阅读融合层面，达成写作功能与阅读功能重构，体现读、作者对话，建构与解构连续体，体现语篇建构的积极性视角。中外篇章互文对比可揭示汉语语境中的二语学生英语语篇的诸不当互文表征，从元认知上修正汉文化影响下的二语线性表征，这有助于减少二语学生英语书面中的汉语思维成分及缓解其书面语僵化症状。互文性开启了对语言、修辞、文化等逐多层面的参照，是意义阐释或建构的直接或间接工具。（张洪芹，2018）

参考文献

[1] BERARDO S A. The use of authentic materials in the teaching of reading[J]. 2006. https://www.doc88.com/p-293580332995.html.

[2] CUMMINGSWORTH A. Choosing Your Coursebook [M]. Shanghai: Shanghai Foreign Language Education Press, 2002.

[3] GUARIENTO W, J MORLEY. Text and task authenticity in the EFL Classroom [J]. ELT journal, 2001, 55(4): 347–353.

[4] LITTLE D, S DEVITT, D SINGLETON. Authentic texts in foreign language teaching: theory and practice [M]. Dublin: Authentik, 1988.

[5] MACDONALD M N, BADGER R,DASLI M. Authenticity, culture and language learning [J]. 2021.https://www.docin.com/p-1621032435.html.

[6] MARTINEZ A G. Authentic materials: an overview on Karen's linguistic issues[J]. 2003.http://www3. Telus. net/linguisticsissues/authenticmaterials.html.

[7] NUTTALL C. Teaching reading skills in a foreign language (new edittion) [M]. Oxford, Heinemann. 1996.

[8] SELINKER L. Interlangauge [J]. International review of applied linguistics in language teaching. 1972, 10(3): 209–231.

[9] 陈坚林 . 大学英语教材的现状与改革——第五代教材研发构想 [J]. 外语教学与研究（5），2007：374–378.

[10] 程晓堂，孙晓慧 . 英语教材分析与设计 [M]. 北京：外语教学与研究出版社，2011.

[11] 黄建滨，于书林，盛跃东 . 非英语专业研究生英语写作教材调查分析与思考 [J]. 内蒙古农业大学学报（4）. 2009，150–152，158.

[12] 刘锐，王珊 . 运用真实语料开发国际汉语教材：理论与实践 [J]. 语言教学与研究（1）. 2021：1–11.

[13] 牛强 . 过渡语的石化现象及其教学启示 [J]. 外语教学（2）. 1999：28–31.

[14] 张洪芹 . 互文挪用及其对二语教学的启示 [J]. 中国政法大学教育文选（2）. 2018：46–51.

[15] 张逸 . 外语教材的"真实性"之我见 [J]. 国外外语教学（1）. 1998：35–36.

[16] 庄元莉 . 外语教学读写过程中得"真实性"个案研究 [J]. 西安外国语学院学报（3）. 2005：60–63.

Textbook Evaluation

中国人民公安大学　李玉荣

Abstract: This thesis analyzes the merits and demerits of textbooks *New College English (Second Edition)* series, thus offering insights for developers to modify the materials and teachers to adapt the materials they are using to best fit the context, students' needs and the teaching style.

Key words: merits   demerits   textbook

1. Introduction

Materials for language learning are defined as anything that can be employed to assist language learning (Tomlinson, 2012a). They may include "coursebooks, videos, graded readers, flashcards, games, websites and mobile phone interactions, though, inevitably, much of the literature focuses on printed materials." A coursebook refers to a textbook. It is the core material for a course (Tomlinson, 2011), usually including work on grammar, vocabulary, pronunciation, functions and skills of reading, writing, listening and speaking.

Textbooks are viewed as "the next important factor in the second/foreign language classroom after the teacher" (Riazi, 2003, as cited in Soleimani & Ghaderi, 2013). Textbooks provide learners with a sense of security, progress and revision (Tomlinson, 2012b). They save teachers' valuable time and supply readymade texts accompanying with tasks and exercises which may be used in classroom. Also, they help administrators of an institution allocate time for lessons and standardize teaching. Ur (1995, as cited in Hamidi, Bagheri, Sarinavaee & Seyyedpour, 2016) indicates that textbooks function as a framework and play a role as a syllabus. In spite of advantages, textbooks have disadvantages. They "disempower both the teacher and the learners" (Tomlinson, 2012a). They pose a danger of unified syllabus and approach. Furthermore, they inhibit teachers' creativity and initiative.

However, the shortcomings of textbooks can not weaken its popularity and value in education (Khodabakhshi, 2014). New series and textbooks for English language teaching are produced by the publishing industry every year. The rich variety of published material makes selecting a particular textbook for a particular group of learners a challenging task (Cunningsworth, 1995). Under the influence of new technology, learners' needs are becoming more difficult to meet. Learners expect high standard textbooks which make learning more engaging and enjoyable. Textbook selection requires thorough scrutiny and analysis. Material evaluation is "the systematic appraisal of the value of materials in relation to their objectives and to the objectives of the learners using them" (Tomlinson, 2011). Some practical checklists of criteria for evaluating textbooks have been proposed by researchers such as Dauod & Celce-Murcia (1979), Cunningsworth (1995), Skierso (1991), Harmer (1991, 1998), Roberts (1996), Ur (1996), Brown (1997), Hemsley (1997) and Gearing (1999) (as cited in Tomlison, 2012a). The checklists are based on generalizable criteria. No one set of criteria would be deployed simultaneously (Shereton, 1998). Based on acceptable criteria, we need to opt for a checklist that relates to our own unique situation and context.

According to Cunningsworth (1995), there are two purposes of material evaluation. One is the intention to adopt new coursebooks. Another is to identify merits and demerits of coursebooks already in use to optimize their strengths and adapt their weak points. In this regard, I would like to evaluate the strengths and weaknesses and overall pedagogical value of *New College English 3 Second Edition (Integrated Course)* written by Li and Wang (2014).

2. Material

New College English (Second Edition) series are published by Shanghai Foreign Language Education Press. They are developed for undergraduate students and commonly adopted by universities and colleges in China. The series include an integrated book, listening and speaking book, reading book, and fast reading book. Each set has six books. Book One to Four are designed for junior undergraduates. Book Five and Six are developed for senior undergraduates. In this paper, the material selected for evaluation is *New College English 3 (Integrated Course)* which has been developed for second-year undergraduate students.

3. Instrument

The checklist (See Appendix 1) proposed by Cunningsworth (1995) is commonly used and frequently cited for the evaluation of English textbooks. It compromises eight categories consisting of aims and approaches, design and organization, language content, skills, topic, methodology, teacher's book and practical considerations. For practical purposes of evaluating a localized EFL textbook, some of the most important general criteria are selected in this paper.

4. Results of evaluation and discussion

4.1 Aims and approaches

The aims of *New College English 3 (Integrated Course)* are stated explicitly in "editors' note" page. Through an understanding of vocabulary, sentences and discourse, students' five skills of listening, speaking, reading, writing and translating are practiced in a balanced and integrated way. Students need not only an understanding of language system but also an ability to utilize it effectively and appropriately. The aims of the coursebook correspond closely with the aim of the College English syllabus and the needs of learners.

4.2 Design and organization

The book has a clear and appropriate layout and design. It is composed of eight units. Each unit is organized and presented around a specific theme, including four parts (See Appendix 2): a theme-related pre-class listening activity, Text A for in-class reading, Text B for home reading and comprehensive language practice which consists of group discussion and writing. Part I is a warm-up listening task which presents theme-related recordings of songs, stories and introduction about figures. It aims for introducing the unit topic and preparing learners for the following reading task by arousing learners' interest and activating their background knowledge. For example, the theme of Unit One is about changes in the way we live. The listening practice of a song called *"Out in the Country"* (See Appendix 3) which is related to living in cities and the countryside activates learners' schema of the content of Part II. Part II contains Text A, glossary and exercises on text comprehension, language sense enhancement and language focus. Part III includes Text B, Glossary and exercises of multiple choice question on comprehension of Text B, translation and vocabulary. Part IV is a practice of speaking and writing based on the input of previous three parts. Part I and III are designed for learner's autonomous learning after class. Part II and IV are used in class. While eight themes do not seem to connect between units, they do appear to cover a variety of subject areas. In addition, two tests are developed after every four units. They are used for students' self-assessment. They also expose students to exam formats they will meet in College English Test (CET), a nationwide standardized examination of university students' English proficiency.

4.3 Language content

"Coursebooks are concerned with the teaching and learning of the language itself, in some or all of its aspects" (Cunningsworth, 1995). The actual components of language taught such as vocabulary and grammar form the foundation and contribute to the process of language teaching.

New words and expressions of *New College English 3 (Integrated Course)* are explicitly listed in the left and right side column on main reading text page and highlighted in pink (See Appendix 4). They are accompanied by their phonetic transcription, parts of speech and Chinese and English meaning. According to authors, words in bold font, bold font plus ☆ , bold font plus △ , and italics represent words for different levels respectively. They did not explain how the vocabulary they included had been selected or state they referred to frequencies and usefulness. They did state which words were useful for CET. The vocabulary load of the book seems reasonable for second-year undergraduates at that level to learn. There are sufficient exercises for practicing vocabulary items. Each unit has language focus activity, in which more than thirty new words and expressions are selected from the glossary to be practiced through blank-filling exercises. Students' vocabulary proficiency is further strengthened by other activities such as collocation, word usage, word family, word formation, confusable words and synonyms (See Appendix 5).

It is noteworthy that the book does not include grammar items because they do not correspond to learner needs. According to College English syllabus, students are supposed to complete English grammar learning before they are admitted to universities and colleges. However, the book presents discourse features of language use that go beyond grammar rules and include areas such as paragraphing, text organization, structuring text and writing strategies. Reading texts of the book are taken from biography, science website, newspaper, magazine and essay writing. They display some of the features of authentic text, such as coherent structuring of content, paragraphing and appropriate use of cohesive devices.

The related activities for learners to practice the discourse features can be seen in exercises and writing task. Take Unit One as an example. Exercises on text organization require learners to identify main ideas in Text A and listing the advantages and disadvantages of country life (See Appendix 6). Thus learners are really dealing with how text is organized and how it is structured by using facts to support an argument. At a more technical level, there are examples and exercise of writing paragraphs. The writing practice from part IV of Unit One (See Appendix 7) is an example of illustrating writing strategy of comparison and contrast through choosing the most significant points that would support the central ideas.

However, the language content of the book is not clearly sequenced. There is no explicit principled development from a beginning point to an end point. The gradation of vocabulary items does not follow a clear line of progression from easy to difficult. Also, the book does not sequence reading texts. The length and difficulty of the texts are similar. There is no difference whether teachers and learners start from the last unit and the first unit. Consequently, recycling cannot be seen in the book. In each new lesson, there is no indication of the previously learned vocabulary as vocabulary is not repeated for the aim of reinforcement. Vocabulary items occur once in the reading text and language focus exercises and disappear without a trace.

4.4 Skills

As mentioned in the "aims and approaches" section, the textbook aims for developing five skills and therefore covers and integrates both receptive skills (listening and reading) and productive skills (speaking, writing and translating). However, it devotes a particular space to reading and writing. The only listening activity takes place as a lead-in to the reading session and serves the purpose of preparing students for the subsequent reading. Speaking activities are found in three sections. In the "comprehension" section after reading Text A, students work in pair and take turns to ask and answer questions related to Text A. In the "language sense enhancement" section, students read aloud poems, quotations and paragraphs taken from the text until they have learned them by heart. In the "group discussion" section which lays particular emphasis on speaking, the book simply provides text-based topics for discussion. Translating activity is found only in two exercises. No space is given to any translation methods and skills.

It is not difficult to understand why listening and speaking skills are omitted in the book because in New College English program courses are divided. Listening and speaking book focuses on these two skills. Reading skill is the central focus of the integrated book. Selected texts are used for developing reading skills and strategies, extending vocabulary and providing models for writing. However, there are no purposeful activities which help the reading process.

The book has reading texts recorded. Learners can listen to the recording as they read and model pronunciation, stress and intonation. In this sense, reading is linked to listening. Reading is also connected with writing skill in the textbook. "Writing can be prepared for by work in the other skills of listening, speaking and reading" (Nation, 2009). For example, Text B of Unit One is used as a model for developing a topic by comparison and contrast for written work of part IV. Writing activities in the textbook are typically of the guided kind, where a model is given and students are asked to produce something similar. The writing skill in the book is developed through a product-oriented approach which engages students in imitating, copying and transforming models of texts.

4.5 Topic

One of the principles of material development proposed by Tomlinson is what is being taught should be perceived by learners as relevant and useful (Tomlinson, 2011). Providing the learners with a choice of topic is important. The book covers a wide range of topics such as ways of life, security, famous people, holidays and cloning. However, some topics are too old to be connected to modern life. Among sixteen texts of eight units, the oldest one was published in 1982 and the newest one in 2008. The book is in danger of losing the attention of its users.

4.6 Methodology

The quickest way of discovering methodological underpinnings of a textbook is to examine its back cover which illustrates the pedagogical claims made by the author. *New College English 3* (Integrated Course) is an exception. Its back cover does not contain any terminology and description of teaching methods. Closer scrutiny of the preface of the book reveals that when addressing the principles of the textbook development the authors claim that eclecticism methodology is adopted. The book encourages students' autonomous learning. It adheres to a performance-based approach which promotes the ability to use language effectively with emphasis on the four skills. The authors claim the combination of learner-centered teaching and teacher's instruction is utilized.

Text A in Part II of *New College English 3* (Integrated Course) is used for in-class instruction and Text B is for home reading. This design actually reflects the integration of teachers' guidance and students' autonomy. However, learner-centered language teaching is not fully justified in the book. The organization of the book does not break down barriers between in-class and out-of-class learning (Benson, 2012). The book may attempt to achieve the learner-centered teaching aim by including more interesting and stimulating topics related to learners' life experience and by challenging them to discuss the topics with others (Cunningsworth, 1995). With regard to performance-based approach, the four skills are integrated but not balanced in the book. The accuracy and fluency are achieved through language practice and language-focused activities which includes vocabulary and translation work. The four skills are presented and practiced through the use of top-down processing strategy.

Actually, the book largely relies on the traditional teaching model of presentation, controlled practice and production. Teacher-centered instruction of Text A is followed by students' practice on comprehension and various vocabulary-related exercises. Production can be found in translation and writing activity.

5. Conclusion

According to Cunningsworth's guiding evaluating criteria, *New College English 3 (Integrated Course)* matches the aim and objective of college English learning program in China. Learners have exposure to authentic material even though some of them are old. It attempts to integrate the four language skills, taking reading as a central focus. Vocabulary skills are consolidated through various activities. In spite of its strengths, the book has some weak points such as the inadequacy of presenting visual attraction, sequencing texts, gradating vocabulary and recycling language items.

Analyzing the book's merits and demerits may offer insights for developers to modify the materials and teachers to adapt the materials they are using to best fit the context, students' needs and the teaching style.

References

[1] BENSON P. Learner-centered teaching. In Burns, A., Richards, J. C. (Eds.). Pedagogy and practice in second language teaching[M]. Cambridge: Cambridge University Press, 2012: 30–37.

[2] CUNNINSWORTH A. Choosing your coursebook[M]. Oxford: Heinemann, 1995.

[3] HAMIDI H, BAGHERI M,SARINAVAEE M, et al. Evaluation of two general English textbooks: new interchange 2 vs. Four Corners 3[J]. Journal of language teaching and research, 2016, 7(2): 345–351.

[4] KHODABAKHSHI M. Choose a proper EFL textbook: evaluation of "Skyline" Series[M]. Procedia-social and behavioral sciences. 2014, 98: 959–967.

[5] LI M, WANG D. New College English 3 integrated course (2nd edition)[M]. Shanghai: Shanghai Foreign Language Education Press, 2014.

[6] NATION I S P. Teaching ESL/EFL reading and writing[J]. New York: Routledge, 2009.

[7] SHELDON L E. Evaluating ELT textbooks and materials[J]. ELT journal, 1988, 42(4): 237–246.

[8] SOLEIMANI H, GHADERI E. What do language teachers think about Interchange and American English File? Teacher's evaluation of two ESL textbooks in Iran[M]. International journal of applied linguistics and English literature, 2012, 2(5): 42–50.

[9] TOMLINSON B. Materials development in language teaching (2nd edition)[M]. Cambridge: Cambridge University Press, 2011.

[10] TOMLINSON B. Materials development for language learning and teaching[M]. Language teaching, 2012, 45(2): 143–179.

[11] TOMLINSON B. Materials development. In Burns, A., & Richards, J. C. (Eds.), Pedagogy and practice in second language teaching[M]. Cambridge: Cambridge University Press, 2012: 269–278.

第七部分

语言文学研究

生物学和语言学研究论文引言部分的词块对比研究[1]

中国科学院大学外语系　郑　群　丰然然

摘　要：本文通过语料库方法，对比分析了生物学和语言学引言这两个学科词块使用的结构和功能特征。我们发现两个学科引言部分使用最多的是名词和介词短语词块和文本导向词块；结构上，生物学使用了较多的被动词块，而语言学使用了较多的 *to* 小句词块；功能上，生物学数量（quantification）词块和结果标记词块（resultative signals）使用较多，而语言学描述（description）词块使用较多。两个学科词块使用的差异反映了两个学科不同的学科范式和知识组织方式。

关键词：词块　结构　功能　生物学　语言学

一、引言

词块（lexical bundles）是语篇中"最频繁出现的多词序列"（Biber et al., 2004），是学术论文的重要特点之一。语料库研究证明了学术语篇中词块的使用频率比非学术语篇中的使用频率要高（Biber et al., 1999; Simpson-Vlach et al., 2010），恰当地使用词块可以提高学术论文的规范性，使写作过程更加顺畅，更好地参与学术社团对话（Coxhead Byrd, 2007）。

英语学术文本中的词块研究涉及多个学科领域（Cortes, 2004 ; Hyland, 2008 ; Durrant, 2017），但这些研究都是将学术论文作为整体考虑，并没有单独研究子语类。鉴于引言部分具有提供研究背景和理据、凸显学科范式等特征，其词块使用必将具有独特的功能，本研究从生物学和语言学的英语学术论文引言部分语料库中观察词块结构和功能的差异，从而为这两个学科学术论文引言部分的写作提供启示。

二、词块研究概况

人们在使用语言的过程中会同时选择一些多词表达（multi-word expression），这是因为说话者使用多词表达的加工速度要比自己创造全新表达的加工速度快（Conklin et al., 2008），句子就是由这些事先储存在大脑里的词块组成的（Hoey, 2005）。一些词成为惯用表达，是因为它们高频出现在类似的语境当中（Hyland et al., 2018）。语料库技术的发展为词块的实证研究提供了强大的工具，以数据驱动的研究成为主流（Altenberg, 1998）。

1　本文系北京市社会科学基金项目《中国英语能力量表》框架下北京高校学生元语用意识研究"（项目编号：19YYB005）的阶段性研究成果。

多词表达常被命名为 chunk（Sinclair，1991），cluster（Scott，2015），bundle（Biber et al.，1999）等，由于本文重在词块意义的完整性和话语功能，因此采用 bundle 的名称。

词块通常按照结构和功能进行分类，如动词短语词块，从属小句词块和名词/介词短语词块，前两种是基于小句的（clause-based），第三种则是基于短语的词块（phrase-based）（见表1）。对结构的分类往往与文体紧密相关，比如小句词块偏向口语体，短语词块偏向书面语（Biber et al.，2004）。

表 1　词块的结构分类 (Biber et al., 2004)

词块的结构分类	子类	举例
动词短语词块 (verb phrase bundles)	1. (connector+) 1st/2nd person pronoun + VP fragment	*you don't have to*
	2. (connector+) 3rd person pronoun + VP fragment	*it's going to be*
	3. discourse marker+ VP fragment	*you know it was*
	4. verb phrase (with non-passive verb)	*is one of the*
	5. verb phrase with passive verb	*is based on the*
	6. yes-no question fragment	*do you want to*
	7. WH-question fragment	*what do you think*
从属小句词块 (dependent clause bundles)	1. 1st/2nd person pronoun + dependent clause fragment	*I want you to*
	2. WH-clause fragment	*what I want to*
	3. if-clause fragment	*if you want to*
	4. (verb/adjective+) to-clause fragment	*to be able to*
	5. that-clause fragment	*that I want to*
名词/介词短语词块 (noun/prepositional phrase bundles)	1. (connector+) noun phrase with of-phrase fragment	*the end of the*
	2. noun phrase with other post-modifier fragment	*the way in which*
	3. other noun phrase expressions	*or something like that*
	4. prepositional phrase expressions	*of the things that*
	5. comparative expressions	*as far as the*

功能分类方面，Biber 等（2004）将词块分为三大类：立场表达（stance expressions），语篇组织词块（discourse organizers）和指称词块（referential bundles）；该功能分类基于一个包含口语和书面语的大型语料库，涵盖较多口语化词块，所以 Hyland（2008）从学术英语角度将词块功能重新划分为三大类：研究导向词块、语篇导向词块和参与者导向词块（表2）。学术英语中词块的使用高达5 000次每百万词，远高于其他非学术语篇，因此得到了更多地关注（Biber et al.，1999）。但是词块的使用又因学科和语类的交际功能不同而存在差异，因此需要详细甄别词块功能与学科知识构建的关系，以期更好地指导学术英语教学。

表 2　词块的功能分类（Hyland，2008）

词块的功能分类	子类	举例
研究导向词块 (research-oriented bundles)	Location	*at the beginning of*
	Procedure	*the use of the*
	Quantification	*a wide range of*
	Description	*the size of the*
	Topic	*the currency board system*
文本导向词块 (text-oriented bundles)	Transition signals	*on the other hand*
	Resultative signals	*as a result of*
	Structuring signals	*in the present study*
	Framing signals	*in the presence of*
参与者导向词块 (participants-oriented bundles)	Stance features	*it is possible that*
	Engagement features	*as can be seen*

在学术英语词块研究中，许多因素都会影响词块的使用，其中一个重要的影响因素是学科。学科（discipline），通俗来讲就是按照一定的标准对人类文明史上的知识进行分类，以便开展专门化的研究。Hyland（2004）认为学科是用来区分话题和知识的标记。同一学科内部具有相似的认知方式、研究方法和研究对象，由于学科之间的差异性，它们传播本学科知识所用的语言也就存在差异性（Becher et al., 2001），因此学科语言差异成为学术英语的重要研究话题之一（Moore，2002；Cortes，2004；Hyland，2008）。词块作为语言中的常见现象，其使用也与学科差异分不开。Cortes（2004）发现历史学主要使用名词和介词短语词块，而生物学主要使用基于短句的词块如"it + be + 形容词"。Hyland（2008）发现软学科使用较多介词短语词块，硬学科使用较多的被动词块；前者使用更多的文本导向和参与者导向词块，而后者使用更多的研究导向词块；Hyland 认为这是由于硬学科要突出研究而淡化研究者；软学科是解释性的，研究者的作用就更加突出。Rezoug 和 Vincent（2018）则在工程学科内部的三个分支学科中寻找差异。Durrant（2017）通过自下而上的方法，不提前预设学科，将学生习作的词块差异通过可视化展现，硬学科和软学科的趋向不同，验证了词块确实可以作为区分不同学科的一个指标。

总体来说，除了陆小飞等（2019）研究博士论文摘要，以及 Wright（2019）研究文献综述以外，大多数研究都是将学术论文视为一个整体，而并没有单独考虑各个部分中词块的使用，而各个部分交际功能的不同导致了语言特征的区别，所以有必要单独研究学术论文中某一部分的词块使用。引言作为学术论文正文的第一部分，作者整理研究思路、提供背景信息、总结前人研究并发现研究空白，说明研究意义。在本研究中，我们使用生物学和语言学英语学术论文引言语料库，通过结构（Biber，2004）和功能（Hyland，2008）分类来发现两者词块使用的差异，为学术论文引言部分的写作提供启示。生物学属于硬学科，语言学属于软学科，两种学科的思维和会话方式不同（Hyland，2008；Maton，2014）。本研究特提出以下两个研究问题：

（1）生物学和语言学引言部分词块的结构有何差异？

（2）生物学和语言学引言部分词块的功能有何差异？

三、研究方法

1. 语料库

本研究使用生物学和语言学引言语料库，生物学部分来源于彭工（2018）的 BioDEAP 语料库，语言学部分来源于布占廷等（2018）的 LinDEAP 语料库，两者均按照子学科和期刊构建，具有可比性；语料库信息如表 3 所示。

表 3　两个语料库信息

子库	生物学	语言学
篇数	469	179
形符	338 927	185 210
类符	24 514	12 835
平均长度	723	1 035

2. 研究过程

本研究通过语料库工具 Antconc3.5.8 产出词块，在词块长度的选择上，选择四词词块，因为四词词块较五词以上的词块数量更多，且比三词词块更明显地表现出结构和功能特征（Hyland，2008），在词块频率和范围的确定上，本研究在生物学子库中将频率设定为10 次以上，范围设定为 10 篇以上，根据语料库大小比例，语言学子库的频率为 6 次以上，范围为 5 篇以上（Biber，1999；Hyland，2008）。

四、研究结果与讨论

1. 词块结构

总体来看，语言学引言部分的词块频率比生物学高（表 4），说明语言学论文写作比生物学更依赖于词块的使用（Hyland，2008）。总体来看，生物学和语言学引言部分词块都是名词和介词短语词块最多，其次是动词短语词块，最后是从属小句词块。名词短语词块主要用来描述数量、范围、研究过程等，介词短语词块主要是用于限定条件或者是说明文章的结构；动词短语词块也可以用来描述研究过程，或者指明文章结构；从属短句词块主要是做情感态度的评价或者表达推测。说明无论是硬学科还是软学科，研究论文的引言部分基本遵循短语词块为主、小句词块为辅的使用规律。

表 4　词块结构分类统计（次 / 百万词）

词块结构	生物学次数 （标准频率）	语言学次数 （标准频率）	对数似然比（Log-likelihood）	显著性（Significance）
动词短语	300 （885）	13 （718）	4.134	0.042*

续前表

词块结构	生物学次数（标准频率）	语言学次数（标准频率）	对数似然比（Log-likelihood）	显著性（Significance）
从属小句	31（91）	56（302）	−30.218	0.000*
名词／介词短语	89（2 638）	670（3 617）	−37.492	0.000*
总计	1 225（3 614）	859（4 634）	−30.869	0.000*

*p<0.05

　　生物学动词短语的使用频率高于语言学，具有显著差异，且多集中于被动词块（Hyland，2008），用于回顾前人的研究发现和研究过程，实现了引言部分的交际功能。这印证了生物学的知识体系是层级性的特点，所有研究都是以接力的形式向前探索（Becher et al.，2001），并且生物学代表的硬学科以知识导向为主。如例1，在表达这一模型展现出一种非线性关系时，使用了被动语态，隐藏了研究者的作用，突出研究本身；例2中本可以这样表达：we use attribute values to…，但是这里却使用了被动语态，突出研究的客观性。

　　例1：This linear muscle model has been shown to exhibit accurate nonlinear force-velocity and lengthtension relationships for the medial and lateral rectus muscles.（生物学：Bio-324）

　　例2：Attribute values can be used to control visual aspects of nodes and edges (e. g. shape, color, size) as well as to perform complex network searches.（生物学：Bio-120）

　　语言学从属小句词块的使用频率显著高于生物学，这类词块主要用于推测或表达情感态度；有知者导向的特点。具体来看语言学使用了较多 to 小句词块，但生物学却没有使用这类词块。如例3，it is possible to 的模糊语的使用来对前人研究结果进行总结和推测；例4中，it is difficult to 则表达了一种态度情感。

　　例3：The results of these investigations show that *it is possible to* predict linguistic differences among task types based on the situational characteristics associated with spoken versus written, and independent versus integrated task types.（语言学：01AL15）

　　例4：In this culturally diverse world, *it is difficult to* imagine the survival of Indigenous languages in the twenty-first century without the intervention of digital technology.（语言学：01AL29）

　　语言学的名词／介词短语词块使用频率显著高于生物学，Hyland（2008）的研究也发现社会科学使用更多介词短语词块，与本研究结果具有一致性，这说明语言学对于研究条件的限制更多，更需要对命题之间逻辑关系的描述，体现了软学科"解释性（interpretive）"的特点。如例5和例6，使用了介词和名词短语来限定条件、说明关系和描述特征。这说明了语言学代表的软学科需要更多时间、空间及条件的限制，而硬学科是建立在相同研究背景下的，不需要对条件进行过多限制（Becher et al.，2001）。

　　例5：…*on the basis of* corpus data, the present account deals with the nature, entrenchment, and defining traits of conceptual operations in advertising, while analyzing the weight of variables (such as product type and modal cue) that may determine…（语言学：02CG56）

例 6：A second reason to question the frequency-knowledge link for collocations lies in *the nature of the* corpus data on which frequency counts are based.（语言学：03CO28）

2. 词块功能

表 5 中可以发现，生物学和语言学引言部分中文本导向词块最多（Wright，2019），其次是研究导向词块，最少的则为参与者导向词块。这说明无论是硬学科还是软学科，论文引言部分词块使用的基本结构是一致的。这也与 Hyland（2008）的研究结果有所不同，他的研究中是将论文整体进行考察，并未将论文四个部分分开，发现整篇论文中研究导向词块最多，实际上，研究论文的四个部分由于交际功能不同，词块的使用也有所不同。

表 5　词块功能分类统计（次 / 百万词）

词块功能	生物学次数 （标准频率）	语言学次数 （标准频率）	对数似然比 （Log-likelihood）	显著性 （Significance）
文本导向	782 （2 307）	542 （2 926）	–17.792	0.000*
研究导向	371 （1 095）	276 （1 490）	–14.781	0.042*
参与者导向	72 （212）	41 （221）	–0.044	0.834
总计	1 225 （3 614）	859 （4 637）	–30.869	0.000*

*p<0.05

语言学引言部分的研究导向词块使用频率上显著高于生物学，是由于语言学使用了较多的描述词块（description）。语言学的描述词块主要用于说明研究目的，本领域研究进展中涉及的大小、状态以及难易程度问题，如例 7 提到将要讨论语料库语言学技术目前的情况，这说明语言学在引言部分对于前人研究的方法、过程等进行了更加详细的综述与评价，所以语言学引言部分的篇幅比生物学更长。而生物学的数量词块（quantification）比语言学使用较多，说明生物学更加关注研究中的数量问题，如例 8 接连使用了两个 a large number of 词块。

例 7：In the next section, we will give an overview of…, and discuss *the state of the* art in corpus linguistics.（语言学：03CO31）

例 8：A number of important studies have demonstrated that *a large number of* plant species is frequently correlated with *a large number of* insect species.（生物学：Bio-136）

整体来看，文本导向词块的使用频率语言学更高，且与生物学具有显著差异，这可能由于社会科学"解释性"的特点更加依赖文本的连贯与逻辑关系。另外，生物学在引言部分结果标记词块（resultative signals）的使用尤其丰富（例 9），这说明生物学在引言部分比较关注前人研究结果以及自己研究的结果。

例 9：*As a result of* changes in land use over the past 100 years, the northern bobwhite has undergone dramatic range contractions and population declines in the United States.（生物学：

Bio-398）

最后，两个学科在引言部分参与者导向词块使用较少，且不具有显著差异，说明引言部分的立场表达和读者介入的使用较少，仅有的几个词块多用于说明本研究的重要性和必要性（例 10），这与 Wright（2019）的研究结果相似。

例 10：To determine whether selectional restrictions *play a role in* language processing, it is critical to disentangle the contributions of event impossibility from the presence of an SRV because….（语言学：02CG29）

五、结语

本研究通过生物学和语言学引言语料库，分析了这两个学科引言部分词块的结构和功能特征。发现两个学科学术论文引言部分的词块使用具有一些相同点，这是由引言部分的交际功能决定的（陆小飞、刘颖颖，2019）；但同时由于两个学科的研究范式和知识组织方式不同，在引言部分的侧重点就不同，如语言学倾向于分析概念、状态和关系，而生物学则注重研究结果的数量。本研究弥补了前人不区分学术论文各个部分，而是从整体考虑词块特征的研究空白，并对引言部分的写作与教学具有启示作用。本研究具有局限性，比如没有包含更多的学科，词块没有进一步的人工筛选以便应用于教学等，未来研究可以考虑学术论文其他部分的词块使用、增加更多学科等。

参考文献

[1] ALTENBERG B. On the phraseology of spoken English: the evidence of recurrent word-combinations [C]. In A. H. Cowie (Ed.), Phraseology: theory, analysis, and applications. Oxford: Clarendon Press, 1998, 101–122.

[2] BECHER T, TROWLER P. Academic tribes and territories: intellectual enquiry and the culture of disciplines, 2nd ed [M]. Buckingham: Society for Research into Higher Education & Open University Press, 2001.

[3] BIBER D, CONRAD S, CORTES V. If you look at lexical bundles in university teaching and textbooks [J]. Applied linguistics, 2004, 25: 371–405.

[4] BIBER D, JOHANSSON S, LEECH G, et al. Longman grammar of spoken and written English [M]. Harlow: Pearson, 1999.

[5] CONKLIN K, SCHMITT N. Formulaic sequences: are they processed more quickly than nonformulaic language by native and nonnative speakers? [M]. Oxford: Oxford University Press, 2008.

[6] CORTER V. Lexical bundles in published and student writing in history and biology [J]. Journal of English for specific purposes, 2004, 23: 397–423.

[7] COXHEAD A, BYRD P. Preparing writing teachers to teach the vocabulary and grammar of academic prose [J]. Journal of second language writing, 2007, 16: 129–147.

[8] DURRANT P. Lexical bundles and disciplinary variation in university students' writing: mapping the territories [J]. Applied linguistics, 2017, 38(2): 165–193.

[9] HOEY M. Lexical priming: a new theory of words and language [M]. London: Routledge, 2005.

[10] HYLAND K, JIANG K. Academic lexical bundles: how are they changing? [J]. International journal of corpus linguistics, 2018, 23 (4): 383–407.

[11] HYLAND K. As can be seen: lexical bundles and disciplinary variation [J]. Journal of English for specific purposes, 2008, 27: 4–21.

[12] HYLAND K. Disciplinary discourse: social interactions in academic writing [M]. Michigan: Ann Arbor: The University of Michigan press, 2004.

[13] LU X F, DENG J L. With the rapid development: a contrastive analysis of lexical bundles in dissertation abstracts by Chinese and L1 English doctoral students [J]. Journal of English for academic purposes, 2019, 39: 21–36.

[14] MATON K. Knowledge and knowers: towards a realist sociology of education[M]. London: Routledge, 2014.

[15] MOORE T. Knowledge and agency: A study of "metaphenomenal discourse" in textbooks from three disciplines [J]. English for specific purposes, 2002, 21(4): 347–366.

[16] REZOUG F,VINCENT B. Exploring lexical bundles in the Algerian corpus of engineering [J]. Arab journal of applied linguistics, 2018, 3(1): 47–77.

[17] SCOTT M. WordSmith tools manual [M]. Oxford: Oxford University Press, 2015.

[18] SIMPSON VLACH R, ELLIS N. An academic formulas list: new methods in phraseology research [J]. Applied linguistics, 2010, 31: 487–512.

[19] SINCLAIR J. Corpus, concordance, collocation [M]. Oxford: Oxford University Press, 1991.

[20] WRIGHT H. Lexical bundles in stand-alone literature reviews: sections, frequencies, and functions [J]. English for specific purposes, 2019, 54: 1–14.

[21] 布占廷，王昕，王乐 . LinDEAP 语言学学术英语语料库的创建 [J]. 语料库语言学 . 2018，5（2）：78–90.

[22] 陆小飞，刘颖颖 . 基于语料库的学术英语程式与研究与教学应用 [J]. 外语界 . 2019，5：30–38.

[23] 彭工 . BioDEAP 生命科学学术英语语料库的创建 [J]. 语料库语言学 . 2018，5（2）：69–77.

字素在中国英语学习者英语视觉词汇加工中的作用

中国科学院大学外语系　赵晶莹　洪　雷

摘　要： 字素通常被定义为音素的书写表征，被认为是视觉词汇阅读中字形和语音的连接桥梁。但是字素是否是视觉词汇的识别单位，以及词汇识别过程中是否存在字素分析和字素融合过程的问题，在西方学术界仍有很大争议。由于英汉语言系统的差异，字素效应在中国英语学习者英语视觉词汇加工中有更大的可能性存在，但是这方面的研究却鲜有研究者涉及。本研究采用词汇判断任务，以中国英语学习者作为实验对象，探究字素在中国英语学习者的英语视觉词汇加工中的作用，以探究汉英双语者视觉词汇阅读机制。本研究结果没有发现字素在中国英语学习者英语视觉词汇加工中的影响，支持语音通达。

关键词： 字素　中国英语学习者　视觉词汇加工　词汇判断

一、引言

　　视觉词汇阅读是人们日常生活中非常重要的认知活动，在语言研究中占有重要地位。视觉词汇阅读的识别单位是学术界研究的一个重要问题。从理论上看，它涉及读者的心理词汇的组织形式以及阅读过程的心理表征方式等问题；从实践上看，它能够为阅读教学以及各种阅读障碍的矫正提供方法论上的启示（Luo et al., 1998）。早期词汇识别模型大多把字母作为阅读识别单位（McClelland et al., 1981），后来更加复杂深入的研究提出了其他复杂的前词汇表征方式（Taft, 1991：58-92；Mathey et al., 2006），字素在其中占有重要地位。字素通常被定义为音素的书写表征，被认为是视觉词汇阅读中字形和语音连接的桥梁。字素是否是视觉词汇的识别单位，词汇识别过程中是否存在字素分析和融合过程的问题，在西方学术界存在很大争议。

　　英语母语者首先习得听说能力，而后将习得的语音和语义信息与字形编码相连接习得阅读能力（Eva, 2018）。与英语母语者相比，中国英语学习者习得英语阅读能力较晚，且字形、语音和语义都是后天习得，语音编码水平和语音提取能力都更弱，字形信息在视觉词汇识别中可能扮演着更重要的角色。此外，英语与汉语分属不同的语系，前者为拼音文字，较多地依靠语音通道，后者为表意文字，对语音的依赖较小，甚至不依赖，而主要依赖视觉通道（Perfetti et al., 2007）。有研究表明（Wang et al., 2003），受母语书写系统的影响，中国英语学习者在英语阅读时不像母语者那样严重依赖语音，而是主要依靠视觉信息。因此，尽管很多研究证明字素效应在英语母语者阅读中不存在（如 Lupker et al., 2012），在中英双语者英语阅读中有更大的可能性存在。本研究旨在探究字素在中国英语学习者英语视觉词汇加工中是否存在，以探究汉英双语者视觉词汇阅读机制。

二、文献综述

拼音文字阅读的一个中心问题是人们如何将书面文字与语音形式连接起来。关于这一问题有两种观点，一种是整词通达假说，即视觉词汇直接激活相应的心理词汇，由此通达语音和语义信息（Green et al., 1976），另一种音系通达假说，认为视觉信息首先根据字形和语音对应的规则转化为语音，语音编码激活相应的心理词汇，由此通达语义并产生语音（Gough, 1972）。也有研究者认为，这两种假说可以共同存在，形成了视觉词汇通达的双通道理论（Coltheart, 2001）。在这一理论中，不论是在前词汇字形信息直接与整词字形相联系的直接通道中，还是在前词汇信息先与前词汇语音编码相连接，再通达整词语音和语义信息的间接通道中，字素都扮演了重要角色。但是对于字素是否是视觉词汇加工的识别单位，以及词汇识别过程中是否存在字素分析和字素融合的过程，学术界仍有很大争议。

首先，Rey、Jacobs 等（1998）比较了不同音节数的五字母单词在识别判断任务中的反应潜伏期，发现三音节单词反应时比五音节单词反应时更长，尤其是在低频词中。他们解释说三音节单词反应时的延长是由于需要额外的时间将字母合成为多字母字素。在字母判断任务中，Rey、Ziegler 和 Jacobs（2000: B1–B12）发现 A 在多字母字素（如 BEACH）中比在简单字素（如 PLACE）中更难识别。后人的实验也得出相同的结论（Commissair et al., 2018; Marinus et al., 2011）。另外，在大小写混合的词汇判断任务中，Havelka 和 Frankish（2011）发现字素被大小写混合扰乱的单词（如 sTeAk）比字素未被扰乱的单词（如 stEAk）更难识别。Eva 等（2018）研究法语三到五年级儿童的字素编码，发现字素从五年级开始作为前词汇书写单位进行编码。他们将这些结果作为证明字素是书面单词识别单位的证据。然而，最近的研究得出了相反的结论。Lupker et al.（2012：1491–1516）使用与前人不同的实验任务——掩蔽启动词汇判断任务（如 amxxt 和 axxnt 作为启动项），并没有发现两种启动条件产生显著差异。Chetail（2020）加入了前人并没有考虑的语音干扰变量，使用字母判断任务、长度估计任务、大小写混合语义判断任务以及启动条件下的词汇判断任务，都没有发现字素效应在熟练法语视觉词汇识别中存在。他发现，前人研究所发现的存在字素效应的证据只在语音混淆的情况下存在，因此得出结论，字素效应在母语者视觉词汇加工中并不存在。

上述研究都是针对母语者的视觉词汇识别，而字素在非母语者视觉词汇阅读中是否起作用的问题还没有研究者涉及，国内外也没有探究字素在中国英语学习者英语视觉词汇阅读中作用的研究。鉴于英语母语者和中国英语学习者习得英语的方式以及汉英语言系统间的差异，中国英语学习者有可能对字形信息的依赖性会更大，可能会花费比英语母语者更多的认知资源进行前词汇的字素分解和字素融合过程。因此虽然字素效应在英语母语者词汇阅读中有争议，但是在中国英语学习者英语单词识别中可能有更大作用。这一问题的验证对于中国英语学习者词汇加工和阅读能力的提高有重要启示意义，但是这一问题的研究却鲜有研究者涉及。吴诗玉等（2016）采用语义关联判断任务，证明了语音干扰效应，但是对于书面语的字素形式是否影响中国英语学习者书面词汇加工，却没有具体讨论。

国外对于母语者视觉词汇识别的字素效应的研究最常采用字母判断任务，这一任务适合探究视觉词汇识别的早期阶段，因为被试只需要识别字母，而不需要做出单词或者语义判断，采用这一任务的研究大多支持字素效应的存在。而 Chitali（2020）发现，产生积极效应的研究大多没有排除语音相似性效应。也就是说，在这些研究中，被嵌入到复杂字素中的字母通常不发字母音，在简单字素的字母却通常发字母音，如 A 在 PLACE 中发字母

音 /eɪ/, 而在 BEACH 中则不发字母音。因此二者字母判断任务中结果的差异可能不能证明字素效应的存在，而与二者在单词中的发音与字母音的相似性有关。Chetail 以法语母语者为实验对象，研究法语视觉词汇的识别，在词汇判断任务中区分语音干扰词和非语音干扰词，设置语音混淆组和非语音混淆组，发现只有语音混淆组中简单字素和复杂字素的判断之间存在显著差异，因此得出结论，差异的产生是语音相似性效应的结果，而排除语音相似性效应后，则不存在字素效应。

本实验参考 Chetail 的实验方法，采用字母判断任务，设置语音混淆组和语音非混淆组，选取将单个字母作为简单字素的单词和将字母作为复杂字素的一部分的单词作为目标词，以字素复杂性和语音混淆情况作为自变量，来探究字素在汉英双语者英语视觉词汇识别中是否起作用。

三、实验设计

1. 被试

共有 26 名（男 16、女 10）非英语专业大一学生参加了本次实验，他们都来自北京某重点大学，年龄在 18~20 岁之间。被试语言背景问卷显示，大多从小学三年级开始学习英语，学习英语总时长平均为 10 年。所有被试视力或矫正视力正常。从他们的背景以及英语学习经历来看，具备基本英语能力，能够识别 General Service List 中的基本单词。

2. 实验材料

所有的实验单词都选自 General Service List, 所以所有实验词均为高频词，且这些单词都为单音节词，所有词均为简单词，包含 4~6 个字母。首先选取 17 对语音混淆词，即在其中一个单词中，所要判断的字母为简单字素，且这个字母在这个单词中发字母音，在另一个单词中，所要判断的字母为复杂字素的一部分，且这个字母与这个复杂音素的发音不同。另外选取 17 对非语音混淆词，即在其中一个单词中，所要判断的字母为简单因素，在另一个中，所要判断的字母为复杂字素的一部分，且这个字母在这两个单词中都不发字母音。所选词对的单词在频率、词长和字母位置上相对应。此外，设置 28 对（56 个）答案为否的实验词，这些词在词频、词长、所要判断字母的位置上与目标词相对应。这样一共有 124 个实验词，其中 68 个为目标词，56 个为填充词。表 1 为目标词设置以及例子。

表 1　目标词设置及例子

	语音混淆组	非语音混淆组
简单字素	A in PLACE	A in CLASS
复杂字素	A in BEACH	A in REACH

3. 程序

采用 E-prime 2.0 呈现实验材料。所有呈现内容呈现在屏幕的中央，白色背景，黑色字，字体为 Arial, 字号为 40 号。在每个试次中，先呈现 1 000ms 的注视点使被试集中注意，然后呈现所要判断的大写字母 500ms，接着立即目标词 50ms，在 67ms 的空白之后，在屏幕上呈现 # 字符串作为试后掩蔽直到被试做出判断。被试被要求快速准确地判断呈现的字母是否存在于紧接着呈现的单词中，存在按 Q，不存在按 P。在正式实验之前每个被试要完成 6 个试次的训练测试，直到他们完全理解实验程序。所有实验词以随机的顺序呈现。

四、结果

为了降低错误率及极值影响，删除正确率小于 80% 的被试数据，共删除 1 名被试的数据，剩余 26 名被试的数据，没有错误率超过 80% 的项目，所有项目保留。在 SPSS 25.0 上对 34 对目标词的正确率和反应时进行分析。被试平均反应时和错误次数的描述统计如表 2 所示。接着对被试的反应时和错误次数进行 2（字素复杂度）×2（语音混淆情况）的双因素混合方差分析，结果如表 3 所示。

结果显示，对于被试的反应时，字素复杂度主效应不显著（F=2.344，p=0.126），语音混淆情况主效应显著（F=5.620，p=0.018），二者交互作用不显著（F=0.005，p=0.814）。对于错误次数，字素复杂度、语音混淆情况都不显著（F=1.107，p=0.296；F=0.177，p=0.675），二者之间的交互作用不显著（F=0.177，p=0.675）。

由于语音混淆情况出现了显著的主效应，所以分别对语音混淆组和非语音混淆组识别简单字素和复杂字素的反应时和错误次数进行 t 检验，结果如表 4 所示。结果显示，不论是语音混淆组还是非语音混淆组，被试识别简单字素和复杂字素的反应时和正确次数都没有显著差异。

表 2　被试平均反应时和错误次数描述统计

		语音混淆组	非语音混淆组
反应时（ms）	简单字素	455	479
	复杂字素	467	469
平均错误次数	简单字素	1.4	2.14
	复杂字素	1.65	1.4

表 3　被试反应时和错误次数的统计分析结果

		F 值	sig
反应时	字素复杂度	2.344	0.126
	语音混淆情况	5.620	0.018
	交互作用	0.005	0.814
错误次数	字素复杂性	1.107	0.296
	语音混淆情况	0.177	0.026
	交互作用	0.177	0.675

表 4　语音混淆组和非语音混淆组中的简单字素和复杂字素的反应时和错误次数 t 检验结果

	组别	Sig.
反应时	语音混淆组	0.225
	语音非混淆组	0.345
错误次数	语音混淆组	0.980
	语音非混淆组	0.038

五、讨论

本文结果不支持字素效应在中国英语学习者视觉词汇加工中存在的假设，与之前大部分使用字母判断任务研究母语者视觉词汇加工的结果不一致，也与 Chetail 使用同样方法对法语母语者视觉词汇加工的结果不一致。下面将把本研究结果与对英语母语者以及 Chetail 对其他语言（法语）母语者的研究进行对比，来讨论字素在中国英语学习者英语视觉词汇加工中的作用，以及中国英语学习者英语视觉词汇的加工机制。

1. 语音相似性

以往对英语母语者字素效应的研究发现，字母在简单字素中比作为复杂字素的一部分更容易识别（如 Rey et al., 2000：B1–B12），尽管有研究指出是语音相似效应的影响。而在本研究中，不管是语音混淆组，还是语音非混淆组，字素复杂性都没有显著影响。这一结果说明语音相似效应在中国英语学习者视觉词汇加工中没有起到和母语者一样的作用，这进一步说明中国英语学习者视觉词汇早期加工中的语音启动与母语者相比更弱。这与前文所说二者的英语习得方式有密切关系，英语母语者先习得词汇的语音和语义信息，而后与字形信息建立联系，他们对于语音信息的提取是自动且快速的，而中国英语学习者是后天根据规则将英语语音与形式建立联系，因此对于语音信息的提取会更困难，因此影响也就更小。虽然中国英语学习者的语音相似效应并没有达到影响与母语者一样的强度，使得不同字素影响到视觉词汇识别，但是双因素方差分析结果显示，语音混淆情况产生了较强的主效应，也就是语音混淆组和非语音混淆组组间存在显著差异，从描述性分析结果我们看到，非语音混淆组的简单字素的反应时和错误次数都比混合字素和语音混淆组的简单字素多，表明语音相似性效应对于简单字素的识别是有重要影响的，同时表明语音信息参与中国英语学习者早期视觉词汇的加工过程中。

2. 视觉词汇加工中的语言差异

本研究也与 Chetail 使用相同实验方法，以法语作为研究对象的实验结果有所不同。Chetail 考虑语音相似效应，发现字母识别在语音混淆组中有显著差异，在排除了语音相似效应的非语音混淆组中却没有显著差异。他得出结论，实验中简单字素和复杂字素中字母识别差异是语音相似性的影响，因此字素效应并不能得到证明。

本实验也不支持字素效应在视觉词汇通达中的存在，但是也没有证明是语音相似性效应的影响。其中的原因除了被试不同之外，还与英语和法语的语言差异有关。在法语中，语音相似性与字素类型是一致的，当一个字母嵌入到多字素的单词中，它的发音会自动变成与单字母不同的发音。而在英语中，一个字母在简单字素中既可以发字母音，也可以不发字母音，在复杂字素中也是一样。因此法语中的语音相似效应比英语中更加普遍，语音相似效应对于法语简单字素和复杂字素单词的识别作用比英语更大。因此，在视觉词汇加工过程中，法语加工的语音相似效应比英语强，在英语作为二语进行加工中的作用可能会更小，所以本研究没有出现法语研究中发现的语音混淆情况下字素加工不同的结果。

六、结语

本研究结果并没有发现字素在中国英语学习者英语视觉词汇加工中的影响，一定程度上支持了 Yamada（2004）提出的"一语语音效应假设"，即是母语语音体系而不是书写体系在一定程度上解释了二语阅读的认知过程。但是，正如 Chetail（2020）所提出的，虽然本研究不能证明字素效应在中国英语学习者英语词汇阅读中存在，但是这并不意味着字素在拼音文字书写体和语音的转换中不是中心地位，它仍然是书写体和语音之间的桥梁。

本研究对词汇习得具有重要启示，即在词汇学习过程中需要注重语音信息的获取和加强，培养词汇加工中语音解码的能力。本研究也有一定的局限性，可以进一步改进。首先，实验方法单一，只探究了字素在汉英视觉词汇识别早期阶段的作用，而没有探究其在词汇通达阶段的作用。其次，选取被试量较小，效应量小，可以通过增加被试数量，使结果更具说明性。最后，没有考虑被试之间的差异，虽然被试同属于一个学校同年级，但是受不同的英语学习经历的影响，被试英语水平可能有较大差异。

参考文献

[1] CHETAIL F. Are graphemic effects real in skilled visual word recognition?[J]. Journal of memory and language, 2020, 111: 1–13.

[2] COLTHEART M, RASTLE K, PERRY C R, et al. DRC: a dual route cascaded model of visual word recognition and reading aloud[J]. Psychological review, 2001, 108(1): 204–256.

[3] COMMISSAIRE E, CASALIS S. The use and nature of grapheme coding during sublexical processing and lexical access[J]. The quarterly journal of experimental psychology, 2018, 17: 1324–1339.

[4] EVA C, BESSE A S, DEMONT E, et al. Grapheme coding during sublexical processing in French third and fifth graders[J]. Journal of experimental child psychology, 2018, 173: 78–84.

[5] GOUGH P B. One second of reading[A]. Language by ear and by eye. MIT Press, 1972: 331–358.

[6] GREEN D W, SHALLICE T. Direct visual access in reading for meaning[M]. Memory & cognition, 1976, 4(6): 753–758.

[7] HAVELKA J, FRANKISH C. Is RoAsT tougher than StEAk?: the effect of case mixing on perception of multi-letter graphemes[J]. Psihologija, 2010, 43(1): 103–116.

[8] LUO C R, JOHNSON R A, GALLO D A. Automatic activation of phonological information in reading: Evidence from the semantic relatedness decision task[J]. Memory and cognition, 1998, 26: 833–843.

[9] LUPKER S J, ACHA J, DAVIS C J, et al. An investigation of the role of grapheme units in word recognition [J]. Journal of experimental psychology: Human Perception and Performance, 2012, 38(6): 1491–1516.

[10] MATHEY S, ZAGAR D, DOIGNON N, et al. 2006. The nature of the syllabic neighbourhood effect in French[J]. Acta psychologica, 2006, 123(3): 372–393.

[11] MARINUS E, DE JONG P F. Dyslexic and typical-reading children use vowel digraphs as perceptual units in reading[J]. The quarterly journal of experimental psychology, 2011, 64(3): 504–516.

[12] MCCLELLAND J L, RUMELHART D E. An interactive activation model of context effects in letter perception: Part I. An account of basic findings[J]. Psychological review, 1981, 88: 375–407.

[13] PERFETTI C A, Y LIU, J FIEZ, J. et al. Reading in two writing systems: accommodation and assimilation of the brain's reading network[J]. Bilingualism: language and cognition, 2007, 10: 131–146.

[14] REY A, JACOBS A M, SCHMIDT WIEIGAND F, et al. A phoneme effect in visual word recognition[J]. Cognition, 1998, 68(3): 71–80.

[15] REY A, ZIEGLER J C, JACOBS A M. Graphemes are perceptual reading units[J]. Cognition, 2000, 75(1): 1–12.

[16] TAFT M. Reading and the mental lexicon[M]. Exeter: Lawrence Erlbaum Associates, 1991.

[17] WANG M, K KODA, C A PERTETTI. Alphabetic and non-alphabetic L1 effects in English word identification: a comparison of Korean and Chinese English L2 learners[J]. Cognition, 2003, 87: 129–149.

[18] YAMADA J. An L1-script-transfer-effect fallacy: A rejoinder to Wang et al. (2003) [J]. Cognition, 2004, 93: 127–132.

[19] 吴诗玉，马拯，叶丹. 中国高级英语学习者词汇语义通达路径的汉英对比研究 [J]. 外语教学理论与实践，2016（1）：1–8.

外交话语的概念隐喻分析
——以中美"2+2"对话为例

北京工商大学外国语学院　李嘉乐　杨怀恩

摘　要： 2021 年 3 月 18 日至 19 日，中美进行了"2+2"战略对话。本文以对话开场白为例，对比分析发现外交话语常用旅行隐喻表达国家的发展，用人体隐喻和人际关系隐喻构建国家间的行为和关系，用战争隐喻阐明重大领域的问题。

关键词： 外交话语　概念隐喻

一、引言

2021 年 3 月 18 日至 19 日，中美两国在安克雷奇进行了"2+2"战略对话。特朗普上台后中美关系不断恶化，研究此类外交话语对于世界了解中美关系最新进展、合作空间有重要的启发。莱考夫和约翰逊于 1980 年在《我们赖以生存的隐喻》一书中最早提出隐喻理论，认为隐喻根植于人类的概念结构，通过理想认知模式（ICMs, Idealized Cognitive Models）来形成世界的概念。中国学者将隐喻看成是将常规延伸并确定新视角的认知方法（胡壮麟，2020）。近年来，关于隐喻理论的发展已然很多，比如：Gibbs（2017）讨论了概念隐喻的提炼、识别，提出语料库语言学与计算语言学在某些方面比人工识别更有效，利用有声思维等技术分析使用概念隐喻的心理过程，并研究了非言语行为的隐喻特征。Kövecses 在最新力作 *Extended Conceptual Metaphor Theory* 中，讨论了语言的"隐喻性"（figurativity），指出"隐喻性"取代"非隐喻性"（literalness）成为语言的本质属性，是具体和抽象概念的共有属性，此外，还提出了应关注概念隐喻的语境因素，用于解释具体语境对隐喻使用的影响。外交类、政治类话语相关的隐喻研究更是数不胜数。比如：杨媚（2015）使用语料库方法研究中美外交语篇，发现概念隐喻和人际隐喻使用频繁，并对二者进行了结合研究；金小丽（2020）在研究中国领导人外交发言中，分析了相关隐喻的类型、识别和作用。这些研究意义重大，但这类语篇分析较为宏观，语料相对独立，少有语料可以进行对比梳理，分析外交双方对于特点问题的隐喻使用和立场态度，因此本文具有一定的意义。

二、概念隐喻分析

中美"2+2"对话是拜登总统上台以来中美高层首次会晤，中方派出中央外事工作委员会办公室主任杨洁篪和国务委员王毅，美方派出国务卿布林肯和国家安全顾问沙利文进行此次对话。笔者选取对话的开场白作为语料、识别分类各类隐喻、比较分析中美两国表述特征差异、从隐喻的视角解读分析中美两国的最新观点与立场、中美关系的走向。

1. 旅行隐喻

旅行隐喻被莱考夫和约翰逊（1980）最先提出，"人生是一场旅行"这样的经典隐喻便是把旅行这一源域涉及的方面映射到人生这一目标域，这也是典型的概念性隐喻（metaphorical concept）。旅行隐喻多见于政治语篇，以期国民了解国家的发展。

例 1. 如果与以规则为基准的国际秩序背**道**而驰，那么……

例 2. ……都遵**循**（原文：follow）同样的规则。

美方翻译使用了"道"、布林肯使用了 follow（"循"）的旅行隐喻都涉及规则，形象表明了美方对于中国提出的希望中方遵守"规则"的要求和愿望，但不难看出双方对于"规则"的内容有着巨大的分歧。

例 1. 中国要求各国**走**和平发展的**道路**，应该实行和平的……

例 2. 我们之间应该有很多共同的朋友。这才是 21 世纪的处世之**道**。

例 3. ……把中美关系重新带**回到**健康稳定发展的**轨道**……

中方杨洁篪使用了"走……道路"、王毅使用了"处世之道"和"轨道"这样的旅行隐喻，指代中国自身发展的方法和和平发展的理念，表述较美方更为清晰。并且，中方的表述只涉及本国的发展，并未对美方提要求、摆姿态，更加符合外交礼仪。

例 1. ……正常的贸易活动制造了**障碍**（杨洁篪发言）

例 2. …but each and every time, we have come out（被译为：走出来）……（布林肯发言）

旅行不总是一帆风顺，国家发展也不总是风平浪静。旅行具有未知性、方向性和前进性等特点（王小菁，2018）。"障碍"和"走出来"分别是中美双方使用的表达国家发展困境的旅行隐喻，"障碍"涉及近年来受损严重的中美贸易问题，"走出来"鼓励了美国人民每次遇到困难时解决问题的决心。二者都很形象，但名词属性的"障碍"较为直接、尖锐，静态地展现了问题，语气较强。而"走出来"即走出困境，这一动作直观可视，更加活跃动态，极具解释力。值得一提的是，从经历困难的状态出来 come out 这一表达还用到了容器隐喻。

2. 本体隐喻

旅行隐喻虽多，却只能服务于非常有限的目的，还不足以表达复杂的外交关系，本体隐喻（ontological metaphors）能够进行更多的解释，因此在各类文本中，本体隐喻总是最常见，本次会晤的开场白自然不能例外。

2.1 人体隐喻及人际关系隐喻

人体作为人类最熟悉的实体，在建构人类对于事件、行为、活动、状态的认识有着重要作用。人体隐喻中可以完整的人体、部分器官映射物质、行动，被映射的目标域相互作用进而产生联系，这种联系产生新的映射需求，人体隐喻自然产生人体间的隐喻，即人际关系隐喻，如亲情、友情关系。这类隐喻通常可以解释复杂的国家关系和国际事件，所以在政治话语和外交话语中最为常见。

例 1. **我们**成功地消除了所有人的绝对贫困（杨洁篪发言）

　　We believe **we** solve problems best…（布林肯发言）

例 2. **中国**是一定会挺过来的。（杨洁篪发言）

　　China can better understand…（布林肯发言）

例 3. 对中国采取**卡脖子**的办法。

都**肩**负着重要责任。

美国的"长**臂**管辖"

……取得了长**足**的进步。

例 4. 把国家安全的**触角**伸得**过长**（王毅发言）

上述例 1 和例 2 利用了"国家是人"这一映射关系，在此类话语非常常见。例 3 杨洁篪发言中，脖子是人体脆弱要害的部分，"卡脖子"映射出美国对我国核心领域的打击，更利于国民理解事态的严重程度。"肩"能负重，"足"能前进，则表现出更加正面的意义，与履行义务、稳步发展相关。"臂"一词，本身并无感情色彩指向，如汉语"一臂之力"具有积极含义，但"长臂管辖"却明显有"手伸得太长""管得太多"的消极意义，构建了美国干涉别国事务的形象。"触角"并不是人体的组成部分，但"触角过长"和"长臂管辖"意义相似。另外，这些人体隐喻除例 1、例 2 以外，多出现在中文发言，是由于中文把隐喻或者比喻更多当做修辞手法，强调表达的生动，把隐喻看作附属于语言之上的一种反常的语言应用现象（linguistic deviations），属于非建构主义。（nonconstructivism）（朱永生、严世清，2001）

例 1. …protects the interests of our **allies and partners**（被译为：保护我们的**盟友和伙伴**的利益。）（沙利文发言）

例 2. 我们之间应该有很多共同的**朋友**（王毅发言）

构建人类命运**共同体**（杨洁篪发言）

人际关系隐喻属于语法隐喻。在外交话语中，多用来表达国家间的关系。国际关系复杂多变，用友情、亲情这种人类熟悉的感情描述，更能理清亲疏，把握国民舆论，用常识构建意识形态（辛斌，2005）。常见的关系除了对话所涉及的，"邻居""亲戚""兄弟"和"共同体"也多出现在近年的领导人讲话和外交发言上。（金小丽，2020）

例 1. **我们**要**摒弃**冷战思维……**我们**必须**转变**思维方式（杨洁篪发言）

we have come out stronger, better, more united.（布林肯发言）

例 2. **中国**制定了第一个五年发展规划，现在**进入**第 14 个五年发展规划的第一年。（杨洁篪发言）

This was **in** the wake of the financial crisis.（布林肯发言）

人体隐喻和容器隐喻共同作用表达意思也是外交话语的一大特色。这一因为外交话语多使用人体隐喻表达国家主体，容器隐喻多能表达事件、行为、活动和状态，具有解释和定性功能，二者结合印证了外交话语中多有物质过程（material process）的特点。

2.2 拟人

除了人体隐喻，自然物体被拟人化的隐喻即拟人是最容易识别的隐喻。这类隐喻通过人类动机、特点和活动让我们理解各种非人类实体的经历。笔者分析中文发言，发现这类隐喻在外交话语中呈现出不同的特点。

例 1. 中国在**全面建成小康社会** ……

中国人民**紧密团结在中国共产党的周围**

新疆、西藏、台湾都是中国**领土不可分割**的一部分

例 2. 中国人是**不吃这一套**的（杨洁篪发言）

这个**老毛病**应该要改改了（王毅发言）

中国是一定会**挺过来**的（杨洁篪发言）

美国都是这方面的**佼佼者**（杨洁篪发言）

……交换意见之前，就给中方**戴上帽子**……（王毅发言）

…not trying to **sweep** them under a rug. And sometimes it's **painful**, sometimes it's **ugly**…（布林肯发言）

词块（chunks）在各领域都普遍存在，外交话语中一些固定词块在例1（杨洁篪发言）中也具有拟人的特点，这些词块反复使用有助于形成国民对外交事务的认知、阐明语言中的权力关系。而例2的拟人则颇具特色地体现了此类隐喻种类繁多，人们可以根据自己的认知、行动来了解非实体的物质，对于复杂政治关系的解读有着强大的解释力。

2.3 其他本体隐喻

除了这些常见的隐喻手段，还有一些本体隐喻也对于理解有着重要的作用，它们散落在发言各处。

例1. ……但是要在相互尊重的**基础**上进行……（建筑隐喻）（王毅发言）

…have been built on a totally voluntary **basis**（建筑隐喻）（布林肯发言）

例2. ……对话取得实际**成果**。（植物隐喻）（杨洁篪发言）

…and is **rooted** in a concept of human dignity（植物隐喻）（沙利文发言）

例3. 自从几十年前我们两国在交往中打破**坚冰**以来……（自然隐喻）（杨洁篪发言）

例4. It's never a good **bet** to bet against America.（游戏隐喻）（布林肯发言）

隐喻的本质是概念性的，这些隐喻在生活中非常常见且不胜枚举，它们每一个都是由单一的隐喻概念连贯构成的，人们习以为常，但要注意的是人们理解的世界有很大一部分都是基于这些源域映射的。

3. 战争隐喻

战争隐喻是外交、政治话语的另一个常客，将战争的特点映射到目标域，常常伴有"攻防""输赢"这类表述，具有深刻的内涵。这些表达构成了源域即战争的系统模式，因而目标域的隐喻表达也具备相应的系统模式，这样的对应有助于我们认识目标域的本质，体现了隐喻性概念的系统性。

例1. 中美经济交往中出现的**摩擦**

我们希望同美国不**对抗**，不**冲突**……

例2. …economic **coercion** toward our allies.（布林肯发言）

our **overriding** priority… is to ensure that our approach … benefits the American…（布林肯发言）

例3. ……承担起这一责任，履行我们被赋予的**任务**（杨洁篪发言）

美国在人权方面面临的**挑战**是根深蒂固的（杨洁篪发言）

…confront those **challenges** openly, publicly, transparently.（布林肯发言）

例4. ……同美国进行**战略**对话（杨洁篪发言）

…the secret **sauce**（被译为武器）of America.（沙利文发言）

例5. ……煽动一些国家对中国进行**攻击**。（杨洁篪发言）

…cyber **attacks** on the United States（布林肯发言）

We will always **stand up**（被译为捍卫）for our principles, for our people, and for our friends.（沙利文发言）

我们为**维护**世界和平与发展（杨洁篪发言）

例6. …and **winners** take all（被译为赢家通吃）（布林肯发言）

实现互利**共赢**（杨洁篪发言）

上述例子按顺序推演了战争的特点和过程，观察各个目标域之间涉及的问题，不难发现：例 1 杨洁篪发言中，"摩擦"是最低程度的"敌对"，国家交往中，"摩擦"往往不可避免、不足为奇。"对抗"和"冲突"在战争中程度更高，力量较大，但比起"剥削""压迫"等又相当和缓。习近平以"不对抗，不冲突"来期待中美关系无疑定位鲜明，容易理解。例 2 布林肯发言中，coercion 和 overriding 含义更加严重，涉及的是美国对盟友经济利益的关切和维护本国优先利益的决心。例 1 到例 2，源域紧张程度上升，目标域所涉自然水涨船高。

战争中有"任务""挑战"，例 3 的这些问题必须解决，否则会影响战争的局面，以此作喻，体现了问题的严重性和紧迫性。打仗也是讲究方法策略的，例 4"战争的战略"映射出"对待中美关系的政策"，"对付他人的武器"或者"做出好菜的酱汁"映射出"美国强大的方法"。

"攻防"往往有正义和非正义的感情色彩，这类隐喻的使用也是意识形态的体现，需要慎重。值得注意的是，stand up 本身是一种方位隐喻（orientational metaphors）（Lakoff et al，1980），只是在具体的语境中才具有实际意义和特定的隐喻类型，可见，隐喻对于概念的建构是部分的。up 在中西方文化中，一般均为"好"的意思，所以在语境中有了正义的色彩。

三、结语

概念隐喻不仅是一种语言形式，还是人们普遍的认知方式（陈文萃、曾燕波，2003），尤其是在构建社会认知上有着重要作用。外交话语涉及社会面广、理解难度大，在涉及国家发展和国际关系上多用旅行隐喻、人际关系隐喻（杨媚，2015），用常识构建了复杂的国家间权力关系，建立意识形态于无形。而在涉及两国重大利益或重大分歧上，战争隐喻更加直白地展现了紧张的情绪，区分了事情的严重程度。此外，一些外交词汇也具有隐喻的特征，在中国外交发言中常常使用有助于揭示话语中的权力关系。利用这些概念隐喻，通过人们熟悉的概念激活映射到复杂的国际事务，可以更好地帮助领导人传递思想，帮助国民认识国家大事。

参考文献

[1] GIBBS R. W. Metaphor wars [M]. Cambridge: Cambridge University Press, 2017.

[2] LAKOFF G, JOHNSON M. Metaphors we live by [M]. Chicago: Chicago University Press, 1980.

[3] 陈文萃，曾燕波. 概念隐喻研究综述 [J]. 湖南：衡阳师范学院学报，2003（4）：118–121.

[4] 贺梦依. 概念隐喻与政治的关系识解 [J]. 四川：外国语文，2011（3）：48–52.

[5] 胡壮麟. 认知隐喻学 [M]. 北京：北京大学出版社，2020：3–16，85–103.

[6] 金小丽. 中国领导人外交话语中的隐喻研究 [D]. 南京：南京师范大学，2020.

[7] 王小菁. 基于概念隐喻的美国总统竞选辩论分析 [J]. 南京：文教资料，2018（1）：54–55.

[8] 辛斌. 批评语言学：理论与应用 [M]. 上海：上海外语教育出版社，2005：37–53.

[9] 杨媚. 外交语篇中的概念隐喻和语法隐喻 [J]. 安徽：海外英语，2015（5）.

[10] 张馨月. 《扩展概念隐喻理论》评介 [J]. 广东：现代外语，2021（1）：430–434.

[11] 朱永生，严世清. 系统功能语言学多维思考 [M]. 上海：上海外语教育出版社，2001：116–121.

英国 19 世纪 "社会问题小说" 发展史

中国石油大学（北京）外国语学院　王春霞

摘　要： 19 世纪初，随着工业化和城镇化的发展，英国社会产生了一系列的社会问题。作为对这些社会问题的反映，当时出现了不少"社会问题小说"。本文通过追溯 19 世纪英国"社会问题小说"的发展史，指出这些小说的时效性既是它们兴起的原因，也是它们衰落的原因。

关键词： "社会问题小说"　童工　工厂制度

　　19 世纪初，随着工业化和城镇化的发展，英国社会产生了一系列的社会问题。这些社会问题具体表现为城市贫困人口迅速增加、贫富分化日益严重、劳资冲突加剧等，它们引起了工人罢工，导致了宪章运动的发展。作为对这些社会问题的反映，英国文坛上出现了不少"社会问题小说"。

　　这类小说通常指本杰明·迪斯累利（Benjamin Disraeli）的《西比尔》（*Sybil*）、伊丽莎白·盖斯凯尔（Elizabeth Gaskell）的《玛丽·巴顿》（*Mary Barton*）和《南与北》（*North and South*）、查尔斯·狄更斯（Charles Dickens）的《艰难时世》（*Hard Times*）、夏洛蒂·勃朗特（Charlotte Bronte）的《谢利》（*Shirley*）、金斯利（Charles Kingsley）的《阿尔顿·洛克》（*Alton Locke*）、乔治·爱略特（George Eliot）的《激进派费立克斯·霍尔特》（*Felix Holt: The Radical*）等。除了"社会问题小说"这个说法，这类小说还有其他不同说法，如"（阐述一种观点或理论的）主题小说"（roman-a-these）、"英国状况小说"（the Condition of England fiction）、"工业小说"（industrial fiction）、"社会小说"（social novels）（O'Gorman，2002）。

　　在维多利亚时代，这类小说直接面对国家当时所处的状态，被称作"英国状况小说"，它们与"英国状况问题"（the Condition of England Question）有着直接的联系。"英国状况问题"是 19 世纪英国文化中的一个关键词。托马斯·卡莱尔（Thomas Carlyle）早在《时代征兆》（*Signs of the Times*，1829）、《时代特征》（*Characteristics*，1831）、《旧衣新裁》（*Sartor Resartus*，1833）等作品中就已经开始探讨英国状况问题。在《宪章运动》（*Chartism*，1839）和《过去和现在》（*Past and Present*，1843）中，他提出来这个"英国状况问题"概念。

　　"社会问题小说"这一说法最早是由法国评论家路易斯·卡扎米安（Louis Cazamian）在 1903 年出版的《英国社会问题小说，1830—1850》提出，但是这本书的英文版直到在 20 世纪 70 年代才出现。20 世纪 50 年代，以凯瑟琳·帝尔特斯顿（Kathleen Tillotson）为代表的评论家才开始对这类小说进行系统的研究。从那时起，评论家们开始广泛使用"社会问题小说"这一标签（Guy，1996）。约翰·卢卡斯比较了这些不同说法，认为"社会问题小说"是更恰当的说法，因为这些小说关注社会问题，并最终要解决这些问题（Lucas，1967）。

　　早在这些最有代表性的"社会问题小说"涌现之前，从 19 世纪初开始，就出现了一系列批判工厂制度、使用童工等的小说，评论家詹姆斯·理查德·西蒙斯将这些小说称为

"工业小说"（Simmons, 2005）。从18世纪末期开始，英国出现了一系列揭露童工悲惨遭遇的调查，这些调查引起了一些社会改革家如从男爵罗伯特·皮尔（Sir Robert Peel）和罗伯特·欧文（Robert Owen）的关注，他们呼吁制定限制童工年龄和改善他们工作条件的法令。事实上，使用童工的做法可以追溯到1601年的《伊丽莎白济贫法》，这一法律使得教区治安官或牧师有权力将接受救济的赤贫者和孤儿送到某一行业，成为该行业的学徒，从而使他们掌握一技之长，将来可以独立谋生。后来，这一做法却慢慢变成了让人憎恨的事情。

但是，历史学家爱玛·格里芬指出，在19世纪的英国，当限制童工年龄的法律颁布时，很多家长对此并不感激，反而认为这一法律使他们丧失了一份家庭收入（Griffin, 2014）。历史学家G.M.特里维廉指出，为了保证勋爵奥尔索普《1834年工厂法案》（*Lord Althorp's Factory Act of 1834*）条款的顺利进行，一些善良的工厂主建议设立工厂督察员，这些工厂督察员拥有进入工厂检查的权力。设立工厂督察员不仅为了监督那些坏的工厂主，也为了监督那些依靠孩子劳动的父母们（Trevelyan, 1964）。英国历史上最出名的童工恐怕是狄更斯了，他在多部小说里写的童工都有自传色彩。1824年，12岁的狄更斯在鞋油厂干了6个月，每周6先令。按当时工资水平，6先令不算少，但他父母要截留一部分养家，留给他的钱并不多（乔修峰，2017）。

尽管社会改革家付出巨大努力，工厂条件并未得到明显改善。中上层人士对使用童工所表现出来的冷漠似乎表明工厂童工是马尔萨斯人口原则的受害者，这些童工被看做是多余人口的一部分。马尔萨斯的《人口论》认为人口压力使得低阶层人的贫穷不可避免，因此19世纪初，很少有工人声音，也几乎没有官方代表为他们鸣不平。

西蒙斯指出最早批判工厂制度内在罪恶的是威廉·葛德文（William Godwin）的小说《弗利特伍德》（*Fleetwood: or the New Man of Feeling*, 1805）和罗伯特·布林克尔（Robert Blincoe）的口述自传。布林克尔是个文盲，他口述了自己在工厂里怎样忍饥挨饿，并遭到厂主们的毒打和辱骂，约翰·布朗（John Brown）记录下了他的这些悲惨经历。这份口述命名为《罗伯特·布林克尔的回忆录》（*A Memoir of Robert Blincoe*, 1828），并在理查德·卡利（Richard Carlie）创办的一份激进报纸《雄狮》（*The Lion*）上发表，后来由工会领导人约翰·多尔蒂（John Doherty）重新出版。布林克尔在自传里叙述的悲惨遭遇成为"十小时工作运动"（The Ten Hours of Movement）的宣传材料。弗朗西斯·特罗洛普（Frances Trollope）受布林克尔回忆录启发，创作了在当时很有影响力的小说《米歇尔·阿姆斯特朗》（*The Life and Adventures of Michael Armstrong, the Factory Boy*, 1840）。

从19世纪30年代开始，文坛上出现了一系列"工业小说"，例如，约翰·沃克（John Walker）的《工厂青年》（*The Factory Lad*, 1832）、卡罗琳·鲍尔斯（Caroline Bowles）的《工厂故事》（*Tales of the Factories*, 1833）、卡罗琳·诺顿（Caroline Norton）的《来自工厂的声音》（*A Voice from the Factories*, 1836）、夏洛特·伊丽莎白·汤纳（Charlotte Elizabeth Tonna）的《海伦·弗利特伍德》（*Helen Fleetwood*, 1839—1840）和弗朗西斯·特罗洛普的《米歇尔·阿姆斯特朗》等。《海伦·弗利特伍德》被称为"第一部完全关于英国无产阶级生活的小说"，但也常被看作一部宗教小说，因为作者除了诉诸读者的同情心，还呼吁基督教徒行动起来，投身上帝。《米歇尔·阿姆斯特朗》在当时的销量不错，它得到了工厂改革者和宪章派运动者的支持。理查德·奥斯特勒（Richard Oastler）在《利兹水星报》（*The Leeds Mercury*）上写信，谴责工厂制度的种种弊端，这在很大程度上促进了1847年"十小时工作运动"的发展。历史学家埃利·哈列维甚至指出，奥斯特勒唤起中产阶层对童工的同情心的最终目的是为了通过保护成年工人的立法，因为工厂里有大量童工，如果限制这些童工的工作时间，工厂的很多工作无法正常进行，这就意味着成年工人不得不停止工作（Halevy，1947）。

当然关于工厂制度，还存在着另外一种声音，例如，爱德华·贝恩斯（Edward Baines）的《大英棉纺织厂历史》（*History of the Cotton Manufacture in Great Britain*, 1835）和安德鲁·尤尔（Andrew Ure）的《工厂的哲学》（*The Philosophy of Manufactures*, 1835）都表达了对工厂制度的支持。弗雷德里克·蒙塔古（Frederic Montagu）的小说《玛丽·阿什莉》（*Mary Ashley*, 1839）宣传工厂制度好，强调工厂工作使玛丽·阿什莉免于贫困。哈丽特·马提诺（Harriet Martineau）的《曼城罢工》（*A Manchester Strike*, 1832）试图在小说中宣传政治经济学理论。

在19世纪40年代，除了大量关于工厂制度和童工的"工业小说"，还有许多其他文类。例如，卡莱尔在《过去与现在》里提出了"英国状况问题"，他的这一说法对19世纪的很多社会问题小说家如狄更斯、盖斯凯尔等产生了很大影响。随后又出现了道格拉斯·威廉·杰罗尔德（Douglas William Jerrold）的戏剧《圣贾尔斯和圣詹姆斯》（*St. Giles and St. James*, 1845）、托马斯·胡德（Thomas Hood）的诗歌《衬衫之歌》（"The Song of the Shirt"，1843）、伊丽莎白·布朗宁（E.B. Browning）的《悲泣的孩童》（"The Cry of the Children"，1844）等。

19世纪四五十年代，童工问题得到了一些改善，于是一些有同情心的小说家将工人作为"工业小说"关注的重点。他们的目标不仅仅是通过《十小时工作法案》，他们开始在作品中更为全面和深入地描述和理解"英国状况问题"。为了获得读者同情，作家们除了描述工人的悲惨生活和恶劣的工作条件以外，他们在作品中也使用其他方法来吸引读者。例如，伊丽莎白·斯通（Elizabeth Stone）在《棉纺业大王威廉姆·兰肖》（*William Langshawe the Cotton Lord*, 1842）中认为纺织业存在着一定的弊病，但是它也有自身的价值。伊丽莎白·斯通是约翰·惠勒（John Wheeler）的女儿，惠勒拥有报纸《曼城纪事》（*The Manchester Chronicle*）。这本小说《棉纺业大王威廉姆·兰肖》与《玛丽·巴顿》的情节类似，都是关于一个工厂主的儿子被工会成员谋杀的故事，这个情节基于1831年发生的托马斯·阿什顿被害事件。

19世纪四五十年代涌现了大量的"社会问题小说"，代表作有《西比尔》《玛丽·巴顿》《南与北》《艰难时世》《谢利》《阿尔顿·洛克》和《激进派费立克斯·霍尔特》等。后来，玛丽·伊丽莎白·布雷登（Mary Elizabeth Braddon）发表的《工厂女工》（*The Factory Girl*, 1869）和赫伯特·格林（Herbert Glyn）发表的《棉纺业大王》（*The Cotton Lord*, 1862）等也属于此类小说。

但是，随着英国社会状况的逐步改善，在维多利亚中后期，"工业小说"所要传达的信息已经被中上层听到，它们不再具有时效性，读者不再对此类小说感兴趣，不愿意花钱买了。评论家盖指出，"社会问题小说"与其他类型的小说不同，"它与当时社会时事紧密联系，与当时的社会、政治世界形成一种新的关系。它试图对社会时事进行批判，激起公众对社会、政治问题的讨论"（Guy，1996）。西蒙斯指出，"英国状况小说"的兴衰跟它的时效性有关，它后来失去市场的主要原因是，由于各种立法和改革的执行，工厂工作不那么危险，不那么具有剥削性。其他问题如社会主义和女性主义（19世纪90年代出现的"新女性"小说）日益受到重视（Simmons，2005）。基廷认为具有工业传统的小说与宪章运动的兴衰紧密联系，一旦公众对这种具体形式冲突的关注减少，小说家的现成参考框架也弱化了（Keating，1971）。

当危机消除，不管是读者还是小说家，他们对此类题材的兴趣减小了。但是，这一类型小说依然存在，例如，E.M. 福斯特（E.M.Forster）的《霍华德庄园》（*Howards End*, 1910）常被看作是最后一部"英国状况小说"，而戴维·洛奇（David Lodge）的小说《好工作》（*Nice Work*,1989）被看作是一部当代"英国状况小说"（罗贻荣，2002）。洛奇在小说《好工作》里，指出 D.H. 劳伦斯的小说也属于这种"英国状况小说"的传统（Lodge，1989：73）。除了这种类型的小说，比较有名的还有乔治·奥威尔（George Orwell）的长篇纪实文学《通往维根码头之路》（*The Road to Wigan Pier*，1937），它反映了 20 世纪 30 年代经济衰退时期英国北部工人阶级的状况，尤其是煤矿工人的状况。

参考文献

[1] O'GORMA, Francis. The victorian novel[M]. Oxford, Malden: Blackwell Publishing, 2002: 149.

[2] GRIFFIN EMMA. Liberty's dawn: a people's history of the Industrial Revolution[M]. New Haven and London: Yale University Press, 2014: 123.

[3] GUY JOSEPHINE M. The Victorian social-problem novel[M]. London: MACMILLAN PRESS LTD, 1996: 1–4.

[4] HALEVY ELIE. History of English people. trans. E.I.Watin[M]. London: E.Benn, 1947: 111.

[5] LODGE DAVID. Nice work[M]. London: Penguin Books, 1989: 73.

[6] LUCA JOHN. Mrs. Gaskell and Brotherhood[A]. David Howard. Tradition and Tolerance in Nineteenth-century Fiction[C]. New York. 1967: 140.

[7] KEATING P J. The working classes in Victorian fiction. [M]. London: Routledge & Kegan Paul. 7, 1971.

[8] JAMES RICHARD SIMMONS,Jr. Industrial and "condition of England" novels[A]. Patrick Brantlinger& William B. Thesing(ed.). A companion to the Victorian novel[C]. Malden, MA: Blackwell, 2005: 336–352.

[9] TREVELYAN G M. Illustrated English social history: the nineteenth century (Volume 4), [M]. Harmondsworth: Penguin Books Ltd, 1964: 153.

[10] 乔修峰. 巴别塔下：维多利亚时代文人的词语焦虑与道德重构 [M]. 北京：中国社会科学版社，2017：119.

[11] 罗贻荣. "英国状况小说"新篇——评戴维·洛奇的《美好的工作》[J]. 国外文学，2002（3）：117–123.

The Tragedy of Marginalized Masculinity —An Analysis of the Character *Cholly Breedlove* in *The Bluest Eye*

中央党校文史部　李　楠

Abstract: As one of Toni Morrison's most influential novels, *The Bluest Eye* has been constantly analyzed from a feminist perspective, while knowledge about masculinity has developed very rapidly during the past several decades, only few works have been devoted to the male character *Cholly Breedlove* out of a masculinity perspective. In order to better understand *Cholly*'s suffering as an African American man, this thesis will apply the theory of masculinity to analyze the causes of *Cholly*'s plight as the internalization of the marginalized masculinity status and the socially constructed gender stereotypes in addition to the interweaved issues of race and class.

Key words: Masculinity　African American　*The Bluest Eye*

1. Introduction

Starting from the 19th century, feminism and femininity have been the buzzwords for many scholars. But during the last several decades, there has been a tremendous growth in academic inquiry dedicated to masculinity. As one of Toni Morrison's most influential novels, *The Bluest Eye* has been constantly analyzed from a feminist perspective, with *Pauline* and *Pecola* as the representative figures of suffering African American women. While the plight of the most important male character *Cholly* was usually viewed as a consequence of racial and class conflicts between the mainstream society and the minorities. In Toni Morrison's fiction, African American's experiences are no longer as simple as the confrontations between blacks and whites, but things are more and more concerned with issues of race, class and gender. This thesis will apply the perspective of masculinity in order to better understand *Cholly*'s suffering as a life-long internalization of the marginalized masculinity. By forcing the readers to confront the agony and suffering African American men experience in a white supremacist society, Toni Morrison makes it possible for us to understand *Cholly* and other African American men, thus the myth of their plights unraveled.

1.1 Defining Masculinity

For many scholars who specialize in the studies of masculinities, one of the tricky questions for them is how to define masculinity. Generally, most people will describe men as strong, independent, logical and dominant, etc. Many adjectives are related to certain desirable characteristics of the dominant masculinity. "Mass culture generally assumes there is a fixed, true masculinity beneath the ebb and flow of daily life" (Connell, 45). But there are some hot debates about what is true masculinity and many strategies have been applied to interpret what is masculine.

The essentialists define the core of the masculine and many of them attempt to capture the essence of masculinity as risk-taking, irresponsibility and aggression, etc. While others have pointed out that the weakness of the essentialist approach lies in the choice of the essence, because the choice is very arbitrary.

The positivists give a simple definition of masculinity—what men actually are. However, this approach also faces difficulties. This approach can not avoid the typification that is also sorted into the "men" and "women" category, which is ought to be investigated in gender research. Besides, there are situations like when some women are viewed as "masculine" and some men "feminine" which can't be explained by using this approach.

The normative definition of masculinity is what men ought to be. This interpretation makes it possible for different men approach the standards to different degrees. The normative way of defining masculinity is always blended with the essentialist one, "as in Robert Brannon's widely quoted account of 'our culture's blueprint of manhood': No Sissy Stuff, The Big Wheel, The Sturdy Oak and Give'em Hell" (Connell, 70). While the difficulty of this way of defining masculinity lies in its lack of attention to masculinity at the level of personality.

The semiotic approach defines masculinity as not-femininity. It avoids the arbitrariness of essentialism and the paradoxes of positivist and normative definitions. But the limitation of this approach is its scope, "unless one assumes, as some postmodern theorists do, that discourse is all we talk about in social analysis."

Instead of attempting to define masculinity as an object, R.W.Connell focuses on the "process and the relationships through which men and women conduct gendered lives" (Connell, 71). She gave her own interpretation of the definition of masculinity in her book *Masculinities*: "'Masculinity', to the extent the term can be briefly defined at all, is simultaneously a place in gender relations, the practices through which men and women engage that place in gender, and the effects of these practices in bodily experience, personality and culture." (Connell, 71) She also pointed out that there are four kinds of relations among masculinities: hegemony, subordination, complicity and marginalization. In a white-supremacist society, the dominant position of hegemonic masculinities is maintained by subordination of women and some marginalized men.

1.2 The Social Constructionist Approach

A person's life is a product of his or her cumulative experiences and the interpretations we give to those experiences, so many theorists think that it is more important to "understand the process by which people define and explain masculinity than to derive a definitive definition of what masculinity 'is' " (Kahn, 150). The social constructionist perspective views masculinity this way. "The social constructionist assumption is that through our own experiences we essentially 'build' realities in which we live. To understand where masculinity 'comes from' in this perspective, we must study the processes in which humans engage to define, explain, and then react to what masculinity is assumed to be." (Kahn, 151)

There are two primary approaches for social constructionists: gender as discourse and the relational self. A very important concept about masculinity and discourse is that people negotiate masculinity. "People who identify as men are viewed as engaging in a social interchange with others, in different situations, to make sense of what it means to be masculine." (Kahn, 155) The notion of relational self for masculinity means that "not only are there multiple masculinities across people but within them as well." (Kahn, 159) The social constructionist perspective will be applied in this thesis to analyze how the marginalized masculinity is constructed and internalized through *Cholly*'s life.

2. Case Study—*Cholly*'s Life-long Internalization of the Marginalized Masculinity

In order to better understand *Cholly Breedlove*'s experiences, three significant periods of his life are chosen: *Cholly*'s childhood, *Cholly*'s meet with his father, *Cholly*'s marriage and his rape of *Pecola*. By analyzing the major events in his life, we can tell how the marginalized masculinity is gradually internalized by him.

2.1 *Cholly*'s Childhood

Cholly Breedlove didn't have a lucky childhood. His father walked out on *Cholly*'s mother before he was born, and he was abandoned by his mother. Raised up by his aunt, he grew up without parental guidance and a male example for him to follow in his adolescence. As mentioned above, the self can be viewed as relational.

Many developmental psychologists indicate that there are some circumstances when other's behaviors, emotions and feelings are believed to be one's own. "This process is named mirroring in which parents and significant others infuse children with their own view of them which ultimately becomes children's views of themselves" (Kahn, 159). Obviously, *Cholly*'s experience of growing up without parents makes it hard for him to define who he is and what kind of person or man he want to be.

One way for people to evaluate themselves and make senses of who they are is to compare themselves to others, which is defined as social comparison by many social scientists. This social comparison method is embodied in *Cholly*'s monologue to himself after his encounter of breaking open a watermelon by a family at a church picnic. The description of the crushed watermelon is a metaphor which indicates *Cholly*'s comparison of the African American existence with the white mainstream society. "He wondered if God looked like that. No. God was a nice old white man, with long white hair, flowing white beard, and little blue eyes that looked sad when people died and mean when they were bad ... ... And now the strong, black devil was blotting out the sun and getting ready to split open the world" (Morrison, 134) . *Cholly* was just a boy at that time, but he had already embraced the notion of God as white and devil as black. By comparing God with devil, white with black, this plot manifests that *Cholly* as a boy had already realized he was living in a white dominant society and he belonged to the marginalized group, which makes his boyhood masculinity fall into the category of marginalized masculinity.

Another defining moment in *Cholly*'s life is his first sexual experience with the black girl *Darlene*. But the two of them was interrupted by two white men with flashlights who destroyed and demeaned *Cholly*'s first sexual experience. "Darlene put her hands over her face as Cholly began to simulate what had gone on before. He could do no more than make-believe. The flashlight made a moon on his behind" (Morrison, 148). Ironically, he didn't hate the two white men who forced them to conduct sexual behavior under the white men's witness. Instead, he hated the girl *Darlene* who had made him involved in this embarrassment for him. "He was, in time, to discover that hatred of white men—but not now. Not in impotence but later, when the hatred could find sweet expression. For now, he hated the one who had created the situation, the one who bore witness to his failure, his impotence." (Morrison, 151)

As mentioned above, the dominant position of hegemonic masculinities is maintained by subordination of women and some marginalized men. *Cholly* had already realized this fact and embraced this racist social system. Hence, he did not resent the two white men. "They were big, white, armed men. He was small, black, helpless ... ...hating them would have consumed him, burned him up like a piece of soft coal, leaving only flakes of ash and a question mark of smoke." (Morrison, 150) His subordination to the "flashlight" is the symbolism for his subordination to the hegemonic masculinity and emasculation by the white supremacist society. What's more, his resentment of *Darlene* is because of her witness of his impotence which deeply demeans his incipient masculinity.

2.2 *Cholly*'s Meet with His Father

After the "flashlight" incident, the thought of *Darlene* might be pregnant made *Cholly* panic. Even his father's flight from his mother became understandable to him at that moment. "Cholly knew it was wrong to run out on a pregnant girl, and recalled, with sympathy, that his father had done just that. Now he understood." (Morrison, 151) So he went to look for his father in order to make senses of who he was. But to his disappointment, his father was not what he had pictured. Even worse, he was cursed by his father, who was the one and only relative he had in this world and his last hope for locating his identity and nurturing his masculinity.

In the first part of this thesis, the concept of relational self has been mentioned. As the name suggests, the self is put on the relational level, which means that one has to make senses of who they are by locating themselves in certain relationship with other people. For *Cholly*, he had no such intimate father-and-son relationships for him to acquire knowledge of how cultivating his manhood. "In those days, Cholly was truly free. Abandoned in a junk heap by his mother, rejected for a crap game by his father, there was nothing more to lose." (Morrison, 160) The only experience for him to feel some sense of masculinity was to have attention of three stranger women who offered him some lemonade in a Mason jar and watched him drink it bottom up. "As he drinks, their eyes float up to him through the bottom of the jar, through the sweet water. They give him back his manhood, which he takes aimlessly" (Morrison, 158). While the "flashlight" incident deprives *Cholly* of his opportunity to nurturing his boyhood masculinity, his father's rejection of him further destroy his chance of cultivating some youth masculinity.

2.3 *Cholly*'s Marriage and His Rape of *Pecola*

By marrying *Pauline*, *Cholly* finally got a chance to acquire some sense of masculinity by being a real dependable man. "And it was Pauline, or rather marrying her, that did for him what the flashlight did not do." (Morrison, 160) It is especially true at the early stage of their marriage, when *Cholly* was still able to provide a stable life for his family and *Pauline* was depending on him. *Pauline*'s economic status made her subordinate to her husband. Her subordination and dependence on *Cholly* provided him with the opportunity to feel like a man, which "the flashlight did not do."

"Manhood in American society is closely tied to the acquisition of wealth" (Kimmel, 431). When *Cholly* lost his position as the breadwinner of the family and *Pauline* became the main sources of income, he also lost his way of expressing his masculinity by being an able husband and father. In a white supremacist society, the only way for the marginalized men to acquire their masculinity is to gain the subordination of those who occupies a lower position in the social hierarchy. For African American men, that means they can only locate their masculinity in the subordination of African American women and children. When *Cholly* was failed as a husband and father, his manhood was once again frustrated.

The most controversial plot is *Cholly's* rape of *Pecola*, which can be viewed as his outlet of mixed feelings of hatred and love. Love is of course understandable, for *Pecola* is his daughter. But why there is hatred? Actually his hatred for *Pecola* is the reflection of hatred toward himself, which he vent his spite upon his daughter. "The self can be viewed as relational in that certain aspects of who we are only exist when in the company of certain people. This may be why we feel so strongly about certain people: they 'bring out' certain aspects of us when in our presence" (Kahn, 159). *Pecola* is a reminder of his failure as a father, while being a father is a significant identity for manhood.

When he saw her in the kitchen, he saw an unhappy girl washing dishes. "Why did she have to look so whipped? She was a child—unburdened—why wasn't she happy? The clear statement of her misery was an accusation." (Morrison, 161) This accusation means the accusation of his impotence to conduct a competent fatherhood. And when he felt *Pecola*'s misery, he realized that even the children who are the most deserved of happiness and innocence could not be happy, let alone other black people. Thus, the hatred *Cholly* harbored for his daughter is actually his self-hatred and the hatred for the status quo of the African American people. This hatred deeply demeans his masculinity, for his failure as a father is the embodiment of his failed manhood and his plight as one of those "unhappy" African American people is a reminder of his position of the inferior class, the marginalized group.

3. Conclusion

As an African American who is proud of her skin color, Toni Morrison has not limited her works to mere description of their people's achievements. And rather than idealizing African American, "Morrison in her fiction attempts to reveal how some African Americans have deeply internalized racist stereotypes and construct themselves accordingly, almost always with disastrous results" (Jun, 4). Few works have been devoted to analyze the male character *Cholly Breedlove* in *The Bluest Eye* out of a masculinity perspective. While knowledge about masculinity has developed very rapidly during the past several decades and there are considerable accomplishments for researchers in this field, with new methods, new topics and new groups being studied. By applying the theory of masculinity, we are able to understand *Cholly*'s plight as an African American man and the causes of his plight are his internalization of the marginalized masculinity status and the socially constructed gender stereotypes in addition to the interweaved issues of race and class.

References

[1] CONNELL R W. Masculinities[M]. Berkeley, California: University of California Press, 2005.

[2] JUN HU. A study of the identity pursuit of African Americans in Toni Morrison's fiction[M]. Beijing: Beijing Language and Culture University Press, 2007.

[3] KAHN, JACK S. An introduction to masculinities[M]. UK: A Johnwiley & Sons,Ltd. Punlication, 2009.

[4] KIMMEL MICHAEL S, MICHAEL A. Messner. Men's lives[M]. Boston: Person Education, Inc, 2004.

[5] MORRISON T. The bluest eye[J]. New York: Vintage International, 2007.

济慈与莎士比亚的"对话"
——以《济慈在温特沃斯寓所》为切入点[1]

中国农业大学　刘海英　郭倩雯

摘　要： 肖像画《济慈在温特沃斯寓所》展示出济慈以莎士比亚为楷模的远大理想，现存于英国国家肖像美术馆。济慈故居客厅的室内场景与之相同。二者隔空对话，共同构筑了济慈通过与莎士比亚"对话"跻身重要诗人之列的文化图景。济慈与莎士比亚的"对话关系"从画作延伸至济慈故居，又引发文学批评家们就济慈是否具有莎士比亚式天才问题进行一系列论争。考察济慈与莎士比亚的对话关系有助于揭示莎士比亚在济慈经典化过程中的促进作用。

关键词： 济慈　莎士比亚　《济慈在温特沃斯寓所》对话　作家形象

作家形象研究既重视依据作品透视作家形象特征，也强调社会文化因素在作家名声确立过程中的作用。构筑济慈（John Keats, 1795—1821）作家形象的文化要素包括济慈故居、济慈学者、济慈友人等外在力量。友人塞文（Joseph Severn）是一位艺术家，其画作《济慈在温特沃斯寓所》（Keats at Wentworth Place, 1821—1823）巧妙地映射济慈的诗人理想，逐步开启了济慈名声的上升之旅。该画现存于英国伦敦的国家肖像美术馆，画面内容与伦敦济慈故居（Keats House, Hampstead, London）中客厅的陈设几乎一致，两个地标式文化场所遥相呼应，隔空对话，共同呈现济慈已经跻身成功诗人之列的文化图景。本文以肖像画《济慈在温特沃斯寓所》为切入点，剖析画家的创作意图和画作的展览效果，阐释塞文作品与济慈故居的对话关系，并结合文学批评家的相关评论，考察在济慈经典化过程中莎士比亚画像和著作的促进作用。

一、肖像画《济慈在温特沃斯寓所》中莎士比亚与济慈的"对话"

肖像油画作品《济慈在温特沃斯寓所》的主体构图是济慈在客厅中读书的情景：两把椅子垂直交叉，在地板中央摆放着；济慈安静地坐在右侧椅子上，左手扶着头部，左臂肘支撑在左侧椅子背上；在膝盖上摊开一本书，右手放在书上；诗人容貌俊秀，身穿黑色西服套装，白色衬衫领口上打着领结，正在凝神阅读；画面左上方的墙上张贴着一幅莎士比亚画像。画作以济慈学习莎士比亚的典型画面为题材，表明济慈在研读莎士比亚作品方面付出的努力，塑造济慈胸怀理想、勤奋读书的积极形象，也表明济慈是在莎士比亚的凝视之下逐步走向成功的诗人。

塞文是济慈"最著名的艺术家友人"（Rollins, 1965 : cxxix），他是英国艺术史上以济

1　2020 年中国农业大学本科生科研训练计划（URP 项目）"济慈颂诗批评史研究"（项目编号：urp20201121027）的阶段性成果。

慈肖像画闻名的主要画家之一，他创作的多幅济慈画像都成为后世画家模仿的范例。塞文自幼热爱绘画艺术，立志成为一名优秀画家，他坚信济慈是旷世奇才，终生坚持创作济慈画像，以艺术作品的形式保存济慈的形象，表达欲将济慈经典化的强烈愿望。他们经常结伴参观博物馆和美术馆，观看埃尔金石，探讨文学艺术问题。1820 年 9 月 17 日济慈前往意大利治疗疾病，直至 1821 年 2 月 23 日午夜离世，在此期间，塞文一直守护在济慈身旁，陪伴、鼓励、安慰、照料济慈。塞文定期给他们远在伦敦的朋友写信，这些书信成为济慈研究史上的重要资料。济慈去世之后，他为了摆脱心中的痛苦，全身心投入创作《济慈在温特沃斯寓所》。这幅肖像画获得了一致好评，同时使济慈得到更多读者和批评家的关注。

塞文在画面构图中将莎士比亚置于济慈上方，因为济慈对莎士比亚有"完全崇拜的倾向"（Shakespearolatry），"换任何一个略微温和的词都无法表达济慈对莎士比亚的迷恋程度"（Bate，1963：17），可以济慈创作《恩底弥翁》（*Endymion*）时偶遇莎士比亚画像的故事为证。1817 年 4 月 14 日，济慈离开伦敦东部海边小城马盖特岛，去往怀特岛，准备撰写长诗《恩底弥翁》。当他入住库克夫人旅馆时，发现走廊里挂着一幅莎士比亚画像，他非常喜欢，便经房东允许，将其挂在自己的房间里。从此，莎士比亚著作和莎士比亚画像成为济慈获取灵感的源泉，每当他感到沮丧之时，便凝视莎士比亚画像，重温莎士比亚著作。济慈（Keats，1958：vol i：143）在给海登的信中写道："我确实认为不需要多读别人的书……哈兹列特说莎士比亚对我们来说已经足够，对此我近乎同意……"济慈在搬离旅馆时带走了这幅画像，之后一直带在身边，直至离开英国。

在济慈成为经典作家的道路上，莎士比亚是不可或缺的一个因素。塞文通过创作肖像画来再现济慈在短短数载创作生涯中所表现出来的坚强意志，彰显莎士比亚对济慈跻身成功诗人行列的影响。济慈在写作过程中始终以莎士比亚为榜样，不仅完成了创作长诗的宏伟计划，而且对诗歌创作原理具有了更深刻的感悟力，逐步形成了有关"否定能力"（Negative Capability，或译为"消极感受力"）的观点。济慈强调，一个优秀的诗人必须像莎士比亚一样"能够位居于不确定的、神秘的和他所怀疑的事物之中，而不要急于寻求事实与理性的真相"（Keats，1958：vol i：193）。1820 年 1 月，他给远在美国的弟妹乔治·安娜写信时，声称"我就坐在我的莎士比亚画像对面"（Keats，1958：vol ii：242）。塞文在罗马与济慈朝夕相处，对莎士比亚"陪伴"济慈创作的故事非常熟悉。他深信，济慈必将成为英国文学史上的一位著名诗人，一定能实现比肩莎士比亚的愿望。

莎士比亚画像和莎士比亚著作对济慈的激励作用始终相伴，不曾减弱。济慈在 1820 年 9 月登上开往意大利的轮船时，随身仅携带几本书，其中之一是莎士比亚著作。尼克勒斯·罗指出，因为济慈父亲的葬礼于 1804 年 4 月 23 日举行，这是传统意义上的莎士比亚生日和忌日，济慈总是回想起父亲，他视父亲忌日为莎士比亚召唤他改进诗歌技艺的时刻（Roe，2013：24）。济慈对莎士比亚的钟爱之情有目共睹，莎士比亚对济慈走向经典作家之路的影响毋庸置疑。塞文的画作既以济慈的自身经历为基础，是依托济慈读书场景的现实之作，又从绘画构图的角度表现出莎士比亚对济慈的影响，起到了塑造和传播济慈作家形象的作用。

二、济慈故居中莎士比亚与济慈的"对话"

伦敦济慈故居（即温特沃斯寓所，Wentworth Place）中济慈客厅的家具陈设与《济慈在温特沃斯寓所》相同，二者遥相呼应，共同构建了济慈借助莎士比亚而"跻身重要诗人之列"的文化图景。济慈故居位于伦敦北部的汉普斯泰德，风景优美。布朗与迪尔科于1815—1816 年冬天共同建造的寓所是一座双户联体房屋（刘海英，2019：140–145），他们各自拥有房子的一侧，后来他们都成为济慈的好友。1818 年 12 月 2 日济慈应邀前来，租住布朗一楼南侧的起居室和二楼南侧的卧室。本文论及的济慈客厅即是指布朗房屋一层南侧的客厅，其家具陈设保持了济慈在世时的样貌，与前文所述塞文画像的格局基本相同，表现出肖像画的延伸影响力，也体现出作家故居对于诗人形象的塑造作用，强化了莎士比亚在济慈创作诗歌过程中的引领地位。

济慈客厅的门开在北侧，游客由此进入客厅，便能看到与《济慈在温特沃斯寓所》画面相同的室内场景：两把交叉的椅子摆放在客厅地板上，书架沿东墙摆放，窗户在南侧，南墙上挂着莎士比亚画像。故居导游欢迎游客随意落座拍照，并依据塞文的图画，想象济慈坐在一把椅子上读书的场景（左手臂肘靠在另一把椅子的椅背上，左手扶着头部，右手放在书上），身临其境地体会济慈昔日读书写作的情形。莎士比亚画像虽然只是济慈客厅中的一件展览物品，但却能立刻进入游客的视野，使人联想到济慈期望与莎士比亚比翼的文学理想。客厅西侧的展柜里陈列着济慈的第一部诗集，以及他读过的莎士比亚著作，这些展品都在讲述诗人时刻以莎士比亚为楷模、力求跻身世界诗人行列的故事，加强对济慈形象的塑造力度。

2016 年莎士比亚去世四百周年，济慈故居开展了"探寻莎士比亚足迹"特色活动，向游客提供索引图，寻找与莎士比亚相关的纪念品，追踪济慈向伟大诗人学习的痕迹。济慈友人收藏了与济慈相关的莎士比亚著作，以及友人之间讨论莎士比亚著作的往来书信等纪念品，后来捐献给济慈故居，供其进行展览。济慈早在 1803—1811 年就读于恩菲尔德学校期间，就经常阅读文艺复兴时期文学作品，认真读过《仲夏夜之梦》，对《麦克白》有"孩童式见解"（Coote，1995：17）。从那时起，他热爱诗歌作品，常常与两个兄弟分享阅读莎士比亚著作的喜悦之情。1817 年 3 月，济慈与友人一起观看埃德蒙德·基恩（Edmund Kean）在伦敦西区德鲁里剧院（Drury Lane）主演的莎士比亚戏剧，随后继续阅读和讨论莎翁著作，济慈由此逐渐对之形成"深刻的理解"（Coote，1995：70）。1817 年 10 月，济慈与贝利（Benjamin Bailey）结伴前往埃文河畔小城斯特拉福德，参观莎士比亚故居和圣三一教堂，"由于莎士比亚在济慈心中形同神圣，他把这次出游视为朝圣之旅"（傅修延，2008：137）。他在创作时如果感到灵感枯竭，或者在远离亲人、感到孤独的时刻，就会阅读莎士比亚，每次都能觅到"安慰"（济慈，2002：16），因为莎翁是居住在他心灵中的"主宰者"（济慈，2002：17）。1818 年 1 月底，济慈聆听了哈兹列特关于莎士比亚的演讲，此后不仅重读莎士比亚戏剧，而且对莎士比亚十四行诗产生浓厚的兴趣，开始尝试创作莎士比亚式十四行诗，之前他主要写意大利体十四行诗。他临行意大利之前，将自己读过的对开本《莎士比亚戏剧集》送给女友芳妮作为分别礼物，感到二人的离别就像哈姆雷特王子不得不离开欧菲莉亚一样凄凉无奈。1820 年 9 月，在去往意大利的途中，济慈在随身携带的《莎士比亚诗集》扉页上又写下另一个版本的十四行诗《明亮的星》。如今这些遗物都在济慈故居展出，仿佛是诉说莎士比亚引导济慈成为经典诗人的故事，给参观者带来极强的视觉体验和心理冲击，能够加深他们对济慈作家形象的理解。

作家故居曾经是作家的私人空间，如今则是文学公共领域的重要组成部分，是一个重要的文化符号，具有传播诗人形象的功能，能够不断提升作家在文学史和文化史中的地位。济慈客厅的莎士比亚画像、客厅布景、与莎士比亚相关的展品等，与英国国家肖像美术馆的塞文画作《济慈在温特沃斯寓所》共同作用于公众的视野，显示出莎士比亚对济慈作家形象的提升作用。画作中济慈与莎士比亚的对话是一种心灵层面的交流，这种精神对话关系在实体空间中得到具化和延伸，使济慈以莎士比亚为目标的诗人形象更加生动和直观，促进了济慈作家形象的发展。

三、批评家视野中莎士比亚与济慈的"对话"

作家在文学史上的地位主要由批评家来判定，后者对于作家形象具有最终发言权。济慈的特点在于其争议性：一些评论家坚定地认为济慈是天才诗人，其才能可与莎士比亚媲美，而且道德高尚，是值得信赖的兄长、恋人和朋友；另一些批评者却坚信济慈品味低下，根本不能算是一个好人，他的诗作不值一提，不可能与莎士比亚著作相提并论。可见，争论的焦点就是济慈与莎士比亚的关系。下文梳理马修·阿诺德与穆雷等批评家的不同观念，以便把握济慈获得经典地位的复杂过程。

阿诺德强调诗歌应该对人类心灵具有感染力。他在给友人的信（1848）中写道：诗人应该学会简洁，像济慈这种学习丰富风格而非简洁风格的诗人，负担很重；济慈虽然语言表达的才能与莎士比亚不相上下，但是在道德阐释和诗歌结构方面太不成熟；他有"燧石和铁砧"在手，也是一个擅长感性描写的诗人，具备高尚人物的基本要素，但是在他去世的时候，这些品质还没有达到成熟的状态（Arnold，1971：325）。阿诺德希望诗歌应该同宗教一样塑造人类心灵，认为济慈的作品尚未达到这个标准。他在1852年的一封信中写道：我越来越强烈地感受到，一个成熟诗人和年轻诗人的区别在于，前者能够使用非常简洁的语言，后者不能；济慈走了错误的诗歌道路，学习伊丽莎白时期诗歌丰富的语言风格和丰富的意象技巧；但是，当代诗歌必须通过素材取胜，诗歌肩负着更重要的使命，其语言风格必须非常朴实、直接和严肃，一定不能让诗歌迷失在细节、故事和装饰性的言辞之中，诗歌必须注重整体（Arnold，1971：326）。这里所谓"成熟诗人"是莎士比亚，"年轻诗人"即为济慈。阿诺德在《诗歌》（1853）前言中将济慈与莎士比亚进行对比时，认为济慈是一位"才能杰出但是因为英年早逝而成为一个有趣话题的诗人"，还指出《恩底弥翁》虽然闪耀着天才的光辉，就整体而言却非常不连贯，严格来说根本不能称其为诗（Arnold，1986：10）。阿诺德《批评二集》（1888）的《诗歌研究》一文中强调诗歌的使命，提出"试金石"的说法：总结起来，荷马、莎士比亚和弥尔顿等人的优秀作品具有这样共同的品质，拥有最高的诗歌品质，诗歌的题材和风格有一种标志、一种重心，这就是美、价值和力量的标志（Arnold，1927：20–21）。阿诺德的《批评二集》进而指出，济慈通过他对美的感觉，以及他对美与真理之间联系的感知，在诗歌领域取得很高的成就，在诗歌的两种使命之中，在阐释自然的能力方面，在我们称之为自然魔力的方面，他可以与莎士比亚并肩齐名；但是在诗歌的另一个责任方面，即道德阐释方面，他不能与莎士比亚相比，莎士比亚能阐释道德的力量如同阐释自然一样，济慈在这方面还不够成熟；他的《恩底弥翁》与《阿伽门农》和《李尔王》相比还不算成功之作（Arnold，1927：119–120）。

概而论之，阿诺德一面欣赏济慈的诗才，认为济慈的诗歌足够"美"，但是另一方面，认为济慈与莎士比亚相比在文学成就方面存在很大差距，诗歌的"价值"和"力量"还不足称道。阿诺德在文学批评中一贯坚持社会使命的立场，对于文学家首要要求他们的品格高尚，他们在生活和在作品中表现出来的性格都是影响其文学声誉的要素。那时济慈的恋爱故事还未得到认可，济慈的生活方式或者道德品行还在遭受质疑，因而其作品没有得到充分肯定。维多利亚时期诗歌读者基本遵循阿诺德的批评模式，认为济慈诗歌虽然有唯美可爱之处，但不足以成为经典。后来，福曼父子（Harry Buxton Forman；Maurice Buxton Forman）相继整理和出版济慈的诗歌和书信作品，阿诺德在晚年仔细研读济慈的信件，开始肯定济慈的人格魅力，进而肯定其诗歌价值，使济慈及其作品在批评界获得更多正面评价。20世纪以来，以穆雷为代表的批评家们以济慈与莎士比亚之间的关系为焦点与阿诺德展开了"对话"，这些对话进一步提升了济慈的作家形象。

穆雷著作《济慈与莎士比亚》集中论述了"纯粹的诗人"济慈的内心发展变化过程。穆雷认为，纯粹的诗人是在诗人中占据最高地位的诗人，这不是因为他从生活转向并投身于更为抽象、更为理想化的完美事物，而是因为他比任何其他诗人都更加精确地、稳定地、持续地和无所畏惧地投身于现实生活；他比任何其他诗人都更有能力看到和感受到生活的原貌；为此，纯粹的诗人是"一个完整的人"（Murry，1951：11）。无论从诗歌作品还是个人生活方面，穆雷都认为济慈是与莎士比亚最为相似的诗人，都属于纯粹的诗人之列。济慈在诗歌创作的过程中，先后放弃了华兹华斯和弥尔顿的写作方式，却始终对莎士比亚情有独钟。济慈的史诗作品在19世纪没有得到批评者的重视，到了20世纪，正是因为穆雷的评论，已经被认为是济慈具有莎士比亚气质的最佳证据。穆雷认为：济慈没有完成史诗《海披里翁》（Hyperion）和《海披里翁的陨落》（The Fall of Hyperion: A Dream），因为他想达到莎士比亚的生活模式，通过撰写期刊文章的方式来赚取生活费，开始独立的生活。穆雷详细解读1819年11月22日济慈分别写给弟弟、雷诺兹、布朗、伍德豪斯、迪尔科的五封书信，认为济慈有决心重新开启一种生活模式；济慈中途放弃史诗《海披里翁的陨落》，因为这部作品不符合莎士比亚式人物的性格特点，他需要回归到莎士比亚的生活和写作状态之中（Murry，1951：193–199）。穆雷在20世纪前半叶出版的济慈评论著作使人们相信济慈可与莎士比亚相媲美，两位诗人的对话具有合理性和可能性，穆雷对济慈的辩护与阿诺德对济慈钟爱式的批评构成了一组生动的互动场景，引发更多学者和读者对济慈的关注。

当代诸多批评家从济慈与莎士比亚的关系入手，发表了一系列论著。怀特（R. S. White）于1987年出版《作为莎士比亚读者的济慈》（Keats as a Reader of Shakespeare）一书，论述了莎士比亚戏剧对济慈的影响。统一国际出版集团于2010年出版了一套18卷本的系列图书，主题为"伟大的莎士比亚式人物"，每卷书收入三至五位热爱阅读莎士比亚、传承莎士比亚文化传统的西方文学家、批评家、音乐家、艺术家和思想家等。济慈与兰姆、哈兹列特作为"在国内和国际对阐释、理解和接受莎士比亚具有重大影响力"的人物，被列入第四卷书。"如果没有莎士比亚，他们的作品就可能无法完成"，他们的存在也"一直在改变着我们对莎士比亚的理解和欣赏水平"（Holland，2010：vii–viii）。迪奥多·莱恩旺德（Theodore Leinwand）于2016年出版《伟大的威廉：阅读莎士比亚的作家们》（The Great William: Writers Reading Shakespeare）一书，通过分析济慈、柯尔律治、伍尔夫等七位作家阅读莎士比亚著作时所做的边注，以及他们的书信、笔记等材料，考察经典作家们对莎士比亚著作的强烈兴趣及其受到莎翁的影响。因为莎士比亚是"人类共有精神财富，具有'公共性'特征，浪漫主义、现实主义、表现主义等作家都无一例外地受其影响"（李思剑，2015）。只有那些汲取了莎士比亚人文精神且善于超越其影响的作家，才有可能进入经典之列，济慈便是借助莎士比亚达成诗歌理想的先例。

批评家们围绕济慈是否具有莎士比亚式天才的争论，始终伴随济慈成为经典作家的过程。无论济慈是否具有莎士比亚般的诗人天赋，只要这个问题不停地被讨论，答案不断推陈出新，评论界对济慈诗歌的认知程度便能得以深化。只要济慈作品能被更多读者阅读，济慈的诗人形象就会越来越生动而具体，济慈在文学史上的地位和声望就有可能逐步提升。

济慈持续成为学术对话的焦点话题，这种态势为济慈作品经典化准备了条件，促进了济慈名声的发展。

四、结语

　　塞文画作《济慈在温特沃斯寓所》再现济慈在诗歌创作过程中受到莎翁引导的历史图景，揭示莎士比亚及其图像对济慈心灵起到的催化剂作用。塞文创作的肖像画既是一件珍贵的艺术作品，也具有文化史意义，其中所包孕的思想内涵启发我们深入探讨济慈经典化问题，思考作家"成为"作家需要哪些作家自身的内在素养，以及哪些外在的文化动因和怎样的社会机制。济慈故居与伦敦肖像馆的艺术作品遥相呼应，共同呈现济慈借助莎士比亚实现诗歌理想的文化图景。自维多利亚时期以来，历代批评家就济慈是否具有莎士比亚式天才的问题进行多轮对话，终于发现和确认济慈诗歌的经典地位与现代价值。

　　《济慈在温特沃斯寓所》创作于19世纪20年代，伦敦济慈故居首次开放时间是1925年，阿诺德与穆雷等学者对济慈的重磅评论起始于19世纪中叶，持续直至当代。本文择取英国伦敦两处具有重要影响力的文化空间，辅以两名代表性济慈学者的批评观念，意在勾勒济慈作家形象在时间长河之中与莎士比亚进行不断对话的过程。对话在画作中表现为视觉凝视与诗意理想，在公共空间表现为身体力行与笔耕不辍，在批评家视野中先表现为真伪难辨，后表现为去伪存真和亦美亦真。济慈在病入膏肓之时宣称自己已经进入"来生"。此生在世时间虽短，来生却委实悠长。他的文字和生命带给读者精神愉悦，使人领悟到生命的本质，这是其作家形象具有持久生命力的根本原因。

　　正如莎士比亚成为莎士比亚是"一个各种文化机制作用下的历史过程"（郝田虎，2012）一样，在济慈作家形象建构的过程中，很多因素都发挥了重要作用。济慈的诗歌和书信作品是构筑其作家形象的主体因素，社会文化力量则是客体因素，这些因素中均隐含着莎士比亚的影响。济慈作家形象从生成到发展和成熟的各个阶段，济慈都与莎士比亚进行积极的对话。虽然济慈在生前被当时主流报刊评论诟病，在去世后二十年仍旧没有得到文坛认可，但是因为济慈与莎士比亚的内在精神联系，时至今日，济慈已经当之无愧地跻身世界重要诗人的行列。探讨莎士比亚与济慈作家形象的紧密联系，既有助于我们品评济慈诗歌作品的内涵，也有益于我们了解莎士比亚的无穷魅力。

参考文献

[1] ARNOLD M. Essays in criticism: second series [M]. London: Macmillan and Co, 1927.

[2] ARNOLD M. Arnold on Keats [A] In G. M. Matthews (ed.). Keats: the critical heritage [C]. London: Routledge & Kegan Paul, 1971: 325–326.

[3] ARNOLD M. The complete prose works of Matthew Arnold, vol. 1: on the classical tradition [M]. Ann Arbor: University of Michigan Press, 1986.

[4] BATE W J. John Keats [M]. Cambridge, Massachusetts: Harvard University Press, 1963.

[5] COOTE S. John Keats: a life [M]. London: Hodder & Stoughton, 1995.

[6] HOLLAND P, ADRIAN P. Series preface. Lamb, Hazlitt, Keats: great Shakespeareans: Volume IV [M]. London: Continuum International Publishing Group, 2010: vii–viii.

[7] KEATS J. The letters of John Keats: 1814—21 (2 vols) [M]. Ed. Hyder Edward Rollins. Cambridge, Massachusetts: Harvard University Press, 1958.

[8] MURRY J M. Keats and Shakespeare: A study of Keats' poetic life from 1816 to 1820 [M]. London: Oxford University Press, 1951.

[9] ROE N. John Keats: a new life [M]. New Haven: Yale University Press, 2013.

[10] ROLLINS H E. Joseph Severn [A]. In Hyder Edward Rollins. The Keats circle: letters and papers and more letters and poems of the Keats circle (2 vols) [C]. Cambridge, Massachusetts: Harvard University Press, vol i, 1965.

[11] 傅修延. 济慈评传 [M]. 北京：人民文学出版社，2008.

[12] 郝田虎. 莎士比亚何以成为莎士比亚 [J]. 读书，2012（7）：158–167.

[13] 济慈. 济慈书信集 [M]. 北京：东方出版社，2002.

[14] 李思剑. 莎士比亚研究的现代性——李伟民教授访谈录 [J]. 四川戏剧，2015（1）：4–15.

[15] 刘海英. 文化诗学视域下济慈故居与作家形象的建构 [J]. 齐齐哈尔大学学报（哲学社会科学版），2019（7）：140–145.

图书在版编目（CIP）数据

现代外语教学与研究 . 2021 / 高原，史宝辉主编
. —北京：中国人民大学出版社，2021.12
ISBN 978-7-300-30107-5

Ⅰ.①现⋯　Ⅱ.①高⋯　②史⋯　Ⅲ.①英语 – 教学研
究 – 研究生教育 – 文集　Ⅳ.① H319.3–53

中国版本图书馆 CIP 数据核字（2021）第 267358 号

现代外语教学与研究（2021）

北京市高等教育学会研究生英语教学研究分会

主　编　高　原　史宝辉

副主编　李　芝　吴江梅

校　核　安慧梅　闫文欢　杨燕岭　侯佳仪

Xiandai Waiyu Jiaoxue yu Yanjiu (2021)

出版发行	中国人民大学出版社	
社　　址	北京中关村大街31号	邮政编码　100080
电　　话	010-62511242（总编室）	010-62511770（质管部）
	010-82501766（邮购部）	010-62514148（门市部）
	010-62515195（发行公司）	010-62515275（盗版举报）
网　　址	http://www.crup.com.cn	
经　　销	新华书店	
印　　刷	北京昌联印刷有限公司	
规　　格	185 mm×260 mm　16开本	版　　次　2021 年 12 月第 1 版
印　　张	18.75	印　　次　2021 年 12 月第 1 次印刷
字　　数	491 000	定　　价　62.00元

中国人民大学出版社外语出版分社读者信息反馈表

尊敬的读者：

感谢您购买和使用中国人民大学出版社外语出版分社的 _____ 一书，我们希望通过这张小小的反馈卡来获得您更多的建议和意见，以改进我们的工作，加强我们双方的沟通和联系。我们期待着能为更多的读者提供更多的好书。

请您填妥下表后，寄回或传真回复我们，对您的支持我们不胜感激！

1. 您是从何种途径得知本书的：
   □书店　　　　□网上　　　　□报纸杂志　　　　□朋友推荐
2. 您为什么决定购买本书：
   □工作需要　　□学习参考　　□对本书主题感兴趣　　□随便翻翻
3. 您对本书内容的评价是：
   □很好　　　　□好　　　　□一般　　　　□差　　　　□很差
4. 您在阅读本书的过程中有没有发现明显的专业及编校错误，如果有，它们是：

   _____

   _____

   _____

5. 您对哪些专业的图书信息比较感兴趣：

   _____

   _____

6. 如果方便，请提供您的个人信息，以便于我们和您联系（您的个人资料我们将严格保密）：

   您供职的单位：_____

   您教授的课程（教师填写）：_____

   您的通信地址：_____

   您的电子邮箱：_____

请联系我们：黄婷　程子殊　吴振良　王琼　鞠方安

电话：010-62512737，62513265，62515538，62515573，62515576

传真：010-62514961

E-mail：huangt@crup.com.cn　　chengzsh@crup.com.cn　　wuzl@crup.com.cn
　　　　crup_wy@163.com　　jufa@crup.com.cn

通信地址：北京市海淀区中关村大街甲 59 号文化大厦 15 层　　邮编：100872

中国人民大学出版社外语出版分社